中央司法警官学院特色专业系列教材

警察学

Police Science

任莉桃　主编

法律出版社
LAW PRESS · CHINA
北京

图书在版编目(CIP)数据

警察学 / 任莉桃主编. -- 北京 : 法律出版社,
2020(2025.8 重印)
ISBN 978 - 7 - 5197 - 4201 - 0

Ⅰ. ①警… Ⅱ. ①任… Ⅲ. ①警察学 - 教材 Ⅳ.
①D035.30

中国版本图书馆 CIP 数据核字(2020)第 021211 号

警察学
JINGCHAXUE

任莉桃 主编

责任编辑 慕雪丹
装帧设计 汪奇峰

出版发行 法律出版社
编辑统筹 法商出版分社
责任校对 赵明霞
责任印制 胡晓雅
经　　销 新华书店

开本 710 毫米 × 1000 毫米 1/16
印张 25.5 **字数** 458 千
版本 2020 年 7 月第 1 版
印次 2025 年 8 月第 4 次印刷
印刷 三河市龙大印装有限公司

地址:北京市丰台区莲花池西里 7 号(100073)
网址:www.lawpress.com.cn
投稿邮箱:info@lawpress.com.cn
举报盗版邮箱:jbwq@lawpress.com.cn

销售电话:010 - 83938349
客服电话:010 - 83938350
咨询电话:010 - 63939796

书号:ISBN 978 - 7 - 5197 - 4201 - 0
定价:58.00 元

凡购买本社图书,如有印装错误,我社负责退换。电话:010 - 83938349

前　　言

监狱、司法行政强制隔离戒毒机关人民警察是我国人民警察系统的重要组成部分。作为这一警种的人民警察，除了应当具备扎实的业务知识以外，还应当懂得人民警察的一般知识和基本规范。为此，中央司法警官学院警察管理系组织了部分教师编写了此书，作为本校学生和本系统人民警察学习的教材。

本教材具有以下特点：一是在编写指导思想上，坚持理论与实际相结合。二是内容全面，兼顾行业特色。本教材以《中华人民共和国人民警察法》为基本依据，以人民警察应该具备的一般知识和基本规范为基本内容，同时兼顾监狱、司法行政强制隔离戒毒机关人民警察的行业特点，在广泛吸收我国警察学界研究成果的基础上编写成书。三是内容的新颖性。本教材在传承成熟知识的基础上，将各学科研究的前沿成果、工作实践中的新做法以及最新立法等介绍给未来的司法警官们。内容上既注意创新又注重继承，力求做到理论成熟、观点新颖、内容全面、专业性强，将知识的系统性、学术性、新颖性相结合，以更好地适应高等司法警官教育的需要。四是在体例结构上，每章提出教学重点与难点，附有思考题和参考文献，便于学生学习。

本书由任莉桃教授任主编，负责全书统稿。各位作者分工如下（按姓氏笔画排序）：

丁卫杰（中央司法警官学院）：第四章、第五章

任莉桃（中央司法警官学院）：第一章、第七章

刘建会（中央司法警官学院）：第三章

刘灵芝（中央司法警官学院）：第六章、第十二章、第十三章

李翠芳（中央司法警官学院）：第二章

张　璟（山东司法警官职业学院）：第九章、第十四章、第十五章

房　厦（中央司法警官学院）：第七章、第八章

郭远远(中央司法警官学院):第十章、第十一章

本书在编写过程中,参阅、借鉴了其他警察学研究成果和资料,得到了本院有关领导、专家和部门的大力支持,特作说明并表示谢意。由于可供参考的资料和作者水平有限,本书难免有疏漏或不妥之处,敬请广大读者批评指正,以便今后补充修订。

《警察学》编写组

2020 年 1 月

目录
Contents

第一章　概　　论

教学重点与难点

1. 警察和公安的基本概念。
2. 警察学和公安学的联系与区别。
3. 警察学与警察法学的区别。
4. 警察学的研究对象、研究方法。

原始社会解体以后，人类进入阶级社会。在阶级社会形成和发展的历史过程中，警察与军队、法庭、监狱基本同时产生并共同发展。特别是进入21世纪以来，各国政府在致力于政治、经济、科技、法治建设的过程中，都十分重视警察队伍的建设，警察机关和警察人员在社会发展中的重要地位和作用日益明显和突出，对警察的组织、管理、技术、装备、训练等都不断加大投入。与此同时，专门研究警察及其行为规律的警察学也在不断发展。

警察学是一门基础学科，具有丰富的内容，它对警察知识体系和警察工作一般规律进行理论总结，具有概括性、抽象性和普适性，对警察学的各分支学科提供指导。为了深入学习和了解警察学的内容，首先要对警察、警察学、警察学的学科地位以及学习警察学的方法和意义等问题有一个整体的了解。

一、警察与警察学

（一）警察的词源与定义

1. “警察”词源考察

“警察”一词的词源可以从中外两方面进行考察。

在西方，Police 一词作为名词，源自古希腊语 polis，意为“城市”或“政体”。后演变为拉丁语 pŏlītīa ，意为“公民身份、政府、国家行政组织”。在中世纪演变为法语 police，意为“政府与民政管理”。作为动词出现于16世纪80年代的法语中，意为“监视、守卫、维持秩序、治理”。1837年产生“通过警察控制或维持秩序”的含义。①

根据牛津词典的解释，Police具有名词和动词两种含义。做名词时意为“警方、警察部门”，做动词时意为“巡查、维护治安”和“监督、管制”。

在我国关于“警察”一词的来源有两种观点：一种观点认为“警察”是中国固有的名词概念，另一种观点认为“警察”是舶来品，是从日本传到中国的。这两种观点都有一定的道理。

首先，如果把“警察”作为一种国家的统治方略或职能行为，那么，“警察”一词在我国历史上由来已久，是一个固有的概念。在我国古代，“警察”二字最初被分开使用。古代“警”字，从敬而言，敬者戒也，戒之以言，有言在先，不得违戒谓之警。“察”字，以手持肉，祭天求示，得神意（示）而明白，反复详审谓之察，察之则明。“警”和“察”两字作为一个词连用，最早见于唐朝颜师古给《汉书》所作的注。其原文为：

> “大将军光更尊立武帝曾孙，是为孝宣帝。即位，心内忌贺，元康二年遣使者赐山阳太守张敞玺书曰：‘制诏山阳太守：其谨备盗贼，察往来过客。毋下所赐书！’（师古曰：‘密令警察，不欲宣露也。’）敞于是条奏贺居处，著其废亡之效，曰：‘臣敞地节三年五月视事，故昌邑王居故宫，奴婢在中者百八十三人，闭大门，开小门，廉吏一人为领钱物市买，朝内食物，它不得出入。督盗一人别主徼循，察往来者。’”②

在对《汉书》作注时，颜师古对张敞的详细观察报告，认为是“警察”。可见，在唐朝，警察是一种秘密的调查控制活动。在中国古书中“警”和“察”连用有不少实例，如《宋史·蔡挺传》记载：“河北多盗，精择诸郡守，以挺知博州。申饬属县严保伍，得居停奸盗者数人，弛其宿负，补为吏，使之察警，盗每发辄得。”这里的“察警”连用，有侦察、缉拿、预警的含义。《金史·百官志》中有“诸京警巡院，使一员，正六品，掌平理狱讼，警察别部，总判院事。副一员，从七品，掌警巡之事”的表述，此处的警察为监察、监视的含义，而“平理狱讼”“警巡”几乎将警察的现代含义表现出来。辽代为了加强全国的统治，特创设警巡院，专管五京（诸京）的治安。五京分别是上京、东京、中京、南京和西京。警巡院长官为警巡使和警巡副使。这表明，早在公元916年，我国就建立了专业化的职业制服警察，其中“警察巡逻”与今天所用的

---

① 参考来源：Online Etymology Dictionary，https://www.etymonline.com/word/police。

② 《汉书》卷六十三《武五子传》，中华书局1962年版，第2767页。

警察文字的内涵已完全一致。在中国,铸有“上京警巡院验”印记的辽代铜镜,就是当时警察为管理市场而设立的专业检验职能的见证。辽代将这种警察职能统一于专门机构,有特定的制服,全日制工作的特点似乎已与伦敦大都市警察即现代警察无多大区别。但形似远非神似,因为它毕竟与现代警察制度所要求的特征尚有距离。比照现代警察制度的五大特征:警察职能的独立化、组织的系统化、职权的法治化、工作的职业化、装备的文明化,①其尚有很多不足,因此还不能将之看作中国现代警察制度的发轫。

其次,如果把“警察”作为近现代国家的一种专门制度的名词表述,那么“警察”这一词由日本传于中国。日本从1868年明治维新后,川路利良考察欧洲警察制度回到日本,提出的建议书内有“夫警察者国家平时之治疗也,犹人之养生,以保护良民,培养国力者也”的表述,②最早出现了“警察”的概念。用“警察”命名警察机关最早始于1880年4月,其时,日本改“警视厅”为“警察本署”,这里的警察意为警惕观察、预警察访、警戒侦察,此时的“警察”一词已具有“警之于先,察之于后”的根本含义。随后,清朝在改良派和维新派的思想推动下,于20世纪初向日本学习现代警政,引入了这一名称,张之洞、刘坤一曾联名上奏光绪,建议仿效日本建立专门的警察制度,声称这种制度“日本名为警察,其头目为警察长,而统之以警察部”。在《清朝续文献通考》中说:“警察乃内治安要政,且是专门之学,自奉旨办,挑年轻敏者,认真教训。”效仿西方国家建立了专门的国家警察制度,同时将西方国家的专门名词“Police”译成日文,即“警察”两字,与中文相同。至此,“警察”一词在中国成为警察制度的专有名词。

因此,我国现在所使用的“警察”一词,从词源上看,是以我国历史上固有的“警察”概念为基础,以近代西方资本主义国家的“警察”概念的引进为契机,两者相结合而形成的,这是历史发展的必然结合。

2. 警察的概念

目前,无论是在我国,还是在国际上,对“警察”概念的认识都不一致,还没有形成一个能被所有人认可的定义。这是因为“警察”概念一方面是属于历史范畴中的概念,随着社会的发展,人们对它的认识也会不断发展;另一方面,“警察”又是一个政治性很强的概念,人们会出于不同的阶级立场和政治目的,对其含义进行界定。此外,“警察”又是一个相当复杂的社会现象,它由各方面的因素构成,对社会来说有多重认识的角度,从不同的角度出发,自然会得出不同的“警察”概念的定义。综

① 王智军:《警察的政治属性》,社会科学文献出版社2009年版,第209~215页。

② 转引自余秀豪:《警察学大纲》,商务印书馆1946年版,第3页。

合国内外警学界对“警察”概念的研究成果,可以归纳以下几种具有代表性的定义观点。

(1)政务论观点。该观点认为“警察”是国家的重要政务之一,即警察政务,属于国家职能,如德国人苏顿认为:“警察为增进公共利益及预防迫切发生之危害为目的之政务。”在我国警察初创时期也有这样的论述,如《清朝续文献通考》中记载称:“警察乃内治安要政。”

(2)行为论观点。持该观点的学者认为警察是国家为了维护社会安全和秩序而进行的执法或管理行为。如我国台湾地区学者李士珍认为:“警察者,以直接防止公共危害,维护社会安宁秩序,指导民众生活,促进一般福利为目的,基于国家统治权执行法令,并协助诸般行政之行政行为。”在我国公安学理论研究中也有这种观点的论述,认为“所谓警察,指的是在国家的统治与管理中,运用武装的、行政的、刑事的手段维护国家安全与社会治安秩序的行为”。

(3)主体论观点。该观点是目前我国公安学理论界较为流行的一种观点。认为“警察”是行使国家职能的特殊职能主体力量。持该观点的定义有许多种,但内容基本相同,表述有所不同而已。最具一般性的表述是《辞海》中的定义:“为维护社会秩序而设置的武装性质的国家治安力量,也指构成这种力量的人员。主要担负保障社会治安,预防、制止危害社会行为的发生,侦查、逮捕犯罪者等责任。阶级专政的重要工具。在不同类型的国家,警察的阶级性质不同。”①

(4)综合论观点。即从不同的角度来定义“警察”的概念。从现代社会专业分工来看,“警察”是一种社会职业称谓;从社会力量的角度来看,“警察”是指“警察机关”或“警察人员”;从社会功能的角度来看,“警察”是指“警察作用”,即以维护公共秩序、保护社会安全、防止一切危害行为、促进人民福利为目的,以指导、服务、强制为手段之行政作用;从社会行为角度来看,“警察”是指“警察行为”,即在国家的统治与管理中,运用武装的、行政的、刑事的手段,维护国家安全与社会治安秩序的行为。

以上几种观点的“警察”定义,都是目前中外警学研究中较有影响的“警察”定义。经过分析,我们可以看到这几种观点对“警察”是什么,这些回答各有独到之处,但也存在不周之处。

首先,政务论观点的定义虽然指出“警察”是国家的职能部分,但没有进一步将警察职能政务与其他国家职能政务区分开来,“警察”的特点在定义中没有表述,从

---

① 辞海编辑委员会编:《辞海》,上海辞书出版社。

而不能揭示警察的特殊属性,尤其是上述列举定义中,认为"警察"为增进公共利益为目的之政务的所谓"警察福利论"观点,更是掩盖了"警察"的特殊阶级本质,混淆了警察专政职能与一般社会福利之间的界限。

其次,持行为论观点的学者对"警察"的定义做了一个简单的等式,即警察 = 警察行为。但是,在这个等式两边的两个概念,是不可能相等的,无论从概念的内涵上还是从外延上看,警察行为都不可能包含警察现象中的全部内容。譬如,警察的法律制度,警察的组织制度,非但不包括在警察行为之中,而且反过来警察行为是以它们的存在为前提,离开了法律和组织机构这些因素,警察行为是不可能产生的。诚然,警察行为是警察现象中最突出的表现,是一切关于"警察"的社会现象的焦点,但"警察行为"只能反映"警察"的行为属性,而不能直接等于"警察"的本质属性。"警察"的概念是第一性的概念,"警察行为"的概念则是第二性的概念。

再次,主体论的定义观点实际上是"警察"一词多义解释中的一种解释。经过长期的历史发展,人们习惯于把执行国家警察职能的机构或人员称为"警察",它是国家专门设置的治安力量。但是,这种观点没有表述出警察完成任务时所需要的手段。

最后,综合论的观点,虽然从多角度分析说明警察,较为全面,却没有一个完整的最终的定义。

通过上述分析,本书较认同我国学者王明泉的观点,他认为,在对警察概念下定义时,一定要注意不能以警察的职能特征代替警察概念的内涵。因此,在对警察概念下定义时,应当考虑以下几个因素:①

第一,世界各国不论其社会制度如何,警察维持社会安宁秩序、预防和惩治一切犯罪行为、促进人民安居乐业都属于一种特殊的内务行政政务。尽管世界各国警察力量的形式多种多样,但一般都把警察力量置于政府的直接管辖之下,属于行政机关序列,而且十分重视对警察的指挥和管理。可见,警察与其他政府机关相比更能起特殊的作用,直接为统治阶级服务。

第二,警察机关与其他行政机关相比有一个显著的特征就是具有武装性,但又不同于军队。这种行政武装性是警察的独特属性。

第三,从警察的手段上看,警察在依法维护社会治安秩序过程中,要使用一些特殊的强制、命令、许可、处分等手段。这些手段比一般行政机关的行政行为、行政手段具有更大的特殊强制性。从某种意义上说,警察权力手段的行使是对特定公

---

① 王明泉:《警察学教程》,中国人民公安大学出版社1996年版,第5~6页。

民权利自由的限制,因此,警察行为不能是任意的,必须依法运用这些权力手段。

从警察概念的内涵来说,应具有上述三个方面的内容,从外延上看,警察应包括古今中外所有的警察机关和人员。据此,警察的定义应该是:

所谓警察,是指在国家的统治与管理中,根据统治阶级的意志,运用武装的、行政的、刑事司法等特殊强制手段依法维护国家安全和社会治安秩序的国家行政武装治安力量。其主要含义是:

第一,表明警察的国家性。“常备军和警察是国家权力的主要工具。”警察是遵照国家意志去实施行政的,是国家实行政治统治与社会管理的一种专门行为和作用。

第二,体现了警察手段的综合性。警察在实施其职能的过程中,综合地体现了武装的、行政的和刑事司法等多种手段。这种综合性,使它区别于单纯的军事行为或行政行为、刑事行为。

第三,表明了警察行为、目的的法制性。警察是执法者,在实施其行为的过程中,必须严格依照法律法规和政策行事。在遇有抵抗时,可以依法运用物质性的强制手段,有效地克服一切对抗,实现警察行为的目的。

总之,这个警察概念比较全面、准确地揭示了警察概念的内涵和外延,从理论抽象的角度看,具有普遍意义。

在我国,很长一段时间内人们把“警察”和“公安”看成同一个概念,即公安就是我国警察机关及其人民警察。其实,“警察”和“公安”是两个不同的概念,二者在内涵和外延上有较大差异。

“公安”在内涵上不仅指警察,也包括社会公共安全、公众安宁、公共治安;在外延上,有人认为保持生态平衡,治理环境污染和自然灾害等都属于公安的范畴。

从历史上说,北伐战争时,就出现了以“公安局”为名的警察机关,当时北伐军所到之地都将旧的警察局或警察厅易名为“公安局”。1924 年烟台市设立公安局,这是我国最早出现的公安机关。中国共产党正式起用“公安”一词,是在“八一”南昌起义后, 1927 年在南昌市设立市公安局。从此,抗日战争时期和解放战争时期,在中国共产党领导的许多根据地或解放区的政权机构中普遍建立了地方公安局。而且还专设了公安监察专员。中华人民共和国成立后,我国建立了公安部,负责领导全国的警察机关和警察队伍,各警种都在公安部领导下开展工作,是公安机关的一个组成部分。“公安”成为一个传统的概念。这是我国很长一段时间内人们把“公安”等同于“警察”的历史原因。1983 年我国进行政法体制改革,原来由公安部主管的对间谍、特务的侦查、情报等工作移交国家安全部门;同时,把监狱和劳动教养管理工作划归司法行政部门。1995 年 2 月通过,并于 2012 年修正的《人民警察法》明确规定:“人民警察包括公安机关、国家安全机关、监狱、劳动教养管理机关的人民警察和人民法院、人民检察院的司法警察。”这表明,我国人民警察的管理体制、工作任务已发生了变化。在这种情况下,“警察”与“公安”已不是完全相同的概念,公安警察仅仅是我国警察的一个警种,是我国警察的重要组成部分。

总之,“公安”与“警察”是紧密联系在一起的两个概念,“公安”是中国的特殊概念,而“警察”则是一个一般概念。按照“特殊之中存在着一般”和“特殊与一般可以转化”的马克思主义观点来看,在特定的历史时期,“公安”就是“警察”,是中国的“警察”概念,随着世事变迁,“公安”变成“警察”的重要组成部分。

(二)警察学

警察学是研究警察知识体系和警务活动规律的科学,是关于如何建设警察队伍以及如何运用警察职能维护国家安全,维持社会治安秩序,预防、制止和惩治违法犯罪,保护公众、服务公众的理论以及对策的科学。

我国研究警察的学问历史悠久。在古代,警察行为分散于多个国家机关时,关于警察学问的研究存在很大的分散性。许多政治家、思想家的著述中包含着某些有关警察行为与治安对策的论述,宋朝宋慈所著的《洗冤录》,是世界上最早的一部关于法医与现场勘查的专门著作,在世界警察科学史上具有相当重要的地位。我国以警察行为为专门研究对象的警察学的诞生,则是在近代建立了警察行政制度以后。我国最早的警察学著作,有清朝光绪三十二年(1906 年)上海出版的《警察学》,①1907 年何维道、谭传恺著的《警察学》等。1933 年国家政治保卫局印发在《内战时期肃反文件》中的《审讯术》,它是我国人民公安保卫工作历史上最早的专门著作,系统总结了审讯工作的经验和方法。此外,还有一些供公安保卫工作人员专业学习的教育训练材料。中华人民共和国成立前后,在相当长的时期内,警察机关及其警察被称为公安机关和公安人民警察,“人民警察”和“人民公安”同义,所以对公安学的研究就是对警察学的研究。在中华人民共和国成立前相当长的时间里,公安工作的总结及理论观点,大多数见于党政领导人的著述及公安工作文件中,尚未形成系统的学科理论。中华人民共和国成立后,20 世纪 50 年代各公安院校编写了有关侦查、保卫、治安、劳改、警卫等方面的教材,形成了一批初具规模的公安专业系列著作,标志着我国公安学中的一些专业学科开始走上科学发展道路。到了 20 世

① 孙中华:《历史传承、现实延伸与未来需要——谈我国建立警察学学科的必然性和必要性》,载《北京人民警察学院学报》2004 年第 4 期。

纪80年代前中期,公安教育的突飞猛进推动了公安科学的进步发展,1985年出版的《公安学概论》第一次提出了公安学的概念。1993年国家教委正式批准公安学为我国高校的正式学科,这标志着公安学成为一门独立学科。2011年经国务院学位委员会和教育部批准,公安学被列为国家级学科。在研究中,对“公安”与“警察”是一个概念还是两个不同的概念、“公安学”是否等同“警察学”及其学科研究对象等问题存在不同观点和争论。“警察”这一社会现象,在人类社会有了阶级与国家以来就是一种客观存在,具有独立的学术分类、独立的研究对象和独立的学科体系。“警察学”应从古今中外的警察时空范畴去构建。

西方没有和我国相对应的警察学概念。但是有相对应的警察科学,它是西方发达国家研究警察现象、警务规律的知识体系,这其实就是我们所指的警察学。

西方警察科学可以归纳为基础理论与实用技术两大类。基础理论主要有:警察发展史、警察行政研究、警察管理研究、警察制度研究、警务原则、警察伦理、警务风格、警察文化、警务改革、未来警察模式、犯罪学、犯罪对策等。其中,警察管理研究是警察学中研究最深入、理论最成熟的部分。从某种意义上讲,警察管理是警察学的核心。从世界范围上看,凡属于警察现象的学科,均可以统称为警察学。由于警察有很强的国家性,不同国家的警察学也各有特点,以致在学科名称上各异。有的称警察学,有的称刑事司法学,我国通常称为公安学,还有的国家尚未确立这门学科的名称。

总之,警察学作为一门科学,其产生和发展的历史并不长,对这门科学的研究整体上还处在探索阶段。

二、警察学的研究对象和特点

(一)警察学的研究对象

概而言之,警察学是以警察为研究对象的科学,研究什么是警察,为什么要开展警务活动,怎样开展警务活动,怎样维护社会公共安全,其主要范畴有警察、警务活动、安全、风险、犯罪等。

具体地说,警察学的研究对象主要包括三部分:一是研究警察的知识体系;二是研究警务活动的规律;三是警务工作对策。

关于警察的知识体系,主要包括三个方面:一是警察的一般知识,如警察的产生、发展、本质、价值、职能、职责、职权和法律责任等内容;二是警察的基本规范,包括法律规范、纪律规范和道德规范等基本规范;三是警察组织以及组织管理,包括管理体制、警察的录用、考核奖惩、教育培训、警衔晋升、辞职、辞退和退休、执法监督等内容。通过对警察知识体系的学习和研究，对于培养和强化警察意识，提高警察的整体素质，增强警察人员履行职责的自觉性和准确性有着重要的意义。

关于警务活动规律，则是从动态的角度研究警察的警务实践活动，探索警务活动的客观规律。对警务活动规律的研究包括以下三个方面：一是警察客体的活动规律，其主要有犯罪行为、治安违法行为、治安事件（与犯罪或治安违法相联系，危害社会治安，扰乱社会秩序，产生不良政治影响或社会影响，需由司法机关参与处理的社会事件）、违警灾害事故（治安灾害事故，如交通事故、火灾事故）等。除这种对国家、社会和人民有侵害性的客体之外，还有受违法犯罪行为侵害的对象，即警察主体的保护与服务的对象，这是警察客体的另一部分。二是警察主体的活动规律，如警察素质、队伍建设、警察监督、警察信息与情报、警事预测等。三是警察主体与警察客体相互作用的关系，研究警务活动的规律，可以提高警察人员的实际工作能力和适应能力，掌握警务活动的规律性，从而有效地实现警察保卫国家安全和维护社会秩序，预防、制止、惩治违法犯罪，保护人民、服务人民的历史使命。

关于警察工作对策是警察学研究的重要内容。警察工作对策，是指为解决国家安全和社会治安秩序方面的问题而制定并实施的方针、政策、法令以及所采取的专业措施与手段。警察学各方面的研究，最终是为了正确地制定和有力地实施各种对策。例如，惩办与宽大相结合的政策，社会治安综合治理的方针，技术侦查中的密取、密听、密录等措施和手段。

警察的知识体系、警务活动规律和警务工作对策是紧密相连、不可分割的。警务活动规律是警察知识体系的一个重要组成部分，是警察知识体系的一个方面的重要内容。同时，警务活动规律的研究又必须以警察知识为基础，离开警察知识，也不可能探索出警务活动的规律性。掌握警察知识体系，把握警务活动规律，归根结底是为了能够制定出科学、合理、有效的工作对策，真正做到预防、制止、惩治违法犯罪活动，维护国家安全和社会安全。

本书限于司法行政警察教学工作的实际需要，以《人民警察法》为根据，以所有警种的一般人民警察为对象，侧重于研究所有人民警察都必须掌握的警察基本知识和基本规范，同时又尽量兼顾监狱和强制隔离戒毒人民警察的职业特点，以提高警察人员的整体素质。因此，本书的研究思路既与我国的公安学和其他警察学有一定的联系也与它们有一定的区别，从而形成警察学学科的新特点。

由于警察在我国的称谓是人民警察，所以本书研究的警察学实质上是中国的人民警察学。

警察学的基础理论体系。本教材在综合、吸收以前警察学理论研究基础之上，提出并形成了一个全新的体系，由警察史、警察本质、警察职权、警察规范、警察管理论、警察执法监督、警察救济论七个部分构成。这个全新的体系较之以往具有以下明显的优势：一是更加明确地阐释了警察学基础理论的灵魂和主题，即警察是什么，警察应该是什么。二是明确警察学基础理论的学科定位，即警察学是最一般、最普遍、最抽象的理论，对警察学其他分支学科具有普遍的指导作用。

（二）警察学学科的特点

1. 警察学的政治性

马克思主义认为，警察是国家机器的重要组成部分，是阶级专政的重要工具。国家赋予警察特定的权力，警察必须忠实地执行统治阶级的国家意志，无条件地执行国家的法律、政策，是代表国家行使权力的重要的政治工具。古今中外没有超阶级的警察，也没有脱离政治的警察。因此，以警察为研究对象的警察学必须讲政治。

我国警察学的研究是以马克思列宁主义、毛泽东思想、邓小平理论、"三个代表"重要思想、习近平新时代特色社会主义思想为理论指导，辩证唯物主义和历史唯物主义的世界观是我国警察学研究的根本方法论；服务于改革开放和社会主义现代化建设是我国警察学研究的根本目标；密切联系群众，接受人民监督，维护人民利益，全心全意为人民服务是我国警察学研究的根本宗旨。

警察学的政治性不仅体现在研究过程中的根本方法、根本目标、根本宗旨上，还体现在其研究的结果上。我国警察学研究的成果必须有利于坚持党的领导，有利于坚持社会主义，有利于坚持人民民主专政，有利于坚持马列主义、毛泽东思想和习近平新时代中国特色社会主义思想。同时，还要有利于党和国家方针政策在警察工作中的贯彻执行，有利于宪法和法律的贯彻执行。

警察学必须坚持政治性和科学性的高度统一。科学性是任何一门学科都必须遵循的基本原则，警察学的科学性是警察知识和警务活动规律的客观性。警察学的科学性是其政治性的基础，政治性是其科学性的保障。坚持政治性和科学性的高度统一，是警察学成为科学的重要前提。

2. 警察学的规范性

公正的法治秩序是正义的基本要求，而法治取决于一定形式的正当过程，正当过程又主要通过程序来体现。警察机关执法规范化就是要加强对权力运行的制约和监督，把权力关进制度的笼子里。"如果一种法律秩序较完善地实行着法治的准则，那么这个法律秩序就比其他法律秩序更为正义。"①警察执法规范化是法治中国

① ［美］罗尔斯：《正义论》，何怀宏等译，中国社会科学出版社 1988 年版，第 234 页。

的一种必然的民主政治选择，更是现代法治国家的一种必然的法律主张。当前，我们要深刻认识警察机关加强执法规范化建设的重要性、紧迫性，要将执法理念人本化、执法主体精英化、执法装备信息化、执法流程标准化、执法场所功能化、执法动作创新化融入执法规范化建设中。① 因此，我国各个警种都对本警种的执法作出了规范化要求，如《公安机关办理刑事案件程序规定》《公安机关办理行政案件程序规定》《公安机关执法细则》《监管改造环境规范》《罪犯改造行为规范》《监狱教育改造工作规定》《人民检察院司法警察条例》《最高人民法院关于人民法院司法警察依法履行职权的规定》等。

国家通过制定警察法律法规，对警察的权力、义务、纪律、组织管理、警务保障、法律责任等都作出了明确的规定。这些法律规范与政策、纪律、职业道德共同构成警察的基本规范，将警务活动限定在这些基本规范的范围之内。这是国家现代化和法制化建设的必然要求，也是当今世界各国警察学研究的一个显著特征。

3. 警察学的实用性

我国警察学研究的根本目的是加强警察职业化建设，保证警察基本任务的完成，更好地服务于人民和社会主义现代化建设。警察学是对警察工作实践和警务活动规律的概括和总结，警察学不仅回答“是什么”和“为什么”的问题，更重要的是要回答“怎么办”的问题。因此，警察学的应用性和实用性是很强的，对警务活动具有重要的指导意义。

警察学在警察教育中具有不可替代的作用。警察学是使人民警察全面、深刻地认识警察工作和警察职业的必修课。不论是在职警察的继续教育培训，还是对警察院校预备警官的系统教育，都必须了解和掌握警察学。由于警察工作的广泛性，于是有了不同警种的区分，尽管各警种的性质和具体工作任务不同，但在本质上任何警种都是相同的。作为人民警察必须了解所有警种的一般知识和基本规范，不仅要掌握本警种的专业知识，还要对其他警种的知识有所了解。

本书作为教材，在体例编排、内容设计上不同于其他学术研究著作，它更符合教育的科学规律，更符合教学规律和要求，不仅注重理论性还注重应用性、专业性、可操作性，以实现高等司法警官院校的人才培养目标。

4. 警察学的综合性

警察行为会涉及各种社会关系，警察学的研究也包括各种社会关系，如警察与政府、警察与公众、警察与媒体、警察与警察、警察与罪犯、警察与犯罪、中国警察与

---

① 缪文升:《警察法学原理》，中国人民公安大学出版社 2017 年版，第 15 页。

外国警察等，这些社会关系问题的研究和解决，会涉及多种学科如哲学、政治学、法学、犯罪学、心理学、管理学、文化学、行政学、统计学等，警察学的研究需要多种学科的知识，需要多种学科的研究方法共同联合研究。

三、警察学与相邻学科的关系

（一）警察学与警察法学

学者们对警察法学的内涵界定有不同观点。例如，"警察法学即以警察法为研究对象的一门学科，属于法学的分支学科，是一门刑事法学、行政法学和组织法学相交叉的综合性法学学科"。[①]"警察法学作为法学学科的重要组成部分之一，是专门研究警察法律现象及其发展规律的法学学科。"[②]"警察法学是关于警察法律制度和警察法治实践活动的科学，是以警察职能为标准而产生的一门新兴的综合性的学科。"[③]"所谓警察法学，就是立足于警务活动实践，以警察权力的设定、运行、保障、监督、救济为研究核心，以警察法律规范为研究对象的一门法学学科。"[④]"警察法学是近年来兴起的一门交叉学科，是法学和警察学的有机结合，旨在研究和解决警察法治建设中的理论与实践问题。"[⑤]"警察法学应该以警察法治实践为逻辑起点，在探索警察法律现象及其发展规律的基础上，以法学基础理论和公安学基础理论研究成果为依托展开研究，警察法学应当属于法学和公安学（警察学）下属的二级交叉学科。"[⑥]具体来说，警察法学所研究的警察法律制度包括警察专门法，即明确以警察为主体的法律规范；警察相关法，即没有特别规定警察为执法主体及其职责，但依据警察职权，警察也必须适用的法律规范。因此，警察法学的研究对象应该包括警察法律制度及其实践、与警察法律制度密切相关的法律制度、警察法治活动中法律适用所涉及的相关问题等方面。[⑦]由此可以看出，警察法学的内涵界定在研究的过程中越来越科学和明确。

因此，我们认为，警察学和警察法学紧密联系又有区别。二者都把警察和警察行为作为研究主体，都研究法治建设过程中的警察理论与实践问题，都把警察职责

---

① 周云：《警察法学的学科定位》，载《云南公安高等专科学校学报》1999 年第 4 期。

② 高文英、孟昭阳：《警察法学的研究现状及其发展完善》，载《公安教育》2002 年第 5 期。

③ 程琳：《加强警察法学研究 推进警察法治建设》，载《公安教育》2011 年第 2 期。

④ 王运生：《论警察法学在公安法学教育中的地位》，载《河南教育学院学报》（哲学社会科学版）2012 年第 4 期。

⑤ 程琳：《科学认识警察法学的内涵》，载《人民日报》2012 年 6 月 11 日，第 7 版。

⑥ 孙振雷：《学科增定背景下的警察法学解构与重构》，载《河南警察学院学报》2011 年第 6 期。

⑦ 缪文升：《警察法学原理》，中国人民公安大学出版社 2017 年版，第 125 页。

和权力作为研究重点,都以通过规范警察行为推动法治国家建设为目的。但是,警察学和警察法学的研究范围和角度不同。警察法学属于法学和公安学(警察学)下属的二级交叉学科,法学和警察学的研究内容都丰富于警察法学。警察法学仅仅是研究警察法律制度或以警察法为研究对象,关注运用法学的方法、原理研究警察权力的运行机理,是警察法律制度设定与运行的辩证统一。警察学不仅包括警察法学的研究内容,还更注重警察机关及其警察队伍的管理与建设,更注重警察的文化建设,更强调警察机关及其人员的政治性。

(二)警察学与公安学

公安学是关于我国公安工作规律和对策的知识体系,是我国人民民主专政条件下公安工作实践经验的总结和概括,公安学是所有公安学科的总称。

关于公安学的性质,从总体上说,公安学属于社会科学的范畴,是一门相对独立的、综合性很强的社会科学。因为社会科学是人类关于社会现象及其规律的知识体系,是人们改造社会的实践总结,而公安学恰恰是研究公安行为这特定社会现象及其规律的。公安行为是一种调整社会关系的行为,是维护国家安全和社会治安秩序、实现其改造社会目标的行为,公安学正是对这样一种社会实践的总结和概括。

我国的公安工作,在中国共产党领导下,不论是在新民主主义革命时期,还是在中华人民共和国成立后的社会主义革命与社会主义建设时期,都积累了丰富的经验,始终坚持党对公安工作的领导,坚持人民公安为人民,走出了一条有独创意义的人民公安工作的发展道路。我国公安学就是长期历史经验的总结,是具有中国特色的警察学。①

我国的警察学与公安学紧密相连又有区别。鉴于我国历史上有一段时间"公安"就是"中国警察"的代名词,所以公安学就是警察学,但是,1983 年政法体制改革和 1995 年《中华人民共和国人民警察法》颁布以后,无论是从实践中的管理体制上还是立法上都明确了公安警察仅仅是中国警察的一个警种,是中国警察的重要组成部分,所以警察学和公安学也就有了明显的区分。以公安机关和公安警察为研究主体的公安学成为警察学的分支学科,公安学中关于公安警察工作实践与理论的研究内容也就成了警察学的主要内容。警察学不仅要研究公安警察的实践与理论,还要研究国家安全警察、监狱警察、强制隔离戒毒警察、人民法院和人民检察院的司法警察。另外,从世界趋势看,警察的作用已突破了对违法犯罪"警之于先,察之于后"的传统含义,救护性、服务性、公益性、福利性的警务内容日趋增多,这也意

① 贺电、蔡炎斌:《公安学基础理论》(第 2 版),中国人民公安大学出版社 2018 年版,第 4 页。

味着警察学的研究范围日益宽泛和丰富。警察学和公安学在内容上有重要联系，在具体的研究中应该互相依托，同时也可以互相促进。

（三）警察学与行政学

行政学又称行政管理学，也称公共行政学或公共管理学。行政学研究国家行政机关及其官员依法管理国家事务、社会事务和机关内部事务的客观规律。具体来说，行政学研究的主体对象是行政机关，在中国即国务院和地方各级人民政府；行政学研究的客体对象是国家事务、社会事务和行政机关的内部事务；行政学的根本目的在于探讨行政管理的客观规律，实现行政管理的科学化。警察机关是国家行政机构的重要组成部分，执行着重要的国家行政职能。在我国，警察被列为国家公务员系列，国家公务员管理的一系列原则、规范和要求同样适用警察机关和人民警察的管理。同样，国家一般行政组织和管理的原则、原理等也同样适用于警察机关。中国的行政学和警察学都以马克思主义、中国特色社会主义理论为指导，都密切关注理论发展和中国行政发展的实践，根据中国政治、经济和社会发展变化的情况，分析研究中国行政管理，分析研究中国警察管理，也都注意学习和借鉴国外行政理论和实践经验，所以警察学与行政学关系密切。但是，由于警察是一种武装性质的具有专门任务的特殊行政组织和特殊行政力量，所以一般行政学包含不了警察学的全部内容。因此，警察学与行政学的区别也是显而易见的。

（四）警察学与犯罪学

犯罪学是专门研究犯罪现象、犯罪原因及其规律的科学。由于警察职业和犯罪现象是相辅相成、对立统一的关系，毫无疑问，研究犯罪的原因、现象及其规律问题，是警察实施预防、制止和惩治犯罪的一个基本前提。但是，警察学并不研究具体的犯罪原因和犯罪现象，而是以犯罪学揭示的犯罪规律为基础，研究如何打击、预防和惩治一切犯罪，进而保证人民安居乐业，使人民警察更有效地从事各种工作。

（五）警察学与其他警察业务学科

由于警察任务的广泛性和复杂性，各国往往都根据警察不同的任务将警察划分为不同的警种，分别研究不同警种的不同任务和不同特点，形成了不同的警察业务学科，比如我国的公安管理学、侦察学、预审学、监狱学、狱政管理学、罪犯改造学等。随着科学研究的深入发展，不同的警察业务学科还将陆续产生，越分越细。这样，认识和把握警察学与其业务学科的关系也就十分重要。警察学与其他警察业务学科的关系是一般与个别、共性与个性的关系。

首先，警察学与其他警察业务学科的研究对象各有区别。警察学是以警察知识体系、警务活动规律和警察工作对策为研究对象，它是以警察法为根据，研究所有警察最一般的、最普遍的共性规律,它对所有警种和所有警察业务学科具有普遍指导意义。其他警察业务学科是以某一警种或某一警种的某方面为其研究对象,它们所揭示的规律也仅适用于某一警种或某一警种的某一方面。其次,警察学与其他警察业务学科又有很密切的联系。警察学必须以警察业务学科所揭示的特殊规律为自己研究的资料,警察业务学科的不断发展必将不断推动、完善警察学的发展。同时,警察学对警察实际业务和警察业务学科的发展具有普遍指导意义。无论哪个警种业务的开展,无论哪种警察业务的研究,都必须以警察法为依据,以警察知识和警务活动规律为指导,去从事实际工作和业务研究工作。

四、警察学的研究方法

任何学科都有自己的研究对象及与此相联系的、自己特有的研究方法。警察学是关于警察行为的科学。要把握警察学这门学科的科学体系和内在本质,必须掌握它的研究方法。警察学研究方法,是指从世界观的高度来认识警察行为的方式模式、手段的总和。警察学是一门独立的学科,它的研究方法概括地讲有以下几种:

(一)警察学研究的根本方法

辩证唯物主义与历史唯物主义是无产阶级的世界观与方法论,也是研究警察学的根本方法。运用这一根本方法研究警察学时,应特别注意以下四个方面:

1. 运用理论联系实际的方法研究警察学

警察学本身是一种理论,它来源于实践,受实践的检验。换言之,实践是警察学理论的源泉、发展动力与检验标准。反过来理论又指导实践,警察实践若没有警察学的理论指导,则往往会偏离方向。警察学是一门社会性和实践性很强的学科,在研究中,必须重视实践资料的占有、收集与分析,始终坚持理论与实践的结合。随着改革开放的深入发展,社会主义建设的不断推进,社会的不断变革,人民警察工作面临着许多新的问题,如何从理论和实践的结合上加以说明,作出有理论、有实践、有分析的正确回答,是当前和今后一个时期警察学的一项艰巨任务。警察学必须为实践服务,为社会主义现代化建设服务。所以,无论是学习还是研究警察学都必须坚持理论与实践相结合的原则。要做到这一点,首先需要学好警察学的基础理论,其次在学习和研究警察学理论的过程中要紧密地联系实际。

2. 运用历史的发展观研究警察学

任何事物都是发展变化的,而不是静止的、固定不变的。因此,我们应当以历史的发展的观点研究警察学,即将现在与历史和未来前景结合起来进行研究。我们对警察学的研究和学习,应该立足于现在,着眼于未来,联系到历史,看到警察的产生和发展有一个时间和空间的巨大范围。我们追溯警察学的历史沿革,并不是研究警察学的目的,而是为了从历史的回顾中,丰富研究内容,总结经验教训,吸取有益的东西作为解决现实问题的借鉴和参考。要用全面的观点和开阔的视野,正确地分析形势,深入了解敌情、社情,把警察业务建设同党和国家的总任务联系起来,服从、服务于党和国家的总任务。只有这样,才能深刻理解我国的警察行为及由此产生的社会现象,才能正确把握警察学的发展变化规律,才能促进警察学的完善。

3. 运用社会基本矛盾规律的方法研究警察学

作为上层建筑的警察学要与一定社会政治、经济、文化发展相适应。马克思主义认为,生产关系必须适合生产力发展要求规律,上层建筑必须适合经济基础的规律。警察机关作为上层建筑的一个重要组成部分,是由经济基础决定并为经济基础服务的。社会生产力的不断发展,必须改革旧的生产关系,建立和完善新型生产关系。因此,研究警察学就必须把握社会现状,明确哪些社会关系需要改革,哪些社会关系需要维护,哪些社会关系需要完善,从而使警察学理论与社会发展相协调,并且促进社会的发展。如果对警察学进行孤立的研究,就可能得出阻碍社会发展的结论。

4. 运用阶级分析的方法研究警察学

在警察学的研究中,存在两种对立的观点和根本不同的方法。一种是历史唯物主义观点和阶级分析的方法,另一种是历史唯心主义观点和超阶级的抽象方法。我们只有掌握正确的阶级观点和阶级分析方法,才能把握事物的本质。历史唯物主义告诉我们,警察是一个历史的、阶级的范畴。古今中外,一切警察都有一个共同的本质,即警察是国家机器的重要组成部分,是统治阶级用以维护和巩固其阶级统治,实现其阶级专政的重要工具。资产阶级的思想家和警察学者,从历史唯心主义出发,以超阶级的抽象方法,极力抹杀警察的阶级属性,鼓吹和散布"自然起源论"、"福利警察论"和"警察中立论",其目的在于掩盖资产阶级国家的警察对劳动人民实行专政的本质,为维护和巩固资产阶级专政服务。因此,在警察学研究中,必须坚持马列主义、毛泽东思想,必须以中国特色社会主义理论为指导,必须坚持中国共产党的领导,必须走社会主义道路,必须坚持全心全意为人民服务的宗旨,只有把握这一宗旨,警察学才具有生命力,才具有应有的价值。①

---

① 王淑波:《警察学研究方法初探》,载《吉林公安高等专科学校学报》2002 年第 4 期。

（二）警察学研究的具体方法

研究警察学的具体方法很多，主要有以下五种：

1. 社会学研究法

社会学研究法，是指对警察学与社会现象的关系、警察学的社会作用与效果进行考察，使警察学理论与社会发展相协调的方法。一切警察现象，都是基于警察行为的社会现象，是社会实践的产物。所以，警察学不是孤立存在的，而是与其他社会现象并存在一起的，因此必须在各种社会现象中研究警察学，使警察学理论与社会现象相符合。

2. 比较研究法

比较研究法，是指对不同国家的警察学和不同时期的本国警察学进行比较研究，剖析优劣，评述利弊，从而吸取精华剔除糟粕的方法，也就是“洋为中用”，批判借鉴。当今世界许多国家警察学研究发展很快，研究范围日益广泛，研究内容日益深入，因此，在警察学研究活动中，应经常了解国外警察学的研究信息与动态，及时收集资料，运用马克思主义观点进行分析比较，根据我国的实际情况，有区别地加以吸收和借鉴。只有这样，我国的警察学研究才能目光远大，视野广阔。

3. 分析和综合研究法

分析是在思维中把认识的对象分解为不同的组成部分、方面、特性等，对它们分别加以研究的方法。综合是把分解开来的不同部分、方面再组合为一个统一整体而加以研究的方法。辩证分析和综合是一个内在统一的过程，互相依赖互为前提并在一定条件下相互转化。人的认识就是一个分析、综合、再分析、再综合的循环往复不断深化的过程。分析和综合研究法，是指分析和综合运用上述各种研究警察学的方法。这种方法能兼顾警察学的动态与静态、理论与实践，使警察学研究具体、全面、深入。

4. 系统研究法

系统研究法是一种整体分析研究的方法，它从全方位、多角度的宏观层面研究事物。在警察学研究中重视系统研究法，一方面要求把警察学置于上层建筑中，纳入社会制度、经济制度、政治制度、法律制度等领域进行研究；另一方面要求加强警察学内部结构和相关部分的研究，在本系统中充分发挥各个组成部分的最佳作用和效果，以把握警察学的本质。

5. 实证研究法

所谓实证研究，是指通过科学手段采集、分析资料，然后得出可以验证的结论的方法。它是社会科学理论与客观实际之间的桥梁，是从实际研究中概括出来一般理论,再从警务实践活动中总结经验,并上升为一般理论,再从一般理论上升为对具体问题的全面认识的方法及步骤。实证研究法是警察学理论研究的主要方法之一。

五、警察院校学生学习警察学的意义

(一)学习警察学是警察院校培养和强化学生人民警察角色意识的重要途径

人民警察的角色意识,主要是指社会期待人民警察作为国家执法者在社会中应有的基本态度、价值取向和行为模式。人民警察代表国家对社会实施管理,执行公务,正确的警察角色意识是其正确履行职责、管理社会的根本保证。人民警察需要有以下几方面角色意识:

第一,人民警察要有公共利益代表意识。警察是维护社会公共秩序的特殊力量,是社会成员公共利益的代表。它通过行使社会"公共权力"管理社会治安。人民警察的身份一旦确定,即与国家产生了一定的权利与义务的关系。人民警察在执行公务、履行职责时,不是代表个人,也不是代表某一个社会集团,而是代表国家执法机关行使国家"公共权力"。我国社会主义社会的本质,决定了我国国家利益和人民群众的利益是高度一致的。作为人民警察,应当把为国家为人民谋利益作为自己的最高准则和行为规范。除此之外,不得以警察的职权谋取任何个人私利。

第二,人民警察要有为民服务公仆意识。《人民警察法》明确规定,人民警察必须密切联系群众,倾听群众意见,接受群众监督,努力为人民服务。人民警察既是国家管理人员,又是人民公仆,特别要摒弃高人一等的特权思想,摆正自己与人民群众的关系,在执勤中,尊重人、关心人,甘当人民的勤务员,想人民群众之所想,急人民群众之所急,为人民多办好事、实事。

第三,人民警察要有鲜明的政治意识。我国的人民警察队伍,是人民民主专政的工具,具有鲜明的政治特色。人民警察需要在绝对服从中国共产党的领导的基础上,在政治上、思想上以及组织上都能与党中央保持高度一致。作为人民警察,必须维护国家的安全、荣誉和利益,不得散布有损国家声誉的言论,组织或参加非法组织,组织或参加旨在反对政府的一切活动。

第四,人民警察要有鲜明的主体责任意识。人民警察被分配到一个工作岗位,意味着要担负一定的工作任务,并承担相应责任。这就要求人民警察,必须履职尽责。

第五,人民警察要有道德责任意识。我国《人民警察法》第20条明确规定人民警察必须做到“模范遵守社会公德”。人民警察与其他社会职业相比，言行举止更具有鲜明的道德示范作用，体现党和政府在人民群众中的形象。警察道德影响社会风气，也关系到我国人民民主专政的国家政权能否长治久安。

第六，人民警察要有严格的纪律意识。所谓纪律意识，就是对规章制度要严格遵守，对职责和命令要严格履行。在树立纪律意识之后，能够将外在规范的行为转化成思想当中的纪律精神和义务感。人民警察既是人民又是警察的双重身份，要求警察既要遵守普通公众应遵守的行为规范，还要遵从警察职业相应的规章与规范。警察的纪律意识不仅体现在工作方面的纪律，还体现在政治纪律、生活纪律以及学习纪律等方面。良好的纪律意识可以养成良好的自律习惯，在工作当中表现出优秀的工作作风。

第七，人民警察要有成为公平正义化身的意识。人民警察代表国家具体执行法律和法规，是社会公平正义的体现者，在处理刑事案件和社会治安管理事务时，在刑罚执行时，人民警察必须始终站在公平、公正的立场上，依法办案，不徇私情，不枉不纵。当公民人身、财产安全遇到侵犯或者处于危难情形时，应当立即救助。当公民提出解决纠纷时，应当给予帮助。当人民警察遇到违法犯罪行为时应当立即制止。人民警察是公平正义的化身，保护人民群众利益，这是人民警察赢得社会信誉和人民群众拥护的根本保证。

具有良好的警察角色意识是一个合格的人民警察的必要条件。纵观人类历史，凡是在一定岗位上做出成绩的人，无不具有明确的职业角色意识。作为一个合格的人民警察，所需要的知识和条件固然很多，但是各种知识和条件发挥的一个基本前提就是有明确的警察角色意识。警校学生通过警察学的学习，可以了解警察任务、警察权力、警察纪律、警察工作政策、警察法律法规、警察组织管理等，可以对警察职业有深刻认识，有利于培养和强化其良好的警察角色意识，也有利于将来更好地从事警察职业和做好警务工作。

（二）学习警察学是警察院校培养和提升学生警察素质的重要途径

素质是指一个人在先天生理、心理条件的基础上，通过接受环境和教育的影响，在后天获得的相对稳定的个性品质。人民警察需要较高的政治素质、业务素质、文化素质、法律素质、身体素质和心理素质。

人民警察的各项工作需要高素质的人民警察。随着改革开放的深入发展和社会主义市场经济体制的建立健全，社会各种矛盾和各种利益冲突引发的各类案件逐年增多，各类新型违法犯罪案件层出不穷，为维护社会治安秩序，切实保障公民的人身安全、人身自由，保护公共财产和公民的合法财产，为更好地预防、制止和惩治违法犯罪活动,需要建设高素质的人民警察队伍。

建设平安中国、法治中国需要高素质人民警察队伍。人民警察是我国人民民主专政的重要工具之一,在建设平安中国、法治中国和促进社会先进生产力、先进文化发展、维护最广大人民群众的根本利益方面,肩负着神圣的职责。能否忠实履行自身职责,关键在于建立一支高素质的人民警察队伍。高素质的人民警察队伍可以保障严肃执法,树立社会主义法治权威。

为适应社会经济发展和社会进步,国家需要高素质人民警察队伍。社会发展日新月异,尽管我国的改革和发展取得了新的成绩,但也面临着许多新的挑战和亟待解决的问题。比如,我国司法行政戒毒场所及其人民警察由劳动教养场所管理转型从事戒毒工作时间不长,这对广大戒毒工作人民警察的理论素养、知识水平、业务能力等各方面都提出了新的更高的要求。因此应从全局和战略的高度出发,注重提升戒毒人民警察的整体素质,更好地适应新形势、新任务的客观要求。

全面提高警察素质的有效途径是对于警察人员进行各种教育和培训。在对警察人员进行教育和培训的过程中,各门学科分别具有不同的功能和作用。政治学科旨在提高警察人员的政治素质,业务学科旨在提高警察人员的各种不同的业务素质,文化学科旨在提高警察人员的科学文化素质,技能学科旨在提高警察人员的各种技能素质。警察学是以警察知识体系和警务活动规律为研究对象,它是警察人员提高综合素质的重要课程,它的功能和作用是其他任何学科替代不了的。警察院校的学生学习警察学可以知道警察的历史、本质、义务和纪律、警务保障、执法监督等内容,全面掌握警察基本知识,为将来更好地履行警察职责和胜任警务工作打下基础。

(三)学习警察学有利于推进人民警察队伍“四化”建设

2019 年 1 月 15 日,习近平总书记在中央政法工作会议发表重要讲话,他强调,要坚持以新时代中国特色社会主义思想为指导,坚持党对政法工作的绝对领导,坚持以人民为中心的发展思想,加快推进社会治理现代化,加快推进政法领域全面深化改革,加快推进政法队伍革命化、正规化、专业化、职业化建设。为了更好地履行新时代新使命,完成党和人民赋予的神圣职责,应该加强自身建设,努力打造一支让党中央放心、让人民群众满意的高素质警察队伍。

通过培养和强化警校学生的警察意识,全面提高警察素质,有利于建设一支革命化正规化专业化职业化的人民警察队伍。警察队伍的整体素质与警察个体素质是相互作用、相互促进的辩证关系。建设一支过硬的人民警察队伍是我国现代化建设的需要。学习警察学,不仅有利于促进警校学生个体素质的提高,而且还可以通过警察个体素质的提高,促进我国人民警察队伍整体素质的提高。建设一支革命化、正规化、专业化、职业化的人民警察队伍就是人民警察队伍整体素质提高的重要表现。

思考题

1. 试析警察与公安、警察学与公安学的概念。
2. 警察学的研究对象是什么?
3. 警校学生应该具备什么样的警察角色意识?
4. 对人民警察队伍"四化"建设的要求是什么?

参考书目

[1]安政:《中国警察制度研究》,中国检察出版社2009年版。
[2]王大伟:《英美警察科学》,中国人民公安大学出版社1995年版。
[3]王智军:《警察的政治属性》,社会科学文献出版社2009年版。
[4]《汉书》卷六十三《武五子传》,中华书局1962年版。
[5]余秀豪:《警察学大纲》,商务印书馆1946年版。
[6][美]罗尔斯:《正义论》,何怀宏等译,中国社会科学出版社1988年版。
[7]缪文升:《警察法学原理》,中国人民公安大学出版社2017年版。
[8]王淑波:《警察学研究方法初探》,载《吉林公安高等专科学校学报》2002年第4期。

第二章　警察的产生与发展

教学重点与难点

1. 马克思主义警察起源观的内容。
2. 警察产生的历史条件。
3. 中西方警察制度的历史发展。
4. 西方四次警务革命对第五次警务革命的展望及对我们的启示。
5. 人民警察机关的形成、发展与改革。
6. 我国司法体制改革,监狱戒毒系统职能的新变化。

警察是国家机器的重要组成部分,是维护统治秩序的重要工具。要了解警察的性质、职能、任务,需要认真研究警察的历史,并与世界警察的发展概况联系起来,才能全面深刻掌握我国各警察机关活动的必然性和规律性。

第一节　警察的起源

警察是一个历史范畴,是人类社会发展到一定历史阶段的产物,是阶级社会特有的历史现象,也将随着国家的消亡而消亡。

一、警察的起源

对于警察的起源,比较有代表性的观点有两种:一种是警察与人类共生的自然起源观,另一种是马克思主义的警察与国家同步产生的起源观。

(一)警察自然起源观

持警察自然起源观的学者认为,人类自从有了群体生活,就有了警察作用。还有的学者认为:警察是人类与生俱来的天性的道德行为,警察将永远伴随人类。这种观点把警察说成一种自然现象,即超阶级、超国家的现象。其实质与“国家自然起源论”如出一辙,把警察与国家看作永恒的现象。

(二)马克思主义警察起源观

马克思主义认为,警察是阶级的产物。当人类社会产生了阶级、阶级矛盾和阶级斗争,而且这种矛盾和斗争不可调和时,便产生了国家。出于国家管理和维护统治阶级利益的需要,警察就产生了。1877 年,路易斯·摩尔根的《古代社会,或人类从蒙昧时代经过野蛮时代到文明时代的发展过程的研究》出版,马克思阅读并做有笔记和论述。恩格斯在研究该著作后,于 1884 年写成《家庭、私有制和国家的起源》。书中说,《古代社会》通过对原始社会到文明社会的研究,得出了与马克思主义唯物史观相同的研究结果。

恩格斯在研究国家起源的同时阐述了警察的起源问题。他认为,原始社会是没有警察的。他说:“这种十分单纯质朴的氏族制是一种多么美妙的制度啊!没有军队、宪兵和警察,没有贵族、国王、总督、地方法官,没有监狱,没有诉讼,而一切都是有条理的。”①恩格斯还对最具典型意义的奴隶制国家古雅典进行了研究。他说:“我们已经看到,国家的本质特征,是和人民大众分离的公共权力。雅典在当时只有一支国民军和一支直接由人民提供的舰队,他们被用来抵御外敌和压制当时已占人口绝大多数的奴隶。对于公民,这种公共权力起初只不过当作警察来使用,警察是和国家一样古老的……这样,雅典人在建立他们国家的同时,也创立了警察,即由步行和骑马的弓箭手组成的真正的宪兵队……国家是不能没有警察的。”②他又说:“雅典民主制的国民军,是一种贵族的,用来对付奴隶的公共权力,他控制奴隶使之服从……为了也控制公民使之服从,宪兵队也成为必要了。”③在这里,他揭示的“雅典人在创立他们国家的同时,也创立了警察”,是有普遍意义的历史现象;他说的“警察是和国家一样古老的”,是具有经典意义的历史概括;“国家是不能没有警察的”④则说明了警察与国家的本质关系。他的一系列论述,使马克思主义警察起源观建立在唯物史观的基础之上,是科学的警察起源观。

二、警察产生的历史条件

在原始社会末期,随着生产力的发展和私有制的产生、阶级的出现、国家的形

① 《马克思恩格斯全集》(第 21 卷),人民出版社 1995 年版,第 111 页。
② 《马克思恩格斯全集》(第 4 卷),人民出版社 1995 年版,第 114 页。
③ 《马克思恩格斯全集》(第 4 卷),人民出版社 1995 年版,第 115 页、第 167 页。
④ 《马克思恩格斯全集》(第 4 卷),人民出版社 1995 年版,第 114 页。

成，警察应时而生。

（一）生产力的发展，私有制的出现，是警察产生的经济条件

与其他上层建筑的产生一样，决定警察产生的最终原因是经济关系的发展。原始社会后期，生产力的发展带来了剩余产品，出现了商品交换和私人占有，利益差别扩大，贫富分化显现，整个社会发生了根本性的变革。原来习惯性的力量和氏族长的威信失去作为调整人们行为规范和维护社会秩序的功能。正如摩尔根在其《古代社会》一书中所讲，古希腊在私有制产生后，“财产所有权，这时已经成为压倒一切的兴趣所在”。以一种对全社会都有权威性的强制性力量来保护私有财产，特别是保护奴隶主的私有财产，就成为历史的需要。在古巴比伦的《汉谟拉比法典》中，关于侵犯财产罪规定最多，判罚最重，“窃财者死”。这就为警察行为的萌生和强化提供了经济保障。

（二）阶级矛盾的不可调和性，统治阶级内部矛盾的不可调和性是警察产生的阶级条件

人类社会进入奴隶社会后，残酷的剥削与激烈的反抗，形成尖锐对立的阶级矛盾。在统治阶级内部也存在种种不可调和的矛盾和斗争。最高统治者为巩固自己的统治，镇压奴隶反抗斗争，镇压统治集团内部反对派并使之臣服，需要一支强有力的武装力量，警察的产生就成为历史的必然现象。

（三）维护统治秩序和惩罚犯罪的客观需要，是警察产生的社会条件

进入阶级社会后，对于各社会阶层而言，都需要一个正常、稳定的生产生活环境，对危害社会秩序的违法犯罪行为，客观上都需要惩治。警察的产生正是迎合了维护秩序和惩治违法犯罪的社会需要。《左传·昭公六年》记载：“夏有乱政，而作禹刑；商有乱政，而作汤刑；周有乱政，而作九刑。”同时，统治阶级开始任命行使警察职能的官吏。因此，依靠警察力量打击惩罚犯罪，维护统治秩序，是警察产生的客观条件。

（四）国家机器的形成和完善，是警察产生的政治条件

进入奴隶社会后，统治阶级在建立国家的同时，不断成立并完善行使不同职权的职能机关，比如军队、宗教祭祀机构、司法力量等。在国家机器中，警察职能机关不可缺少。这些机构相互影响、相互制约，共同成为国家的机构支撑。因此，警察的产生与国家的产生有着共同的历史条件，警察也不能脱离国家而存在。当国家存在的历史条件消失之际，现代意义上的警察也将随之消亡。

第二节　警察制度的历史发展

所谓警察制度，是指要求警察共同遵守的规程或行动准则，以及规范管理警察的工作机制。[①] 而警察制度的确立是建立在警察产生与发展的基础之上的。警察职能是研究警察制度的切入点。纵观中外警察职能的发展变化，在不同的历史时期，受到社会条件诸因素的影响，呈现出一定的阶段性，警察制度的产生和发展因之划分为古代警察、近代警察和现代警察三个时期。

一、古代警察制度

（一）古代西方警察职能的历史发展

古代警察是指奴隶社会和封建社会中行使警察职能的机构、力量及行为。西方古代警察时期指的是从警察产生，直至资产阶级警察产生以前的阶段。

古埃及设有负责司法和治安的官员，并配备警察首领（税收为其主要职责）作为助手。古巴比伦王国在汉谟拉比统治时期，于公元前1792年制定了现存最早的成文法典《汉谟拉比法典》，以此开展警务活动。例如，监视逮捕官员，处死逃避兵役的人员，处死逃跑的奴隶以及保护他们的人等。古印度的文献中记载了雅利安人氏族部落开始解体、国家雏形形成时期的警务活动，主要的职责是保护部落及其疆土，抵御外来侵略，对内进行统治及处罚。古希腊文明在其全盛时期，警务活动大量出现。正如恩格斯所讲："雅典人在创立他们国家的同时，也创立了警察，即由步行和骑马的弓箭手组成的真正的宪兵队……不过，这种宪兵队却是由奴隶组成的。"[②]这些警察活动的内容包括维护治安、逮捕、看守罪犯等。

这个时期地方行政官兼理司法、治安和税务，警务力量带有军事色彩。[③]

1. 古罗马的警务活动

（1）第一阶段（公元前509年～公元前27年）的警务活动

罗马共和国时期的警务活动有两个特点：一是各级官员行使警察权，组织并领导成立维护社会秩序镇压暴乱的力量。其设置的营造官、三人行刑官，分工明确。二是公民自助维护公共安全与私人安全，参与守卫巡逻、预防叛乱，实行自保。

---

① 王明生主编：《公安学基础新论》，中国人民公安大学出版社2015年版，第6页。

② 《马克思恩格斯全集》（第4卷），人民出版社1995年版，第116～117页。

③ 王明生主编：《公安学基础新论》，中国人民公安大学出版社2015年版，第6页。

(2)第二阶段(公元前27年~公元395年)的警务活动

罗马帝国时期，随着帝国扩张、城市规模的扩大，维护社会秩序的任务更加艰巨。而共和末期传统罗马贵族的地位及其领导的警务活动受到冲击，公民自助的警务活动越发呈现出松散式微态势。在这种背景下，执政者对罗马城的警务进行改革。

一是创建近卫军，驻扎罗马城及其周边，负责警卫元首安全，镇压民众暴动；二是成立城市军团，驻扎在罗马城内，承担维护罗马城市治安，处置突发事件及监管奴隶的职责；三是建立消防军，负责罗马城夜间守卫与巡逻，火灾扑救及防范。地方上，驻扎在各行省的罗马军团设置警卫哨所，组织秘密情报机构，维护当地社会治安，镇压暴动与骚乱。

古罗马的警务制度是一种带有中央集权和军事色彩的模式，为后来欧洲大陆警察体制奠定了基础。

2. 古代英国的警察制度

由于古代英国从原始社会进入封建社会的特殊路径，在社会管理和阶级统治中，重视地方和公民自治，轻视统治者和国家权力，君权相对薄弱，这些特点深深影响着警务活动的开展。

(1)泰兴制

从中世纪开始，英国的封建政权与原有的自我警务或私人警务结合，形成“泰兴制”的治安制度。即每十户人家组成一个泰兴组，所有成年人都有义务维护本十户区的治安秩序，也有权将违法犯罪者逮捕并送交百户区法庭或郡法庭审判。每泰兴组设泰兴官一人。泰兴官的领导是百夫长，百夫长的领导是千户长。如泰兴官失职，则整个泰兴组十户人家都要连坐受惩罚。

同时还实行“大喊大叫捕盗制”。如果发现有人犯罪，泰兴组所有成员都应当立即追捕罪犯。如果罪犯没有被抓捕到，那么他将被宣布丧失公权，一旦被抓住会被当场杀死。

(2)十户区制

10世纪，盎格鲁—撒克逊王国时期地方行政区设郡，郡之下设有若干百户区，百户区之下是若干十户区。相邻的十户人家居住的区域构成一个十户区。十户区既是最小的行政区，又是最基层的治安组织。十户区设十户长，由各户户长轮流担任，负责带领本区域内的所有成年男性居民维护治安和法律秩序，并向其上的百户长汇报工作。十户区内所有成年男性居民都有义务维护本区域的治安秩序，追捕罪犯并送交百户区法庭或郡法庭审判。

十户区制实行十户联保、集体负责,地方政府与民间力量相结合,是一种有效的维护治安的方法。到诺曼王朝,十户区制发展为十户联保制。

(3)十户联保制

英国进入诺曼王朝(1066~1154年)后,威廉一世改革原有的政治制度,建立了以郡区为主体的半自治性的地方行政和司法管理体制。十户区制演变为十户联保制。十户长由原来各户户长轮流担任改变为:每十户区选举1~2名负责人成为保长,对百户长负责;符合条件的成年男性均要加入十户联保体系,宣誓效忠国王;集体连坐;居民对来到本保的陌生人承担保证人责任。

在十户联保制时期,英国还产生了专职、义务的履行警察职能的官职,如验尸官、和平维护者、和平战士。他们由国王任命,承担尸体检查、追捕罪犯、维护社会秩序等一系列职能。

(4)《温彻斯特法令》

随着中世纪英国城市的人口规模的扩张,城市治安管理形势越发严峻。1285年,爱德华一世颁布著名的《温彻斯特法令》,以应对犯罪问题,重构治安管理体制。该法令的主要内容是:强化十户联保制,并将集体连坐的范围由十户区扩大到整个村庄;继续推行巡夜值守和大喊大叫捕盗制;重申武器保有法令,要求每个15~60岁的男性公民必须在家保有武器,并有专人半年检查一次武器是否到位;创设警务官,由百户区的居民推举出两名守法居民作为警务官,带领居民和巡夜看守维护本地区的法律和治安。警务官分为高级警务官和低级警务官,分别取代原来的百户长和十户长的职责。

随着《温彻斯特法令》的实施,维护社会治安和防范犯罪的职责由原来普通公众共同承担,过渡到专门的机构和人员承担,英国的警务活动逐步法治化。《温彻斯特法令》可谓影响深远。

(5)治安法官制度

公元13世纪末期,英国城乡之间的联系越来越密切,传统的地方自治制度局限性显现。为便于全国范围内政策的制定和执行,1361年爱德华三世颁布《治安法官法》,确立治安法官制度。主要内容是:全国的每一个城镇和乡村都配备由国王任命的治安法官,主要职责是保护人民免受犯罪行为的侵扰,保护和平安全的生活秩序;每位治安法官配备3~4名助手,其职责是制止犯罪,抓捕看官罪犯,将他们带到治安法官面前接受法律审判。

英国古代警察制度体现出浓厚的地方自治色彩,所有社会成员都承担维护社会治安的责任与义务,“全民皆警”;根据有关法令设置的官职主要针对犯罪问题,仅行使部分警察职能，尚无专职的警察机构和专业的警察人员。

3. 古代法国的警察制度

法国在进入封建社会的过程中，封建领主在其领地范围内主导警务活动，享有包括司法权在内的一切权力。菲利普二世时期（1180～1223年），为强化最高统治者的权力，设立代理人统治自己的领地，并通过代理人确立了以国王为核心的全国地方行政系统。

（1）骑警队

1254年，路易九世颁布法令，成立了一支由20位骑兵和26位步兵组成一队的夜间巡警队，负责维护巴黎城的夜间秩序安全。这就是骑警队的前身。英法战争期间为应对动荡不安的社会局面，腓力六世于1337年设立“法国骑兵团”（后改称宪兵骑警队），由负责公共安全的宪兵组成。他们平时奉国王指令监督领地代理人，战时维护军纪、监管士兵。此后的几十年，宪兵骑警队组织逐步扩大，活动范围也由城市扩展至广大农村和公路。

1536年，法兰西斯一世授权骑警队，处理城市以外道路上各类犯罪行为。同时，骑警队作为一支机动力量，担负平息处理城市暴乱、骚乱的职责。骑警小分队还发挥着情报组织的作用。

1720年、1778年，法国先后颁布政令，骑警队在全国建立了统一的组织。他们既是军队的组成部分，又承担维护社会治安、预防打击犯罪的职责。骑警队的基层建制是连队，连队内的法庭专司审判职能，各级士兵负责警务。

骑警队作为维护社会治安的一支重要力量，在法国警务史上具有重要地位。它也是现在法国国家宪兵的前身。

（2）警察总监

1661年，路易十四亲政，这位宣言“朕即国家”的君王为巩固专制统治，在1666年设立巴黎“警察总监”一职，并明确“警察……在于确保公众和个人的安宁，清除所有可能引起混乱的因素，使每个人都按照他的身份和责任安居乐业，给社会带来繁荣”①。诏令详细规定了警察总监的职责：维护城市及周边地区的治安秩序，控制煽动性活动和骚乱，管理武器，管理旅馆及出租屋等特殊行业、新闻出版行业，监督检查食品卫生及市场秩序，维护公共卫生，调查审判罪犯等。同时赋予了警察总监极大权力。1699年，路易十四再次颁布诏令，在全国各大城市设警察总监一职，接受巴黎警察总监的监督。

---

① 王明生主编：《公安学基础新论》，中国人民公安大学出版社2015年版，第13页。

与英国警察制度不同，法国警察制度体现出高度中央集权的特点，警察职能几乎涵盖国家内政的所有内容，警察职权寓于国家行政、司法、军事力量之中。但此时期全国自上而下尚未建立统一的、专职的警察队伍。

（二）古代中国警察制度

中国警察职能起源于原始社会解体和夏王朝建立时期。据古文献记载，舜任部落联盟首领时，已出现阶级和国家的雏形。当时部落联盟议事会中设有九种官职，其中“司徒”和“士”就执行部分警察职能。据《尚书·舜典》记载：“契，百姓不亲，五品不逊。汝作司徒，敬敷五教，在宽。”意即作为司徒之官要负责教化百姓，传播五品伦常之教，使之遵守尊卑等级秩序。士由皋陶担任，掌管并刑，既管军事，负责对外防御，也掌管狱讼。《论衡·是应篇》记载：“皋陶治狱，其罪疑者，令羊触之，有罪则触，无罪则不触。”

自公元前21世纪，夏朝建立，中国进入阶级社会后，古代警察制度在不同的历史时期呈现出不同的变化。

1. 奴隶社会的警察制度

夏朝建立后，制定刑法，组建军队，设置监狱，萌芽状态的警察职能寓于行政、军事、司法三种职能之中。夏朝设置的六卿中，三种官职行使警察的某些职能：司徒执行治安警察的职能，司马执行边防警察的某些职能，士执行刑事警察的某些职能。

西周以后，我国行使警察职能的机构越来越健全、分工越来越细致。据《周礼》记载，司寇专管刑事犯罪，司民专管户籍，司稽掌管社会治安秩序、拘捕盗贼，野庐氏掌管交通，掌戮执掌行刑，掌囚管理监狱等。

2. 封建社会的警察制度

公元前221年秦统一政权建立，我国进入中央集权的封建社会，在长达2000多年的时间里，古代警察机构及官职成为维护统治阶级利益的专政工具，警察制度进一步发展完善。

（1）秦汉时期的警察制度

在中央政权设置郎中令、卫尉、廷尉等官职。郎中令统揽宫中安全事务，卫尉负责皇宫警卫，廷尉掌管司法事务。在地方上行使警察职能的，京城有中尉（汉武帝时改称执金吾），郡县是最高行政长官郡守和县令集行政、军事、警察职权于一身，同时设有郡尉和县尉，掌管治安事务。在基层行使警察职能的机构一是乡，作为秦代的基层行政机构，乡设游徼，执掌巡逻捕盗事宜，维护治安。二是亭，专门维持社会治安，遍布于驿道关隘和市场街道。

(2)唐宋时期的警察制度

唐代负责宫廷警卫的是南衙十六卫和北衙六军,京师治安由左右金吾卫掌管。宋代沿袭唐制,在京师设置左右巡司,全国设巡检司作为专职的警察机构,县尉司为地方治安机构;基层实行保甲法,担负巡逻警戒、防范盗寇的职责。

(3)辽、金、元时期的警察制度

辽、金、元都是少数民族统治者建立的政权,都设有宫廷警卫机构,京师有巡检院掌管治安事务。元代设"大都路兵马都指挥司",专管京都警卫捕盗事务。

(4)明代警察制度

明代警察组织机构设置严密,分工明确。宫廷警卫力量是十二卫,其中锦衣卫地位最为显赫,由皇帝直辖。京城有东西南为中五城兵马司。永乐年间的东西两厂和锦衣卫,合成"厂卫",由宦官提督、直属皇帝,成为凌驾于国家治安和司法机构之上的秘密警察组织。

(5)清代警察制度

清代宫廷警卫力量是侍卫处,京师治安机构是步军统领衙门和五城兵马司,地方治安设道员、巡检等官职,基层则强化保甲制度。

纵观我国从奴隶社会到封建社会的警察制度,有明显的特征:执行警察职能的机构从中央到地方日趋完善,开始形成体系;军警不分,军、警、政、法合一,警察职能寓于军事、司法、行政职能之中;警察行为超越于法律,皇帝的意志和各级官员的意志对警察行为起主导作用;私刑普遍存在,刑讯逼供是法定办案手段。

二、近代警察制度

近代警察是适应资本主义制度需要而建立起来的专门执行警察职能的机构和官吏。它的产生和发展从16世纪末到18世纪初经历了漫长的历史,发端于西欧,是资本主义发展的产物,是社会生产力迅速发展和社会分工日益细密的必然结果。近代警察首先在欧洲资本主义较为发达的国家建立起来。这是因为在这些国家,资本使社会形成无产阶级和资产阶级两大对立的阶级,资产阶级为了维护自己政治统治和经济利益,必然要强化警察职能;资本主义商业的发展,使城市经济生活和社会生活复杂化,城市交通、消防、公共秩序、社会犯罪等一系列社会治安问题日益突出。为了维护社会秩序,对付犯罪,需要建立专职的警察队伍。

(一)近代英国警察制度

英国是近代警察制度的发源地,警察制度经历了从萌芽到发展完善的过程。

1. 近代警察制度的萌芽

16世纪,随着纺纱业的发展,英国生产力水平快速提升,城市经济空前繁荣,城市发展中的一系列问题随之而来。为维护社会治安秩序,1597年,英国设置独立行使警察权力的治安法官。在郡长下设保安官,指挥百人团负责地方治安。同年颁布的惩治流浪汉和乞丐的法令规定:流浪者、长期乞丐或不受约束者,都必须服从治安法官和警务官的命令。

1714年,英国颁布《镇压骚乱法》,明确规定:聚众12人以上,超过1小时的非法聚众暴动、骚乱、集会,使公共秩序遭到破坏时,只要有治安法官签署的命令,就可以驱散或镇压。这种情况下,警务官和巡警即使杀死了集会者也不予追究。治安法官和保安官的权力、职责得到保障。这是西方近代警察制度的雏形。

针对日益严峻的城市治安状况,18世纪英国地方的警务改革取得成效。亨利·菲尔丁担任伦敦舰队街治安法官时,建立舰队街捕快队,这是英国历史上第一个专门的犯罪调查机构。其兄弟约翰·菲尔丁则更进一步,强化了骑警巡逻队和步行巡逻队的治安巡逻功能。菲尔丁兄弟的警务改革证明了专职警察在打击罪犯、维护社会治安方面的必要性和威力,其经验在整个伦敦地区得到推广。

1792年,英国议会颁布法令,在伦敦地区进一步完善治安法院的设置,和治安法官、警察的配置制度。帕特里克·科奎豪恩担任泰晤士河地区治安法官时,著有《论伦敦警察》《泰晤士河上的贸易和警察》等著作,理论上论述了设置新警察的必要性、必然性和合理性,以及构建大伦敦警察厅的主张。实践上,建立泰晤士河警察署,这是英国历史上第一个专门的犯罪预防警察机构。①

2. 近代警察制度的建立

19世纪初,英国社会阶级矛盾日益尖锐,治安形势每况愈下,相当多的犯罪行为得不到惩处,社会动荡不安。原有的治安法官、警务官数量、素质出现下滑,旧有的警察制度已经无能为力,必须创建更加有效的警察制度。

1829年,在首相威灵顿公爵的支持下,内政大臣罗伯特·比尔不断就警务改革问题向议会提出议案,最终获得通过,这就是具有划时代意义的《大伦敦警察法》。法案共有44条,它以专项法律的形式确定了新型警察机构的合法地位、警察权力的授予、警察招录、警察执法保障、警察机关财务管理、警察工作的基本原则及组织管理等内容。

根据《大伦敦警察法》,新成立的大伦敦警察厅由两位治安法官指挥管理(后改

---

① 王明生主编:《公安学基础新论》,中国人民公安大学出版社2015年版,第18页。

称“警察厅长”并沿用至今),他们不再行使司法裁判职责,而是专司维持治安、犯罪预防、犯罪侦查和关押罪犯的警察职能。治安法官受内政大臣直接领导、并对他负责。大伦敦警察厅的辖区划分为17个分区,每个分区设一个警察署。且每个分区划分若干巡区。警察的主要工作是预防犯罪,维护公共秩序。巡逻是警察执行警务的主要方式。

在警察的招录中,罗伯特·比尔强调新警察的非武装性和文职性,警察身着制服并佩戴特有的标识和警号(他们因此被称为“制服警察”)。新警察实行特有的警衔晋升、纪律及奖惩制度,对武器警械的配备也有专门规定。为规范队伍管理,保证新警察成员努力高效工作,罗伯特·比尔审定颁布了“警察训令”,也称为“罗伯特·比尔警务原则”,其核心精神是预防为主的警务理念,重视警民关系,警察要挂牌服务、在培训合格后才能上岗,警察文职化,警察文明执法,“最小使用武力”等。训令所确定的这些警察行为准则和警务原则,对英国乃至西方警界影响深远。由于罗伯特·比尔在创建近代警察制度方面的卓越贡献,被后人称为“近代警察之父”。

大伦敦警察厅是近代建立的第一个资产阶级性质的警察组织。首先,随着《大伦敦警察法》的通过,统一指挥、规范管理的警察管理体制初步形成,警察职能和权力得到法律保障。其次,警察队伍的统一着装、统一组织管理、统一薪酬和统一的职业保障,与旧的警察制度相比,更加正规化、专业化。

《大伦敦警察法》以及据此建立的伦敦警察系统,标志着世界近代警察制度的形成。

3. 近代警察制度的发展

《大伦敦警察法》颁布实施后的几十年里,英国议会先后通过1835年《市镇自治机关法》、1839年《郡警察法》、1856年《郡市警察法》等法律,将警察制度推广到全国。其中1856年《郡市警察法》规定:所有的郡市都必须按照大伦敦警察厅的模式建立正规的警察机关;地方政权任命郡市警察局长,负责警局的管理和指挥,但任命须报内政大臣批准,内政大臣对郡市警察工作行使监督权。由此确定了中央政府、地方政府、警察局局长三方共同管理警察的三角形管理体制。

英国1919年《警察法》是继1829年和1856年后的又一部重要警察立法。其中关于增加中央对地方警察财政拨款比例,实行统一警察工资标准和工作待遇,成立全国警察理事会和警察联盟等条款,对于提升警察社会地位,促进警察队伍的健康发展奠定了基础。标志着英国警察从一般职业化向更高层次的专业化迈进。

近代英国警察制度的总体目标是创建和发展职业化的专门警察机关,并着力塑造新型警察的平民化、文职化和非政治化等特征。它所确立的原则和制度,被引入或移植到美国、加拿大、澳大利亚等国家及英属殖民地国家。警察学界称为“自治型警察体制”(也有的称为“海洋型警察体制”)。

(二)近代法国警察制度

法国近代警察制度形成于资产阶级革命后,经历了初创和不断发展的两个时期。

1. 近代警察制度的建立

1789 年法国资产阶级大革命爆发,推翻国王路易十六的统治,建立资产阶级政权。根据制宪会议决定,废止旧的警察制度,建立资产阶级的警察制度。在每个县设保安官,负责管理维护辖区内的治安秩序。1790 年,设置地方自治团体性质的市政警察,巴黎市区按区域设立 48 个警察分局。

雅各宾专政的第一共和国时期,颁布了 1793 年宪法,并设置公安委员会行使警察权力。热月党人组成的督政府统治时期着力创建集权型警察制度。1795 年,在中央政府设立警务部作为全国警察指挥机关,地方上设立警察中心。①

1796 年督政府废除地方自治制度,预示着更加适合资产阶级强权政治的新的警察制度即将产生。10 月,拿破仑督政府颁布法律,对警察职权作出规定:警察必须以维护公共秩序、个人的自由权利与安全为目的。并提出行政警察与司法警察两种基本形式。行政警察负责预防犯罪、执行法律与规章;司法警察负责调查犯罪、搜集证据并将罪犯送交法庭起诉。该法律同时赋予警察执行警告、预防、取缔、镇压、拘留、提起公诉的权力。

在大革命前期,由于各种政治势力的角逐转换频繁,警务活动的改革虽然举措很多,却呈现出不稳定和过渡性的特点。

2. 近代警察制度的发展和完善

拿破仑执政时期,保留原警务部,作为最高警察指挥机构;设立巴黎警察厅;地方上根据人口规模设立警察局(分局)和由警务部长亲自任命的指挥官。自此构建起高度集权的庞大的警察组织系统。与此同时,为镇压国内各种外敌对势力,巩固集权统治,拿破仑高度重视警察情报工作,建立起严密的密探队伍,对新闻出版等行业进行严格监督检查,对公众思想进行控制。

1829 年,巴黎警察厅组建了一支 100 人的都市巡警队,他们身着蓝色制服、头戴三角帽,上街巡逻,履行维护城市治安秩序的行政警察的职能。都市巡警制度一

① 王明生主编:《公安学基础新论》,中国人民公安大学出版社 2015 年版,第 19 页。

经推出,便很快在全国范围推广开来。到1870年,都市巡警队更名为公安巡警队或治安警察,三角帽被法国军帽取而代之。

1818年,法国中央政府设内政部,成为最高警察管理机关,统辖全国警政事务和其他部分国家内部事务。1881年,为强化警察管理的专业性和管理力度,在内政部成立保安总局,专门指挥监督除巴黎警察厅以外的各省警察组织。巴黎警察厅直属内政部长指挥的管理体制则一直持续到20世纪。

近代法国发展成熟的警察制度在警察学界被称为"集权型警察体制"(又称"大陆型警察体制")。近代德国、日本的警察体制与之大体相似。

(三)近代中国警察制度

1840年鸦片战争以后,帝国主义列强通过不平等条约,在中国沿海、沿江口岸建立租界,将其本国的警察制度移植到中国,他们设置的所谓"巡捕房""安民公所"为中国人了解西方警察制度提供了一个窗口。从19世纪90年代开始,早期改良派一些有识之士认识到中国传统警察制度的弊端,纷纷呼吁学习西法,创办警政。中国近代警察制度正是在这样的背景下产生发展的。

1. 近代警察制度的初创时期(1898年1月~1911年10月)

(1)戊戌维新派的警政理论与湖南保卫局

19世纪90年代前期,我国改良主义思想家何启、胡礼垣、郑观应等人介绍并高度赞扬西方的警察制度,针对清朝"百弊丛生"的治安管理形势,提出建立新的警察制度,警察的职能应当集中于维持治安、清查户口和整顿街道等方面。以康有为为首的戊戌维新派丰富了上述警政主张,黄遵宪则将近代中国警政理论进一步完整系统化,并付诸实践。

1898年6月,在维新派人士谭嗣同和湖南巡抚陈宝箴的支持下,湖南按察使黄遵宪在长沙创办湖南保卫局。湖南保卫局制定有《章程》,设立总局、分局和小分局三级机构,职责是"去民害,卫民生,检非违,索罪犯"。在成员的招录、薪酬、纪律等方面都有详细规定。特别需要指出的是,在创办湖南保卫局的过程中,黄遵宪等人始终贯彻官民合办、公议公决的宗旨;成立之后成效显著,获得社会各界广泛支持与拥护。

湖南保卫局是我国近代史上最早创办的警察机构。虽然由于维新变法的失败,仅仅存在3个月就被裁,但它是戊戌变法运动在警政领域的重要成果,并从此揭开了中国近代警察制度的序幕。

(2)清末巡警部的建立

1905年,北京发生清朝出洋考察五大臣被炸事件,清统治者意识到"……巡警关系重要,亟应认真办理,以销隐患而靖人心”。[①] 采纳此前袁世凯等人的建议,正式设立巡警部,作为全国警政的最高管理机构。全国警务由各自为政、参差不齐进入统一指挥、上下贯通的时期。巡警部内设警政司、警法司、警保司、警学司、警务司五司十六科。下设京师内、外城巡警总厅、高等巡警学堂、京师习艺所消防队、协巡营、稽查处等机构。巡警部的建立,标志着我国近代警察制度的正式确立。

巡警部开展的活动,以及制定的一系列指导全国警政建设的规划性文件,为此后的警政建设奠定了基础。

1906 年,清廷派出的载泽等大臣在欧美国家周游半年多回到北京,随即奏请改定全国官制以为立宪预备折。奕劻等建议“巡警为民政之一端,拟正名为民政部”。11 月 6 日,民政部成立。民政部除仍掌管原巡警部的事务外,还将户部、工部、礼部的部分职责并入,职权范围有所扩大。原设巡警部缩编为警政司,另增入四司,共五司,并增设两厅,形成了民政部的内部机构。

(3)京师警察机构与地方警政

八国联军侵入北京后,原有的京师治安机构处于瘫痪状态,根本无法行使职权。清廷成立临时性治安机构“安民公所”。1901 年,善后协巡总局成立,负责维持京城地区的社会治安和公共秩序,安民公所撤销。1902 ~ 1905 年,清廷在京师先后设立内城、外城工巡局,旧有京师治安机构除步兵统领衙门仍予以保留外,其余全部撤销并入工巡局。清代警察制度进一步完善,职权进一步扩大。1901 年,清廷创办京师警务学堂,聘请日本人川岛浪速为监督。

步兵统领衙门是一支半军半警性质的京师地方保安机构,主要由八旗和绿营官兵组成,地位十分重要。主要职责是负责京师地区的卫戍、警备和治安。

地方上,1901 ~ 1905 年,各省普遍设立巡警军,同时发挥保甲团练制度的作用。1902 年,袁世凯在保定创设警务总局,设 5 个分局,挑选巡兵 500 人承担警务,同时设警务学堂,责令巡兵分班学习。袁世凯的做法得到清廷的赞许,要求各省效仿“办理警察”。

1907 年,清廷要求各省设置巡警道,管理全省警察事务。巡警道员“归督抚统属,管理全省巡警事宜”。巡警道的设置,是清末地方警政逐步走向正轨并渐趋一体化、正规化的重要环节。

---

① 《大清德宗实录》卷 549。

2. 近代警察制度的形成时期(1912 年 1 月 ~1927 年 4 月)

(1)南京临时政府的警政建设

南京临时政府成立后,进行了一系列资产阶级民主主义性质的改革,警政建设是一个重要方面。

第一,建立和调整警政管理机关。内务部是临时政府中央九部之一,总揽警政事务,下设警务局为专门承办警察行政管理工作的机构。首都警察机关为江宁巡警路工总局(简称江宁巡警总局,后称南京巡警总局)、南京卫戍总督府。地方警察机构则自行确定、未有定制。

第二,整顿京师治安。南京的社会治安实行江宁巡警总厅和南京卫戍总督府共同管理的双轨制。采取的措施有:设立稽查所,在车站和重点场所检查过往行李;加强对旅店业的管理,严防歹徒潜迹;[①]整顿僧道寺院;整饬军纪,约束士兵行为。

第三,开办警察教育。制定不同层次警察教育的组织规程。在中央,内务部组建警务学校,附设巡警教练所,首都和各地方均举办巡警教育机构。

南京临时政府颁布了一系列资产阶级民主主义性质的法令法规,其中有些未必是单纯意义的警察法规,而且未能全面认真地贯彻执行,但却为当时的警察活动确定了基本准则,在中国近代警察史上有重要历史意义。针对警务活动的有关法令中明确规定的禁止刑讯、厉行禁烟、查禁赌博、限制警械的使用、保护私有财产等内容,有一定的进步意义。

(2)北洋政府时期的警察制度

袁世凯篡夺辛亥革命成果,登上中华民国临时大总统的宝座后,立即"划一警制",整顿全国警政,以维护其恐怖统治。

第一,在北洋政府内务部安插亲信。排斥异己,把持全国警权。

第二,建立健全庞大的警察组织系统。在京师,扩充京师警察厅的规模,调整京师各分区警署设置,编练专职的武装警察队伍;在省会和大商埠,设立警察厅(局),后改为省级警务处;建立独立于警察机关以外的特务机构。至于县以下地区的警察机构则相对薄弱,大都有名无实或名实不符。

第三,辖制步军统领衙门,使之直接听命于总统。步军统领衙门作为军事警察机关,统率庞大的军事武装警察力量,承担刺探情报职能,在其辖区还设有监狱和看守所。1924 年冯玉祥率国民军进驻北京后,裁撤步军统领衙门,对京师警务进行相应调整。

---

① 韩延龙等:《中国近代警察史》,社会科学文献出版社 2000 年版,第 297 页。

第四,京师军警联合公所。这是驻京军事机关和警察机关联合组成的团体,听命于北洋政府当局。职责是协调军警两界关系,互通情报,强化威慑镇压力量,共同维护京师治安。

第五,在基层发展警察辅助组织。1914 年,在原有乡团保甲的基础上创设地方保卫团,行使编查户口、围捕匪徒的职能;依据《商团组织大纲》在工商业发达的城镇组建武装性质的商团,“辅助军警,维持市面,弹压乱匪”;改造宋代以来的保甲制度,使保甲集赋役、警卫和户政职能于一身,成为维护社会治安的基层组织。

第六,建立新警种。产生司法警察、卫生警察、消防警察、铁路警察、水上警察、矿业警察等专业警察。

上述警政整顿举措,是以加强和突出警察的镇压职能,来服务于北洋军阀的独裁统治的。与清末不同,历届北洋政府都把警察、军队和特务三者密切结合起来,军警特相互配合,共同镇压人民和革命力量。

北洋政府时期颁布了大量的警察法规——关于警察组织机构设置、职权的《地方警察厅组织令》(1931 年)、《京师警察厅官制》(1914 年)、《各省整顿警政办法大纲》(1915 年)、《水上警察厅官制》(1915 年);关于警务人员招录、奖惩及抚恤的《招募巡警章程》(1917 年)、《文职任用令》(1915 年)、《巡警长官赏罚章程》(1913 年)等;关于治安管理的《治安警察法》(1914 年)、《预戒法》(1914 年)、《违警罚法》(1915 年)等。这些警察法规的颁布和实施,初步改变了清末警制混乱的状况,客观上推进了中国近代警察制度的发展。

北洋政府时期注重兴办警察教育。把警察教育与集中警权有机结合,控制中央到地方警察机构。“统一教育,集中警权,注重实用,以期整饬地方警政”,是历届北洋政府推行的警察教育的基本方针。1913 年先后发布了《警察学校教务令》《警察学校组织令》等法令。在警校的设置上,加强中央一级的警察教育,1912 年成立京师(北京)警察学校,以此为基础,1917 年成立高等警官学校,各地巡警教练所相继成立。至此,北洋政府形成了包括高等警察教育(高等警官学校)、初等警察教育(巡警教练所)和特种警察教育(警察传习所)三个层次的警察教育体系。①

3. 近代警察制度的发展时期(1927 年 4 月 ~ 1949 年 7 月)

国民党统治时期警察制度的发展过程大致分为三个阶段:

第一个阶段:十年内战时期。国民党政府对北洋政府遗留的警察制度进行改造,大力加强警政建设,但统一的政令没有得到顺利实施,各地警察制度发展不

① 韩延龙等:《中国近代警察史》,社会科学文献出版社 2000 年版,第 498 页。

均衡。

第二个阶段:抗日战争时期。在国统区警政建设继续推进,且逐步统一和规范。

第三个阶段:解放战争时期。建立了严密的警察组织体系,警政建设日趋完善,警察镇压的主要对象是中国共产党及其领导的革命力量和广大人民群众。①

总括起来,国民党统治时期的警政建设主要体现为以下三部分:

1. 从中央到地方建立起完善的警察组织网络,维护专制统治

第一,中央警察管理机构——1928 年在国民政府设内政部,统管全国警察事务。内政部的职权范围较广,主管全国的土地、水利、人口、警察、选举、国籍、宗教、公共卫生、社会救济等事务。内政部下设四司,警政司是其中之一。按照内政部组织法的规定,警政司负责掌管全国治安警察、民团、出版物、礼制、宗教、保护名胜古迹、禁烟等业务。其后若干年里,警政司职能几经调整,更集中于警务管理和治安事务。警政司与全国地方警察机关只是业务上的指导关系,而非行政隶属关系。

内政部除内设警政司负责警察事务,还直接领导首都警察厅、中央警官学校等警察机构。抗日战争时期,内政部成立了直属的警察总队,担负中央各机关警卫、协调推进地方警务等职责。

1946 年,为强化中央警政机构地位,督导全国警政,内政部警察总署成立。警察总署接管前警政司的全部业务,呈现出独有特征:虽隶属于内政部,却有较强的独立性,"……对于各级警察机关以及遵照部令转饬事项,依照部令所定办法督率进行事项,曾经呈部核准事项等均可直接发布署令"。其办事细则也可自行拟定报部核准;署内设六个业务处,也多于警政司的四科。因此,警察总署的设立被时人称为"我国警察史上划时代之改制"。

第二,首都警察机关——1929 年 11 月首都警察厅成立。它直属于内政部,负责维护首都的公共安全和社会治安秩序。下设总务、保安、司法三科和督察、训练二处。另设特务组,行使思想控制和特种事务办理职权。1946 年,国民政府对首都警察厅进行调整,内设机构包括行政警察处、刑事警察处、督察处、总务处和外事警察室,以及辅助性机构。外部组织是规模庞大、分工明确的警察力量。

第三,地方警察机关——1929 年,根据国民政府《省警务处组织法》,设立省警务处,受民政厅管辖。由于处于军阀割据和混战时期,依法设立的警务处不多。1947 年按照《省警保处组织法》,原警务处改为警保处,掌管全省警察及保安事务,内设机构随之扩充。到 1948 年 1 月,国民政府行政院公布《省保安司令部组织规

---

① 韩延龙等:《中国近代警察史》,社会科学文献出版社 2000 年版,第 532 ~ 533 页。

程》,明确“在动员戡乱期间”,在各省成立保安司令部,作为军警合一的武装力量指挥机构。它隶属于国民政府行政院,职权广泛,其军事作战事务受国防部指挥监督,警察保卫事务受内政部监督。

在各省会城市、商埠和工业发达地区、县、乡镇,陆续建有警察机构(警察局、警察所或派出所)。在有些地区还实行过警管区制。

在基层,为加强对人民的控制,继续推行保甲制度,并将保甲与警察及地方自治武装结合。“以保甲、保卫(团)、保安(队)寄托于警察系统之内,以警察为保甲之重心……务期警察、保安、保卫、保甲四位一体。”①保甲成为可以行使警察职能的基层治安组织。如此,警察指导保甲,保甲辅助警察,二者互为补充,建立起从城市到乡村的治安网络。

第四,专业警察——设立了刑事警察、外事警察、司法警察、消防警察、税务警察、盐务警察、矿业警察、渔业警察、森林警察、铁路警察和女子警察。

2. 建立规模庞大的特务组织

国民党政权从一建立,在强化警察建设的同时,大力发展特务组织,作为实施恐怖统治的重要工具。

第一,“中统”特务组织——全称“中国国民党中央执行委员会调查统计局”,是以配合国民党的清党、调查党内派系起家的,采用文职编制。在各省市都有派出机构,还领导着名目繁多的特务外围组织。1937 年以前,中统的活动侧重于扩充特务组织、发展情报网,侦查、监视和破坏共产党及进步团体、组织。1938 年武汉国民党临时全国代表大会召开以后,蒋介石对特务组织进行调整改组,中统和军统进入全盛发展时期。中统局局本部设有研究室、党派、组训、交通、经调、统计等处(组)。其中党派组是其特务活动的重心,对共产党及其他进步团体的活动进行侦查、监视和破坏。抗战初期,中统特务组织的活动重点曾转向建立秘密交通,搜集日伪情报,组建行动队等特务武装为主。抗日战争胜利后,中统特务机关继续秘密搜集共产党的情报,破坏共产党地下组织,还公开镇压共产党领导的革命斗争。例如,在学校建立特务外围组织,搜集并记录进步学生的言行,炮制黑名单,逮捕、绑架、迫害进步学生;在文化出版界刊发印制污蔑共产党的书刊、资料,大搞文化破坏,并一手制造了 1946 年 2 月 10 日重庆“校场口事件”等反动事件。

第二,“军统”特务组织——全称“国民政府军事委员会调查统计局”,是由戴笠等人在蒋介石一手扶持下创办和发展起来的全国最大的特务组织,前身是“中华复

① 韩延龙等:《中国近代警察史》,社会科学文献出版社 2000 年版,第 541 页。

兴社特务处”。复兴社特务处成立初期,任务主要有:一是反共,二是为蒋介石排除异己。特务处在当时中共中央及共产党地下党领导机关所在地上海派遣特务分子,建立多个情报机构和行动机构,几次破坏上海党组织,秘密逮捕杀害大批共产党人。1938 年武汉会议后,军统组织急剧扩张,到 1945 年的顶峰时期,总人数约十万。军统局内部设有:军事情报处,党政情报处,警卫警务处,司法处,电讯处,训练处,特种政治问题研究室,特种技术研究室,辅助性机构,中美、中英、中苏特种技术合作所等机构。在全国各地及国外,设有“站”“组”等外围组织。由军统直接掌握和控制的军事、警察、外交、财政、邮电等较大的单位达上百个,军统特务打入的外围组织和基层单位更是无法统计,真正形成了一个无孔不入的特务网。① 1946 年 3 月,戴笠飞机失事死亡。蒋介石迫于各种压力对军统局进行改组,“化整为零”。军统局的核心部分改组成“国防部保密局”。

军统特务的培养模式之一是开办特务训练班,戴笠亲自兼任班主任。凡被介绍挑选提升进入军统组织或特务训练班的,须交自传一份并填表登记,经审查考核合格后举行宣誓。并规定,任何人一旦加入军统特务组织便不可中途退出,要以特务为终身职业,否则将受到严厉的纪律制裁。②

军统特务组织自一成立,始终没有停止破坏中共组织,逮捕屠杀共产党人、爱国青年及进步人士,镇压爱国民主运动,在各大城市搞潜伏破坏等反动恐怖活动。例如,1946 年起,保密局先后破坏中共苏北地区、重庆市委及四川地区地下组织;1948 年,镇压昆明学生爱国运动,制造死伤 30 余人、逮捕 300 余人的“七·一五”惨案;1949 年 10 月,在重庆集中屠杀被囚禁的共产党人和政治犯 600 余人,等等。

3. 完善警察法律法规体系,健全警察社会管理职能

国民党政权在北洋政府警察立法经验的基础上,借鉴西方资本主义的警察制度,丰富和完善警察立法体系。从立法内容上可以划分为四类:

第一类:关于警察组织机构设置。比如,《内政部组织法》《省警保处组织法》《各级公安局编制大纲》《省保安司令部组织规程》《各县保甲整编办法》等。

第二类:关于警察队伍管理和建设。比如,《警察录用暂行办法》《县政府政务警察训练纲要》《警械使用条例》等。

第三类:关于警察社会治安管理职能。比如,《违警罚法》《维持治安紧急办法》《非常时期维持治安紧急办法》《户籍法》《人事登记暂行条例》《劳资争议处理

---

① 程一鸣:《军统特务组织的真象》,载《广东文史资料》第 29 辑,广东人民出版社 1980 年版,第 223~225 页。

② 沈醉:《我所知道的戴笠》,群众出版社 1962 年版,第 169 页。

法》等。

第四类:关于刑事及刑事诉讼。比如,《戒严法》《保护管束规则》《假释管束规则》等。

上述法律法规贯彻落实的状况在全国范围内程度不一,原因或是有的立法内容脱离国情,在一些地区特别是基层难以落实;或是军阀割据、社会不稳定,使得各地方当局对中央颁布的法律法规不愿或不能认真执行。但是不能否认,国民党统治时期警政建设采取的种种举措,客观上对中国近代警察制度的法治化、职业化有一定推动作用。

三、现代警察制度

现代警察制度在西方欧美发达国家迅速发展和完善。尽管每个国家警察机构的设置和警察管理体制模式不一,但由其倡导发起的警务革命带来的理论到实践领域的革新,在时空上影响深刻而长远。

(一)西方国家现代警察管理体制

警察管理体制是警察制度的重要内容。西方国家的警察管理体制大体划分为以下三种类型。

1. 中央集权型警察管理体制

所谓中央集权型警察管理体制,是指由国家的中央政府及其中央警察机关直接统一地管理、指挥全国警察机关的管理体制。① 法国是实行这种体制的典型代表。意大利、芬兰、丹麦、瑞典、朝鲜等国家都属于这种体制。

这种管理体制的特点有:中央政府对全国警察事务享有立法权;中央政府统一设立并管理指挥警察机关;地方政府不参与管理、指挥地方警察机关,或仅作为中央政府的代理在一定程度上管理地方警务。

2. 地方分权型警察管理体制

所谓地方分权型警察管理体制,是指国家的中央政府和地方政府根据法律的授权,分别管理中央警察机关和地方警察机关,从中央到地方各层级警察机关均无隶属关系的警察管理体制。② 美国是实行这种体制的典型代表。加拿大、比利时、荷兰、瑞士等国家都属于这种体制。

有观点认为,美国是一个典型的现代民族国家,中央集权是美国政府的一个本

① 马亚雄主编:《世界警察导论》,中国人民公安大学出版社 2003 年版,第 29 页。
② 马亚雄主编:《世界警察导论》,中国人民公安大学出版社 2003 年版,第 30 页。

质特征，在这种背景下，分散、分权只是美国警察制度的表面特征，集权才是其警察制度的本质特征。[①]

地方分权型管理体制的特点有：全国没有统一的警察组织和警察制度；中央只对中央警察机关及警务活动有立法权，地方议会承担地方警察机关及警务活动的法律制定；中央政府依法设立、管理指挥中央警察机关，地方政府依法设立、全权管理指挥地方警察机关，中央政府对地方警察机关无管辖指挥权。

3. 集权分权结合型警察管理体制

所谓集权分权结合型警察管理体制，是指国家的中央政府除管理中央警察机关外，还与地方政府共同负责管理指挥地方警察机关，且中央警察机关也可以在一定程度上管理指挥地方警察机关的警察管理体制。[②] 日本、澳大利亚、德国都是这种警察管理体制的代表。

这种管理体制的特点有：全国有统一的警察组织和警察制度；中央政府具有全国性警察制度、警务活动的立法权，地方政府对地方治安管理或不享有立法权；中央政府既直接、全面管理指挥中央警察机关，又在一定程度上参与地方警察机关的管理指挥，中央警察机关与地方政府在一定程度上参与管理指挥地方警察机关。

（二）主要代表性国家的警察制度

遵循之前所述西方主要国家警察制度形成发展的脉络，选取法国、英国、美国和日本等代表性国家，介绍其警察制度的新变化。

1. 法国警察制度

（1）法国警察管理体制

法国警察实行"双轨制"，即由国家警察和国家宪兵两大系列组成。其具体设置和职责表现在：

法国国家警察总局是内政与公共安全部直辖的机构，是国家警察的中央指挥机关。内设机构有：总局办公室，警察人事与培训部，警察后勤部，国家警察总监察局，刑事警察中央局，本土治安中央局，本土警戒局，共和国治安队中心局，警察国际技术合作局，官方旅行及高级人士安全局，巴黎国家警察总局。1986 年制定的《国家警察守则》是法国国家警察管理、履行职责的法律依据。

法国国家宪兵是一种军事性质的维护军纪和社会治安秩序的武装警察。日常工作是负责未设警察地区的地方维护治安、预防犯罪的任务。这些地区主要是法

---

① 张小兵：《美国联邦警察制度研究》，中国人民公安大学出版社 2011 年版，第 23 页。

② 马亚雄主编：《世界警察导论》，中国人民公安大学出版社 2003 年版，第 30 页。

国的广大农村和偏僻地区,即1万人口以下的村镇。其领土面积超过法国整个领土面积的一半。同时承担与治安管理密切相关的反酗酒、管理武器、道路交通安全和外国人管理等。国家宪兵总局隶属于国防部,是国家宪兵的中央总指挥机关。内设机构有人事司、组织司、后勤司、通信信息司、军事司法司等。国家宪兵总局之下是国防区宪兵司令部。法国本土划分为6个国防区,与之对应,每个国防区设一个国防区宪兵司令部。在国防区之下又划分21个行政大区,每个大区设一个大区宪兵司令部,下辖:驻省宪兵——国家宪兵的主要组成部分,任务是巡逻,预防制止犯罪,辖区交通管理,信息情报收集等;机动宪兵——任务是处置大规模骚乱和暴乱,维护公共秩序;共和国卫队——主要任务是国家重要政府机构的守卫,国内外重要人物的警卫,协助巴黎警察厅完成交通管理等日常任务。

法国《国家宪兵组织法》是国家宪兵行使职权的法律依据。

法国内政与公共安全部部长在管理、指挥警察方面的权力是:制定发布有关总则性治安方面的行政规章,以及国家警察内部的勤务制度和队伍管理的规章制度;管理、指挥国家警察及调动国家宪兵的权力,包括直接指挥国家警察的所有执法活动,管理警察的录用、晋升、任免和调动,经费划拨权等;对某些治安管理问题享有个人直接决定权。

20世纪80年代,法国地方市政当局建立起市政警察,由市长直接领导,主要维护本地的交通秩序和管理卫生,经费全部来自地方当局财政预算。市政警察没有统一的装备和武装,没有统一制度,不属于国家警察系列。截至2015年,法国全国市政警察约有2万人。①

法国实行集权型的警察管理体制,国家警察和国家宪兵内部实行自上而下的垂直领导。各地方的行政首长是本地方治安的总负责人,但无权管理指挥辖区内的国家警察和国家宪兵。

(2)法国警察教育培训

法国警察教育培训模式是当今西方国家最完善、效率最高,也是最具特色的警察教育培训模式之一。②全国的警察教育培训统一领导,由警察机关负责,在警察教育的原则、目的、体系、规格、组织办法等方面,自成体系。特别是制定有严格的警察教育的规章制度和一整套规范的教育训练计划,实行招募、教育培训、晋升一体化,重视正规化系统化培养。警察和警官全部来自警察院校的毕业生,学生入学即入

① 赵旭辉:《法国最新警察管理体制之启示》,载《河北公安警察职业学院学报》2016年第1期。

② 王大伟主编:《欧美警察科学原理——世界警务革命向何处去》,中国人民公安大学出版社2007年版,第109页。

警。警察院校列入警察机关建制,实行严格的警务化管理。警察院校和培训中心的师资主要来源于实战单位中既有理论知识又有实践经验的高级警官、各级警局的优秀警官和警员,专职教师较少(占1/3),绝大部分课程由兼职教师(占2/3)讲授。

目前法国有近50所不同类型的警察教育和培训机构,根据其功能和培训对象划分为三个层次:第一层次是法国国家高等警察学院,是法国培养公务员的一类A等学校,即法国最高级别的高校。负责警监的初任培训和继续教育,除培训法国警监外,还接受外国警官的进修。第二层次是专门负责对警官进行初任培训和继续教育的两所警察学院。第三层次是根据人口密度、警察数量等因素合理分布的、专门对警员进行培训的十多所警察学校和几十个警察培训中心。还设有各种对警察进行专业技术培训的专门机构,如国家警用武器培训中心、国家警察师资培训中心、国家警体培训中心等。

在警察教育训练的内容上,注重学以致用、强调警务实用性。法国各警察学校的课程设置包括五大类:法律课程,警察组织和管理课程,警察技能,模拟实习课,射击训练;学时分配上,学生在校理论课学习与实习时间各占一半;教学方法灵活,引入案例讨论、警务情景模拟、设计与执行处置方案等,紧密联系警务工作实际。

2. 英国警察制度

(1)现代警察制度的改革与完善

英国1964年《警察法》和1984年《警察与刑事证据法》,被誉为“现代英国警察组织的宪章”和“现代英国警察权力的宪章”,体现的是以追求民主、法治、人权为特色的立法宗旨。前者对传统警察制度作了全面梳理、补充和完善,进一步确认三角形警察领导体制、规定各警察机关之间的支持与援助制度、规定警察职务侵权行为的责任、规定对袭警以及妨碍警察执行公务行为的特别处罚等。既秉承了1829年以来近代警察的最基本的原则和理念,又根据现代社会发展的需要扩大了中央集中管理警察的权力;后者将原本分散、零星、不确定的警察权力规定变得相对集中、统一和确定,合理设定警察的盘问检查权、搜查与扣押权、逮捕权、拘留权、讯问权等,为警察刑事执法活动奠定了法治基础。同时规定了犯罪嫌疑人的一系列法律保护条款,实现了“权力”与“权利”二者之间的基本平衡。

英国2002年《警察改革法》在警察管理体制、多元化警务工作格局、警务工作模式、警察监督机制等若干方面,开启了全面系统的警察制度改革。主要成就是:进一步加强对警察的集中化管理,增强中央政府对警察的影响力;警察管理体制方面,在坚持地方自治的基础上,继续提升中央政府的领导能力;正视由专门警务、市政警务、市民警务和商业警务构成的多元化警务活动主体的格局,管理上支持以公共警察为核心的重组模式和掌舵者模式;开创并发展主动前摄型警务模式,包括社区导向型警务改革、问题导向型警务改革和情报导向型警务改革;在警察机关之外成立"投诉警察独立调查署",专门受理公众投诉警察案件。独立警察监督制度的建立突破了传统的"警察自己查自己"的内部监督机制,是英国警察管理日趋成熟和完善的重要标志。这次改革有《欧洲人权公约》及英国国内人权问题推动的时代背景,又有新公共管理理论的理论基础指导,是英国政府对警察管理体制、管理模式、警察职权、机构、工作方法等各环节的系统性重构,是一场全方位、多角度的综合性改革。

(2)英国警察机构

首先是政府系统的警察组织机构。英国的英格兰、威尔士、苏格兰和北爱尔兰四大地区内,共有52个法律地位完全平等的郡级警察厅局。一个标准的郡级警局总部,往往内设行动、行政和支援三处。局总部之下设若干分区(分局),分区之下再设若干警署。警署是英国最基层一级的警察组织,内设机构一般有内勤、轮班巡逻队和刑侦队。轮班巡逻队是完全的综合执法队伍,辖区所有警察职责范围内的情况,巡警都有权先期处置。其次是其他公共部门的警察组织。英国实行分权型的警察管理体制。在联邦一级,除内政部警察外,其他一些部门也依法建有警察组织,在本行业或特定地区履行警察职责。主要有:不列颠运输警察局——负责铁路、地铁以及设有铁路、地铁终点站的海港码头的治安;皇家公园警察局——负责伦敦所有皇家公园的治安;原子能总署警察局——负责原子能总署及核燃料的保卫,并负责保卫英国所有民用核装置;皇家植物园警察局——负责植物园的治安,行使警察权力。

(3)警察的招录与教育培训

英国只从最低的职级即警员一级录用新警察,基本条件包括国籍、学历、年龄与身高、其他等。2002年《警察改革法》对警察的任职资格中,取消了对国籍的限制,非英国国籍人士可以在英格兰暨威尔士、苏格兰、北爱尔兰等地方警察机关、国家刑事犯罪情报署等机关担任警察职务;对警察入警宣誓誓言进行修正,"警察应当为所有在这个国家中居住或停留的人提供保护,而不是仅仅为女王的属臣提供保护。"①

英国警察的教育培训有着悠久的历史。20世纪80年代以后,警察教育培训领域进行改革创新。首先是1993年建立统一的警察教育机构"国家警察培训",承担

---

① 李温:《英国警察法历史发展与当代改革研究》,黑龙江人民出版社2009年版,第300~301页。

不同层次、不同需求的培训任务，成为政府指导和实施警察工作的主要机构。2002年4月，这个机构更名为“中央警察培训和发展局”，是一个有志于确立、发展和提高警察卓越的强有力的机构，[①]其服务对象是广义的警察队伍，培训内容促进理论与实践的结合。此外，警察培训注重引入企业和大学参与，形成市场竞争的格局，使培训内容更加贴近诸如应对集体暴力、社会冲突与控制、犯罪预防等警务活动的知识和技能。

3. 美国警察制度

(1)美国警察管理体制

美国实行分权型的警察管理体制，拥有最复杂的警察组织系统。其构成如下：

第一层级是联邦警察。主要联邦警察组织有：

一是联邦调查局。属司法部，是联邦警察组织中规模最大、职权最广也最重要的警察机关。主要负责反间谍及保卫国家安全，犯罪调查，刑事服务，具有独立的执法地位。比如，在业务范围内的反恐问题上，联邦调查局就与国土安全部进行直接的分工与合作。对发生在美国国内及国外的一切危及美国国家安全的国外情报行动或其他严重罪案行为(包括商业间谍行为、国外情报人员活动、计算机网络攻击、生化病毒攻击等)，联邦调查局都有权介入调查。再如，为追踪已知的恐怖分子，联邦调查局可以与中央情报局等机构以及其他国家(地区)的情报及执法机构合作以收集信息。[②]

二是安全勤务局。属财政部，任务是保卫国家金融秩序，保卫总统、副总统及外国来访政要、驻美使节的安全。

三是移民规划局。属国土安全部，职责是根据移民法防止外国人非法入境，逮捕和遣返违反移民法的外国人；给合法进入美国的外国人发放临时或永久居留证并敦促其遵守美国法律。

四是缉毒局。属司法部，任务是根据毒品管理法规对非法毒品交易进行监控，对合法的麻醉品生产和使用进行管理。

五是联邦监狱管理局。属司法部，负责统一对所有的经联邦执法机构指控，经联邦法院判决的罪犯实行统一的监禁。

六是烟酒火器爆炸物管理局。属司法部，负责执行有关烟酒生产和使用的法律以及枪支管理的法律。

---

① 王大伟主编：《欧美警察科学原理——世界警务革命向何处去》，中国人民公安大学出版社2007年版，第152页。

② 张小兵：《美国联邦警察制度研究》，中国人民公安大学出版社2011年版，第290页。

在“9·11”事件之后，为应对日益严峻的恐怖主义，美国政府将联邦执法部门进行整合，有文献称这是1947年以来美国最为重大的政府重组，与所有国土安全功能有关的22个机构并入国土安全部，国土安全部成为又一个警察大部。内设边境和运输安全部门，应急准备和反应部门，化学武器、生物武器、辐射武器以及核武器对策部门，信息分析和基础设施保护部门四个主要部门，职责明晰而高效。

第二层级是州警察组织。美国50个州的警察机关名称、任务及组织机构有很大差异。大致有两类：一类是州公路巡逻警察局，任务主要是公路巡逻，交通、车辆和公路有关的活动；另一类是州警察局，负责全面的警务。①

州警察机构也有三种模式说，即巡警模式、执法模式、两元模式或称巡警—执法模式。②

第三层级是地方警察组织。包括城市警察和县警察组织。城市警察是美国警察系统中最庞大、最重要的组成部分，其警力约占全美政府系统警力的3/4。担负执行法律，维护城市社会秩序，向社会提供服务的职能。由于城市是美国人口最集中、情况最复杂的地方，凶杀、抢劫、枪支犯罪、恐怖袭击等恶性案件时有发生，使城市警察的工作任务繁重又复杂，执法范围更宽，服务范围更大。

县警察机关则比较独特，是县行政司法长官领导的县行政司法部门，管辖范围是大城市以外的中小城镇，主要任务是处理交通事故，调解家庭纠纷等。其首脑集行政、警察和司法权力于一身。

上述几个层级的警察机构各自独立、互不隶属，各司其职、自主性较高。需要注意的是，为应对犯罪与危机的需要，随着美国联邦政府权力的扩张，联邦警察机构权力的扩张与一体化趋势越来越明显，国土安全部的重组及《爱国者法案》的通过就是重要标志。

（2）美国警察的招募与教育培训

由于实行分权型的管理体制，美国各级各类警察机构没有统一的录用条件。就地方警察而言，在年龄和身高、国籍、学历等方面的规定一般比较宽泛；招募考试的初试环节注重考查应试者的基本素质和基本能力，复试及雇佣阶段要对应试者进行全面考核，考核内容贴近警务需求，尤其是把职前培训纳入招录工作制度。比如纽约市警察局在招募警察的培训期增加了填写“招募警察表现评估表”环节，记录项目不仅包含应试者在警察学院学习期间的各科成绩，还有其日常表现及行为

---

① 马亚雄主编：《世界警察导论》，中国人民公安大学出版社2003年版，第75页。

② 张小兵：《美国联邦警察制度研究》，中国人民公安大学出版社2011年版，第9页。

规范。[1] 警察局依此能够直观地了解比较招募警察的优劣势，综合判断其胜任能力，确保将真正优秀的人才选拔到警察队伍。

美国警方注重警察的教育训练和警察素质的提高，从联邦政府部门到每个州、特区警察局都设有专门的教育训练机构，和担负不同训练任务的各类学校及基地，形成完整的教育培训体系。主要特点表现在：一是教育培训经费充裕，教学设备比较齐全先进。二是课程设置和师资方面，重视警务技能培养。美国的警校一般都是一半时间校内课堂讲授，另一半时间组织学生参加警察勤务，提高实战能力。警校的教师由在职警官轮流担任，一般招募有大学文凭及 5 年以上警龄的警官任教。同时为提高教师业务水平，学校每年会安排他们到警察机关工作一段时间以丰富经历。三是重视警员培训。培训分为新警员培训和警察在职培训两种形式。其中新警员的培训内容各地基本相同，主要包括基本理论和警察技能，培训时间 120 小时到 560 小时不等。有些地方将“街头实习”作为新警员的培训环节。在职培训有三种形式，即制度性培训、专业专题性培训、升职和升调培训，培训强调因人施教。教育培训与晋升一体化，明确规定凡准备提拔的警官都必须到中级警察学校培训 3 个月。同时各警局重视平时训练、战训结合。

4. 日本警察制度

(1) 日本警察机构及管理体制

日本警察机构分为国家警察机关和都道府县警察机关。国家警察机关由国家公安委员会及警察厅组成，都道府县警察机关由都道府县公安委员会及都道府县警察机关组成。日本是采用集权分权相结合的警察管理体制的代表国家之一。

一是国家警察机关的构成。国家公安委员会是日本警察行政的中央民主管理机构，负责对警察进行行政监督。根据日本《警察法》规定，国家公安委员会在内阁总理大臣所辖之下，但其对公安委员会无指挥权，目的是保持警察的政治中立性。国家公安委员会的任务是掌管与国家公安有关的警察运行，统辖警察培训、警察通信、犯罪鉴定、犯罪统计及警察装备等有关事项，以及警察行政事务。[2] 国家警察厅是国家公安委员会的附属机构，是实际上的日本警察的最高领导机关。警察厅长官经内阁总理大臣批准后由国家公安委员会任免。在国家公安委员会的管理下，警察厅长官管理警察厅工作，有对职员的任免和监督权，同时对都道府县警察机关的事务进行监督和指导。国家警察厅的内设机构有：长官官房（相当于办公厅）、生

---

① 尚方剑：《美国地方警察招录制度探析——以纽约市和洛杉矶市警察局为例》，载《公安教育》2014 年第 10 期。

② 公安部外事局编著：《日本国警察及部分执法机构概况》，群众出版社 2003 年版，第 7 页。

活安全局、刑事局、交通局、警备局、信息通信局等。

二是地方警察机关。都道府县公安委员会是负责监督都道府县警察部门的监督机构,同时代表都道府县居民保障地方警察自治。归都道府县的最高行政长官领导。都道府县警察机关:都道府县警察的领导机关在东京称为警视厅,在都道府县称为警察本部,是与民众关系最为密切的警察组织。警视厅的内设机构一般有:总务部、警务部、生活安全部、地域部、刑事部、交通部、警备部和公安部。

日本被视为社会治安最令人放心的国家之一,其警察体制中的"交番"即日本式的派出所制度发挥着关键性作用。在交番所的设置上,警务前置理念得到充分体现,大部分警力放在了基层。警察的职责是负责所管辖地区的巡逻、巡回联络、站岗、值班等任务,并完成预防犯罪、打击犯罪分子、维护交通秩序、教导违法青少年、保护走失儿童和帮助醉酒者,为当地居民提供防范犯罪和交通安全方面的指导以及对案件(事件)的先期处置等工作。在警察执法理念上,强调服务和便民,交番所24小时都不会下班关门。在深夜行人稀少的时候,交番所里没有警察,但室内灯火依旧通明,有需要警察帮助的人可以到交番所使用操作简便的可视电话等高科技音像通讯设备与警察取得联系。同时,日本警方把建立良好的警民关系、树立警察形象、赢得民众信任作为开展社区警务的重要内容。

(2)日本警察招募与教育培训

日本警察包括国家公务员和地方公务员,招募方法有所不同,但都要参加统一的选拔考试,到相应的警察学校学习合格后,才能进入警队。日本的警察教育不同于国民学历教育,重在职业素质,特别突出三个方面的内容:一是警察个人觉悟和修养,二是警察职业伦理道德培养,三是法律素质和警务技能。日本警察教育机构大体有两类:一是都道府县警察学校,二是管区警察学校、警察大学校。[①]前者承担新入职警员基本知识和技能的培训,和在职警察的继续教育;管区警察学校承担中级警官的培训,警察大学校则是日本警视厅设置的警察教育培训机构,是日本警察学校的最高学府,主要负责培养高级警察所需要的教育训练和学术研讨等。

四、西方警察制度的发展与改革

从19世纪末到进入21世纪以来,在西方国家发起的警务改革对全球国家的警务工作产生了深刻影响。

---

① 刘心来:《日本警察教育制度对我国公安民警教育训练的启示》,载《云南警官学院学报》2018年第3期。

（一）西方四次警务革命

在警察学界，将西方警务改革习惯称为四次警务革命。

第一次警务革命，以1829年英国创建伦敦大都市警察局为标志。历史上第一支着警服的、享受国家警俸的正规职业警察队伍产生，现代意义上的警察制度也正式诞生。英国内政大臣罗伯特·比尔提出的“建警十二原则”构成完整警务革命的内容。

第二次警务革命，以20世纪20年代美国的警察专业化为标志。也称警察独立执法运动。其核心词是“警察与政治分离”，要使警察摆脱地方政治集团的控制，成为一支独立、高效的专业化队伍。发起人是被尊称为现代美国警察奠基人的奥古斯特·沃尔默。改革的主要观点有：强调警察科学研究，重新界定警察的职责，雇用专业人士领导警队，根据打击犯罪需要设置警务专业部门，严格警察录用和培训，强调警务科技化，培养警察职业自豪感和身份认同。[①] 第二次警务革命是警察独立与成熟的标志。

第三次警务革命，是以20世纪中叶欧美各国警察现代化为标志。从30年代到70年代，西方主要国家逐步完成警察的现代化，警察编制、警察预算均有巨大增长。各种警务装备迅速更新：车巡代替步巡，通讯现代化，计算机革命，个人装备现代化。此次警务革命立足于使警察成为“打击犯罪的战士”，所以此时的警察形象，是头顶钢盔、肩别对讲机、手持盾牌、腰挎手枪的“机械战警”。但是警务革命却带来巨大的弊端：警力增长的同时，犯罪率快速上升；警民关系紧张，公众对警察的满意度下降，甚至提出“宁要更夫，不要机器人”。

第四次警务革命，是始于20世纪70年代的欧美国家的社区警务运动。欧美社区警务战略之父是英国警察学家约翰·安德逊，其理论核心是“社区警务树”：警务好比一棵大树，树干是警察，树枝和树叶是警种和分工，果实是警察工作的成效。警察这棵大树要长高，必须深深扎根于土壤之中，而土壤就是社区。因为社会是产生犯罪的地方，抑制犯罪的主力军也在社会。因此，社区警务革命就是通过警察与社区民众的合作，将警务工作重心从事后打击转移到事前防范的变革。

如果说第一次警务革命实现了警察从无到有的跨越，第二次警务革命是从不正规到正规的转变，第三次警务革命完成了从传统到现代化的飞跃，那么，第四次警务革命应当就是“回归”和“返璞归真”。其成效表现在：一是警力方面，从人财物的巨增长转向“无增长改善”，即通过警务改革，在不增加编制和现代化装备的情况

---

① 王明生主编：《公安学基础新论》，中国人民公安大学出版社2015年版，第26页。

下，提高警察工作成效。二是警用装备方面，从追求“机器人”模式转向追求传统的“更夫”模式，重新重视培养警察的服务意识和警察道德。三是在警务风格方面，从单一的被动警务转向重视主动警务。四是警察工作重点，由过去的单一巡逻与刑侦转向社区警务。五是警务评价标准的转变，在警察机关内部统计考量评价的同时，引入公众的评价。六是树立全民皆警的观念。七是警察领导体制的变化，中央集权与分权两种体制的差别越来越小。八是警务合作，在信息交流、行动协调等方面，洲际与国际的合作在不断发展。九是警队性质的变化，体现为军事化与平民化警察的差距逐步缩小。十是警察私有化发展趋势明显。①

第四次警务革命不是警务革命的终结。2011 年 3 月，美国人奎斯特佛 · 斯顿提出了“警务改革新专业化”的观点，从而引发新的警务革命的思考与猜想。

（二）“第五次警务革命”的趋势分析

1. 美国“警务改革新专业化运动”

近年来，美国、加拿大等国警察改革面临多重困难和挑战，比如，警力短缺，警察预算吃紧；犯罪率高居不下，社会治安形势恶化；公众对警察满意度降低，警民关系日趋紧张；警察的教育培训资源、内容难以适应警务需要；加之美国自身警察管理体制的弊端，反恐战略带来的冲击等，第四次警务革命无论是理论还是在实践上，在美国的负面效应开始出现。仅就社区警务改革中的“最少动用武力原则”，就在反恐怖袭击的警务导向下，形同虚设。奎斯特佛 · 斯顿的“警务改革新专业化”正是在这样的背景下提出的。

“警务改革新专业化”是针对 20 世纪 20 年代的美国警察专业化运动而言的。其主要观点是“警务改革新专业化”。包括四个要素：承担责任性、有效执法性、改革创新性、改革整体性。②新警察专业化运动是由这四个要素组成的有机整体。

承担责任性：强调警察队伍要勇于承担责任，敢于应对日益复杂严峻的社会状况和问题。

有效执法性：强调警权民授，适当限制警察权力，重申“最小动用武力论”，公众和社会的满意决定警务改革的方向。

改革创新性：新的警务革命应当是自上而下的、高效有力的。

改革整体性：回顾四次警务革命，虽然发起于某个国家、某个历史阶段，但对于

---

① 王大伟主编：《欧美警察科学原理——世界警务革命向何处去》，中国人民公安大学出版社 2007 年版，第 448 页。

② 王大伟：《第五次警务革命——十论世界警务大趋势》，中国人民公安大学出版社 2012 年版，第 106 页。

全世界所有国家的警务改革都产生了深远影响,这种影响是超越时空的。

2. 关于"第五次警务改革"的预测

关于第五次警务革命的预测,有警察私有化、情报导向警务、反恐导向警务、危机警务的诸多预测或猜想。美国的"警务改革新专业化运动"又带给我们一系列思考:这是否就是第五次警务革命?美国的这场警务革命,会在多大的程度上、怎样影响到别的国家?第五次警务革命是全球性的,还是各国根据国情的"因地制宜"?

在警察学者王大伟看来,"新的警务革命或许不是单一的事件或者单一的理论,它一定是由警察哲学指导的综合警务改革,是自上而下的全面警务改革。而新警察专业化运动,恰恰具备这一特质。新警察专业化运动或许是第五次警务革命中最佳的选择之一"。在他看来,如果把第五次警务革命设计为十个要素,应当是:警察个人的五要素(头脑灵魂 + 体能技术 + 眼睛耳朵 + 警察权力 + 交往能力),以及警察机构的五个要素(后勤装备 + 警力充足 + 评价标准 + 警务风格 + 组织体制)的完美结合。①

第三节　人民警察制度的历史发展

我国人民警察制度经历了从萌芽、创建,到形成、完善的发展过程。在中国共产党领导中国人民进行革命斗争和社会主义建设的不同历史时期,警察制度呈现出不同的内容和特性。

一、中华人民共和国成立前的人民警察与警政建设(1921～1949年)

中国共产党成立后,从新民主主义革命到中华人民共和国成立的20多年里,警察建设从无到有,警察职能不断丰富和完善,积累了丰富的警政建设经验。

(一)人民警察机关的萌芽时期

第一次国内革命战争时期,中国共产党领导的工农运动中,针对敌对势力的镇压和破坏,建立了具有民主政权性质的治安保卫力量。

---

① 王大伟:《第五次警务革命——十论世界警务大趋势》,中国人民公安大学出版社2012年版,第124～126页。

1. 工人纠察队

大革命初期(1925 年至 1927 年),在中国共产党领导下,上海、武汉、无锡等地掀起轰轰烈烈的工人运动。在“五卅运动”中,上海总工会因帝国主义收买流氓恶势力冲砸会所,为保卫自己,建立了上海工人纠察队,武器是木棒。其后组织不断壮大。上海总工会设立“上海纠察队委员会”,专门负责领导本地各工会的纠察队。纠察队内设有总指挥部、区队、大队、中队和小队。到第三次起义时,纠察队人数已经达到 5000 余人。第三次起义中,上海工人纠察队全部占领上海,缴获 4000 余支枪支。上海等地的工人纠察队建立起来的武装组织力量,承担着保卫工会组织和革命政权的任务。

2. 农民运动梭镖队

1923 年,中国共产党湘区委员会开始发动农民运动。1926 年 11 月,中共中央成立了以毛泽东任书记的中央农民运动委员会。湖南、江西、河南、陕西等十几个地区的农民运动蓬勃兴起。仅湖南一地,1926 年 11 月就有 28 个县建立了农民协会,会员人数达 136 万余人。农民协会是广大农民团结起来维护自身权益的新型组织,其中设有农民梭镖队。梭镖队在农协组织领导下,维护革命秩序,积极参加禁烟禁赌活动,看管、押解土豪劣绅,履行地方治安保卫的职能。

工人纠察队和农民梭镖队尽管存在时间较短,内部组织机构也不很健全,但就其性质和职能而言,与任何剥削阶级的警察机关都是不同的,这应当是我国人民警察机关的萌芽。

(二)人民警察机关的创建

第二次国内革命战争时期,是我国人民警察创建时期。

1. 中央特科

中央特科即“中国共产党中央特别行政科”,是中国共产党的第一个情报和政治保卫机关。主要从事地下工作,包括情报收集,保卫中共中央领导人的安全,镇压叛徒,开展针对国民政府的渗透活动,建立秘密电台,向根据地传递情报等。中央特科存在的时间为 1927 年至 1935 年。

中央特科成立的历史背景。中国共产党在建党之初,并没有建立自身的武装及政治保卫机构。1927 年,蒋介石发动“四一二”反革命政变,大肆镇压共产党人及革命群众。面对国民党反动派的白色恐怖形势,中共中央被迫从上海迁往武汉。同年 5 月,周恩来在当时的中共中央军委会下属设特务科,又称中共中央军事特务工作处,负责中央的安全保卫工作。“七一五”反革命政变后,中国共产党所处的斗争局势更加严峻。10 月,中央召开临时政治局扩大会议,决定将特务工作处改为特别行动科，以加强安全保卫力量。中央特科正式成立，由周恩来直接负责指挥。

中央特科的组织机构。中央特科先后设立四科。分别为特一科（总务科）、特二科（情报科）、特三科（行动科）、特四科（交通科），具体职能及活动情况如下：

（1）总务科。成立于1927年11月，主要是以各种合法身份处理中央的日常事务：文件的保存，为中央开展活动提供场所，运用合法途径为中国共产党筹措活动经费、保释尚未暴露的中共党员等。

（2）情报科。成立于1928年4月。历任科长陈赓、潘汉年、王世英。主要任务是在国民党、租界工部局的巡捕房等敌对机关内发展内线、获取情报。据已有公开材料记载，特二科最成功的活动之一是，1931年4月，时任中共中央政治局候补委员、中央特科负责人的顾顺章被捕叛变，中共中央及党的地下组织面临极度危险。打入国民党内部的钱壮飞截获武汉电告南京最高特务机关的情报后，立即通过秘密交通报告中央，周恩来等果断采取应对措施，转移中央及地方党的领导同志，使中国共产党避免了毁灭性的损失。

（3）行动科。成立于1927年11月，又名红队，中央特科内部自称“打狗队”。历任科长顾顺章、谭余保、赵容、邝惠安、王世英等。主要任务是武装保卫、镇压叛徒。曾经多次实施劫囚等行动。

（4）交通科。成立于1929年，后更名为无线通讯科。科长李强、张沈川等。主要任务是建立并保持与各苏区和共产国际的无线电联系。

中央特科作为中国共产党历史上第一个政治保卫和情报特工机构，具有特殊地位和影响。它开创了隐蔽斗争的成功典范，采取“打进去”“拉出来”的策略，将侦查力量深入敌人的心脏，获取核心机密情报，从而取得斗争的主动权；在业务建设和组织建设方面积累了宝贵经验。业务上，特科1929年在上海秘密建立第一部无线电台是中国共产党在国民党统治区最早的无线通讯工作，在我国无线电通讯史和侦查保卫史上具有重要意义。在组织建设方面，从特科成立时起，中央就举办培训班，培训从事秘密工作需要的知识与技能。后来特科又为行动科的人员举办训练班，这是中国共产党公安保卫历史上最早的培训机构。

2. 国家政治保卫局

（1）国家政治保卫局产生的背景。从1927年秋到1930年，全国各地先后建立了十几块革命根据地。为保卫革命政权，在各根据地逐步建立了肃反委员会。主要任务是维护根据地的社会治安秩序，镇压敌人的破坏活动。肃反委员会是在革命根据地工农民主政权初创时期建立的组织机构，行使部分警察职能。随着革命形势的发展，统一的苏区中央政府的成立，更加需要加强和完善专政机关的建设。

(2)国家政治保卫局的机构及职责。国家政治保卫局的前身是1931年夏成立的中共苏区中央局政治保卫处。1931年11月,中华苏维埃共和国中央临时政府成立,之后撤销各级肃反委员会,以原苏区中央局保卫处为基础,组建了国家政治保卫局。

国家政治保卫局的职责是执行"在苏维埃境内依照中华苏维埃共和国宪法之规定,在临时中央政府人民委员会管辖之下,执行侦察、压制和消灭政治上经济上一切反革命的组织活动、侦探缉捕盗匪等任务","经常、系统执行抵抗检举和消灭一切公开的尤其是秘密的暗藏的反革命的组织和行动,以保卫和巩固苏维埃政权。"简言之,一是镇压特务等反革命活动,二是侦探缉捕盗匪,三是社会治安管理。

在机构设置上,国家政治保卫局在苏区中央政府所属的省、县及红军中建立国家政治保卫局的分局,区以下设特派员。内部先后设了侦查部、执行部、总务部、政治保卫处、红军工作部和白区工作部等机构。国家政治保卫局及所属分局内部一律实行上下对口的原则。

国家政治保卫局是中国历史上第一个代表人民大众利益的人民警察机关,具有鲜明的新民主主义国家政权专政工具的性质,有别于以往一切反动政权的警察机关,具有划时代的意义。国家政治保卫局成立后,相继开展了侦查、执行、检查、情报、预审、治安、警卫保卫、劳动改造等专门工作,开创了人民警察工作新局面,对粉碎国民党反动派的种种阴谋破坏活动和对解放区的进攻,巩固苏维埃政权作出了重要贡献。同时也要看到,国家政治保卫局也留下了历史教训:一是"独立系统、垂直领导"的管理体制使国家政治保卫局成为凌驾于党政军各机构之上的组织,脱离党的领导,脱离群众,缺乏必要的监督和约束;二是工作中破坏革命法制,大搞刑讯逼供,犯了肃反扩大化的错误,给党和革命带来了难以估量的损失。1935年1月,党中央在遵义会议上重新确立了毛泽东同志在党和红军中的领导地位,结束了王明"左"倾错误路线,人民警察事业才重新走上正确的发展道路。

(三)人民警察机关与警政建设的发展

抗日战争时期,在中国共产党领导下,人民警察机关贯彻全面抗战统一战线,严厉打击日寇汉奸特务的破坏活动,同时与国民党反共反人民的阴谋活动作斗争,人民警察工作走向发展和成熟。

1. 警察机构的设置及变化

(1)陕甘宁边区政府保安处。抗战初期,在共产党领导的陕甘宁边区政府,原国家政治保卫局改为边区政府保安处,边区各县设保安科,负责锄奸、肃特和保卫工作。陕甘宁边区下辖 5 个专区、22 个县、1 个市，均有保安力量。到 1941 年，边区政府保安处下又增设四个保安分处(关中、陇东、三边和绥德分处)。陕甘宁边区政府保安处在保卫红色政权，保卫党中央和边区政府安全的活动中，积累经验、培养人才，警察工作更趋成熟。

(2)延安市公安局和延安市警察队。1937 年 1 月，毛泽东率中共中央机关进驻延安。在中国共产党号召国共停止内战、实行抗日民主统一战线的形势下，延安的保卫和治安管理力量亟须强化。1937 年 10 月，延安市公安局成立。1938 年 5 月，经中央决定，组建延安市警察队，全称“陕甘宁边区人民警察”，简称“边警”，由延安市公安局领导。这是中国共产党领导下的第一支人民警察队伍，成员统一着装，衣帽颜色均为黑色，领章镌有“边警”二字。警察队的任务是专门负责维护市区街道的治安、交通秩序，配合清查户口和旅店，党政机关和集会的安全警戒。

(3)中共中央社会部。1939 年 2 月，中共中央印发《关于在党的高级组织内成立社会部的决定》，建立中共中央社会部，部长康生、副部长李克农。下设侦查、治安、情报、干部保卫和中央警卫团等机构。任务是有系统地与敌特、汉奸作斗争，防止他们混入中国共产党内部，保卫中国共产党军政任务的完成和党组织的巩固；开展对敌情报工作；锄奸工作等。

2. 警政建设

制定执行警察工作方针政策，并适应斗争形势的需要进行调整。比如，1943 年 8 月中央社会部的审干运动中，针对“抢救运动”的错误行为，毛泽东提出防奸工作的“九条方针”，即“首长负责，自己动手，领导骨干与广大群众相结合，一般号召与个别领导相结合，调查研究，分清是非轻重，争取失足者，培养干部，教育群众”，保证了整风运动的健康开展。

警察工作的专业化不断完善。锄奸保卫、维护治安、侦查情报等职能构成这一时期警察工作的主要内容，业务建设和制度建设有所增强，形成了专门的工作方法。比如，在侦查、情报工作方面，根据地的锄奸保卫机关从实际出发，一方面，通过细致的侦查、调查，发现暗藏的敌人，制止敌特的破坏活动；另一方面，强调经过侦查获取敌特活动的罪证，精确准确打击敌人。再如，在预审、看守工作中，贯彻执行“九条方针”，及时纠正刑讯逼供现象等。

警察队伍建设积累了较为丰富的经验，为新中国培养了大批的政法干部和业务骨干。

3. 管理体制和经验

抗日战争时期，中共中央总结第二次国内革命战争时期国家政治保卫局“独立系统、垂直管理”及“肃反”扩大化带来的深刻教训，将公安保卫工作置于党委和政府的领导之下，要求各级公安机关在向上级公安机关报告工作的同时，要向同级党委和政府报告工作，这就是我国警察机关一直以来坚持的“条块结合，以块为主”的双重管理体制。

这一时期还发展完善了专门机关与群众工作相结合的成功经验。宣传发动群众，建立群众性的锄奸组织，化整为零、分散活动，密切与群众的联系。直到今天，警察机关依靠群众，健全社会治安综合治理网络依旧是一大工作法宝。

（四）人民警察机关与警政建设的完善

解放战争时期，中国共产党的基本任务就是带领全国人民，为建设新生的人民政权而奋斗。警察工作的重点就是保卫解放区，配合部队接管城市，接管国民党警察机关，维护社会治安秩序，工作重心也由农村转向城市。警察机关工作进入新阶段。

1. 警察机构设置的新变化

解放战争时期，由于大城市解放速度相对较快，警察机关组织机构变化较大。以东北解放区为例。1946 年 4 月，我军进驻哈尔滨，建立人民政权，成立哈尔滨公安局，这是我国最早的中心城市建立的人民公安机关；1946 年 9 月，东北建立公安总处，领导各省市公安工作；1949 年 1 月辽沈战役结束后，东北公安总处改称东北公安部，在各省设公安厅。在其他各解放区，警察机关组织机构的发展演变与东北相似，都是在解放区设公安部，各省设公安厅，城市设公安局。

2. 解放战争前期的警务活动

解放战争前期的警务活动分为两部分：

第一，开展侦查和情报工作。集中优势侦查力量，广泛动员人民群众参与各类特务案件的侦办，对特务分子进行严厉打击。为配合解放军正面战场的作战，加强外线侦查工作，建立起针对国民党军、警、特系统的情报网络。

第二，加强内部保卫。在解放区部署开展巩固基层政权、加强治安秩序的各种警务活动。对党政军机关所在地、生产部门实行重点保卫；建立户口登记、人口流动的登记制度；对重要的交通要道和公共场所，进行治安管理。治安警察和军警联合纠察队发挥了重要作用。

3. 解放战争后期的警务活动

这个时期警察工作的重点是配合军队的城市军管，接管国民党警察机关，警察法制和业务建设,逐步实现警察工作重心向城市的转移。

首先,开展肃清敌特斗争,配合城市军管。1946 年哈尔滨在人民政权下设哈尔滨市公安局。随后中共东北局和各地建立起人民警察机关。随着解放战争的不断胜利,大中城市解放,党中央决定城市管理一律采用军事管制。在军管会的领导下,警察机关开展的肃特工作主要是打击和镇压、取缔反动党团和一切特务组织,运用登记、管制等手段彻底肃清一切潜伏的特务,消灭敌人残余势力。

其次,接管国民党警察机关,改造旧警人员。按照中央统一制定的方针,接管和改组改造工作分为两部分。一是迅速进驻城市国民党警察机构,进行包括武器弹药、资材资产、电台档案的全盘接收。对旧警察机构暂时原封不动,要求旧警人员限期报到登记,以示宽大、安定人心。同时责令其"放下武器,徒手服务"①,等待处理。这种做法对于迅速恢复社会秩序,有针对性改造旧警人员、组建新中国人民警察队伍,起到了重要作用。二是完成旧警人员的安置、处理和改造工作。主要做法是:对旧警人员遵照区别对待的原则,对于一些表现好且有一技之长、可为我所用的人员以及专业性强的户籍、消防、交通警察等予以留用;有一定劣迹或恶习的人员,经教育后安置或遣散;对少数罪行严重、民愤极大的警察头目和反动党团骨干,则坚决依法惩处。这些措施彻底稳妥地摧毁了国民党警察机关,壮大了人民警察队伍,为建立统一的中央警察机关奠定了基础。

另外,调整警察机关组织体制,开展城市治安管理。接管改造改组国民党警察机关后,警察队伍迅速壮大。各城市公安局依据上级指示精神,加强警察机关内部的集中领导,调整机构、人员,确定编制,减少机构层次。同时根据城市治安管理工作的需要,充实基层派出所的警力。

城市治安管理是这个阶段警察机关工作的中心任务。根据中央社会部 1948 年 8 月总结推广的哈尔滨市治安管理的十条经验,主要职责是:整顿城市交通秩序,清查户口,恢复消防队伍,建立特种行业管理制度,打击刑事犯罪和各类社会丑恶现象等。治安管理工作迅速建立起城市新的生产、生活秩序,维护了社会稳定。

新民主主义革命时期的人民警察机关在中国共产党领导下,在打倒日本帝国主义,推翻蒋介石反动统治,建立和保卫人民政权的斗争中,作出了重要贡献。

二、中华人民共和国成立后的人民警察与警政建设(1949 年至今)

中华人民共和国成立后,人民警察事业进入新的发展时期。70 年来,在党中央

---

① 中共中央文献编辑委员会编:《陈云文选》(第一卷),人民出版社 1984 年版,第 374 页。

和国务院的正确领导下，各级警察机关为保卫和巩固人民民主专政政权，预防打击惩治犯罪，维护社会稳定，服务社会主义建设事业，发挥了重要作用。

（一）人民警察制度的建设和发展（1949～1978年）

中华人民共和国成立后的数年里，人民警察制度的发展主要体现在公安事业的发展中。

1. 全国公安机关的建立与发展

全国统一的人民公安机关的建立。1949年10月1日，中华人民共和国成立。按照《中央人民政府组织法》的规定，10月9日，建立中央人民政府公安部，罗瑞卿为部长，杨奇清为副部长。10月下旬召开的第一次全国公安工作会议上，确定了全国公安机关的组织机构方案。11月，公安部内设机构初步建立。后为强化公安业务工作的开展与指导，内设机构几经调整最终确定。

1952年10月，全国公安工作会议通过《关于建设公安部门政治工作的决议》，要求在公安机关建立政治工作部门，公安部设立政治部。由此确立了党对公安工作的领导。

地方公安机关的设立。中央公安部成立后，拟定了组建公安机构的方案，对各级公安机关的设置作出统一的规定：在大区设公安部，中央直属城市设公安局，省设公安厅，专署设公安处，县设公安局，区设公安助理员，村设公安员。同时考虑到各地情况的差异，各地机构名称可以因地制宜。

组建人民公安部队，承担边防、内部保卫和地方治安管理任务。1950年9月，中央军委和公安部决定，以中央公安纵队、地方公安武装和部分野战部队为基础，组建中国人民公安部队。截至1951年年底，组建改编后的人民公安部队超过50万人。

司法惩戒机构的接管和建设。中华人民共和国成立后，全国司法系统的监狱划归公安机关。1952年，中央公安部设劳改劳教局，各大区和各省市公安机关也相应设立相关部门。全国范围内陆续建立大批劳改场所，并配置了监管机构和监管队伍。

与此同时，在铁路、交通、民航、林业及军队内部设立专门性的公安机关；各机关、团体、企事业单位内部也设立相应机构。它们在业务上接受公安部或所在地公安机关的指导监督检查，行政上受本单位领导。在基层和派出所下还建立了街道、城镇和农村治保委员会，协助公安机关维护社会治安秩序。至此，在党的领导下，公安机关形成了覆盖全国和专业系统的公安保卫工作组织体系。

2. 公安机关的警务活动

开展镇压反革命运动。中华人民共和国成立后，帝国主义和国民党反动派遗留下来的大量残余的反革命分子，以及此前潜伏下来、没有得到及时惩处的特务组织和间谍、特务分子，始终没有停止过捣乱和破坏，对新生的人民政权构成直接威胁。1950 年 1 月 10 日，全国共发生以颠覆新生人民政权为目的的反革命武装暴乱 816 起。1950 年据不完全统计，仅东北、华东、西南、中南四个地区在工矿企业、财经部门发生破坏事故 1255 起。[①] 1950 年 6 月，美帝国主义发动侵略朝鲜的战争，各地残余反革命势力认为时机已到，更是猖狂进行破坏活动，气焰十分嚣张。在这种形势下，1950 年 10 月 10 日中共中央发出《关于镇压反革命活动的指示》，指出：为了保证土地改革、抗美援朝和经济建设的顺利进行，必须镇压一切反革命活动，必须坚决地肃清一切危害人民的土匪、特务、恶霸及其他反革命分子。中央人民政府 1951 年 2 月发布了《中华人民共和国惩治反革命条例》，给镇压反革命运动提供了法律武器。各级党委和政府广泛发动人民群众，从 1951 年到 1953 年，历时 3 年，基本肃清了大陆的残余反革命分子，镇压反革命运动胜利结束。

整顿社会治安，清除丑恶社会现象。中华人民共和国成立初期，在有些城市社会治安情况相当糟糕，旧社会遗留下来的许多丑恶现象，如赌博、烟毒、娼妓、盗匪等。为净化社会环境，建立良好的社会治安秩序，为人民群众创造安居乐业的社会环境，全国公安机关采取一系列措施：缉捕盗贼，禁绝烟毒，取缔妓院，查禁赌博，收容安置游民乞丐，建立户口、交通、危险品及特种行业的管理等。经过几年的整治，各种违法犯罪得到有效遏制，黄赌毒在大陆绝迹，社会风气和社会环境呈现新变化。

成功改造大批战争罪犯和刑事犯罪分子。按照党和国家的政策法规，具体组织对大量战争罪犯和刑事犯罪分子的改造工作，通过强制劳动、思想教育、政策感召等方式，使他们的人生观和世界观得到彻底改造，各类犯罪分子中的绝大多数被改造成为自食其力的劳动者。同时，从 1959 年至 1975 年，我国对经过教育改造改恶从善的犯罪分子实施了 7 次特赦。到 1982 年，在押的原国民党县团级以下军政特人员全部获宽大释放。

3. 公安机关警政建设的经验

中华人民共和国成立后的 30 年里，我国警察警政建设形成一套完整的路线、方针和政策，积累了宝贵经验。主要有：

第一，坚持党对警察工作的绝对领导，坚持思想政治工作的突出地位。中央公安部建立之后，向中央政务院提交了省及直辖市以上公安机构设置的方案，确

---

① 王明生主编：《公安学基础新论》，中国人民公安大学出版社 2015 年版，第 49 页。

立了从中央到地方的人民公安机关管理和领导体制。中央社会部撤销后，各级公安机关领导人员均参加各级党委，并参加政府党组；各级公安机关内建立党组织、接受本级政府党组领导。在领导体制上，各级公安机关受本级政府领导，在方针政策和业务上受上级公安机关领导，即“条块结合，以块为主”的双重管理体制。

公安部将加强思想政治建设放在公安队伍建设的首要位置。1949 年 10 月在第一次全国公安工作会议上，罗瑞卿强调，“各级领导同志对下面思想上政治上的领导要加强，这要成为领导的重大任务，必须十分注意干部思想的健康状况，发现问题要诊治，不能听之任之”。1952 年，毛泽东批准了公安部党组《关于建设公安部门政治工作的决议》，要求在公安机关普遍建立政治工作机构和各项政治工作制度，各级地方公安机关设立政治工作部门或设立兼职政治工作人员。党性和思想政治工作是我国警察制度的根本特色。

第二，坚持群众路线，坚持全心全意为人民服务。依靠广大人民群众和专门工作相结合的方针，中华人民共和国成立之初的社会治安整顿和管理取得了辉煌的成绩。60 年代初期的社会治安管理中，浙江省诸暨枫桥镇创造的“发动和依靠群众、坚持矛盾不上交，就地解决。实现捕人少，治安好”的枫桥经验，是群众路线的又一典型经验。同时，公安部重视对公安队伍进行全心全意为人民服务的思想教育。1950 年召开的全国治安行政工作会议上，罗瑞卿指出：“必须在全体公安人员中，加强来自人民，为了人民的思想教育工作。”尊重群众、爱护群众，相信群众、依靠群众，利为民所谋、权为民所用，认真贯彻群众路线，全心全意为人民服务，一直是贯穿于警察工作和警队建设的核心内容。

第三，坚决严厉打击犯罪分子。警察机关是国家机器的重要组成部分，是人民民主专政的重要工具之一。打击犯罪行为、维护社会秩序是警察机关的基本职能。中华人民共和国成立之初《惩治反革命条例》《惩治贪污条例》《城市治安条例草案》《农村治安条例草案》《治安管理处罚条例》等一系列法令法规，是警察机关履行职责的法律依据。警务活动中，也形成了惩办与宽大相结合，坦白从宽、抗拒从严，调查研究、实事求是、反对逼供信等卓有成效的工作方法。

第四，警察法规建设新起点。1957 年，第一届全国人大常委会审议通过《人民警察条例》，对人民警察的领导关系、人民警察的职责、权限，人民警察的条件及纪律都作出了明确规定，是我国警察制度建设的纲领性文件。1958 年，公安部颁布《公安人员八大纪律十项注意》，作为警察履行职责必须遵守的行为准则。警察法规建设进入新时代。

4.“文化大革命”期间警察工作遭受重创

1966年至1976年的“文化大革命”运动给国家和民族带来了深重灾难,也使公安工作遭到极大的冲击和破坏。“文化大革命”期间,林彪、江青反革命集团为了篡党夺权的需要,全面否定党的政治路线在公安工作中的主导地位,否定中华人民共和国成立以来的公安工作和公安队伍,彻底砸烂公、检、法,残酷迫害公安民警,使整个公安系统陷入瘫痪状态。社会治安严重失控,出现了空前混乱的局面。1970年公安部召开第十五次全国公安工作会议,公安工作出现转机。其后一些公安业务性工作陆续展开。1976年粉碎“四人帮”以后,公安系统全面清查整顿,经过拨乱反正,公安事业重新走上健康发展的道路。

(二)人民警察制度的改革与发展(1978年至今)

中国共产党第十一届三中全会的召开,标志着我国进入新的历史发展时期。警察工作的重点随着党和国家工作重心的转移,发生变化。1979年公安部确定:公安工作要十分自觉地从过去以阶级斗争为纲,主要为政治斗争服务,转到以保卫“四化”为中心,为经济建设服务的轨道上来。为适应改革开放的需要,警察机关进行了一系列管理体制改革,警察制度建设取得新成就。

1. 警察机关体制改革

(1)中国人民武装警察部队的组建及改革

1982年6月,中共中央决定:将中国人民解放军担负的地方国内安全保卫任务及其执勤部队移交公安部门,同公安部门原来实行义务兵役制的武装、边防、消防三个警种统一起来,组建为“中国人民武装警察部队”。武警部队由国务院、中央军委统一领导。其主要力量构成划分为三类:内卫部队,列入武警序列受国务院有关部门和武警总部领导的部队(包括武警黄金、水电、森林、交通部队),列入武警序列由公安部门管理的部队(武警边防、消防、警卫部队)。

2018年1月1日起,根据中共中央印发《关于调整中国人民武装警察部队领导指挥体制的决定》的要求,武警部队实行中央军委—武警部队—部队领导指挥体制,武警部队归中央军委建制,不再列国务院序列。这是党中央完善和发展中国特色社会主义军事制度的重大创新举措,是加强党对人民解放军和其他人民武装力量的绝对领导、确保党和国家长治久安的重大政治设计和制度安排。具体机构调整按照军是军、警是警、民是民的原则,将列武警部队序列、国务院部门领导管理的现役力量全部退出武警,将国家海洋局领导管理的海警队伍转隶武警部队,将武警部队担负民事属性任务的黄金、森林、水电部队整体移交国家相关职能部门并改编为非现役专业队伍;公安边防部队改制,不再列武警部队序列,全部退出现役,成建制划归公安机关、现役编制全部转为人民警察编制；公安消防部队改制，不再列入武警部队序列，全部退出现役，转到地方后建制划归应急管理部，承担灭火救援和其他应急救援任务；公安警卫部队改制，不再列入武警部队序列，全部退出现役。现役编制全部转为人民警察编制。

改革后的武警部队作为党绝对领导下的重要武装力量，肩负维护国家安全和社会稳定、保障人民安居乐业的神圣使命，主要承担执勤、处突、反恐、抢险救援、防卫作战等任务。

（2）成立国家安全部

1983 年 6 月，成立国家安全部，作为国务院组成部门，主要职责是开展反间谍和对外情报工作，维护国家主权和国家根本利益，行使宪法和法律规定的公安机关的侦查拘留、预审和执行逮捕的职权。

（3）监狱、劳改、劳教的管理工作及体制改革

1983 年 6 月，中央决定将公安机关的监狱、劳改、劳教的管理工作整建制地移交司法行政机关。

2013 年 11 月 25 日公布的《中共中央关于全面深化改革若干重大问题的决定》提出，废止劳动教养制度。12 月 28 日，全国人大常委会通过《关于废止有关劳动教养法律规定的决定》。劳教制度废止后，对正在被依法执行劳动教养的人员，解除劳动教养，剩余期限不再执行。这意味着已实施 50 多年的劳教制度被依法废止。随之，劳教场所逐步实现工作职能由过去收押劳教人员向收治强制隔离戒毒对象的转型。

（4）道路交通管理职责移交公安机关

1986 年 10 月，根据国务院《关于改革道路交通管理体制的通知》精神，将交通部门掌管的公路工作移交公安机关，城乡道路交通管理工作统一由公安机关行使职权。

（5）建立缉私警察队伍

1998 年 7 月，党中央、国务院决定组建受海关总署与公安部双重领导、以海关总署领导为主的海关缉私警察队伍，列入公安部序列。1999 年 1 月，海关总署走私犯罪侦查局正式成立，2003 年更名为海关总署缉私局。缉私警察行使侦查、拘留、逮捕和预审职权，按照海关的统一部署和指挥开展工作。

（6）司法警察队伍建设的新突破

2005 年 12 月的最高人民法院《关于加强人民法院司法警察队伍建设的若干意见》指出：新时期，人民法院司法警察在保障审判、完成刑事执行、参与民事执行、采取强制措施和处置各种突发事件以及体现司法公正、树立法院形象等方面的作用

越来越重要。必须增强队伍力量、夯实执法基础,提高队伍素质。在此后的几年间,最高人民法院针对司法警察刑事审判警务保障、预防和处置突发事件、执法行为规范、警用武器配备等,陆续制定规则和标准。2012年10月,《人民法院司法警察条例》颁布。2018年,人民法院建立司法警察招录培养制度。最高人民法院结合司法警察队伍实际,争取中央有关部门支持,启动2019年人民法院司法警察便捷招录试点工作。经与教育部沟通后,获准在中央司法警官学院设立"司法警察学"本科专业,目标是培养德才兼备,具有扎实的专业理论基础和熟练的司法警察职业技能及知识结构的复合型、应用型、创新型专门人才,为司法警察队伍提供更高层次人才储备。

最高人民检察院早在1994年就发布了《关于加强司法警察工作的通知》,强调:人民检察院的司法警察是人民检察院行使检察权、履行法律监督职能的组成人员,加强法警队伍建设是加强检察队伍建设的重要内容。2006年最高人民检察院《关于进一步加强和改进检察机关司法警察工作的意见》,重申推进司法警察工作规范化、队伍专业化、管理科学化建设。2013年5月,《人民检察院司法警察条例》颁布。

通过上述改革措施,形成了符合我国国情的人民警察机关管理体制和职责分工明确又相互配合的人民警察队伍,这支队伍包括公安机关、国家安全机关、监狱、强制隔离戒毒机关的人民警察和人民法院、人民检察院的司法警察等多个警种。

2. 完善法律法规体系,推进警政建设法治化

改革开放40多年来,国家颁布实施大批法律法规、行政规章,警政建设法治化卓有成效。

首先,有1992年的《人民警察警衔条例》,1994年12月的《监狱法》(2012年修正),全国人大常委会1995年2月审议通过《人民警察法》(2012年修正),1996年7月的《枪支管理法》等为基础的基本法律法规。

其次,有国务院1996年发布实施的《人民警察使用警械和武器条例》,1997年的《公安机关督察条例》,2000年6月公安部颁布的《公安机关人民警察内务条令》,2010年公安部等部门颁布的《公安机关人民警察纪律条令》,最高人民检察院2013年颁布的《人民检察院司法警察条例》,最高人民法院2020年颁布的《最高人民法院关于人民法院司法警察依法履行职权的规定》等,以及各级各类警察机关制定的专业性规章,共同构成了较为完备的警政建设的法律体系,为各级警察机关人民警察依法行使职权提供了法律保障。

(三)现代警务的改革与发展

在全球一体化程度越来越高的背景下,国家与国家、地区与地区之间、各警种警察机关系统内部革新与联通从未止步。以监狱现代警务的改革与发展为例介绍

如下：

1. 完善监狱法律制度，推动依法治监进程

监狱作为国家刑罚执行机关，严格依据《监狱法》《人民警察法》《刑法》《刑事诉讼法》等法律法规履行管理职能。多年来司法部和有关部门制定了监狱刑罚执行、教育改造、监管改造、狱内侦查、罪犯生活卫生、监狱企业管理、监狱建设、监狱警察队伍建设、监狱信息化建设等方面的监狱规章和规范性文件 200 多份，各省（自治区、直辖市）监狱管理机关也出台完善 2000 余件监狱制度规范。[①] 已经形成以《监狱法》为核心、相关规章规范相配套的较为完整的监狱法律制度体系。

自党中央提出全面依法治国新理念新战略以来，司法部总体部署监狱工作，"必须坚持依法治监"，推进监狱工作法治化。新时期监狱工作不断完善刑罚执行相关制度，更加自觉运用法治思维和法治方式，推动依法治监进程。

2. 不断提高监狱管理水平，促进罪犯改造的科学化

经过多年的建设，监狱工作已经从中华人民共和国成立初期的粗放型、经验型转变为规范化、法治化，并正全面向法治化、标准化、规范化、精细化、信息化发展。多年来，监狱人民警察牢记监狱工作方针，在"改造好"人上下功夫，发挥监管改造、教育改造、劳动改造三大改造手段的作用，保证罪犯改造质量的稳步提高，不断变革监狱工作理念、模式和方法，进一步推进监狱治理能力和治理体系现代化的进程。

3. 重视监狱人民警察队伍建设，提升警察素质

1995 年颁布的《人民警察法》明确：监狱人民警察是我国人民警察的一部分。1998 年 3 月，司法部制发《关于加强监狱劳教人民警察队伍建设的决定》，并根据形势发展探索采取改革措施，比如："凡进必考"和"从严治警"的"十不准"、"七个严禁"、从优待警与"凡晋必训"等。2000 年 4 月，原国家人事部、司法部联合下发《关于监狱劳教系统人民警察实行公务员制度有关问题的通知》，推进监狱人民警察队伍建设。此后陆续出台队伍建设的相关文件，在警察思想建设、廉政建设、纪律建设、教育培训和警务管理等方面，提出可操作性的措施，从严治警，警察的整体素质不断提高。2018 年 3 月 21 日，中央编委、人社部、司法部等六部门出台的《关于进一步加强司法行政机关人民警察招录培养工作的意见》提出，为落实中央深化司法体制改革和全面深化司法行政体制改革部署，适应司法行政机关人民警察队伍正规化、专业化、职业化建设要求，建立司法行政系统所属院校（部属中央司法警官学

---

① 李豫黔：《中国监狱改革发展 40 周年回顾与思考》（中），载《犯罪与改造研究》2019 年第 2 期。

院为首)招生与司法行政机关人民警察招录协调机制,为监狱戒毒工作提供组织保障和人才支持。

在新的发展机遇期,统筹协调、全面推进监狱人民警察队伍建设的专业化,成为所有监狱管理者面临的新课题。第一,坚持政治引领,提高政治站位,增强政治自觉。监狱人民警察必须坚定理想信念,坚守党的政治纪律和政治规矩,秉承“忠诚、为民、公正、廉洁”的核心价值观,尽职守则、勇于担当。第二,健全监狱人民警察分类管理制度。结合监狱人民警察的构成和职务特点,设置职务序列和职称序列,完善各类警员的职务序列及管理办法。第三,完善落实监狱人民警察队伍保障。在警察执法身份、警察执法活动、警察职业待遇、警察保险救济及福利、警察身体健康和心理健康等方面,进一步加大法规和政策的实施力度,从优待警,增强警察职业荣誉感。第四,构建监狱人民警察的继续教育和培训机制。在入口环节,监狱应当根据需要设置职位和编制计划,“凡进必考”,严格执行人民警察招录程序,严把录警质量关。对在职警察,探索建立统一规划、分级管理、分类实施的教育培训机制,创新教育培训内容形式,坚持理论与实践紧密结合,课堂学习与警察技能训练相结合,传统教学资源与网络教学相结合,专家授课与同行交流研讨相结合,建设学习型监狱警察队伍。第五,加强监狱人民警察文化建设。培植警察核心价值观,形成监狱警察队伍的价值文化。

4. 提升监狱信息化水平,建设智慧监狱

自改革开放以来,监狱信息化建设快速发展。2007 年司法部发布《全国监狱信息化建设规划》,提出信息化建设的主要任务是建设“一个平台”(网络和硬件平台),“一个标准体系”(监狱信息化标准体系),“三个信息资源库”(监狱信息管理库、罪犯信息库、警察信息库),“十个应用系统”(涵盖监狱安防应急指挥到狱务公开、办公自动化等领域内容)。2012 年,全国监狱信息化建设应用工作座谈会上,再次明确监狱信息化建设的总体目标是:构建覆盖全国监狱系统的网络互连互通、信息资源共享、标准规范统一、应用功能完备的信息化体系。具体目标是建设数字化监狱,即通过信息处理、网络通信、生物识别等各个学科的先进技术将监狱内的各种记录、文字、图像、多媒体等信息进行传输和处理,实现监狱系统内信息采集数字化、信息传输网络化、信息管理智能化、信息分析集约化和信息培训经常化,最终实现监狱更科学、更公正、更规范、更安全、更节约、更高效履行刑罚执行职能的目的。各监狱以需求为导向,以应用促发展,完善网络硬件建设,建成监狱网络和硬件平台,信息化硬件、安防系统基础设施设备配备到位,并持续集成优化功能不同的软件系统。

为推动监狱管理由“智能化”向“智慧化”转变，2018 年 12 月，司法部制定了《关于加快推进“智慧监狱”建设的实施意见》，确保 2019 年年底完成“智慧监狱”管理应用体系建设任务。同时发布《智慧监狱技术规范》。并确定北京、江西等 11 个省份为“智慧监狱”建设试点省份。2019 年 4 月初，司法部在江苏宜兴召开“智慧监狱”建设全面推进暨首批“智慧监狱示范单位”命名会，首批 33 家智慧监狱示范单位通过验收。监狱信息化建设进入更高质量的发展阶段。

思考题

1. 简述警察产生的历史条件。
2. 现代西方两种警察管理体制的比较。
3. 西方主要国家警察教育培训的特点以及给我们的启示。
4. 简述西方四次警务革命的具体内容，对第五次警务革命的展望及对我们的启示。
5. 我国人民警察制度的产生及发展脉络。
6. 简述改革开放 40 多年来我国警察队伍建设的成就。
7. 我国司法体制改革以来，监狱戒毒系统警政建设情况。

参考书目

[1] 韩延龙等：《中国近代警察史》（上、下册），社会科学文献出版社 2000 年版。
[2] 韩延龙主编：《中国近代警察制度》，中国人民公安大学出版社 1993 年版。
[3] 张开贵等主编：《公安学基础理论新编》，中国人民公安大学出版社 2004 年版。
[4] 王明生主编：《公安学基础新论》，中国人民公安大学出版社 2015 年版。
[5] 马亚雄主编：《世界警察导论》，中国人民公安大学出版社 2003 年版。
[6] 王大伟主编：《欧美警察科学原理——世界警务革命向何处去》，中国人民公安大学出版社 2007 年版。
[7] 王大伟：《第五次警务革命——十论世界警务大趋势》，中国人民公安大学出版社 2012 年版。
[8] 张小兵：《美国联邦警察制度研究》，中国人民公安大学出版社 2011 年版。
[9] 李温：《英国警察法历史发展与当代改革研究》，黑龙江人民出版社 2009 年版。
[10] 公安部外事局编：《日本国警察及部分执法机构概况》，群众出版社 2003 年版。
[11] 赵旭辉：《法国最新警察管理体制之启示》，载《河北公安警察职业学院学报》2016 年第 1 期。
[12] 尚方剑：《美国地方警察招录制度探析——以纽约市和洛杉矶市警察局为例》，载《公安教育》2014 年第 10 期。

[13]刘心来:《日本警察教育制度对我国公安民警教育训练的启示》,载《云南警官学院学报》2018 年第 3 期。
[14]李豫黔:《中国监狱改革发展 40 周年回顾与思考》(中),载《犯罪与改造研究》2019 年第 2 期。

第三章　警察本质、职能和任务

教学重点与难点

1. 警察本质、职能、任务。
2. 警察性质的不同观点。
3. 警察价值与评价。

警察本质、职能和任务是密切相关的。警察本质是警察存在的核心所在，是认识和揭示警察其他属性的基点。警察职能是警察的社会效能和作用，警察本质决定警察职能。警察任务是警察应该完成的本职工作，它体现着警察存在的价值和应该发挥的职能作用。

第一节　警 察 本 质

所谓本质，是指事物本身所固有的根本属性。事物的本质是隐蔽的，是通过现象来体现的，必须透过现象去把握。警察本质，就是指警察这种历史文化现象自身所固有的内在的根本性质。

一、西方警学界对警察性质的认识

资产阶级法学家和警察学者，从维护本阶级利益出发，提出一些理论来极力掩盖和歪曲警察的性质，其中影响较大的有两种：

(一)警察中立论

警察中立论的主要观点是警察作为国家执法力量，不应该干涉、介入政治，应当在政治上保持中立。1907年美国设立联邦调查机构(联邦调查局前身)，遭到议会反对，联邦检察长波拿巴一再声明“不干涉政治，不妨害人民自由”，这才得以通过。国民党警察学者也宣称:“现代法制国家,警察武力是国家的,决不可受党派之威胁利诱,卷入政治斗争之旋涡。”[①]警察中立论实质上是资产阶级的一块遮羞布,妄图掩盖其警察是国家镇压、控制劳动人民的事实,是资产阶级为自己的警察组织脸颊上涂抹的一层脂粉。历史事实告诉我们:古今中外的警察组织或人员,都是统治阶级实行政治统治的工具,警察的一切履职行为都是为掌握政权的统治阶级服务的,警察所具有的鲜明的阶级性,是任何人也掩盖、抹杀不了的。

(二)福利警察论

福利警察论是资产阶级思想家和警察学者较普遍持有的一种理论。德国的弗·尤施塔尔在其著作《法哲学》一书中说,警察就是“提供公共福利”的。法国的华笃玛·义埃尔说:“警察是为国家基于保护公益之必要,以强制力限制个人自由之行政行为。”德国的苏顿说:“警察是为增进公共利益以及预防迫切发生的危险为目的的政务。”国民党警察学者李士珍说:“警察者,以直接防止公共危害,维护社会安宁秩序,指导民众生活,促进一般福利为目的,基于国家统治权,执行法令并协助诸般行政行为等。”上述论点,都是基于警察社会管理和社会服务职能来阐述警察本质的,用“公共利益”“社会福利”掩盖了警察的阶级属性,歪曲了警察是阶级统治暴力工具这一根本性质,属于典型的以偏概全。

(三)美国警察学界对警察性质的辩论

1.辩论的具体内容

美国警察学界存在著名的警察性质五大辩论题:警察是打击犯罪的战士还是社会服务员、警务工作是专业还是技能、在民主社会警务工作是政治性还是官僚行政性、警务风格是主动提前警务还是被动反应警务、对犯罪是预防还是拘捕。[②]

(1)打击犯罪的战士与社会服务员

打击犯罪的战士。所谓打击犯罪的战士,是指警察工作主要是对严重暴力犯罪的侦查、破案与犯罪嫌疑人的逮捕。警官应是身强体壮、训练有素、主动积极、充满自信、铁石心肠的武士。他们武装到牙齿,动如脱兔,静若处子。训练应着重于警察专业知识与格斗、射击、驾驶等基本技能。福尔摩斯、007是这种模式的典型代表。

社会服务员。持此观点者认为警察的各项工作都很重要,不可有一方面的偏废。警务工作是全方位战略,刑侦与破案仅是警察行为中诸多工作的一种。在西方,特别是英国和美国的自治型警察模式,警务工作的重点是由社区的需要而决定

---

① 冯德文编:《警察学概论》,中国人民公安大学出版社2005年版,第54页。

② 王大伟:《外国警察科学》,中国人民公安大学出版社2012年版,第101页。

的,市民日常需要是警察应特别重视与关心的问题。因此,警察培训重点应放在为社区、为公众服务的知识与技能上。警察社区服务职能在英国有悠久的历史,1829年,英国内政大臣罗伯特·比尔创建世界上第一支职业制服警察时,就特别强调为公众服务,以谋取社会各界的支持。社会服务员的作用是当前西方警务改革的重要特色之一。社区警务是一种新的警务思想与预防犯罪的实践形式,它突出反映了警察为社会服务的理念。

警察究竟是战士还是服务员,这种争议仍在继续。除此之外,还有折中的观点,认为战士与服务员两者不可偏废,但随时间和地点的不同应有所侧重。有的社区需要服务员,如富人区和犯罪低发区。有的地区需要打击犯罪的战士,如大城市贫民区。是战士还是服务员的辩论,与我国警察职能的剑与盾的关系既有相似又有区别。这一辩论从本质上揭示了警察的作用,对警察教育和警务实践具有较强的指导意义。

(2)专业还是技能

专业,或称专业化,英文是“Professionalization”。任何一门职业,如果是专业化的职业,必须具备一定的条件。即就业前必须受过正规的大专以上的学历教育;工作的智力性超过体力性;教育与培训不是一次完成的;有专门的研究机构,研究工作的有关问题。像医生、电气工程师、律师、大学教授等职业属于专业化职业。

技能,又称手艺,英文是“Craft”。它不需要同时具备专业化所具备的四大特征。通常,手艺人工作体力成分较大。手艺熟练是必需的,但它强调技能而不是知识。艺人不需要文凭和正规的学历教育。手艺不需要专门的研究机构,它的发展需要通过不断的实践。杂技、雕刻、修表、配锁等,都属于手艺。过去,手艺人往往是通过师傅带徒弟的形式传授知识的。

专业和技能的区别。专业和技能的区别与科学和艺术的区别相似。区别两者的不同具有十分重要的意义。例如,警察是否需要大专以上的教育,警察科学是否需要专门的研究机构。如果基层警察是以技艺为主,那么就可以节约大量的正规培训经费,设立以短训为主的、更为科学的训练体制。如果基层警察是以专业化为主的职业,那么警察工作就应该强调在科学方法基础上的科学研究,就应该设立正规的、以学历为主的教育机构。

比较我国警察教育与西方警察教育,一般而言,两者比较突出的差异在于,国外有些国家没有正规的警察高等院校,警察部门所需要的人员从社会上招募,而警察内部培训院校,均为短期专业技能培训。这一点基本反映了主要西方国家在专业与技能这一命题上倾向于技能的现实。

(3)官僚行政化还是政治化

官僚行政化。官僚行政化不能单从中文的“官僚”两字中理解,它含有政府行政的意思。在西方警察学中,官僚行政化假定:司法是一个前后一致、独立的产物,司法的一致性是由严格、明确的规定所制约的,法律条款与规定决定着警察工作政策、程序。

政治化。警察作用的政治化有两种解释:一种解释认为,社区中最有影响的一部分人的利益控制着警察和法律,一些人凌驾于法律之上,一些人被法律制约,这就是所谓“政策优先”。这种解释被西方警察学者称为最坏的政治化。另一种解释认为,政治化有时强调“应答式”和“特别化”。持这一观点的人认为,严格的法律界定有时不符合具体情况。社区、邻里与个人,大千世界情况千变万化,需要具体分析,灵活掌握,法律的一致性不排除政策优先的成分。在处理问题时,警察应实事求是,灵活掌握,这是“好的政治化”。

这一辩论目前在西方警察学界仍无定论。有人认为,这是民主的两极冲突。这一辩论导致了一系列问题:如什么时候社区的利益应重于法律,社区的利益重要还是法律的严肃性重要。

(4)主动提前警务还是被动反应警务

主动提前警务。主动提前警务强调警察创造性行为。警察主动地出击,而不是被动反应,预防犯罪而不是处理犯罪。

被动反应警务。被动警务是一种反应式警务,它是对市民需要的一种反应。交通罚款是主动提前警务;建立邻里守望制度是主动提前警务;建立秘密力量,设立警察圈套是主动提前警务;出现场、刑事侦查则是被动警务。

有时主动警务很难理解,只能举例说明。例如,某地区连续发生几起抢劫案。面对这些案件,被动警务的反应是,出现场、提取物证、对嫌疑人调查排队等。主动警务的做法是分析作案的时间、地点规律性,从几起抢劫案之间试图发现共同点,如果找到共同点与规律性,警察设立监视网络,在下次可能发生抢劫的地点布置力量,同时采取一系列预防措施,这就是主动警务与被动警务之间的区别。

在西方警察研究中,被动警务是传统的、常见的模式。主动警务为革新的、创造性的模式。从理论上讲,主动警务要逐步占据警务工作的重要位置。由于西方社会自称是民主社会,所以另一个题目又产生了,即究竟是主动警务还是被动警务更适合西方社会。有人指出,警务风格越主动、越提前,警察就越具有侵犯性;而警察越具有侵犯性,对社会的民主危害就越大。因此,在讨论上述命题时,要搞清下列问题:怎样平衡警察的侵犯性与社区的要求,主动警务与被动警务哪一个更有效,怎样在搞好主动警务的同时,尽量减少警察的侵犯性。

(5)预防还是拘捕

预防,是指巡逻警官以自己的出现来阻止犯罪发生。拘捕,是指巡逻警官逮捕罪犯的行为。美国人举过这样的例子,说明两者的不同:一个女巡逻警官刚刚处理完一起交通事故,并在写事故调查报告。她的警车停在一处隐蔽的地方,可以看到近处的一个杂货店。但出入杂货店的顾客却看不见警车。这时,一辆汽车驶近杂货店,女警官发现这辆车是通缉令中描述的参加过抢劫的车。司机下车向杂货店张望。根据情况分析,新的抢劫即将发生。这时,女警官应怎样做?如果她等待抢劫发生,杂货店的店主或顾客是否会被伤害或杀死?如果她冲上前去拘捕,她是否会被武装的凶犯杀害?她应出现在罪犯面前来抑制犯罪还是采取其他什么方法?

预防与拘捕的辩论不仅限于单个警官,也与警察局的行为方式有关。预防与拘捕的警务模式涉及警力分配。例如,如果某警察局用相当大的人力、物力去组织群众、宣传群众,这个警察局就是以预防为主的预防模式。如果主要依靠拘捕与破案,这个警察局就是拘捕模式。从理论上讲,拘捕也是预防。拘捕能起到某种震慑作用,预防其他犯罪的发生。

警务工作的预防模式将影响社区内部的警民联系方式。在预防模式中警察是以帮助、支持的角色出现在公众面前的。在拘捕模式中,警察是以对立面出现在公众面前的。从预防到拘捕,而拘捕又是对新犯罪的预防。因此,很难确定警察工作哪些是预防性的,哪些是拘捕性的,问题的实质在于这两者之间投入多大人力、财力,对这两者的好恶决定了警察在社会上的作用。

2. 五大辩论的启示

西方关于警察性质与作用的五大辩论,有助于我们从多个侧面考察西方警学理论的精髓,了解西方警察学者的思维方式与研究内容,注视西方警务改革大趋势的理论基础。五大辩论的启示体现在以下几个方面:

首先,西方警察学者在考察警察本质与作用时选择了多种与实践相关的侧面,使理论研究紧紧围绕警务实践。

其次,西方警察学者对任何一个命题,不下肯定与否定的结论,而是采用辩论的方式,使结论平衡全面。事实上,对任何一个警务实践问题的解释,都会随时间、地点的不同而有所侧重。

最后,在很多实践问题上,西方的研究、认识与我国的警察学有很大的差异,为我们比较、批判、借鉴提供了很好的依据。例如,关于被动反应警务的再认识对我国今天的装备现代化提供启示;关于警察是专业还是技能的辩论,有助于我国警察教育基本理论的深层次研究。

二、关于警察本质的认识

（一）警察是阶级统治的暴力工具

警察作为一种历史现象，不是从来就有的，而是随着国家的产生而产生的。马克思主义认为，警察是阶级社会的产物，当社会生产力发展到使产品有了剩余和私人占有的时候，就产生了阶级，进而产生了阶级矛盾和阶级斗争，当这种矛盾和斗争达到不可调和的时候，就产生了国家。国家是阶级统治的工具，它最基本的特征之一，就是特殊社会权力的建立，而构成这种特殊社会权力的主要成分就是政府、军队、警察、法庭、监狱等国家机器。由此可见，警察作为国家机器的重要组成部分，必然是阶级统治的工具。事实上，警察自奴隶社会产生，历经封建社会、资本主义社会，到社会主义社会，经历了几千年，警察名称几经变换，在不同的历史阶段和不同国家中，警察概念的内涵也不尽相同，但就其本质而言，都是国家机器的重要组成部分，是统治阶级用以维护和巩固其阶级统治，实现阶级专政的重要工具。

警察作为国家的暴力工具，主要体现在以下几个方面：

其一，警察以暴力维护国家的政治统治。暴力是阶级与阶级之间使用的一种强制力。武力是暴力的最明显特征。我们说国家权力具有特殊的强制性，就体现在它是以有组织、有系统的暴力为后盾的。警察配有武器警械，拥有多种强制手段，是维护国家政治统治最重要的暴力工具。毛泽东同志说："军队、警察、法庭等项国家机器，是阶级压迫阶级的工具。对于敌对的阶级，它是压迫的工具，它是暴力，并不是什么'仁慈'的东西。"正如美国的克劳卡斯所总结的："警察是享有国家授予的在国家领土范围内使用暴力的一般权力的机构或个人。"[①]当然，警察并不是唯暴力论者，但保持暴力是绝对的，警察只有在必要时才使用暴力。警察暴力有三种作用：一是现实的暴力作用，即以警察的暴力战胜犯罪的暴力；二是潜在的暴力作用，即暴力备而不用，引而不发，以示威慑力量的不可超越性；三是警察行政强制的后盾作用。按照警察法规，现实的一切警察行为都以强制性为基础，特别是对犯罪分子采取的刑事强制措施，使对方必须绝对服从，不允许反抗，这也是暴力作用的一种表现。

其二，警察是保证国家行政权力行使的强大力量。任何国家都需要政府来进

---

① ［美］罗伯特·兰沃西、［美］劳伦斯·特拉维斯：《什么是警察：美国的经验》，尤小文译，群众出版社2004年版，第5页。

行领导和管理,没有政府的领导和管理,社会生活将没有核心,没有权威,没有秩序,社会将是一片混乱。即使在有政府领导和管理的情况下,由于事物和人们思想的复杂性,社会中还会出现各式各样的矛盾和问题。这时不仅需要"文"的管理,如组织、说服教育等,使人们有秩序地按统治阶级的意志行动。同时,也需要"武"的管理,即强制性的管理,强制人们有秩序地按统治阶级的意志行事。这就要求国家行政权力必须依靠暴力作为后盾,没有足够威慑和强大的暴力作为保障,权力就成了泡影。正如列宁所指出的,"如果没有一个能够迫使人们遵守法规的机关,权力也就等于零"。因此,统治阶级要享受真正的国家统治权就必须拥有自己的暴力,如军队、警察、法庭等。

(二)警察是国家安全和社会治安秩序的维护者

国家安全和社会秩序稳定是统治阶级巩固统治、维护利益最基本的条件。从世界范围内来看,警察的主要职能是维护国家安全和社会治安秩序,因此,从这个意义上,警察属于国家治安行政武装力量。警察在维护国家安全方面,主要是保卫统治阶级政权和国家主权不受侵犯和颠覆,同外来侵略和颠覆活动作斗争,对内防范被统治阶级和敌对分子的反抗和破坏活动。在维护社会秩序方面,主要是保障统治阶级所要求的生产秩序、工作秩序、科研秩序、教学秩序以及公民生活秩序不被破坏。警察既要同一切违法犯罪行为作斗争,预防和制止犯罪分子的破坏活动,又要进行社会治安管理,维护社会公共秩序和公共安全。警察作为阶级统治的工具,正是通过维护国家安全和社会秩序的职能活动体现出来的。

(三)警察是公民利益的保护者

警察作为具有强制力的国家力量,其工作的目标之一是保护公民的利益。在现实中,这一性质主要是通过维护社会治安秩序、打击违法犯罪活动和服务公众体现出来的。世界各国都赋予了警察维护国家和人民利益的职责。如日本《警察法》规定:"警察负有保护个人生命、身体以及财产的任务,具有预防镇压、搜查罪犯、逮捕嫌疑犯、管理交通以及其他公共安全与秩序的职责。"秘鲁《国民警察基本法》第3条规定:"国民警察为大众服务,其根本任务是保护人身安全,维护社会治安。"韩国《警察法》第3条规定:"警察的任务是保护国民生命、身体和财产,对犯罪进行预防、镇压与搜查、搜集治安情报,管制交通及其他维护公共安全和秩序的事项。"这说明各国都非常重视警察对国家和公民利益的维护,把它作为警察的基本职责。

我国是人民民主专政的社会主义国家。警察的权力来源于人民,又服务于人民。维护人民利益与维护国家利益在本质上是一致的。《人民警察法》第3条规定:"人民警察必须依靠人民的支持,保持同人民的密切联系,倾听人民的意见和建议,接受人民的监督,维护人民的利益,全心全意为人民服务。”因此,在我国,警察所具有的人民性特征更为明显,这就要求人民警察牢固树立为人民服务的宗旨意识,切实改进工作作风,想群众之所想,急群众之所急,通过良好的执法活动,更好地为群众服务,真正成为人民群众的忠诚卫士。

(四)警察是国家法律的执行者

法律是由国家制定和颁布的,它具有权威性、不可侵犯性和不可抗拒性,它是调整各种社会关系的最高准则,它是国家力量的主要表现。自阶级社会产生以来,统治阶级为实现统治目的,总是要把自己的意志上升为国家的法律并由具有强制力的国家机器来负责实施,法律是统治阶级意志的根本体现,特别是在现代社会,维护统治阶级利益与维护其法律的一致性更为突出。在法治社会,警察本质的阶级性是通过警察自觉地捍卫法律和执行法律来实现的。从这个意义上讲,警察的力量并不在于其表面的武装性和强制力,而是在于警察捍卫和执行的国家法律的权威性和强制力。警察行为只有符合法律要求和规范,才能得到法律的支持和保护,进而体现出强大有力的不可抗拒性。警察行为如果违反了法律的要求和规范,不仅体现不出其强大有力,反而会受到法律的制裁。因此,警察必须自觉地捍卫和执行法律,依法办事,秉公执法。

警察打击违法犯罪、维护社会治安秩序及其他管理社会活动的过程就是执行法律的过程。我国《人民警察法》第 4 条明确规定:“人民警察必须以宪法和法律为活动准则,忠于职守,清正廉洁,纪律严明,服从命令,严格执法。”在我国,《人民警察法》及有关法律对人民警察的职责、权限、义务、纪律等都作出明确的规定,人民警察应严格执行,不得有超越职权和其他的违法乱纪行为,人民警察执行职务,依法受人民检察院和国家监察机关的监督。

警察上述四个属性是密切联系、相辅相成,缺一不可,共同构成了警察本质属性。

三、警察与社会诸现象

警察作为国家武装性质的暴力工具和治安行政管理力量,既是人类社会活动的一个组成部分,又是具有特殊性质的社会活动形态。因此,要深入认识和全面把握警察的基本性质,必须进一步揭示警察与经济、警察与政治、警察与犯罪等内在联系。

(一)警察与经济

在中国古代汉语中,“经济”的含义是治理国家、拯救庶民,即所谓“经邦济世”。

在现代，经济含义已大不相同，主要是指物质资料的生产，以及相应的分配、交换和消费的活动，即生产和再生产全过程，也就是通常所说的经济活动。在这种意义上，经济是人类社会存在和发展的基础，是包括警察在内的社会上层建筑赖以建立的基础。

马克思主义认为，一定的社会形态是一定社会的经济基础与上层建筑的统一体，经济基础决定上层建筑，上层建筑反作用于经济基础。所谓社会的经济基础，是指同生产力的一定发展阶段相适应的生产关系的总和。它包括生产资料所有制的形式、人们在生产中的地位及相互关系、劳动产品的分配形式等。马克思在《政治经济学批判》序言中说："这些生产关系的总和构成社会的经济结构，即有法律的和政治的上层建筑竖立其上并有一定的社会意识形式与之相适应的现实基础。"这就是历史唯物主义关于社会经济基础的科学规定。警察属于社会上层建筑的政治法律制度设施范畴，因此，经济基础对警察现象具有决定作用。这主要表现在：①

第一，经济基础的性质决定警察的性质。警察执法活动体现了统治阶级的意志，但这种意志的内容是经济基础的反映。因此，有什么样的经济基础，就有什么样性质的警察现象。奴隶社会、封建社会的警察行为和资本主义的警察现象是剥削阶级经济基础的反映，社会主义类型的警察现象是社会主义经济基础的反映。

第二，经济基础决定警察现象的产生和发展变化。在原始社会，实行原始公有制，没有阶级和社会矛盾，自然就不可能产生警察行为。在原始社会末期，随着社会生产力的发展，出现了金属工具，推动了社会分工，产生了私有制，出现了奴隶主和奴隶两大对立的阶级。为了维护奴隶主阶级的统治地位，控制社会矛盾，就逐步产生了社会治安管理与控制的需要和活动。只不过从这时一直到整个封建社会，由于社会生产力落后，社会分工不细致，因而社会治安管理与控制的职能活动大多寓于当时的司法行政和军事活动当中，尚未建立独立的警察职能机构和专业力量。近代资本主义产生以后，随着生产力的快速发展，生产关系日益复杂，生产资料的私有制与生产方式的社会化之间的矛盾趋向尖锐，由此引发的大量的社会治安问题特别是犯罪问题，迫使资产阶级开始建立代表本阶级利益的独立的警察职能机构和专业力量，以代替传统的治安力量。同样，随着社会主义国家的建立，必然设立反映和维护社会主义经济基础的人民警察制度。

第三，经济条件是警察建设和警务工作的物质基础。任何警察活动都必须依赖于一定的经济条件，社会经济条件是警察活动最根本的基础和支撑。不同时代、

① 张兆端：《警察哲学：哲学视阈中的警察学原理》，中国人民公安大学出版社 2008 年版，第 116 页。

不同国家、不同地区警察建设与警务工作的水平,在很大程度上受到当时、当地经济发展水平的制约。以经费投入为核心的经济保障是警务保障的基础,它一方面制约着警察队伍建设的数量和质量;另一方面制约着警察部门武器与警械装备的水平。除此之外,社会经济条件还制约着警察组织的编制体制和警务战略战术。正如恩格斯所说:“装备、编成、战术和战略,首先依赖于当时的生产水平和交通状况。”①

第四,经济全球化对警察的影响。经济全球化日益加强是当前世界经济发展中一个最鲜明的特点和趋势,这一趋势将直接影响警察现象的发展与变革。所谓经济全球化,是指以科技进步为基础,以跨国公司为主要推动力的世界范围的产业结构调整,其实质是全球经济市场化。经济全球化包括生产、销售、金融和科技四个方面的全球化,它以数字技术革命为先导,以生产和销售的全球化为主要特点,以“知识经济”为重要特征。经济全球化作为当今世界文明发展不可抗拒的历史潮流,越来越受到各国政府的关注,它对世界各国的经济体制、经济发展战略、国防与军事建设,以及警务工作战略等都产生了巨大的影响。经济全球化对警察建设和警务工作的影响是巨大而深远的:一是为各国警察发展战略的改革与调整提供了新的经济基础参照系。二是适应经济全球化和社会信息化而推动的犯罪国际化、有组织化、智能化趋势,拓展了警务工作的职能范围,促进了双边或多边性的国际警务合作。三是加速了高科技在各国警察领域的广泛应用,提高了警察工作效率。

当然,任何社会的警察现象都不会被动地受制于经济基础,同时它对经济基础起着积极的、能动的反作用。概括起来主要有以下几方面:一是维护国家安全和社会秩序,为国家经济活动提供良好的治安环境。警察主要是通过实施警察行为创造一个安定团结的政治局面和稳定的社会秩序,即运用有关法律将社会各种矛盾和冲突控制在秩序范围之内。二是维护正常的经济活动。一方面,警察对各种破坏社会经济秩序的经济犯罪及其他犯罪进行严厉打击。另一方面,警察从事的交通管理、户口管理、边防管理、出入境管理、枪支及其他危险物品的管理、公共娱乐场所管理、特种行业管理等都是警察依法行使国家职权,代表政府对社会进行管理的重要职责,直接为经济建设服务。

(二)警察与政治

孙中山先生认为:“政就是众人之事,治就是管理,管理众人之事,便是政治。”列宁指出,“政治是经济的集中表现”,“政治就是各阶级之间的斗争”。不管从怎样

---

① 《马克思恩格斯选集》(第3卷),人民出版社1972年版,第206页。

的角度理解，警察与政治都有着紧密的内在关联。警察属于一定经济基础之上的政治上层建筑范畴。马克思主义唯物史观认为，社会上层建筑是建立在一定经济基础之上的社会思想、观点，以及相应的制度、设施和组织的复杂体系。政治、法律制度和设施是上层建筑的重要组成部分，通常称为政治上层建筑。政治上层建筑既有国家和法律等制度，又有军队、警察、法庭、监狱、政府部门等设施，以及与之相联系的一套组织。美国警学专家塞缪尔·沃克指出："政治是据以确定公共政策、分配资源及划分并维护权力的手段。警察无论是在实质上还是在象征意义上，都是政治系统不可分割的组成部分。"沃克认为："警察作为政治系统的象征也很重要。它是社会权力与权威最具体的表现形式。"①

警察与政治的关系首先表现为警察与国家政权的关系。国家政权，是指由一定阶级的代表所组成的政府机构体系及其行使的公共权力。一方面，从起源和存在方式上看，警察现象是随着阶级、国家的产生而产生的，是人类进入阶级社会后阶级斗争和社会矛盾发展到一定阶段的产物。国家是警察产生与存在的前提条件和组织载体。另一方面，警察是国家机器的暴力组成部分，警察权力是属于国家公共权力的一部分，国家权力的性质决定警察权力的性质；反过来，警察是国家实施社会控制的正式组织和力量之一，国家安全和社会治安须臾离不开警察。

警察与政治的关系还表现为警察与政党政策的关系。政党是一定的阶级或阶层为了取得或影响政治决策权以实现共同利益而结成的政治组织。政党政策是政党在政治活动中为实现一定时期的历史任务而作出的政治决策和政治策略。一般来说，执政党的政策与法律是相互联系、相互制约的。政策指导法律的制定和实施，执政党的政策是国家立法的直接依据，执政党常常将成熟的政策制定成法律，法律是政策的条文化、规范化。当然，执政党的政策也受到法律的制约，服从法律，特别是要使政党政策具有合法性、合宪性。执政党必须在宪法和法律范围内活动，不能有超越宪法和法律的特权，即执政党不能制定与宪法和法律相抵触的政策。由于政策与法律所具有的辩证统一性，所以，我国警察机关的一切警察建设和警务工作既要以宪法和法律为依据，自觉维护国家宪法和法律的权威，也要立足于自身职责认真学习和贯彻执行党的基本政策，自觉接受党的政策指导，特别要认真学习和执行党所制定的一系列关于警察队伍建设的政策和关于警察工作的刑事政策以及治安行政政策等。

---

① ［美］塞缪尔·沃克：《美国警察》，公共安全研究所外警研究室译，群众出版社1989年版，第77页。

(三)警察与犯罪

警察与犯罪是产生、存在于人类阶级社会中的两种相互对立统一的社会历史现象。按照唯物史观和辩证逻辑,尽管产生犯罪的原因是复杂的,但警察作为国家机器中的专门负责社会治安秩序的职能部门,在其开始便是作为人类社会犯罪现象的对立物而产生的,并且也是随着违法犯罪的发展变化而发展变化的。也就是说,违法犯罪现象的产生和存在是警察现象产生和存在的历史因由、现实根据和逻辑前提,违法犯罪的发展变化是推动警察现象发展变化的反动力。

关于警察与犯罪现象之间的关系问题,不同时代的学者有不同的观点。学者威尔森认为,警察与犯罪现象之间存在一种极为简单的关系原则,即警察力量越强,犯罪控制效果越好。与这种“犯罪控制”论相反,帕克·莫斯达等人提出的“标签”理论认为,犯罪现象只是人类的一种越轨行为,在受到警察机构的标示和打击之后才进而演变为一种犯罪行为。因此,犯罪实际上是社会借助于警察机构创造出来的一种社会事物,只能存在于社会环境之中。中国现代犯罪控制论者认为,由违法犯罪引发的“社会治安问题是社会各种矛盾的综合反映”,因而需要从根本上实施“综合治理”战略,而警察机关只是对犯罪实施司法控制的主要职能部门之一。①

毫无疑问,警察是控制打击犯罪的专门力量。但是,到底警察能在犯罪控制中起多大的作用,却是人们一直争论不休的问题。总体而言,警察控制犯罪的作用是有限的。刑事发案的多与少,固然同警察机构的工作好坏有一定的关系,但它作为一种社会现象,是政治、经济和社会各方面情况的综合反映,把发案率上升、治安问题增多、治安形势严峻的全部责任统统加于警察机构一身是不客观的。也就是说,犯罪来自整个社会,在打击与预防犯罪中,警察的作用既是重要的,又是有限的。单靠警察自身的力量既不能从根本上决定犯罪率的升降,也不能彻底完成对社会治安的控制。

第二节 警 察 职 能

所谓警察职能,是指警察的社会效能和作用。警察是国家机器中的重要组成部分,是统治阶级用于维护本阶级统治秩序的暴力工具,最基本的效能作用是维护

---

① 张兆端:《警察与犯罪现象的互动关系论》,载《犯罪研究》1997 年第 3 期。

统治阶级利益，保卫国家安全，打击惩罚犯罪，维护社会治安秩序。警察职能具有强烈的阶级性和政治性。警察的职能是由国家的职能决定的。

马克思在《法兰西内战》中说："旧政府权力的纯粹压迫机关应该铲除，而旧政府权力的合理职能应该从妄图驾于社会之上的权力那里夺取过来，交给社会的负责的公仆。"①它告诉我们，资产阶级国家那种压迫的职能，必须通过无产阶级革命加以铲除。而资产阶级国家还有着它的"合理职能"，也就是社会管理的职能，是不能废除的。

恩格斯的《反杜林论》在讲到国家作用时指出："在这里，问题在于确定这样的事实：政治统治到处都是以执行某种社会职能为基础，而且政治统治只有在执行了它的这种社会职能时才能持续下去。"②对这一问题，列宁也有精辟的论述，他在《国家与革命》中指出："资本主义使'国家'管理机关的职能简化了，使我们有可能抛弃'长官职能'，把全部问题归结为无产者组织起来（成为统治阶级）以全社会名义雇用'工人、监工和会计'。"③并以资本主义邮政为例，说明它就是一个"社会性的管理机构"的典型。这样的"社会性的管理机构"，在资本主义社会已经准备好了，只要摧毁了它的国家机器，这样的机构就可以由工人阶级掌握使用，可以"把整个国民经济组织得像邮政一样"。

综上所述，人类历史发展的过程告诉我们：

第一，由国家代替了氏族组织以后，国家有了政治统治的职能，但国家并没有抛弃社会管理的职能，而且把政治统治职能建立在社会管理职能基础之上。因为任何一个统治阶级在取得国家政权之后，就承担起了管理社会的历史使命。管理得好，其政治统治就巩固；管不好，就会导致社会的政治危机，甚至垮台。

第二，有国家便有上述的双重基本职能。到了国家消亡的时候，它的政治统治职能随之消亡，而社会管理职能并不消亡。

国家的上述职能决定了警察职能。

一、警察的政治镇压职能

警察的政治镇压职能（又称专政职能），是指警察使用暴力，对威胁统治阶级的政治势力实行镇压。其主要内容是：对付被统治阶级的反抗与斗争；本阶级内部政治上的对抗性反对势力；国外的侵略、颠覆、破坏势力；其他有政治威胁的势力等。

---

① 《马克思恩格斯全集》（第2卷），第376页。

② 《马克思恩格斯全集》（第3卷），第219页。

③ 《列宁选集》（第3卷），第212页。

警察的这一职能有鲜明的政治性、强烈的阶级性。在我国,警察的专政职能,是指警察机关在党的领导下,团结和依靠广大人民群众,依照宪法和法律,对危害国家安全的敌对势力、敌对分子、严重危害社会治安秩序的犯罪分子进行镇压、制裁、改造和监督,以巩固人民民主专政的国家政权,维护人民群众利益的社会作用与效能。我国的专政职能,是通过人民解放军、人民武装警察部队、警察机关、国家安全机关、检察机关、监察机关、审判机关和司法行政机关等按照各自的职责范围分工负责、互相配合来实现的。

二、警察的社会管理职能

社会管理,就是保持社会秩序协调性的一种活动,以保障符合统治阶级利益的安定条件。警察的社会管理职能,是指警察运用行政管理的手段,维护一定社会制度下社会秩序的协调性。其主要内容是:对危害社会的各种刑事犯罪分子予以惩罚;制裁侵犯公民利益的违法行为;维护公共安全(如防火、防爆炸、防毒、防险、防污染,防范各种治安灾害事故等);对大量社会生活秩序的管理,如交通、户籍、出入境、移民问题等。警察的这种社会管理职能,具有广泛的社会性和群众性。在我国,警察机关行使社会管理职能的目的,不仅仅是为了维护社会的秩序与稳定,更重要的是依法保护人民的民主权利和其他合法权益。因此,警察在行使社会管理职能的同时,要保障人民充分享受宪法和法律规定的民主权利和其他权利,保障人民依法参与国家事务的管理,享受正常的政治生活、经济生活和文化生活。

三、警察的社会服务职能

现代警察的创始人英国内政大臣罗伯特·比尔认为,高效率的警务,首先是预防犯罪,其次才是刑侦和惩罚。犯罪者怎样才能无处藏身?只有依靠广大公众,只有把警务工作扎扎实实地落实到社区,把警察的主要精力放到服务于公众,保护公众的生命财产安全。20世纪70年代以来,西方国家主张警察主要是一支社会服务力量,警察应是24小时、全天候、高度流动的社会服务力量的呼声日益高涨。向服务型警察转变,成为西方警察职能改革的主要内容。例如,从20世纪70年代开始,美国警察的发展进入社区警务时代。在社区警务时代,警察工作的一个重点就是改善警民关系,加强警民合作,向服务型转变。

我国是人民民主专政的社会主义国家,人民警察从成立时起,在行使政治统治职能和社会管理职能的同时,就行使着社会服务职能。全心全意为人民服务是警察的宗旨,保护公民的人身安全、人身自由、合法财产,积极参加抢险救灾及社会公益活动是人民警察的基本任务和义务等，都说明了社会服务职能是人民警察的基本职能之一。党的十一届三中全会后，党的工作重心转移到经济建设上来，人民警察的工作重心也随之转移到服从、服务于经济建设上来。当前中国特色社会主义进入新时代，我国社会主要矛盾已经转化为人民日益增长的美好生活需要和不平衡不充分的发展之间的矛盾，国家和政府的职能都发生了根本性变化，开始向"公共服务型"政府转变，警察机关作为政府的一个职能部门，其职能也应该在"专政型""管理型"的基础上，向"服务型"转变。需要说明的是，警察的这种职能转变并不是要否定警察的政治统治职能和社会管理职能，而是要求警察在履行好政治统治职能和社会管理职能的同时，更好地履行社会服务职能，为社会、为公众提供公共安全服务。

需要说明的是，在一些教科书中，认为警察只有政治镇压和社会管理两方面职能，或者把警察的社会服务职能归入社会管理职能。但我们认为，警察社会服务职能在实践中已得到充分体现，是不能予以忽视的，[①]同时，警察社会服务职能的明确体现了民众对公共服务型政府的要求，体现了社会的进步，也有利于警察真正树立为民众服务的意识。

警察的政治镇压职能和社会管理、社会服务职能体现了警察具有阶级性和社会性相统一的特点。在人类社会中，任何一种社会存在，都有社会性。但在阶级社会里，许多社会存在又具有阶级性。警察就是一个社会性与阶级性相统一的事物。警察作为国家机器的组成部分，它的阶级性表现在它的政治镇压职能上，它的社会性主要表现在社会管理和社会服务职能上。

警察的这三种职能，都是统治阶级意志的体现，三者相互依存，相辅相成。警察的政治镇压职能是社会管理、社会服务职能的前提，社会管理、社会服务职能是政治镇压职能的基础。但是，警察的这三种职能并非处于同等地位，在不同的历史时期，警察的职能也应该有所侧重。在阶级矛盾十分尖锐的时候，警察的职能应侧重于政治镇压，而当和平与发展时期，警察职能应以社会管理和社会服务为主。当然，以社会管理和社会服务为主，并非放弃对危害国家安全等违法犯罪行为的打击，尤

---

① 美国1976年至1978年警察服务研究课题组（Police Service Study）在纽约州、密苏里州、佛罗里达州等城市的24个不同辖区的60个样本社区中，细致研究了警察的巡逻服务，发现警察与民众联系的38%涉及犯罪问题，22%是有关交通问题，其余的40%是服务和秩序报警。服务包括医疗救助、提供信息、协助不能独立生活的人，以及其他一般服务。秩序工作包括处理打架和一些琐碎的问题，比如噪声干扰、家庭争吵和青少年违法等。解决这些问题时，警察实施逮捕的案件仅占14%。研究指出：警官的大量时间是向民众提供服务。参见［美］罗伯特·兰沃西、［美］劳伦斯·特拉维斯：《什么是警察——美国的经验》，尤小文译，群众出版社2004年版，第341页。

其是近年来,我国境内外各种敌对势力和敌对分子的颠覆分裂破坏活动依然存在,犯罪的动态化、组织化和职业化的趋向越来越明显,新的犯罪形式和犯罪手段不断出现,直接威胁到国家安全和社会稳定,在此情况下,作为警察机关必须强化专政职能,充分发挥打击犯罪、巩固政权、维护国家安全和社会稳定的作用。

第三节 警察任务

警察任务是由警察的性质和职能决定的。警察任务是指警察在国家法律所确定的管辖范围内,为实现一定的目标所进行的工作内容。根据时间,警察任务可以分为当前任务和长远任务;根据层次,警察任务可以分为基本任务和具体任务。本节所阐述的是警察基本任务。

一、境外对警察任务的一般规定

在境外警察法规中,警察任务一般有以下几个方面:①

(一)维护社会秩序和公共安全

苏联制定的《工农民警条例》规定,民警的基本任务是"保卫社会主义建设所必需的革命秩序和社会安全"。法国《国家警察职业道德准则法令》第1条规定:"国家警察在法国境内承担保障自由,捍卫共和国制度,维护和平和公共秩序,保护人民生命和财产安全的责任。"芬兰《警察法》第1条规定:"警察的责任是保持法律的尊严和社会的稳定、维护公共秩序和安全,预防和调查犯罪,并把罪犯送交司法部门起诉和量刑。为确保社会安全,警察工作需要社会其他政府部门、地方居民和组织的配合。除上述职责外,警察也依据法律执行其他任务并在职责范围内帮助任何需要帮助的人。"波兰《民警人员服役法》规定,民警的主要任务是"保卫公共秩序和安全"。日本《警察法》第1条规定,警察的任务之一是"维护公共安全和秩序"。我国台湾地区"警察法"规定:"警察任务为依法维持公共秩序,保护社会安全,防止一切危害,促进人民幸福。"

(二)保护公民人身、财产安全以及公共财产的安全,打击犯罪行为

日本《警察法》第2条第1款规定:"警察担负着保护个人生命、身体、财产安全的责任,以一切预防犯罪、打击犯罪、侦查犯罪、逮捕嫌疑人、管理交通等维护公共安

---

① 冯德文:《警察学概论》,中国人民公安大学出版社2005年版,第59~60页。

全与秩序的任务为自己的职责和义务。”韩国《警察法》第3条规定：“警察的任务是保护国民人身和财产安全，预防和侦查违法犯罪活动，搜集治安情报，维护交通秩序以及其他公共治安秩序。”俄罗斯《联邦民警法》第1条规定：“俄罗斯联邦民警机关是执行权力的国家机关，其使命是保护公民的生命、健康、权利和自由，保护社会和国家的财产、利益以免受犯罪和其他违法行为的侵害，有权在本法和其他联邦法规定的范围内采取强制性措施。”我国香港特区《警察队条例》规定，警察有“防止生命与财产之受损害，防止犯罪与侦缉罪犯，拘捕一切依法律应予逮捕并有充分拘捕理由之人”的任务。

（三）治安行政管理和监督

在治安管理方面，各国的警察法规定得不尽一致，但都将治安管理作为警察基本任务加以规定。日本《警察法》规定，警察负责“管理交通及其他与维护社会治安有关的事务”。苏联的《工农民警条例》规定，警察要监督关于公共观览游戏和娱乐规则的遵守情况；监督关于组织游行示威既定规则的执行情况；监督关于教徒集会规则的遵守情况；监督关于交通规则和乘坐电车、汽车等规则的遵守情况；依法发给经营和生产专门物品（猎枪、弹药等）的许可证，并对其生产进行监督；监督关于建筑施工、道路施工及其他施工中的公共保安规划的遵守情况；监督房产管理局和公民迁出迁入规则的遵守情况，并根据关于住地询问处的特别规则进行户口登记；发给居民身份证等。

二、我国人民警察的基本任务

《人民警察法》第2条对我国人民警察的基本任务作出了明确规定：“人民警察的任务是维护国家安全，维护社会治安秩序，保护公民的人身安全、人身自由和合法财产，保护公共财产，预防、制止和惩治违法犯罪活动。”

（一）维护国家安全

维护国家安全，主要是维护国家政权、主权统一和领土完整，人民福祉、经济社会可持续发展和国家其他重大利益相对处于没有危险和不受内外威胁的状态，以及保障持续安全状态的能力。维护国家安全的核心是维护国家核心利益和其他重大利益的安全。

国家安全主要包括国家政治安全、经济安全、文化科技安全、军事安全、社会公共安全、网络信息安全等。国家安全是关系到国家生死存亡的根本问题。许多国家把维护国家安全作为警察的重要任务，设立专门机关负责国家安全工作。中国政府一贯重视维护国家安全工作，历来都将维护国家安全作为人民警察的基本任务之一,并在加强公安机关负责的国内安全保卫工作的同时,单独设立了国家安全机关,负责对外情报工作和反间谍工作等。

维护国家安全工作主要包括以下几个方面:一是牢固树立国家总体安全观。《国家安全法》第3条规定:“国家安全工作应当坚持总体国家安全观,以人民安全为宗旨,以政治安全为根本,以经济安全为基础,以军事、文化、社会安全为保障,以促进国际安全为依托,维护各领域国家安全,构建国家安全体系,走中国特色国家安全道路。”二是积极防范危害国家安全的违法犯罪行为的发生。对公民和组织进行教育,增强国家安全意识,以自觉维护国家安全,积极同危害国家安全的违法犯罪行为作斗争。同时,堵塞工作和制度上的漏洞,防范境内外敌对势力、敌对分子的渗透与颠覆等破坏活动。三是及时发现和制止危害国家安全的违法犯罪行为,努力将其遏制在萌芽状态,以避免造成危害国家安全的严重后果。四是严厉打击和惩治危害国家安全的违法犯罪分子,震慑和减少危害国家安全犯罪。

（二）维护社会治安秩序

社会治安秩序直接影响着社会稳定和公共安全。世界各国都把维护社会治安秩序作为警察最重要的任务之一。党和政府一直高度重视社会治安工作。1957年制定的《人民警察条例》和1995年制定的《人民警察法》都将维护社会治安秩序作为警察的一项基本任务。在我国,公安机关是国家负责社会治安秩序的专门力量。

社会治安工作面广,任务繁重,警察机关维护社会治安秩序主要有以下几个方面:一是积极防范危害治安的行为,对公民进行法律宣传,增强公民的法律意识,使他们自觉地同危害社会治安的违法犯罪行为作斗争,调动社会力量进行综合治理,增强社会防范机制。二是制止危害社会治安秩序的违法犯罪行为,人民警察对于已经发生的危害社会治安秩序的违法犯罪行为,应当挺身而出,行使法律赋予的职权,制止违法犯罪活动。三是坚决惩治危害社会的违法犯罪分子。人民警察应当运用《刑法》《刑事诉讼法》《治安管理处罚法》等法律武器,严厉打击、制裁扰乱、破坏社会治安秩序的违法犯罪行为。

（三）保护公民的人身安全和人身自由

我国《宪法》对公民的基本权利作了广泛的规定。《宪法》是我国的根本大法,法律的制定都要以宪法为依据,并体现宪法的基本精神,《人民警察法》也是如此,必须将保护公民的人身安全、人身自由作为人民警察的基本任务之一。

人民警察是人民的公仆和卫士,依法保护公民的各种合法权益是人民警察义不容辞的责任。保护公民的人身安全,就是保护公民的生命权、健康权不受侵犯。保护公民的人身自由,就是保护公民的人格尊严和住宅不受侵犯;保护公民人身不受非法拘禁、非法管制、非法搜查、非法审问；保护公民的通信自由和通信秘密。

人民警察履行保护公民的人身安全、人身自由的任务，要做好三个方面的工作：一是要充分发挥职能作用，依法惩治杀人、伤害、抢劫、爆炸、投毒、绑架、强奸、强迫妇女卖淫和拐卖人口等侵犯公民人身权利的违法犯罪活动。二是对治安事故、自然灾害给公民的人身安全和自由带来的威胁积极加以排险救助。三是重视并做好对公民的法治宣传和治安防范教育工作，不断提高公民的自我保护意识和安全防范能力。

（四）保护公共财产和公民的合法财产

所谓公共财产，是指国家和集体所有的财产，包括公共设施、国有企业、国家机关和事业单位的财产、集体所有的财产。公共财产是国家的财富资源，是社会的经济基础，是经济社会发展和人民生活改善的物质条件，是国家全部上层建筑及其活动的物质保障。我国《宪法》第 12 条规定："社会主义的公共财产神圣不可侵犯。国家保护社会主义的公共财产。禁止任何组织或者个人用任何手段侵占或者破坏国家和集体的财产。"

所谓公民的合法财产，是指公民依法取得、占有受法律保护的财产。其包括公民的合法收入、储蓄、房屋等其他合法财产。我国《宪法》第 13 条规定："公民的合法的私有财产不受侵犯。国家依照法律规定保护公民的私有财产权和继承权。国家为了公共利益的需要，可以依照法律规定对公民的私有财产实行征收或者征用并给予补偿。"

人民警察在保护公共财产和公民合法财产时有两方面的工作要做：一是依据《刑法》《刑事诉讼法》《治安管理处罚法》等法律，严厉打击各种经济犯罪活动，特别是打击生产销售伪劣商品、扰乱金融秩序、金融诈骗、危害税收征管、走私、扰乱市场秩序等威胁国家、人民财产安全的非法经济金融活动，打击侵害公共财产和公民合法财产的违法犯罪活动。二是当发生火灾、水灾、地震等自然灾害，公共财产和公民的合法财产面临危险时，人民警察应当积极参加抢险救灾工作，保护公共财产和公民合法财产的安全。

（五）预防、制止和惩治违法犯罪活动

所谓违法犯罪活动，包括所有触犯国家治安法律和刑事法律，应当受到治安处罚和刑事处罚的行为。这些行为侵害了国家法律所保护的社会关系，因此，要承担法律责任，受到法律惩治。所谓预防违法犯罪活动，是指人民警察和有关机关、团体、企事业单位、社区组织以及人民群众密切配合进行社会治安综合治理，努力控制和减少违法犯罪的土壤和条件，防止违法犯罪的发生。所谓制止违法犯罪活动，是指人民警察在执行公务中,对现行的违法犯罪人员,依法采取强制措施,制止其继续进行违法犯罪活动的行为。所谓惩治违法犯罪活动,是指人民警察对事实清楚、证据充分的违法犯罪人员依照法定程序追究其法律责任的行为。预防、制止和惩治违法犯罪活动是一项系统工程,必须坚持"打防并举,标本兼治,重在治本"的原则,在充分发挥警察机关职能作用的同时,调动社会各方面的积极性,形成同违法犯罪行为作斗争的有效合力。

第四节 警察价值

警察实践是人的一种特殊的价值活动,离开对警察价值的追求,就不会有任何警察实践。警察价值是与警察职能、警察任务紧密相连的警察哲学范畴。警察社会功能的发挥状况和实现程度,警察角色扮演的好坏等,都取决于所确定的警察价值取向,并且最后还要落实到对警察的价值评价上。

一、警察价值的内涵

价值是事物(物质的和精神的现象)对人的需要而言的某种有用性,对个人、群体乃至整个社会的生活和活动所具有的积极意义。一种事物或现象由于其具有一定属性或性能,能够满足主体某种需要,对于主体具有积极的肯定的意义,就被主体认为是有用的、有意义的,即有价值的。如果一种事物或现象由于其所特有的属性或性能,不但不能满足主体的某种需要,反而会妨碍主体实现某种需要,对主体具有消极的否定的意义,就会被主体认为是无用的甚至有害的,即无价值的。一种对主体有用即有价值的东西,有用的程度越高,满足主体需要的范围越大,其价值也就越大;反之,价值就越小。①

价值生成必须具备三个条件:客体的属性、主体的需要和主客体的关系,三者缺一不可。

一是客体的属性。客体是价值的物质承担者。作为价值客体,不仅是指各种"物",而且是指各类人以及由人构成的各种社会活动、社会关系、思想观念、理论学说、道德规范、社会制度、管理方式等,所有这些都可以被视为价值客体的载体。因此,客体的属性既包括自然属性,如物理属性、化学属性、生物属性等;也包括社会属

---

① 张兆端:《警察哲学:哲学视阈中的警察学原理》,中国人民公安大学出版社2008年版,第211页。

性,如经济属性、政治属性、伦理属性、思想属性、审美属性等。正是由于客体自身的特有属性,它才能在主客体的关系中表现出相应的价值。

二是主体的需要。主体是指广义的人,既包括个体的人,也包括人的各种社会组织形式,如群体、组织甚至一个民族或一个国家等。价值主体是把握某一价值关系行为中的实践者、认识者。主体的需要,就其需要本身的内容和形式来说,是一个相当复杂的多层次的动态体系。它包括生理的需要、心理的需要和精神的需要;个体的需要、群体的需要和社会的需要;直接的需要和间接的需要;短期的需要和长期的需要,等等。从一定意义上说,主体需要的不断发展、分化和丰富,是人类认识和改造世界的重要推动力。

三是主客体的关系。主客体的关系,即人(指广义的)与客观世界的关系,这就是价值关系的实质。在价值生成过程中,主体与客体这对范畴的特殊规定性,不在于它们各自的存在及理论表述,而在于它们之间发生着一种特殊关系,即实践—认识的关系。正是在这种关系中主体作用于客体,导致客体属性向着有利于满足人的某种需要的方向转化,并最终形成价值。

马克思主义认为,价值实质上是"人们所利用的并表现了对人的需要的关系的物的属性","表示物的对人有用或使人愉快等等的属性"," 实际上是表示物为人而存在"。考察警察价值,就是把警察作为为人而存在的物来看待,研究它(客体)的属性与功能和人(主体)的需要之间的关系。

根据价值范畴的本质规定和警察的本质及社会职能,我们认为,所谓警察价值作为价值的一种特殊表现形态或特殊形式,本质上是指作为客体的警察现象与作为主体的一定社会群体及个人之间的意义关系,亦即警察组织及警察通过警察实践以其特有的功能属性满足维护一定社会秩序正常运转和社会公众生命财产安全的一种关系。在这种警察价值关系中,主体是指警察价值的社会享受者,即包括统治阶级及其政治集团和所有公民在内的个人及人的各种社会组织形式(以下概称社会主体);客体则是指具有满足社会主体需求属性的警察实践。需要特别指出的是,警察群体及其成员既是为社会创造提供警察价值的能动力量,也是警察价值的自我享受者。因此,他们在一定条件下既是警察价值主体,也是警察价值客体。这种主客体合二为一的特点决定了警察价值不同于一般物的价值。一般物的价值主体是人,物是价值客体。显然,社会主体的警察价值需求是产生警察价值的根源,具有特定功能属性的警察实践则是创造警察价值的物质形式。如果社会主体缺乏对警察价值的需求,或者警察实践不具有任何满足社会主体需要的属性或意义,则警察现象就无从产生、存在和发展。

二、警察价值评价

警察价值评价是指社会主体对警察实践有无价值以及价值大小所作的主观判断、情感体验和意志保证及其综合。

(一)警察价值评价作用

警察价值评价作用主要体现在:

1. 科学的警察价值评价是全面揭示警察价值的必要手段。社会主体通过警察价值评价,揭示把握警察实践的价值状况,使警察价值由潜在的形式转化为直接的形式呈现在人们面前。警察价值评价虽然不是构成警察价值的内在要素,但却是发现价值、实现价值和表现价值的重要途径。

2. 正确的警察价值评价是有效开展警察实践的重要导向因素。一方面,来自社会各界的警察价值评价结论,是警察群体进一步调整控制警察实践方式、规模和方向,使其更趋符合社会主体需要的信息依据。另一方面,警察决策活动中的主体意向和价值目标的确立,行动目的和计划的制订,都是警察决策者依据社会主体的需要和警察客体的实际情况,通过多方比较、评价、选择而由此决定采取什么行动和怎样行动。没有一定的警察价值评价作指导,警察实践将是非常盲目的。

3. 积极的警察价值评价是警察管理中激励上进的重要手段。警察群体及其成员的自觉性、积极性、创造性是实现警察价值的精神动力。调动警察积极性的方法有多种,而积极的警察价值评价则是激发其工作热情最常用的方法之一。警察价值评价主要包括肯定和否定两个方面,指出缺点和肯定成绩都是必要的,但主要的应是积极肯定其工作成绩,强化警察群体及其成员的优点,巩固和发展其良好的行为方式。而且,无论是肯定性评价还是否定性评价,一个必不可少的、最基本的要求,就是从实际出发,实事求是,评价的内容力求具体、清晰和真实,客观全面地反映警察实践的价值状况。

4. 有组织的社会警察价值评价活动是积极引导全社会关心支持警察队伍建设的有效形式。通过国家政府有关部门或社会组织对警察价值评价,可以扩大警察的社会影响,引起社会各界及广大群众对警察的关注,促使其对警察群体给予更多的理解、支持和协助。

(二)警察价值评价尺度

警察价值评价尺度,是指社会主体用以判断警察实践有无价值以及价值大小的标准。正确的评价尺度是确保评价质量客观全面的前提。

第一,社会主体的需要是警察价值评价的首要尺度。在现实社会中,每个阶级、每个集团组织、每个人无不自觉或不自觉地从其自身的需要出发来评价警察实践的价值状况。评价主体的需要不同,评价的尺度及结果自然不同。一方面,由一定阶级需要所规定的阶级立场成为警察价值评价的政治尺度。不同社会阶级因其利益需要不同,对同一性质的警察实践,就可能有截然不同的评价。另一方面,由社会主体需要而发生的对警察实践的欲望、兴趣、情感、理想等则是人们日常进行警察价值评价的具体操作尺度。对警察保护或服务需要的欲望大小,对警察工作的兴趣浓淡、情感态度及理想期望等,是人们评价警察价值状况最常用的尺度。当然,这种评价尺度不可避免地带有一定的个体性和主观性。人们的兴趣、情感状态的差异都会导致评价结论的不同。

第二,警察认知的内容范围是警察价值评价的直接参考尺度。警察认知的状况影响制约着警察价值评价的范围和性质。认知内容的片面性往往导致评价的片面性。例如,在传统时代,由于正面的警察宣传较少,警察神秘主义色彩较强,很容易造成警察系统“好事不出门,坏事传千里”的被动局面,使某些社会公众由于缺乏系统全面的警察认知,极易对警察群体外露的某些个别成员的违法乱纪行为形成刻板印象,加上主观的情感色彩,因而对警察价值的评价往往形成某种固执的社会偏见。

第三,体现统治阶级意志,规定警察性质、职能和职权范围的国家法律、法规、制度、条例等,是社会主体赖以监督警察行为方式是否文明合法及评价其价值状况的最具稳定性的硬性尺度。

第四,作为一定社会的根本思想基础和指导原则的世界观、方法论、意识形态的理论观点、社会理想等,既是形成一定社会警察价值观念的理论依据,也是评价判断警察价值性质和警察价值观念正确与否的软性尺度。

第五,警察实践效果的成败优劣是一切警察价值评价尺度的出发点和归宿,是最客观、最权威的评价尺度,正是基于警察实践满足社会主体需要的客观效果及其性质程度的不同,才使社会主体建立起满意和肯定、基本满意和基本肯定、不满意和否定等一系列定性评价结论。

三、我国警察的社会价值

警察的社会价值,即警察群体及其成员以其职能活动及效果满足社会主体需要的一种关系。社会主体的需要主要包括人的生理需要和社会需要。其中,社会需要在内容上包括物质的、文化的和精神的需要。在阶级社会中,由于各种因素的影响制约,社会主体正常的生理需要和社会需要总是受到来自各方面的干扰或侵害,其中最突出的即是违法犯罪现象的存在。因而,社会主体又必然生发出保护其正常的生理需要和安全、秩序、公正等社会需要。可以说,警察正是社会为适应这一需要而专门建立的公共安全保障系统中最重要的环节。

警察在国家中处于十分重要的地位。警察是国家政权的主要支柱之一。警察、军队、法庭、监狱既是国家政权的重要组成部分,又是国家政权的主要支柱。国家基本职能包括政治职能、社会职能、经济职能等。在我国,要巩固国家政权,防止内外反动势力颠覆人民民主专政的国家政权;要维护良好的治安秩序,保障人民群众有良好的生产、生活、教学、科研等秩序,打击形形色色的犯罪分子;要保障和促进中国特色社会主义建设。所有这些都离不开警察的参与和保障。否则,社会秩序难以稳定,人民群众难以安宁,国家政权难以巩固,经济建设难以保障。警察机关作为保卫人民民主专政政权的武装性质的治安行政力量和重要的执法力量,其社会价值主要体现在以下几个方面:

第一,警察机关是国家政权的重要支柱。周恩来同志指出:“国家安危,公安系于一半。”警察机关是政治上层建筑的重要组成部分,是国家机器的重要组成部分,是保卫国家政权的重要支柱力量。国家安全是一切活动的基础,如果一个国家处于外部入侵或内部分裂和动乱的状态,人的基本生命、自由权都无法保障,社会稳定、经济发展便是奢谈。而确保人们可以集中精力地去发展经济与科学技术、推动社会的繁荣发展的前提则是政治稳定、国家的政权巩固。一方面,警察机关担负着维护国家安全的神圣职责,对外联合各国警力,打击跨国犯罪,严防国外敌对势力的渗透,同时打击各类破坏我国主权和领土完整的极端民族主义者,维护国家的外部安全。对内侦办各类危害国家安全的犯罪,打击各类煽动民族分裂的极端民族主义和恐怖主义分子,努力打造一个安全的国家与稳定的政局。另一方面,警察机关为人民检察院、人民法院、工商管理、金融管理、网络安全管理等其他国家行为提供强有力的保障,从而起到保卫国家安全、维护政治稳定、巩固国家政权的作用。

第二,警察机关是维护社会稳定的重要保障。社会和谐稳定是个人生存和社会发展的前提条件。社会稳定包括政治稳定、经济稳定、生活稳定、社会治安稳定等。事实证明,社会治安的不稳定,常常引起其他方面的不稳定,而其他方面的不稳定又往往通过社会治安问题表现出来。如果一个国家各类违法犯罪泛滥,社会便会陷入无序状态,不但人们的正常生活得不到保证,政府也会因此失去它的信任基础,其直接结果就是政局崩溃,社会陷入混乱。警察机关肩负着维护社会稳定、保障人民群众安居乐业的政治和社会责任,通过严厉打击各种刑事犯罪,抓捕犯罪嫌疑人,通过查处各类治安案件和严格执法来维护社会治安,确保社会维持正常的运行秩序。

第三，警察是维护法律、保护公民合法权益的基本力量。警察在国家民主法治建设中扮演着重要的角色，发挥着突出的作用。警察是国家的重要执法力量，维护着国家法律。警察执法过程，是对人民负责与对法律负责统一的过程，这对全面依法治国和发扬社会主义民主，对于保障全体公民的人身自由和合法权益具有极端重要的意义。另外，警察通过处理如洪水、交通事故、山体滑坡、生化威胁、群体性治安事件等各类突发事件，解救受困群众，使人民的权益得到保障；通过及时劝导、调和、调解、化解各类社会矛盾，使人与人之间的关系趋于融洽，避免矛盾积聚升级，达到预防违法犯罪、保护人民群众的生命和财产安全的目的。

思考题

1. 警察的本质是什么？
2. 你如何看待美国警察学界对警察性质的辩论？
3. 警察有哪些职能？职能间彼此是什么关系？
4. 我国人民警察的基本任务是什么？
5. 查阅2015年7月1日第十二届全国人民代表大会常务委员会第十五次会议通过的《国家安全法》，你怎么认识总体国家安全观？
6. 何为警察价值？如何评价警察价值？
7. 我国人民警察的核心价值观是什么？

参考书目

[1]张兆瑞：《警察哲学：哲学视阈中的警察学原理》，中国人民公安大学出版社2008年版。
[2]冯德文编：《警察学概论》，中国人民公安大学出版社2005年版。
[3]王大伟主编：《外国警察科学》，中国人民公安大学出版社2012年版。
[4][美]罗伯特·兰沃西、[美]劳伦斯·特拉维斯：《什么是警察：美国的经验》，尤小文译，群众出版社2004年版。
[5][美]塞缪尔·沃克：《美国警察》，公共安全研究所外警研究室译，群众出版社1989年版。

第四章　警 察 职 责

教学重点与难点

1. 警察职责的基本概念。

2. 各警种的职责与权力。

人民警察的职责与权力是相互联系、相互统一的。人民警察履行职责是其行使权力的基础,行使权力是其履行职责的保障,二者共同作用,才能保证不同警种人民警察职能的实现。我国的警察划分为不同的警种,不同警种的人民警察有不同的职责和权力,各警种人民警察分别依照有关法律、法规履行职责和行使权力。公安机关人民警察主要按照《人民警察法》有关公安机关人民警察的规定行使职权;国家安全机关人民警察主要依照《国家安全法》的规定行使职权;监狱人民警察主要依照《监狱法》等相关法律、法规行使职权;戒毒人民警察主要依照《禁毒法》和《戒毒条例》等相关法律、法规行使职权;司法警察主要依照《人民法院组织法》和《人民检察院组织法》等相关法律、法规行使职权。

第一节　警 察 职 责

一、警察职责的含义

警察职责是国家依法规定的警察执法的范围和应尽的责任。人民警察职责一般包含以下含义:

(一)人民警察的职责是由国家法律法规明确规定的,具有法律严肃性

在我国,各警种人民警察的职责是由《人民警察法》《国家安全法》《监狱法》等有关法律、法规明文规定的,是国家意志的体现。

人民警察职责的法律严肃性体现在:

1. 人民警察必须认真履行职责,秉公执法。

2. 人民警察履行职责时,不受其他机关、团体和个人的干涉,必须维护人民警察的执法权威。

3. 人民警察履行职责时,必须切实保障公民、法人和社会组织的合法权益。

(二)人民警察的职责是由其性质和任务决定的,是人民警察任务的具体化

人民警察作为人民民主专政的工具,是为了维护国家安全、社会治安秩序和人民生命财产安全,具有预防、制止、惩治违法犯罪等基本职责,是由人民警察的性质所决定的,是警察任务的具体化。

(三)人民警察的职责明确了人民警察在法律上承担的责任和义务

人民警察的职责不仅确定了人民警察的工作范围,同时明确了人民警察在法律上应承担的责任和应尽的义务。职责是应承担的责任,要求人民警察必须以高度的事业心和责任感,履行好党和人民交给的使命,立警为公,执法为民。

二、人民警察职责的种类

人民警察的职责根据不同的标准有不同的分类:

(一)专政职责与民主职责

根据人民警察的职能,可以分为专政职责和民主职责。专政职责是指人民警察对极少数危害国家和人民利益的敌对分子实行专政,依法对破坏社会主义制度的敌对势力及其他犯罪行为实行打击、镇压和惩罚方面的职责。民主职责是指人民警察保护人民的合法权益,服务公众、管理社会方面的职责。专政职责和民主职责统一构成了人民警察打击犯罪,保护人民,维护国家安全的警察职责。

(二)司法护法性职责、治安行政性职责、武装暴力性职责、社区服务性职责

根据人民警察的性质和作用,可以分为司法护法性职责、治安行政性职责、武装暴力性职责、社区服务性职责。

1. 司法护法性职责是指人民警察依法所具有的侦查、预审、逮捕、刑事拘留、镇压危害国家安全、危害公共安全等其他犯罪活动及惩罚、改造罪犯等职责。

2. 治安行政性职责是人民警察为维护社会治安秩序而实施的各项治安行政管理方面的职责。包括管理户政、国籍、出入境事务;管理枪支弹药、管制刀具和易燃、易爆、剧毒等危险物品;管理交通安全和秩序,管理集会、游行、示威活动等。

3. 武装暴力性职责是指国家赋予人民警察的以暴制暴,武装威慑、镇压、强制,以使对方绝对服从的职责。包括押解人犯、执行死刑、平息暴乱、警卫特定人员和场所等。

4. 社会服务性职责是指人民警察为社区服务、为人民分忧解难方面的职责。包括法治宣传、安全教育、抢险救灾、扶危济困、社会救助等。

第二节 公安人民警察职责

公安机关,是指国家为行使警察权力,实现警察职能而设立的执行、实施国家公安法律、法规,管理国家公安事务的行政机关。公安机关的职责,是公安机关依法在管辖范围内应承担的责任和义务。公安机关的职责是由公安机关的性质和任务所决定的。

一、公安机关的性质

第一,公安机关是我国人民民主专政的重要工具。公安机关的阶级属性是由我国社会主义国家的性质决定的。公安机关是国家政权的组成部分,履行着对敌人专政,保障人民民主权利,打击犯罪,维护社会治安秩序,保卫人民人身财产安全的重要职能,是巩固人民民主专政的重要工具。

第二,公安机关是国家行政机关。公安机关的行政属性,主要表现在两个方面:一是我国各级公安机关属于行政序列,隶属于各级政府部门,是各级政府的组成部分。二是我国公安机关承担的重要任务之一,就是进行社会治安行政管理。公安机关的这一行政属性,使其与国家立法机关和司法机关区别开来。

第三,公安机关具有一定的刑事司法职能。根据我国宪法和有关刑事诉讼方面的法律规定,公安机关还担负着预防、侦查、打击刑事犯罪和执行部分刑事处罚的重要任务。公安机关的这一刑事属性,又使其与其他国家行政机关区别开来。

二、公安机关人民警察的职责

根据《人民警察法》第 6 条的规定,公安机关的人民警察按照职责分工,依法履行下列职责:

1. 预防、制止和侦查违法犯罪活动;
2. 维护社会治安秩序,制止危害社会治安秩序的行为;
3. 维护交通安全和交通秩序,处理交通事故;
4. 组织、实施消防工作,实行消防监督;
5. 管理枪支弹药、管制刀具和易燃易爆、剧毒、放射性等危险物品;

6. 对法律、法规规定的特种行业进行管理；

7. 警卫国家规定的特定人员，守卫重要的场所和设施；

8. 管理集会、游行、示威活动；

9. 管理户政、国籍、入境出境事务和外国人在中国境内居留、旅行的有关事务；

10. 维护国(边)境地区的治安秩序；

11. 对被判处拘役、剥夺政治权利的罪犯执行刑罚；

12. 监督管理计算机信息系统的安全保护工作；

13. 指导和监督国家机关、社会团体、企业事业组织和重点建设工程的治安保卫工作，指导治安保卫委员会等群众性组织的治安防范工作；

14. 法律、法规规定的其他职责。

根据《人民警察法》第19条的规定，人民警察在非工作时间，遇有其职责范围内的紧急情形，应当履行职责。

三、公安机关主要警种的职责

(一)治安警察的职责

治安警察是负责维护社会治安秩序，保障公共安全的人民警察。其主要职责是：依照国家有关法律、法规进行社会治安管理，维护社会治安秩序；处理治安案件；管理特种行业；查处违禁物品；预防犯罪；了解并掌握社会治安动态；预防和处理治安灾害事故；进行治安巡逻；发动群众参加维护社会治安秩序等工作。

(二)户籍警察的职责

户籍警察是负责管理户籍、掌握户口动态等户政工作的人民警察。其主要职责是：执行户口管理制度，做好户籍管理和人口统计工作。

(三)刑事警察的职责

刑事警察简称“刑警”，是负责刑事案件侦破工作的人民警察。刑事警察包括刑事侦查人员和从事刑事科学技术的法医、化验员、鉴定员、警犬训练员等。其主要职责是：依法进行公开的、秘密的专门调查和运用刑事科学技术，揭露和打击刑事犯罪；运用公开管理手段、秘密力量和群众联防控制社会上的复杂场所，限制和缩小犯罪分子的活动空间；研究犯罪分子的活动规律，防范刑事犯罪活动。

(四)交通警察的职责

交通警察简称“交警”，是负责维护交通安全和交通秩序，处理交通事故，进行交通安全管理工作的人民警察。其主要职责是：依照国家有关交通安全管理的法律、法规，对道路、行人、车辆和驾驶人员进行管理；防止和处理交通事故；开展交通安全的宣传教育;维护交通秩序,保障交通安全和道路畅通。

(五)外事警察的职责

外事警察是维护国家主权和安全,对进出我国(边)境的外国人包括无国籍人和我国公民进行管理的人民警察。其主要职责是:依照国家有关出入境管理的法律、法规,对我国公民出入境和外国人出入境、居留、旅行进行管理;对我国公民和外国人违反出入境管理法律、法规的行为进行处理;发现和处理来华外国人的违法犯罪活动;保护外国人在我国的合法权益和人身财产安全。

(六)巡逻警察的职责

巡逻警察简称"巡警",是指在一定路线或一定地段用巡逻方式进行勤务活动的人民警察。其主要职责是:维护辖区内的治安秩序,预防和制止治安案件和突发性事件;预防和制止犯罪行为;参加处置灾害性事故;维护交通秩序;接受公民报警;劝解、制止公共场所发生的民事纠纷;为社会和公民提供救助和服务等。

(七)督察警察的职责

督察警察是对公安机关的人民警察执行法律、法规、遵守纪律的情况进行监督的警察,即"管警察的警察"。其主要职责是对下列事项进行监督:重要的警务部署、措施、活动的组织实施情况;重大社会活动的秩序维护和重点地区、场所治安管理的组织实施情况;治安突发事件处置的情况;刑事案件、治安案件的立案、侦查、调查、处罚和强制措施的实施情况;治安、交通、户政、出入境等公安行政管理法律、法规的执行情况;使用武器、警械以及警用车辆、警用标志的情况;处置公民报警、请求救助和控告申诉的情况;文明执勤、文明执法和遵守警容风纪规定的情况;组织管理和警务保障的情况;履行职责、行使职权和遵守纪律及其他情况。

第三节　国家安全人民警察职责

一、国家安全机关的性质

国家安全机关,是反间谍工作的主管机关,是在隐蔽战线上同境内外敌对势力、敌对分子进行斗争,维护国家安全的行政机关。我国国家安全机关的性质,可从以下四个方面理解:

1. 国家安全机关是人民民主专政的重要工具,是从事隐蔽斗争的专门机关。与公安机关不同的是,国家安全机关承担的是具有涉外性质的间谍案件的侦查工作,是在隐蔽战线上对国(境)外间谍和境内外敌对势力危害我国国家安全的行为进行斗争。

2. 我国国家安全机关是社会主义国家的侦查、保卫机关。安全保卫的目的是巩固中国共产党的执政地位,保卫人民民主专政的政权和社会主义制度,保障社会主义现代化建设的顺利进行。

3. 我国国家安全机关是国家行政机关。这种行政属性主要体现在我国国家安全机关属于国家行政序列,隶属于政府部门,是政府的组成部分。

4. 国家安全机关具有一定的刑事司法职能。这种刑事属性主要体现在国家安全机关承担对间谍、特务案件的侦查工作,行使宪法和法律规定的公安机关的对刑事案件的侦查、拘留、预审和执行逮捕等职权。

二、国家安全人民警察职责

国家安全机关的人民警察,是在国家安全机关领导下具体履行维护国家安全职责,并依法行使国家安全机关权力的人民警察。根据《国家安全法》的规定,国家安全机关人民警察的职责是:

1. 执行《国家安全法》,维护国家安全;

2. 侦查危害国家安全的案件;

3. 动员、组织人民防范、制止危害国家安全的行为。

第四节　监狱人民警察职责

一、监狱管理机关的性质

监狱是指统治阶级关押已决犯的场所,是依照国家法律而设置的刑罚执行机关。监狱作为国家的刑罚执行机关,是人民民主专政的重要工具。关于我国监狱管理机关的性质,可从以下两个方面理解:

1. 监狱是国家政权的重要组成部分,是阶级统治的暴力工具。马克思主义认为,国家是阶级统治的暴力机器,组成国家机器的主要成分是军队、警察、法庭和监狱。这是从监狱的国家属性和阶级属性上对监狱性质的理解。作为国家机器重要组成部分的监狱是强制机关,是专政工具,是暴力机器。我国的监狱反映和代表着绝大多数劳动人民的利益和意志,行使着人民民主专政的国家所赋予的法定权力,对罪犯实施惩罚和改造。

2. 监狱是国家的刑罚执行机关。这是从监狱的法律属性上对监狱性质的理解。

根据《刑法》和《刑事诉讼法》的规定，被判处死刑缓期二年执行、无期徒刑、有期徒刑的罪犯，在监狱内执行刑罚。《监狱法》第3条规定："监狱对罪犯实行惩罚和改造相结合、教育和劳动相结合的原则，将罪犯改造成为守法公民。"在严密监管下强迫罪犯接受惩罚和改造，反映了监狱刑罚执行机关的法律属性。

二、监狱人民警察的职责

根据《监狱法》的规定，监狱人民警察依法履行下列职责：

（一）依法执行刑罚的职责

监狱作为国家刑罚执行机关，必须严格按照人民法院对罪犯作出的已生效的刑事裁判，执行刑罚。

（二）管理监狱的职责

监狱人民警察依法对监狱实行管理，保障监狱正常、稳定、安全的运行，维护良好的罪犯教育改造秩序。

1. 依法对罪犯收监的职责

收监是对罪犯执行刑罚的起点。监狱人民警察在履行收监职责时，要严格按照《监狱法》的规定收验人民检察院的起诉书副本、人民法院的判决书、执行通知书和罪犯结案登记表，对罪犯进行身体和物品检查，并在罪犯收监后按时告知罪犯家属。

2. 依法管理监狱和罪犯，维护监管改造秩序的职责

依法管理监狱和罪犯是监狱人民警察的基本职责。监狱人民警察在履行这一职责时应制定相关的制度，坚持严格管理、科学管理、直接管理的原则，防止罪犯脱逃、非正常死亡等重大事故的发生。

（三）教育改造罪犯的职责

教育改造罪犯是国家刑事法律规定的职责，是我国监狱制度先进性的体现，也是减少重新犯罪率的根本所在。在实际工作中，要坚持惩戒与教育改造罪犯相结合，要树立更好地改造罪犯为宗旨的指导思想。

1. 依法对罪犯进行思想、文化、技术教育的职责

监狱工作的基本宗旨就是实行惩罚和改造相结合、教育和劳动相结合，将罪犯改造成守法公民。应坚持因人施教、分类教育、以理服人的原则。

2. 依法组织罪犯进行生产劳动的职责

组织罪犯进行生产劳动主要是为了促进罪犯的思想改造，矫正恶习，培养罪犯的劳动技能、劳动意识，为社会创造财富。

（四）保护罪犯合法权益的职责

《监狱法》第 7 条明确规定："罪犯的人格不受侮辱，其人身安全、合法财产和辩护、申诉、控告、检举以及其他未被依法剥夺或者限制的权利不受侵犯。"监狱人民警察应当不断增强人权观念，增强保护罪犯人权、罪犯合法权益的观念，这是当今社会文明发展对各国监狱提出的普遍要求。

（五）依法对罪犯刑满释放的职责

释放是监狱对罪犯执行刑罚的最后一个环节。罪犯服刑期满，监狱应当立即释放，并按法定程序办理释放手续。

第五节　戒毒人民警察职责

一、强制隔离戒毒场所的性质

根据《禁毒法》第 43 条的规定，强制隔离戒毒场所的职能是对强制隔离戒毒人员进行有针对性的生理、心理治疗和身体康复训练。强制隔离戒毒矫治与管理的性质决定了强制隔离戒毒场所具有以下特征：

第一，它是司法行政执法机构。强制隔离戒毒场所是执行强制隔离戒毒的专门机关，具备司法监管场所的基本要素。按照《禁毒法》第 38 条的规定，对于吸毒成瘾严重，通过社区戒毒难以戒除毒瘾的人员，公安机关可以直接作出强制隔离戒毒的决定。吸毒成瘾人员自愿接受强制隔离戒毒的，经公安机关同意，可以进入强制隔离戒毒场所戒毒。

第二，它是戒毒矫治康复机构。根据《戒毒条例》第 29 条的规定："强制隔离戒毒场所应当配备设施设备及必要的管理人员，依法为强制隔离戒毒人员提供科学规范的戒毒治疗、心理治疗、身体康复训练和卫生、道德、法制教育，开展职业技能培训。"限制在强制隔离戒毒场所的根本目的是帮助其戒除毒瘾，康复身体，使其能够重返社会，正常生活。

二、戒毒人民警察的职责

（一）对强制隔离戒毒人员的出入所管理

1. 收治管理

收治是指强制隔离戒毒场所依法将被决定强制隔离戒毒的人员收进强制隔离戒毒所内并开始执行强制隔离戒毒的活动。收治是强制隔离戒毒人员执行强制隔

离戒毒活动的开始。需要做好以下环节:

(1)严格审查收治戒毒人员的法律文书。对没有法律文书或与事实不符的,不予收治。

(2)查收治戒毒人员是否符合年龄、身体条件。经审查发现不符合相关年龄身体条件的,不予收治。

(3)健康检查和安全检查。对新收治强制隔离戒毒人员,必须检查其健康状况,审查其是否患有性病、HIV感染等传染性疾病,为日后的安排劳动、分类管理和治疗提供依据。

(4)检查其物品是否夹带有毒品和危害场所安全的器具或其他违禁物品。

(5)填写入所登记表,办理收治手续。戒毒人员符合收治条件的,强制隔离戒毒场所负责收治的民警应当在《强制隔离戒毒决定书》上"接收人员"一栏签字,写上日期,予以接收;具有依法不得强制隔离戒毒情形的,应当出具《不予接收强制隔离戒毒人员通知书》,不予接收。

2. 分类分级管理

《禁毒法》第44条规定:"强制隔离戒毒场所应当根据戒毒人员的性别、年龄、患病情况等,对戒毒人员进行分别管理。"分别管理是指根据戒毒人员的性别、年龄、患病情况等,编入不同的所、队,让其在不同的场所或区域生活、劳动,接受治疗和康复训练,并由不同的管理人员根据其特点实施不同的管理。在管理强度、教育内容、劳动安排、生活待遇等方面,把戒毒人员纳入不同的管理级别,区别情况,分别对待。

3. 解除强制隔离戒毒或延长戒毒期限的管理

《禁毒法》第47条规定:"强制隔离戒毒的期限为二年。执行强制隔离戒毒一年后,经诊断评估,对于戒毒情况良好的戒毒人员,强制隔离戒毒场所可以提出解除强制隔离戒毒的意见,报强制隔离戒毒的决定机关批准。强制隔离戒毒期满前,经诊断评估,对于需要延长戒毒期限的戒毒人员,由强制隔离戒毒场所提出延长戒毒期限的意见,报强制隔离戒毒的决定机关批准。强制隔离戒毒的期限最长可以延长一年。"

(二)强制隔离戒毒场所安全管理

强制隔离戒毒是让强制隔离戒毒人员在一个与社会相对封闭、相对隔离的安全、稳定的无毒品环境下戒毒。强制隔离戒毒场所安全管理主要是通过防范强制隔离戒毒人员逃离、防止毒品流入、防范重大恶性事故和所内违法犯罪来实现的。场所的安全防范管理工作有以下三个方面的内容:(1)内部安全检查管理。实现24小时民警值班制度,戒毒所人民警察负责所内戒毒人员的学习、劳动和生活三大事项的安全检查管理工作,预防和控制违法犯罪行为的发生。(2)完善安全防范工作。主要包括电子监控设备、通信联络设备及警备交通工具的维护。外部警戒防范主要是戒毒场所的大门警卫、围墙、巡逻等工作。(3)危机预案管理。树立安全预防的理念,健全安全防范的预案,在出现恶性事故时启动预案,及时控制事态的发展。

(三)强制隔离戒毒人员劳动管理

对强制隔离戒毒人员的劳动管理,体现在以下四个方面:

1. 组织生产劳动,立足于学习技艺,着重职业技能的培养,为戒毒人员解除强制隔离戒毒后的就业做准备。

2. 实现生产技能与思想教育转化两个目的。

3. 坚持警察管理与强制隔离戒毒人员的民主管理相结合的原则,加强对强制隔离戒毒人员的生产现场管理。

4. 建立健全生产和技能培训等各项制度。

(四)强制隔离戒毒生活卫生管理

强制隔离戒毒的生活卫生管理是指强制隔离戒毒场所对强制隔离戒毒人员的生活作息、伙食、医疗、卫生等方面的管理。强制隔离戒毒生活卫生管理主要有两个方面的内容:

1. 生活管理方面包括强制隔离戒毒人员的作息时间管理、被服管理和伙食管理。

2. 卫生管理方面包括强制隔离戒毒人员的日常卫生管理、饮食卫生管理、防病治病管理以及劳动保护和劳动卫生管理。

(五)强制隔离戒毒矫治工作管理

强制隔离戒毒矫治工作管理是指基于教育和心理治疗、咨询、辅导等的矫正治疗工作。需要做到科学制订教育和心理治疗计划,合理采用教育和心理治疗的组织形式,以分类共同教育为主,以个别教育、社会帮教为辅。在心理治疗的形式上,以集体心理治疗为主,个体心理治疗为辅,提高教育和治疗的效果。

第六节 人民法院、人民检察院的司法警察职责

一、人民法院司法警察的性质和职责

(一)人民法院司法警察的性质

人民法院的司法警察是国家审判机关中具有武装性质的依法行使国家警察权

力，维护审判秩序，保障审判工作顺利进行的国家司法行政力量。人民法院的司法警察是我国人民警察的警种之一，是武装性质的国家司法行政力量，是国家审判机关的法定组成人员，是人民法院行使审判权的执行力量。人民法院的司法警察受各级人民法院的领导和管理。

（二）人民法院司法警察的职责

根据《最高人民法院关于人民法院司法警察依法履行职权的规定》第 1 条的规定，人民法院司法警察应该履行下列职责：(1)维护审判执行秩序，预防、制止、处置妨害审判执行秩序的行为；(2)在刑事审判中，押解、看管被告人或者罪犯，传带证人、鉴定人、有专门知识的人或者其他诉讼参与人，传递、展示证据，执行强制证人出庭令；(3)在民事、行政审判中，押解、看管被羁押或者正在服刑的当事人；(4)在强制执行中，配合实施被执行人身份、财产、处所的调查、搜查、查封、冻结、扣押、划拨、强制迁出等执行措施；(5)执行死刑；(6)执行扣押物品、责令退出法庭、强行带出法庭、拘传、罚款、拘留等强制措施；(7)查验进入审判区域人员的身份证件，对其人身及携带物品进行安全检查；(8)协助人民法院机关安全和涉诉信访应急处置工作；(9)保护正在履行审判执行职务的司法工作人员人身安全；(10)法律、法规规定的其他职责。

二、人民检察院司法警察的性质和司法警察的职责

（一）人民检察院司法警察的性质

人民检察院的司法警察是国家检察机关中具有武装性质的依法行使国家警察权力，保障人民检察院行使检察权、履行检察职能的国家司法行政力量。人民检察院的司法警察，是人民检察院的法定组成人员，是人民检察院行使检察权，履行检察职能的执行力量。

（二）人民检察院司法警察的职责

根据《人民检察院司法警察条例》第 7 条的规定，人民检察院司法警察依法履行下列职责：(1)保护人民检察院直接立案侦查案件的犯罪现场；(2)执行传唤、拘传；(3)协助执行监视居住、拘留、逮捕，协助追捕在逃或者脱逃的犯罪嫌疑人；(4)参与搜查；(5)提押、看管犯罪嫌疑人、被告人和罪犯；(6)送达有关法律文件；(7)保护出席法庭、执行死刑临场监督检察人员的安全；(8)协助维护检察机关接待群众来访场所的秩序和安全，参与处置突发事件；(9)法律、法规规定的其他职责。

需要强调的是，随着检察机关职能的调整，人民检察院司法警察的履职内容和

方式也将发生变化。

思考题

1. 警察的职责有哪些?
2. 如何科学认知监狱警察的职责?
3. 戒毒警察的职责有哪些?

案例分析

某日,某市法院审理一起民事案件,当事人王某携带农药上法院,准备在庭审结果不利时喝农药自尽。法院执行安检任务的法警发现后,查获并当场没收农药,及时阻止了一起可能发生的服毒自杀事件。在庭审中值庭法警发现旁听席上有人(亲属张某)在偷偷对庭审过程进行录音录像,他立即将这一情况报告审判长。审判长指示法警没收张某的录音录像设备,但是遭到张某抗拒,并当庭大声喧哗吵闹。审判长命令法警将张某强行带离法庭。在法警将张某带离法庭之后,张某在法院外面突发疾病,面色苍白,倒在地上。法警立即主动将其送往附近医院抢救,为他垫付了医药费,并及时通知了法官和张某的家人。抢救回来后,张某主动对自己的违法行为承认错误。

请分析:

1. 司法警察在安检工作中主要有哪些职责?
2. 本案例体现了司法警察履行职责时具有什么样的特点?

第五章　警察权力

教学重点与难点

1. 警察权力的基本概念。
2. 各警种警察的权力。

世界上很多国家和地区的警察学研究，把警察权力的研究当作重要内容。在警察法规中，规定警察任务和职责的同时，也赋予警察相当的权力。

第一节　警察权力概述

一、关于警察权的几种观点

警察权，也称警察权力，是警察法中的核心概念。为了实现维护国家安全和社会秩序的目的，国家设立警察机关并通过法律赋予警察机关相应的职责和权限，这种权力就是警察权。警察人员代表警察机关依法行使警察权。狭义的观点认为，警察权是国家行政权力的组成部分，是国家赋予警察机关进行治安行政管理过程中所运用的权力，即警察行政权。广义的观点认为，警察权是国家公共权力的组成部分，是国家赋予警察机关的一切权力，既包括行政权力，也包括刑事权力和制规权力。还有一种观点认为，警察权只包括行政权力和刑事权力。

二、警察权的定义及特征

（一）警察权的定义

鉴于我国警察法律制度的特点，警察权定义应取其广义的观点，即指国家法律赋予警察机关履行警察职责的一切权力，包括制规权、行政权、刑事权。首先，按照我国现行法律规定，公安机关、国家安全机关在进行刑事案件的侦查时统称为司法机关,负责侦查的人员被统称为司法工作人员;其次,刑事案件的侦查、刑事强制措施的采取和刑罚的执行是刑事诉讼的程序,与行政管理具有不同的性质,不应完全等同于行政权;最后,警察机关制定具有普遍约束力的规范性文件的行为,也不仅限于行政管理领域,与行政权也有区别。

警察权的内涵,应从两个方面理解:一方面,警察权是指警察职权,即依据国家依法规定的警察的工作管辖范围及其应承担的责任和义务而赋予警察的权力。另一方面,警察权是指警察权限,即国家法律赋予警察机关依法采取的权威性措施和手段的范围。警察职责是设定警察权限的前提和基础,警察权限是履行警察职责的基本保证,两方面内容相辅相成,缺一不可,共同构成了警察权的内涵。

(二)警察权的特征

警察权作为国家权力的一种,一般具有以下几个特征:

1. 法定性

警察权的法定性是指警察权是法定权力,它由法律设定,依法实施、受法律监督。警察权的法定性表现:(1)警察权力的内容由法律明确规定,《人民警察法》明确规定了人民警察的职权;(2)警察权的行使必须遵守法定的程序;(3)超越或滥用警察权力、违反法定程序的警察行为无效,并应承担相应的法律责任和后果。

2. 特殊强制性

警察权的特殊强制性是警察机关代表国家为保障国家安全、维护社会秩序而行使的一种国家权力,是以国家强制力为后盾,相对一方有服从的义务,有关组织人员有协助的责任。其表现为常以强制方法和手段实现其权力内容,为一种直接强制,即不需要借助其他国家机关的力量,而由警察机关直接施加于相对人的一种特殊强制,也是一种具有最高强制力的权力。

3. 内容广泛性

由于警察机关承担着维护国家安全和社会秩序、保护公民权益的重大职责,且队伍庞大、管理内容广泛、对象众多,国家法律赋予其广泛的权力,涉及社会生活的各个方面,众多社会组织和个人都不可避免地会成为警察行为的相对人。

4. 不可处分性

警察权的不可处分性是指警察权的实施者不得自由转让、放弃警察职权,必须依法实施,否则就应承担相应的法律责任。

5. 单方面性

警察权的单方面性是指警察机关及警察人员行使警察权具有国家意志单方面表现的性质,可以单方面决定警察行为的实施,不以相对人的同意为前提。

三、警察权的类型

警察权内容丰富，种类众多，根据不同的标准，对警察权可以分为不同的类别。根据警察权的内容，可将警察权分为制规权、行政权和刑事权；根据警察权的行使方式不同，可将警察权分为制规权、命令权、禁止权、指挥权、执行权、裁决权、处罚权、强制权等；根据行使警察权的机关不同，可将警察权分为公安机关的警察权、国家安全机关的警察权、监狱机关的警察权、强制隔离戒毒机关的警察权以及法院、检察院司法警察机关的警察权等。

第二节　公安机关人民警察权力

公安机关及其人民警察的权力，是指公安机关及其人民警察为履行职责，依法采取的权威性措施和手段，是在法定职责范围内行使的，并受相应的制约，也称为公安机关的权限。公安机关权力作为一种国家权力，是一种特殊的国家权力，具有法定性、特殊强制性、特许性、单向性的特点。公安机关人民警察的权力主要有：治安行政管理权、刑事执法权、警械、武器使用权、紧急状态处置权等。

一、治安行政管理权

公安机关担负着广泛的治安行政管理职责，依据《人民警察法》《治安管理处罚法》《行政强制法》《公安机关办理行政案件程序规定》等法律法规，赋予公安机关及其人民警察广泛的治安行政管理权力。

（一）治安行政处置权

治安行政处置，是指公安机关人民警察在公共场所管理、道路交通管理、危险物品管理、特种行业管理和出入境管理等治安行政管理活动中，为维护社会秩序和公共安全，依法对特定的人、物、事、场所采取的命令、禁止与取缔、许可等权力行为。

（二）治安行政处罚权

治安行政处罚，是公安机关人民警察对于危及社会治安秩序或者不履行治安法规所确定的义务，情节轻微，尚不够刑事处罚的行为，依照治安管理法规实施的行政处罚。依据《治安管理处罚法》第 10 条的规定，治安管理处罚的种类分为警告、罚款、行政拘留、吊销公安机关发放的许可证，以及对违反治安管理的外国人可以附加适用限期出境和驱逐出境等。

(三)治安行政强制权

治安行政强制,是指公安机关人民警察在依法进行治安行政管理和实施治安行政处罚时,为达到使行为人履行法定义务或接受处罚的目的,对不履行法定义务或不服从治安行政处罚的人所采取的人身和物品的强制手段。

根据《行政强制法》的规定,行政强制包括行政强制措施和行政强制执行。因此,公安治安行政强制包括公安行政强制措施和公安行政强制执行。

公安行政强制措施是指公安机关在行政管理过程中为制止违法行为、防止证据损毁、避免危害发生、控制危险扩大等情形,依法对公民的人身自由实施暂时性限制,或者对公民、法人或者其他组织的财物实施暂时性控制的行为。

根据《行政强制法》的规定,公安行政强制措施的种类很多,主要包括对人身自由的强制措施、对于证件的强制措施以及对行为场所的强制措施等。

(1)对人身自由的强制措施。主要有盘查、约束、强行驱散、强行带离现场、立即拘留、强制隔离戒毒等。

(2)对物的强制措施。主要有收缴、追缴等。

收缴。收缴是指公安机关在办理治安案件过程中,依法接收缴获违反治安管理财物的强制措施。根据《治安管理处罚法》和《公安机关办理行政案件程序规定》的规定,公安机关在办理行政案件过程中查获的下列物品应当依法予以收缴:一是毒品、淫秽物品等违禁品;二是赌具和赌资;三是吸食、注射毒品的用具;四是伪造、变造的公文、证件、票证、印章等;五是倒卖的车船票、文艺演出票、体育比赛入场券等有价票证;六是主要用于实施违法行为的本人所有的工具以及直接用于实施毒品违法行为的资金;七是法律、法规规定可以收缴的其他非法财物。

追缴。追缴是指公安机关在办理治安案件的过程中,依法追回缴获违反治安管理所得财物的法律措施。根据《治安管理处罚法》第 11 条第 2 款的规定,追缴有两种情况:一是对违反治安管理所得的财物,追缴退还被侵害人;二是对违反治安管理所得的财物,没有被侵害人的,登记造册,公开拍卖或者按照国家有关规定处理,所得款项上缴国库。

收缴和追缴的区别在于针对的对象不同,收缴的财物是涉案的财物,即非法财物;追缴的财物更明确的是违反治安管理所得的财物,即非法所得。

(3)对证件的强制措施。对于证件的强制措施主要有查验居民身份证、扣留居民身份证、收缴居民身份证等。

(4)对行为、场所的强制措施。根据《治安管理处罚法》的规定,对于治安管理对象在特定场所实施违法犯罪活动或者不按规定设置相应设备、设施等行为,责令其在一定时间内停止营业予以整改。

(四)治安监督检查权

治安监督检查,是公安机关人民警察依法对应负治安责任的社会团体、组织及个人履行治安责任、预防治安问题的情况所进行的监督检查。通过治安监督检查,发现违章违法行为,依法予以处置或制裁;发现治安隐患,要求监督对象限期整顿改正,预防治安问题的发生。

二、刑事执法权

(一)立案权

立案是我国刑事诉讼的一个独立程序,是刑事诉讼活动的开始。只有经过立案,公安机关的侦查活动才有合法的依据,才能行使侦查权力。公安机关应根据《刑事诉讼法》的有关规定,按照刑事案件的管辖范围,行使立案权。公安机关对于报案、控告、举报,应当接受,并按照管辖范围进行审查。认为有犯罪事实需要追究刑事责任的,应当立案;认为没有犯罪事实或者犯罪事实显著轻微,不需要追究刑事责任的,不予立案;对于不属自己管辖的,应及时移送主管机关处理。

(二)侦查权

《人民警察法》第16条规定,公安机关因侦查犯罪的需要,根据国家有关规定,经过严格的批准手续,可以采取技术侦查措施。

公安机关人民警察的侦查权包括:有权收集证实犯罪嫌疑人有罪或者无罪、犯罪情节轻重的各种证据;有权讯问犯罪嫌疑人(包括传唤犯罪嫌疑人);有权询问证人(包括通知证人到公安机关提供证言);有权对与犯罪有关的场所、物品、人身、尸体进行勘验或检查;有权进行侦查实验;有权为收集犯罪证据和查获犯罪人进行搜查;有权扣押物证、书证;有权依照法律程序对刑事侦查对象的通信进行检查;有权对涉及的专门性问题进行鉴定;有权通缉应当逮捕而在逃的犯罪嫌疑人等。

(三)刑事强制权

刑事强制权是为了保证刑事诉讼的顺利进行,由公安机关人民警察对犯罪嫌疑人、被告人行使的强制权力。包括:有权对犯罪嫌疑人拘传、取保候审、监视居住;有权依照《刑事诉讼法》的有关规定,对犯罪嫌疑人、被告人实行拘留、提请逮捕和执行逮捕。

(四)刑罚执行权

1. 3个月以下有期徒刑的执行

《刑事诉讼法》第264条第2款中规定:“对被判处死刑缓期二年执行、无期徒刑、有期徒刑的罪犯,由公安机关依法将该罪犯送交监狱执行刑罚。对被判处有期徒刑的罪犯,在被交付执行刑罚前,剩余刑期在三个月以下的,由看守所代为执行。”

《监狱法》第15条规定:“人民法院对被判处死刑缓期二年执行、无期徒刑、有期徒刑的罪犯,应当将执行通知书、判决书送达羁押该罪犯的公安机关,公安机关应当自收到执行通知书、判决书之日起一个月内将该罪犯送交监狱执行刑罚。罪犯在被交付执行刑罚前,剩余刑期在三个月以下的,由看守所代为执行。”

2. 对拘役、剥夺政治权利的执行

《刑事诉讼法》第264条第2款中规定:“对被判处拘役的罪犯,由公安机关执行。”第270条规定:“对被判处剥夺政治权利的罪犯,由公安机关执行。执行期满,应当由执行机关书面通知本人及其所在单位、居住地基层组织。”

《人民警察法》第6条第11项规定,“对被判处拘役、剥夺政治权利的罪犯执行刑罚”。

3. 驱逐出境执行

《刑法》第35条规定:“对于犯罪的外国人,可以独立适用或者附加适用驱逐出境。”

《出境入境管理法》第81条规定:“外国人从事与停留居留事由不相符的活动,或者有其他违反中国法律、法规规定,不适宜在中国境内继续停留居留情形的,可以处限期出境。外国人违反本法规定,情节严重,尚不构成犯罪的,公安部可以处驱逐出境。公安部的处罚决定为最终决定。被驱逐出境的外国人,自被驱逐出境之日起十年内不准入境。”

三、警械、武器使用权

《人民警察法》第10条规定:“遇有拒捕、暴乱、越狱、抢夺枪支或者其他暴力行为的紧急情况,公安机关的人民警察依照国家有关规定可以使用武器。”第11条规定:“为制止严重违法犯罪活动的需要,公安机关的人民警察依照国家有关规定可以使用警械。”

公安机关人民警察依法有使用警械、武器实施管理、守卫、保护、制服和杀伤的权力。包括:有权依法对警卫、守卫、守护目标采取武装保卫措施,以确保其绝对安全;有权采取武装追捕、押解、看押、巡逻等措施;有权运用武装力量进行边防检查、边境守卫;为制止严重违法犯罪活动的需要,依照国家有关规定可以使用警械;遇有拒捕、暴乱、越狱、抢夺枪支或者其他暴力行为的紧急情况,依照国家有关规定可以使用武器。

四、紧急状态处置权

紧急状态处置,是指公安机关为维护国家安全和社会治安秩序,对突发的重大暴力犯罪、重大治安事件和重大治安灾害事故依法采取的非常措施。

(一)紧急优先权和紧急征用权

《人民警察法》第13条规定:"公安机关的人民警察因履行职责的紧急需要,经出示相应证件,可以优先乘坐公共交通工具,遇交通阻碍时,优先通行。公安机关因侦查犯罪的需要,必要时,按照国家有关规定,可以优先使用机关、团体、企业事业组织和个人的交通工具、通信工具、场地和建筑物,用后应及时归还,并支付适当费用;造成损失的,应当赔偿。"紧急需要是指人民警察为了紧急追捕人犯,抢救公民生命、财产等危急而特殊情况的一种需求。根据紧急处理暴力犯罪或重大治安灾害事故、追捕逃犯、抢险救灾的需要,公安机关依法可以征用急需的人员、物资和场所。

(二)紧急排险权

紧急排险,是指公安机关在紧急处置重大灾害事故或平息叛乱时,在不得已的情况下所采取的非常措施。

(三)管制权

《人民警察法》第15条规定:"县级以上人民政府公安机关,为预防和制止严重危害社会治安秩序的行为,可以在一定的区域和时间,限制人员、车辆的通行或者停留,必要时可以采取相应的交通管制。"第17条规定:"县级以上人民政府公安机关,经上级公安机关和同级人民政府批准,对严重危害社会治安秩序的突发事件,可以根据情况实行现场管制。公安机关的人民警察依照前款规定,可以采取必要手段强行驱散,并对拒不服从的人员强行带离现场或者立即予以拘留。"

(四)戒严执行权

戒严一般是指战时或平时面临重大紧急事件,为了维护政治稳定所采取的非常措施。戒严期间,可以在戒严地区采取交通管制、宵禁等特别管理措施。出入戒严地区的人员、车辆必须持有本人身份证件和戒严实施机关签发的特别通行证,按指定的时间、路线出入,不得自由行动。

第三节　国家安全人民警察权力

根据《国家安全法》及《反间谍法》的规定，国家安全机关人民警察依法享有以下权力：

1. 侦查、拘留、预审和执行逮捕以及法律规定的其他职权；

2. 依法查验中国公民和境外人员身份证明，向有关组织和人员调查、询问有关情况的权力；

3. 可以进入限制进入的有关地区、场所、单位的权力；

4. 查阅或者调取有关档案、资料、物品的权力；

5. 优先乘坐公共交通工具，优先通行和优先使用或者依法征用机关、团体、企业事业组织和个人的交通工具、通信工具、场地和建筑物的权力；

6. 采取技术侦察措施；

7. 提请海关、边防等机关对有关人员、资料、器材免检的权力。

第四节　监狱人民警察权力

根据我国《监狱法》和《人民警察法》等法律规定和相关的规章制度，监狱人民警察权力的主要内容有以下几方面：

一、刑罚执行权

刑罚是国家治理违法犯罪的专门措施和手段，是国家同违法犯罪进行斗争的主要形式。为了确保刑罚在打击惩罚犯罪、教育改造罪犯过程中能够得到准确有力的运用，根据刑罚运用的具体过程和环节，刑罚权被划分为制刑权、求刑权、量刑权和行刑权，分别由国家的立法机关、检察机关、审判机关和刑罚执行机关行使。刑罚执行权又称行刑权。行刑权是国家刑罚权的重要组成部分，只有通过行刑，刑罚才能最终实施，才具有处罚改造罪犯的意义。我国《监狱法》规定了监狱人民警察对被判处死刑缓期二年执行、无期徒刑、有期徒刑的罪犯执行刑罚的权力。这是监狱人民警察职权中最核心的、最根本的权力，具体包括：

（一）收监权

收监是对罪犯执行刑罚的前提。只有依法将罪犯收进监狱，采取有效措施进行监管，才能执行刑罚。依据《监狱法》第15、16条的规定，监狱人民警察对人民法院交付执行的、符合法定条件和手续的罪犯，有负责收监的权力。监狱人民警察对交付执行刑罚的罪犯，如符合收监的条件，法律文件齐全、准确，即有人民检察院的起诉书副本、人民法院的判决书、执行通知书、结案登记表四种法律文书，并且经核对、法律文书与移交罪犯的情况无误，又没有法定不予收监的情形，监狱人民警察有权将他们收进监狱监管。

（二）不予收监权

不予收监权包括以下三个方面：

1. 如果监狱人民警察没有收到交付执行的罪犯的起诉书副本、判决书、执行通知书和结案登记表，有权拒绝收监。

2. 如果收到的上述文件不齐全或者记载有误，可能导致错误收监的，监狱人民警察有权不予收监。

3. 对交付执行的有期徒刑的罪犯进行身体检查后，发现属于有严重疾病需要保外就医和怀孕或者哺乳自己婴儿的妇女的情形时，监狱人民警察有权决定按暂不收监处理。

（三）身体检查权

根据《监狱法》第17、18条的规定，监狱人民警察应当对交付执行刑罚的罪犯进行身体检查。监狱人民警察可以全面掌握收押罪犯的身体健康状况，又可以及时发现《监狱法》所规定的暂不收监的情形，还可以防止罪犯随身携带违禁物品，保证监狱安全。

（四）人身和物品检查权

根据《监狱法》第18条的规定，罪犯收监，应当严格检查其人身和所携带的物品。非生活必需品，由监狱代为保管或者征得罪犯家属同意退回其家属，违禁品予以没收。

（五）申诉、控告、检举的处理权

根据《监狱法》第三章第二节的规定，监狱人民警察对罪犯在服刑期间提出的申诉、控告、检举材料有权依法处理。第22条规定："对罪犯提出的控告、检举材料，监狱应当及时处理或者转送公安机关或者人民检察院处理，公安机关或者人民检察院应当将处理结果通知监狱。"第23条规定："罪犯提出的申诉、控告、检举材料，监狱应及时转递，不得扣压。"第24条规定："监狱在执行刑罚过程中，根据罪犯的申诉，认为判决可能有错误的，应当提请人民检察院或者人民法院处理。"申诉、控告、检举是罪犯的基本权利，监狱人民警察应该按照有关法律的规定及时处理，公正地行使好对罪犯申诉、控告、检举的处理权。

（六）暂予监外执行审批权

《监狱法》第25条规定："对于被判处无期徒刑、有期徒刑在监内服刑的罪犯，符合刑事诉讼法规定的监外执行条件的，可以暂予监外执行。"第26条规定："暂予监外执行，由监狱提出书面意见，报省、自治区、直辖市监狱管理机关批准。批准机关应当将批准的暂予监外执行决定通知公安机关和原判人民法院，并抄送人民检察院。"对于被判处有期徒刑在监内服刑的罪犯，如果符合我国《刑事诉讼法》规定的监外执行条件的，监狱人民警察有权批准暂予监外执行。

（七）减刑、假释建议权

减刑、假释建议权，是监狱人民警察重要职权，必须严格按照法定的条件，依照法定的程序行使。对在服刑期间符合减刑、假释法定条件的罪犯，监狱人民警察有权向人民法院提出减刑、假释的建议，由人民法院依法裁定。根据《监狱法》第29条的规定，被判处无期徒刑、有期徒刑的罪犯，在服刑期间确有悔改或者立功表现的，根据监狱考核的结果，可以减刑。有下列重大立功表现之一的，应当减刑：

1. 阻止他人重大犯罪活动的；
2. 检举监狱内外重大犯罪活动，经查证属实的；
3. 有发明创造或者重大技术革新的；
4. 在日常生产、生活中舍己救人的；
5. 在抗御自然灾害或者排除重大事故中，有突出表现的；
6. 对国家和社会有其他重大贡献的。

（八）释放权

释放权既是监狱人民警察的一项权力也是应尽的职责。《监狱法》第35条规定："罪犯服刑期满，监狱应当按期释放并发给释放证明书。"罪犯服刑期满，监狱人民警察必须按期将其释放，发给释放证明书，恢复其自由和公民权。服刑期满的罪犯只有监狱人民警察才有权将其释放，同时也必须依法按期将其释放。监狱人民警察只能按照法律的规定将服刑期满和被人民法院裁定假释的罪犯按期释放，没有随意释放或者不释放的权力。

二、依法管理监狱权

依法管理监狱权是法律规定的监狱人民警察基本职权之一，也是监狱的一项日常的基础性工作。为了保证监狱人民警察充分全面履行这一职责，《监狱法》赋予了监狱人民警察依法管理监狱的各项职权。

（一）分押分管权

根据《监狱法》第 39、40 条的规定，监狱对成年男犯、女犯和未成年犯实行分开关押和管理，对未成年犯和女犯的改造，应当照顾其生理、心理特点，监狱根据罪犯的犯罪类型、刑罚种类、刑期、改造表现等情况，对罪犯实行分别关押，采取不同方式管理。女犯由女性人民警察直接管理。因此，监狱人民警察有权根据罪犯的性别、年龄、犯罪类型、刑罚种类、刑期、改造表现等情况，实行分别关押，分类管理。监狱人民警察有权在此基础上，根据罪犯的犯罪类型、刑罚种类、刑期、改造表现等情况进行进一步分类，根据教育改造的需要，对不同改造表现的罪犯实行分级处遇，不同级别的罪犯给予不同的待遇。

（二）警戒权

根据《监狱法》第 43 条的规定，监狱有权根据监管需要，设立警戒设施。监狱周围设警戒隔离带，未经准许，任何人不得进入警戒隔离带。因此，监狱人民警察有权根据监管需要，设立警戒设施。警戒权是为了防止和打击罪犯逃跑、破坏、行凶、暴乱等行为发生，而赋予监狱人民察的职权，是保障监狱良好秩序，保证监管改造工作顺利进行的有效手段。

（三）抓获罪犯的权力

《监狱法》第 42 条规定："监狱发现在押罪犯脱逃，应当即时将其抓获，不能即时抓获的，应当立即通知公安机关，由公安机关负责追捕，监狱密切配合。"

（四）戒具使用权

监狱人民警察在执行公务时，遇到特殊情形有权对罪犯使用戒具。根据《监狱法》第 45 条的规定，这些特殊情形是：(1) 罪犯有脱逃行为的；(2) 罪犯有使用暴力行为的；(3) 罪犯正在押解途中的；(4) 罪犯有其他危险行为需要采取防范措施的。

戒具主要包括：手铐、脚镣、警笛、警绳和警棍等。使用戒具应当严格依法进行，只有在有法定的特殊的情形时，才可以使用，当需要使用戒具的情形消失后，应当停止使用戒具。

（五）武器使用权

监狱人民警察在执行职务时，遇到非使用武器不能制止的情形时，按照国家有关规定有权使用武器。根据《监狱法》第 46 条规定，这些情形包括：(1) 罪犯聚众骚乱、暴乱的；(2) 罪犯脱逃或者拒捕的；(3) 罪犯持有危险品或者其他危险物，正在行凶或者破坏，危及他人生命、财产安全的；(4) 劫夺罪犯的；(5) 罪犯抢夺武器的。

（六）信件检查和扣留权

根据《监狱法》第 47 条的规定，罪犯在服刑期间可以与他人通信，但是来往信件应当经过监狱检查。罪犯写给监狱的上级机关和司法机关的信件,不受检查。监狱人民警察对罪犯和他人通信的来往信件有权检查,如发现有碍罪犯改造内容的信件,监狱人民警察有权扣留。扣留罪犯的信件必须是真正有碍于改造内容的,监狱人民警察不得以此为借口,随意扣留罪犯信件,否则就是侵犯罪犯的通信权。

(七)物品批准、检查权

《监狱法》第 49 条规定:"罪犯收受物品和钱款,应当经监狱批准、检查。"监狱人民警察对罪犯收受的物品和钱款有检查的权力,对于符合法律规定,有利于罪犯生活和改造的物品和钱款,监狱人民警察应当批准其收受。

(八)考核权和奖励权

《监狱法》第 56 条规定:"监狱应当建立罪犯的日常考核制度,考核的结果作为对罪犯奖励和处罚的依据。"根据《监狱法》第 57、58 条的规定,监狱人民警察有权根据罪犯的改造表现实施一定的行政奖惩。监狱人民警察有权对罪犯的日常表现进行考核,考核的结果作为对罪犯奖励和处罚的依据。监狱人民警察对有《监狱法》第 57 条规定的下列情形之一的罪犯,有权给予表扬、物质奖励或者记功:(1)遵守监规纪律,努力学习,积极劳动,有认罪服法表现的;(2)阻止违法犯罪活动的;(3)超额完成生产任务的;(4)节约原材料或者爱护公物,有成绩的;(5)进行技术革新或者传授生产技术,有一定成效的;(6)在防止或者消除灾害事故中作出一定贡献的;(7)对国家和社会有其他贡献的。

(九)离监探亲批准权

监狱人民警察对于被判处有期徒刑的罪犯,有《监狱法》第 57 条所规定的七种情形之一,并且执行原判刑期 1/2 以上,在服刑期间一贯表现良好,离开监狱不致再危害社会的,有权根据情况准其离监探亲。监狱人民警察应该严格按照法定的条件和审批程序办理,不得徇私舞弊,滥用职权。

(十)处罚权

根据《监狱法》第 58 条的规定,罪犯有下列破坏监管秩序情形之一的,监狱人民警察可以对其给予警告、记过或者禁闭:(1)聚众哄闹监狱,扰乱正常秩序的;(2)辱骂或者殴打人民警察的;(3)欺压其他罪犯的;(4)偷窃、赌博、打架斗殴、寻衅滋事的;(5)有劳动能力拒不参加劳动或者消极怠工,经教育不改的;(6)以自伤、自残手段逃避劳动的;(7)在生产劳动中故意违反操作规程,或者有意损坏生产工具的;(8)有违反监规纪律的其他行为。

(十一)狱内侦查权

《监狱法》第 60 条规定:"对罪犯在监狱内犯罪的案件,由监狱进行侦查。侦查终结后,写出起诉意见书,连同案卷材料、证据一并移送人民检察院。”

三、教育改造权

将罪犯改造成为守法公民,是监狱刑罚的根本宗旨,也是监狱人民警察神圣的职责。为了保障教育改造工作的顺利进行,切实提高教育改造质量,完成改造罪犯的任务,法律赋予了监狱人民警察对罪犯教育改造的职权。根据《监狱法》第五章规定,监狱人民警察有权对罪犯采取不同的方式进行教育。

(一)思想改造权

改造罪犯,首先必须改造其犯罪思想,消除他们错误的思想观念和意识。监狱人民警察有权对罪犯进行以法治、道德、形势、政策、前途等为内容的思想教育,以便改造其犯罪思想。监狱人民警察必须紧抓“思想改造”中心环节,采取有效手段,加强罪犯的思想改造。

(二)文化教育权

《监狱法》第61条规定,教育改造罪犯,实行因人施教、分类教育、以理服人的原则,采取集体教育与个别教育相结合、狱内教育与社会教育相结合的方法。第63条规定,监狱应当根据不同情况,对罪犯进行扫盲教育、初等教育和初级中等教育,经考试合格的,由教育部门发给相应的学业证书。对罪犯进行文化教育是培养罪犯文化素养,提高其认识、分析、判断能力,使他们摆脱愚昧无知的有效手段。监狱人民警察应当充分有效地行使对罪犯的文化教育权,保障罪犯文化素质的提高。

(三)职业技术教育权

《监狱法》第64条规定,监狱应当根据监狱生产和罪犯释放后就业的需要,对罪犯进行职业技术教育,经考核合格的,由劳动部门发给相应的技术等级证书。职业技能是罪犯回归社会后能否找到工作,能否适应正常社会生活的关键因素。监狱人民警察有权根据监狱生产和罪犯释放后就业的需要,对罪犯进行相应的职业技术教育。监狱人民警察应加强对罪犯职业技能的教育和培训,提高罪犯的职业素质和市场竞争力,为他们释放后就业打下坚实的基础。

(四)劳动改造权

监狱人民警察根据罪犯个人情况和改造的需要,有组织罪犯劳动的权力。监狱组织罪犯劳动是强制的。《监狱法》第69条规定,有劳动能力的罪犯,必须参加劳动。对于抗拒劳动的罪犯,监狱人民警察给予相应的处罚,强迫接受劳动改造。监狱人民警察要科学、适度、合理地安排、组织罪犯生产劳动。

(五)对未成年犯的教育改造权

《监狱法》第75条规定,对未成年犯执行刑罚应当以教育改造为主。未成年犯的劳动，应当符合未成年人的特点，以学习文化和生产技能为主。监狱人民警察有权根据未成年人的特点，采取相应的手段和方式对未成年犯进行教育改造。

第五节 戒毒人民警察权力

根据《禁毒法》《戒毒条例》《司法行政机关强制隔离戒毒工作规定》等法律法规的相关规定，戒毒人民警察依法享有以下权力：

一、接收的权力

《禁毒法》第 41 条规定，对被决定予以强制隔离戒毒的人员，由作出决定的公安机关送强制隔离戒毒场所执行。按照《戒毒条例》有关规定，强制隔离戒毒采取由公安机关和司法行政机关分段执行的管理体制。司法行政强制隔离戒毒所接收由公安机关转送来的戒毒人员，是戒毒执法的第一个环节。接收的过程是强制隔离戒毒所依法将符合法定条件和具有完备法律手续的戒毒人员接收至相对封闭的戒毒所内，开始执行强制性戒毒治疗措施的执法行为。

（一）查验法律文书

1. 强制隔离戒毒所应当检查移送机关提供的县级以上人民政府公安机关作出的《强制隔离戒毒决定书》和《强制隔离戒毒诊断评估手册》。

2. 强制隔离戒毒所应当查收戒毒人员在公安机关强制隔离戒毒所执行强制隔离戒毒期间的相关材料，包括《吸毒成瘾认定意见书》、《吸毒人员动态管控情况表》和《诊断评估手册》等。

3. 确认执行强制隔离戒毒期限，接收执行剩余期限戒毒人员的，除原强制隔离戒毒决定书外，还应有执行剩余期限的函。

（二）审核身份

负责接收工作的戒毒人民警察按照《强制隔离戒毒决定书》及相关材料认真核对实际投（转）送戒毒人员身份，审核登记的姓名、身份证号码、戒毒期限、起止日期等信息是否有误。接收对象与《强制隔离戒毒决定书》情况不符的，不予接收。对于法律文书或材料不齐全或者记载有误的，应及时提交移送机关核对、更正。

（三）身体健康和安全检查

《司法行政机关强制隔离戒毒工作规定》第 12 条规定，强制隔离戒毒所接收戒毒人员时，应当核对戒毒人员身份，进行必要的健康检查，填写《强制隔离戒毒人员入所健康状况检查表》。戒毒人员身体有伤的，戒毒所应当予以记录，由移送的公安机关工作人员和戒毒人员本人签字确认。对女性戒毒人员应当进行妊娠检测。《禁毒法》第39条规定，怀孕或者正在哺乳自己不满一周岁婴儿的妇女吸毒成瘾的，不适用强制隔离戒毒。应当依法不予接收并建议强制隔离戒毒决定机关变更戒毒措施。健康检查应当由医生进行，医生按照检查情况如实逐项填写《强制隔离戒毒人员入所健康状况检查登记表》。

《司法行政机关强制隔离戒毒工作规定》第13条规定："强制隔离戒毒所应当对接收的戒毒人员的身体和携带物品进行检查，依法处理违禁品，对生活必需品以外的其他物品进行登记并由戒毒人员本人签字，由其指定的近亲属领回或者由强制隔离戒毒所代为保管。检查时应当有两名以上人民警察在场。"属于法律规定的违禁物品，应予以没收。戒毒人员外出就诊、探视回所时要进行尿检；戒毒人员来往邮件应由强制隔离戒毒工作人民警察进行检查，防止夹带毒品和其他违禁物品。

（四）接收及信息归档

对于符合接收对象和法定条件的戒毒人员，强制隔离戒毒所与移送的公安机关工作人员办理接收手续。被收治的强制隔离戒毒人员要填写登记表，并捺指纹，贴附免冠半身相片。强制隔离戒毒场所负责收治的民警应当在《强制隔离戒毒决定书》上"接收人员"一栏签字，写上日期，予以接收。将《强制隔离戒毒决定书》《强制隔离戒毒人员入所登记表》《强制隔离戒毒人员入所健康状况检查登记表》等相关法律文书、材料，建立戒毒人员正、副卷档案，并在7个工作日内将正卷移交所政管理部门。

二、日常管理的权力

《司法行政机关强制隔离戒毒工作规定》第16条规定："强制隔离戒毒所应当根据性别、年龄、患病等情况，对戒毒人员实行分别管理；根据戒毒治疗情况，对戒毒人员实行分期管理；根据戒毒人员表现，实行逐步适应社会的分级管理。"分别管理、分期管理和分级管理，是司法行政机关强制隔离戒毒所根据一定的标准，将不同类型的戒毒人员分别管理、分期治疗、分级处遇的一项制度。司法强制戒毒场所应当根据吸食毒品的种类、戒毒人员的性别、年龄，吸毒史的长短等因素对戒毒人员进行分类管理；根据戒毒人员医疗监护期、脱毒管控期、戒断康复期、回归适应期进行分期分区管理；根据戒毒人员的日常行为表现进行分级管理和分级处遇；以事实为依据依法依规对戒毒人员进行表扬、嘉奖、记功等奖励或警告、严重警告、记过等惩罚。对戒毒人员严格使用保护性约束措施和单独管理;对患有严重疾病的戒毒人员办理所外就医,对不适宜回所继续执行强制隔离戒毒的所外就医戒毒人员依法办理变更社区戒毒。严格探访、探视、会客制度;依法严格检查通信、邮件等;及时了解掌握戒毒人员的身体状况和思想动态,进行教育辅导。

三、组织戒毒人员生产劳动的权力

《禁毒法》第 43 条第 2 款规定:“根据戒毒的需要,强制隔离戒毒场所可以组织戒毒人员参加必要的生产劳动,对戒毒人员进行职业技能培训。组织戒毒人员参加生产劳动的,应当支付劳动报酬。”司法强制隔离戒毒场所组织戒毒人员参加生产劳动要严格遵守劳动保护的相关规定,不得延长劳动时间和增加劳动强度,保障戒毒人员休息的权利。戒毒人员遵守劳动纪律,服从生产管理和技术指导。

四、考核、奖惩、评估的权力

为了落实各项管理制度,进行规范化管理,提高康复效果,对强制隔离戒毒人员在遵守纪律、学习教育、生活卫生、康复训练和劳动等方面的表现,戒毒人民警察要定期进行考核。根据《戒毒人员考核办法》进行严格的量化考核,并将奖惩与戒毒期限挂钩。考核的结果须经强制隔离戒毒人员本人签名确认后存入档案;拒绝签名的,应当注明情况。强制隔离戒毒人员的考核结果应当作为诊断评估的依据。强制隔离戒毒所应当根据强制隔离戒毒人员的所内表现进行奖惩。奖励的种类分为表扬、嘉奖和记功三种,惩罚的种类分为警告、严重警告和记过三种。

五、使用警械的权力

从事强制隔离戒毒工作的人民警察依据《人民警察使用警械和武器条例》的规定使用警械。《司法行政机关强制隔离戒毒工作规定》第 30 条规定:“遇有戒毒人员脱逃、暴力袭击他人等危险行为,强制隔离戒毒所人民警察可以依法使用警械予以制止。警械使用情况,应当记录在案。”警械具主要是用来防止和制止戒毒人员发生危险行为,确保场所安全。

六、解除的权力

《司法行政机关强制隔离戒毒工作规定》第 58 条规定:“强制隔离戒毒所应当按照有关规定对戒毒人员进行诊断评估。对强制隔离戒毒期限届满且经诊断评估达到规定标准的戒毒人员,应当解除强制隔离戒毒。”强制隔离戒毒所应当对戒毒人员在强制隔离戒毒期间开展诊断评估,综合考核、客观评价其在生理脱毒、身心康复、行为表现、社会环境与适应能力等方面的情况。强制隔离戒毒所履行规定审批程序,诊断评估结果应“达到规定标准”或“符合规定条件”。如果达到规定标准,应当按期解除强制隔离戒毒,如果未达到规定标准,应当提出延长强制隔离戒毒期限的意见。对符合规定条件的戒毒人员,强制隔离戒毒所可以提出提前解除强制隔离戒毒的意见。提前解除的戒毒人员实际执行戒毒期限不得少于1年。

第六节 人民法院、人民检察院司法警察权力

一、司法警察权的概念和特点

(一)司法警察权的概念

司法警察权是指由国家授予司法警察机关的依照相关的警察法律规范,开展司法警务活动的权力。

(二)司法警察权的特点

警察权属于国家行政公权力的组成部分,司法机关的司法警察的行为代表人民警察的行为。《人民警察法》赋予了司法警察依法执法的主体资格,司法警察行使权力的特征也具有行政权特征。司法机关的司法警察所行使的警察权与人民警察相比,司法警察的警察权仅限于与审判、检察活动密切相关的领域,不延伸到《人民警察法》规定的人民警察的所有职权,其行使警察权不作用于社会广泛范围,只作用于审判和检察工作的保障需要,只能在其所在的司法机关和上级司法警察组织的领导下,行使有限的警察权。人民法院和人民检察院司法警察的警察权,是在本院院长(检察长)的领导下,为审判(检察)工作服务,代表人民警察行使保障审判(检察)活动顺利进行的国家行政公权力性质的警察权。法院、检察院的司法警察在保证审判、检察场所安全、提押嫌疑人以及强制执行等行为中行使的是对司法机关(法院、检察院)司法行为的辅助性职能,是警察权在司法程序中的体现。

二、人民法院司法警察的权力

根据《人民法院组织法》和《最高人民法院关于人民法院司法警察依法履行职权的规定》,人民法院司法警察依法行使以下权力:

(一)警卫法庭权和安全检查权

司法警察在履行警卫法庭任务时,为保障审判场所的安全,对进入审判场所的

人员，有权进行安全检查；对有违法犯罪嫌疑的人员，有权依法进行盘查并采取相应措施；对违反法庭规则的人员，根据法官的指令采取强制措施，包括训诫、强行带离、强行收缴等，以确保审判活动有序进行。不得使违禁物品、危险物品等进入庭审现场。对妇女要由女性司法警察来行使安全检查权。

（二）看押权

看押权的对象是针对在押的犯罪嫌疑人和罪犯，包括押解权和看管权，这是司法警察在工作中最普遍使用的权力。在实际工作中，司法警察必须要高度警惕，做好对突发事件的处置，主动排除可能发生的危险，防患于未然，做到万无一失。要严禁不文明看管和体罚犯罪嫌疑人或罪犯等行为。

（三）执行拘传和司法拘留权

这是对应审判活动中需要拘传和采取司法拘留而赋予司法警察的权力。执行拘传和拘留时，必须持有院长签发的拘传票和拘留决定书，方可实施。

（四）参与司法执行权

司法执行权是指人民法院依据生效的判决、裁定，依法对财产实施查封、扣押、冻结、划拨和没收的权力。人民法院是唯一能在民事执行过程中行使司法执行权的国家机关，司法警察也是实施司法执行权的主体。对于具有给付内容的生效法律文书进行强制执行，人民法院司法警察可依法实施搜查、查封、扣押、强制迁出等执行行为，有执行实施权；在其他的强制执行中，则有执行现场管理权，包括强制清障、强行拆除、强行驱散等。

（五）执行死刑权

执行死刑权是一种依法剥夺死刑罪犯生命的权力。根据法律规定，司法警察是可以执行死刑的人员，法律对此有特定的严格的身份要求和法定程序要求。司法警察在行使这一权力时，必须严格按规定的程序办理，防止出现任何事故。

（六）临场处置权

对于扰乱法院审判秩序或工作秩序，危害法院工作人员人身安全和法院机关财产安全或以暴力、威胁或者其他方法阻碍人民法院工作人员执行职务的，司法警察拥有临场处置权，包括控制违法人员、强行带离、强制约束等，并有权进行询问、提取固定相关证据。

（七）使用警械、武器权

司法警察在执行提解、押送被告人或拘传时，为防止被告人脱逃、行凶、自杀等可以使用手铐、警绳等械具；司法警察在遇到脱逃、拦劫囚车、抢夺枪支或其他暴力行为的紧急情况时，可依照国家有关规定使用警械；使用警械不能制止或者不使用武器制止可能发生严重后果的,可依照国家有关规定使用武器。

三、人民检察院司法警察权力

人民检察院司法警察的职权与法院司法警察的职权有部分重合之处,也有检察院司法警察特有的职权。根据《人民检察院组织法》、《人民检察院司法警察条例》和《人民检察院司法警察执行职务规则》的规定,人民检察院的司法警察主要有下列权力:

(一)与人民法院司法警察类似的权力

人民法院同人民检察院的司法警察在职权上有部分类似重合的,包括看押权、专门场所的警卫权、强制措施的实施权、紧急情况处置权、警械、武器使用权等。

(二)人民检察院司法警察特有的协助侦查权

在人民检察院自侦案件的侦查过程中,法律赋予检察院的司法警察协助侦查权。人民检察院的侦查工作主要由依法任命的检察官,即检察员和助理检察员承担,人民检察院的司法警察只是协助检察官对案件进行侦查。人民检察院司法警察在检察官的指挥下履行职责。司法警察协助侦查主要有两种方式:一种方式是参与权。在统一组织指挥下,侦查工作主要由人民检察院的检察官从事,人民检察院的司法警察可以配合工作,处在配合、协助的地位。另一种方式是执行权,在侦查工作中采取侦查措施,如现场保护、传唤当事人、拘传、追逃、保护证人等,由人民检察院司法警察直接执行。

第七节　人民警察正确履行职责和行使权力

一、人民警察正确履行职责和行使权力的重要性

(一)人民警察正确履行职责和行使权力是其维护国家安全、维持社会治安秩序的基础

人民警察作为人民民主专政的工具,作为法律的执行者和维护者,担负着维护国家安全、维持社会治安秩序,预防、制止、惩治违法犯罪活动的神圣使命。警察机关及人民警察通过履行其职责,维护人民民主专政,保卫国家政权和主权,确保国家的宪法、法律、政策的顺利实施。人民警察通过预防、制止、惩治违法犯罪活动,维护社会的稳定,保护人民群众安居乐业,为我国的改革开放和社会主义建设提供了良好的社会环境。

（二）人民警察正确履行职责和行使权力有利于各警种之间分工负责，团结协作，提高整体效能

在我国，各警种分别依照法律的规定履行职责和行使权力，如公安机关人民警察主要是按照《人民警察法》的规定来履行职责和行使权力的，国家安全机关人民警察和监狱、戒毒人民警察则是分别依照《国家安全法》《监狱法》《戒毒法》来履行职责和行使权力的。各警种的人民警察明确各自的职责分工和权力范围，有利于各自在其管辖范围内依法执行任务、履行职责，行使权力，防止失职行为的发生；有利于各警种的人民警察在其管辖范围内行使权力，防止越权行为的发生；有利于各警种的人民警察之间与其他部门的协作，互相配合，增强整体的战斗力。

（三）有利于维护公民、法人和社会组织的合法权益

人民警察是广大人民群众利益忠实的维护者。人民警察对公民、法人、社会组织合法权益的维护主要体现在以下三个方面：一是对侵犯法人、社会组织和公民合法权益的违法犯罪分子依法予以打击、惩处。二是遇到自然灾害以及其他危险情况时，对国家财产、人民群众的生命财产及时予以救助。三是人民警察在执法过程中，必须正确履行职责和行使权力，秉公执法、清正廉明、公道办事；不得徇私舞弊、贪赃枉法，不得侵害法人、社会组织和公民的合法权益。

二、人民警察正确履行职责和行使权力的原则

有关的警察法律、法规规定了警察权力行使的基本原则，统领了整个警察权力行使的法律规范，促进了警察权力行使的规范有序，强化了警察权力行使的权限意识和责任意识。警察权力的行使应当体现五个原则的要求：警察公共原则、警察责任原则、警察比例原则、警察程序原则和控制原则。

（一）警察公共原则

警察公共原则是警察权力行使的首要原则。警察公共原则，是指警察权的行使必须以维护公共秩序为目的，严格限制介入私人领域。按照法治理念，任何权力的行使均有一定的界限。只有出于公共需要，才能行使警察权，对于私人领域，警察权不得介入。警察权存在的目的之一就是保护公民的自由与权利，警察权力的行使应当严格地以法律规定为界限。树立以人为本、执法为民的法治理念，确立公民权利本位和管理就是服务的思想，警察权的行使必须尊重和保障人权。

（二）警察责任原则

警察责任原则是由警察权力的性质决定的。警察责任原则实质是通过对警察权力主体的约束达到约束警察权力的目的。警察责任原则有两重含义：一是警察

机关权力只对违法责任者本人行使,就是为了维护法律实施和维持公共秩序,只有对从事违法犯罪活动的行为者,才能行使警察权力,否则就是滥用警察权。二是按照权责一致的现代法治要求,警察机关及警察人员的权力行使都必须和法律责任相对应,权责相适应。

(三)警察比例原则

警察比例原则,是指警察机关及其警察人员实施警察行为应当兼顾警务目标的实现和保护相对人的权益,如果可能对相对人权益造成某种不利影响时,应尽可能限制在小的范围和限度,使二者处于适度的比例。比例原则包含三个部分:(1)适当性原则,是指警察机关及其警务人员采取的措施及方法应适合实现行政目的和目标,其约束对象是警察自由裁量行为。(2)最小侵害原则,是指警察机关及其警务人员行使权力不得超过必要的限度,应尽可能使相对人权益遭受最小损害。(3)衡量性原则,是指行政行为的实施达到的利益与对相对人利益造成的损害衡量比较,前者应重于后者。当警察权的行使与保护公民权利发生冲突时,要对采取的措施、手段与所要达到的执法目的进行价值考量,务求合乎比例,严禁为达目的不择手段。

(四)警察程序原则

警察程序原则,是指警察权力的行使应严格按照法定程序,行使具体警察职权,应符合与其相应的程序要求,只有经过法定程序才能保证警察权力行使的正当性。遵守警察机关内部行使权力的程序制度,遵循行使权力的法定程序,遵守警察权力行使的监督制约制度。在执法过程中做到合法、准确、及时、适度。严格依法办事,做到主体合法、依据合法、程序合法,做到有法必依、执法必严。法定程序是对警察权力行使的一种限制,防止警察权滥用与扩张,也是对警察权力行使的一种保护,有利于保护警察权益,也有利于保障相对人的合法权益。

(五)控制原则

对人民警察的控制监督系统,主要由以下方面构成:

1. 思想控制,是指以正确的思想指导人民警察开展工作,树立正确的职权观,以达到自我的自觉预防控制。

2. 规范控制,是指以政策、法律、制度、纪律、道德等社会规范调整人民警察正确的履行职责和行使权力的行为。

3. 组织控制,是指发挥党组织、政府司法机关、警察机关、社会团体,互相配合制约,监督其正确履行职责和行使权力。

4. 群众控制,是指依靠广大人民群众对警察履行职责和行使权力予以监督。

5. 司法控制，一种是许可制度，警察无权直接决定和实施的，必须先向法院提出申请，经批准后实施；另一种是行政诉讼，当事人可提出请求，由司法机关对警察机关行为的合法性审查并作出处理。以司法权来控制警察权，符合现代法治理念和原则，也有利于保障公民权利。

以上几个方面要综合起来发挥作用，并把事前监督、事中监督和事后监督结合起来，以保证人民警察正确的履行职责和行使权力。

思考题

1. 警察职权的界定及合理运用？
2. 警察权的性质？应如何行使警察权？
3. 如何科学认知监狱警察的职责和权力？
4. 戒毒警察有哪些日常管理执法的权力？
5. 人民警察如何正确地履行职责和行使权力？

案例分析

基本资料：张某，女，1978 年 8 月 2 日出生，高中文化，北京市人，离婚无子女，生活能力较差。2018 年开始吸毒至今，毒瘾大、反复戒毒，有病史。

背景情况：2019 年被强制戒毒 3 个月，2020 年因吸毒被行政拘留、被强制戒毒 12 个月，2021 年 10 月因贩毒被刑事拘留，现转强戒于北京市 × × 强制隔离戒毒所。

存在的主要问题：

1. 自身的问题。张某多次吸毒受到处罚，无工作，懒惰，身体有病状况不佳，心理健康状况一般，戒毒积极性不高自控力差，容易情绪化。

2. 家庭的问题。离婚后独居，没有精神寄托，对生活缺乏信心，与母亲关系冷漠，缺乏正常的家庭关爱。

3. 社会的问题。社交圈子较混乱，交往的朋友多为无固定职业者，吸毒者居多，外界诱惑较多。

分析：如何为张某设计个性化的戒毒康复矫治方案？

参考书目

[1] 万洪云、李永清主编：《警察法学》，法律出版社 2015 年版。
[2] [英] 罗伯特 · 赖纳：《警察的政治学分析》（第 4 版），知识产权出版社 2017 年版。
[3] [美] 约翰 · P. 克兰克：《解读警察文化》（第 2 版），知识产权出版社 2017 年版。
[4] 郑晓军主编：《警察行政研究》，知识产权出版社 2017 年版。

[5]于文静、解添明:《科学认知监狱警察》,江苏人民出版社2014年版。
[6]卢建军:《警察职权的界定与配置》,北京大学出版社2017年版。
[7]李岚、梁志发、张敏发主编:《强制隔离戒毒矫治与管理实务》,暨南大学出版社2011年版。
[8]司法部戒毒管理局编:《司法行政强制隔离戒毒执法实务》,法律出版社2017年版。
[9]司法部戒毒管理局编:《司法行政强制隔离戒毒管理实务》,法律出版社2017年版。
[10]周雨臣:《中国监狱戒毒工作改革与创新思考》,浙江大学出版社2016年版。
[11]高贞主编:《刑事执行与戒毒工作若干问题研究》,法律出版社2018年版。
[12]王明泉主编:《警察学教程》,中国人民公安大学出版社1996年版。
[13]冯建仓、鲁兰:《中国监狱人民警察权利研究》,北京大学出版社2009年版。
[14]湖南省人民检察院编:《司法警察岗位专用操作规程》,中国检察出版社2016年版。
[15]许韬、张俊霞、余湘青、李亮:《中外警察法比较研究》,中国检察出版社2009年版。
[16]龚亭亭、周静茹:《司法警察基础》,暨南大学出版社2013年版。
[17]张跃进:《警察思维论》,中国人民公安大学出版社2018年版。
[18]王大伟:《英美警察科学》,中国人民公安大学出版社2018年版。
[19][美]塞缪尔·沃克、[美]查尔斯·M.卡茨:《美国警察导论》(第8版),张小兵等译,中国人民公安大学出版社2016年版。
[20][瑞士]多米尼克·维斯勒、[美]伊赫科沃巴·昂武迪伟:《各国社区警务模式及比较》,社会科学文献出版社2017年版。

第六章　警察规范

教学重点与难点

1. 通过本章的学习，了解警察规范的含义和作用，掌握警察法律规范的构成。
2. 掌握人民警察的义务和纪律。
3. 了解警察执法的制度规范化建设的意义和途径。
4. 了解人民警察职业道德规范的重要性和相关要求。

没有规矩不成方圆，没有规范就没有秩序。如果规范、标准缺失，不仅会冲击正常社会秩序，使人们无所适从，乱了分寸，还会影响到社会的发展和生存质量。人民警察是无产阶级专政的重要工具之一，主要任务是保护人民，惩罚犯罪，打击敌人，维护社会治安。警察机关及人民警察的执法状况，关系到社会的公平正义，关系到法律的权威和尊严，对警察机关和人民警察的行为必须予以规范。

第一节　警察规范及作用

一、警察规范概述

规范与随意、随便、自由相对应，它包括两方面含义：一是指标准、法式；二是指模范、典范。按照《尚书・序》对规范的表述："所以恢宏至道，示人主以规范也。"意思是说只有把一些道理讲得全面而深刻，几乎接近或类似于法律条文，才能够为君主实施统治提供典范。所以，规范包括法律条文、规则制度、具体要求和标准典范等基本准则。

在阶级社会，规范是为统治者有效管理公共事务服务的。警察机关作为阶级专政工具，其活动、行为只有在严格、规范的框架内，才能更好地体现统治者的意志，发挥打击和惩戒犯罪，维护社会稳定和谐的积极作用。

警察规范是指各警察机关人民警察在任职期间和执行公务过程中必须遵循的行为准则、工作程序、言行标准和工作纪律。警察规范要求主要包括法律规范、制度规范和道德规范。警察规范的构成主要来自两个方面:一是国家、政府、有关部门制定的有关人民警察行为标准和活动要求的法律、政令、制度、规定、规则和守则等。这些规范都是成文的,有法律效力或行政效力,是以国家强制力为后盾的,可追究责任,给予处分、处罚甚至是刑事制裁。二是早已存在于社会活动中、被社会公众和人民警察认可的纪律、习惯或规矩,这些成文或不成文的规范,主要依靠社会舆论、社会团体的力量、习惯约束和规矩限制等形式保证实施。因此,警察规范既包括具有强制性的法律法规的硬约束,也包括通过渗透、潜移默化发生作用的软约束,这种软硬结合、相互渗透、相互交叉形成的网络状的规范内容,必然对警察机关及其人民警察的职务活动过程产生重要的影响。

二、警察规范的重要性

(一)有利于全面依法治国方略的实施和推进

警察机关是国家重要的行政执法和刑事司法力量,是推进全面依法治国的生力军,是社会公平正义的维护者,几乎所有工作都是执法工作、所有活动都是执法活动。改革开放40多年的实践证明,深化执法规范化建设在整个警察工作中居于全局性、基础性地位,对推进全面依法治国具有十分重要的作用。警察机关能不能做到严格规范公正文明执法,事关党和国家形象,事关宪法法律权威,事关社会公平正义。广大民警必须切实增强"四个意识"、坚定"四个自信",始终恪守公平正义的价值追求,聚焦建设法治目标,坚持不懈地推进执法规范化建设,切实把严格、规范、公正、文明执法的要求落实到执法活动的全过程。

(二)有利于保障警察机关和人民警察规范管理和规范执法

法律是治国理政最大、最重要的规矩。警察机关要做好新时代警务工作,切实担负起做新时代中国特色社会主义事业建设者捍卫者的职责使命,就必须不断提升依法履职能力,着力提高运用法治思维和法治方式维护稳定、化解矛盾、处理问题的能力和水平。必须大力弘扬宪法精神和法治精神,坚定法治信仰、严守执法良知,着力强化证据意识、程序意识、权限意识和自觉接受监督意识,自觉尊法、学法、守法、用法。必须着力解决执法突出问题,坚决整治执法不严格、不公正、不文明和执法不作为、乱作为等群众反映强烈的执法突出问题,努力以实际行动取信于民。必须着力构建完备的执法制度体系、规范的执法办案体系、系统的执法管理体系、实战的执法培训体系、有力的执法保障体系,不断健全完善执法权力运行机制,确保执法权力始终在正确轨道内运行,努力从源头上预防和减少各种执法问题的发生。

(三)有利于警察机关队伍建设

警察规范既有思想道德规范又有日常行为规范和纪律作风规范,加强警察规范化建设,有利于人民警察增强职业责任感,树立职业理想,提高职业思想觉悟和道德情操,自觉遵守职业纪律,顺利完成本职工作。同时,只有通过严格的训练、规范的管理,才能锻造一支政治坚定、业务精通、训练有素、作风过硬、纪律严明的警察队伍。

第二节　人民警察的法律规范

一、警察法律规范及特点

(一)法律规范与警察法律规范

法律规范,是指由国家制定或认可的,反映国家意志的,具体规定权利义务及法律后果的行为准则。法律规范是国家制定和认可的,其适用和遵守要依靠国家强制力的保证。其他社会规范既不由国家来制定,也不依靠国家强制力来保证。

警察法律规范,是指各类警察机关及人民警察在执法活动中所应遵守的由国家制定或认可的,反映国家意志的,具体规定权利义务及法律后果的行为准则。

作为国家机关的警察机关及其警察人员必须严格遵守国家法律、法规和规章以及职业道德规范,按照规定的职责权限和工作程序履行职责、执行公务,依法办事,严格执法,公正执法,文明执法,不滥用权力,不以权代法,做学法、守法、用法和维护法律、法规尊严的模范。警察法律规范,是规定警察权利(权力)和义务(职责)的行为规范。

(二)警察法律规范的特点

警察法律规范具有法律规范的基本特征。法律是由国家立法机关制定,依据国家强制力保障实施,具有普遍效力的行为规范的总称。法律与其他规范不同,具有以下四个基本特征:

1.法律是调整人的行为的社会规范。首先,在社会体系中,法属于社会规范的范畴。作为社会规范,法律既区别于思想意识和政治实体,又区别于非规范性的决定、命令。法律的规范性具体体现在以下三个方面:(1)法律对人们如何行为提出了明确的指示。法律通过告知人们可以做什么,禁止做什么,必须做什么,对人们的行为进行规范和指引。(2)法律的内容具有一般性和概括性。法律不是针对某个人、某件事而立的,而是针对一类人一类事而立的。法律对行为的调整表现为一种规范性调整,而非个别性调整。(3)法律是反复适用的。法律不是仅适用一次,而是在其生效期限内对其指向的对象反复适用的。其次,人的行为是法律的调整对象。作为法律的调整对象的行为是指人的外在行为。法律与道德、社会舆论等社会调整手段的重要区别在于,法律仅仅调整和约束人的外在行为,而不调整和约束人的内心思想情感。因此,警察法律规范主要是调整和规范警察行为的一种社会规范,从而确保警察依法办事,秉公执法。

2. 法律是代表国家意志的社会规范。社会规范的种类繁多,除了法律之外,还有道德规范、宗教规范、风俗习惯、社会礼仪、职业规范、社会组织的规章制度等。法律区别于其他社会规范的首要之处在于,法律是由国家创立的社会规范。国家创立法律的方式主要有两种:一是制定,即国家机关通过立法活动创制出新的规范。二是认可,即国家机关赋予某些既存的社会规范以法律效力,或者赋予先前的判决所确认的规范以法律效力。法律既然是由国家制定或认可的,它就必然具有国家意志的属性,因此具有高度的统一性、普遍适用性。这种统一性是建立在国家权力和国家意志的一致性基础之上的,其他社会规范不具备这种高度的统一性。法律的普适性,即法律作为一个整体在本国主权范围内具有普遍的约束力,所有国家机关、社会组织和个人都必须遵守法律。

3. 法律是规定权利和义务的社会规范。法律是通过界定人们的权利和义务,以权利和义务为机制,影响人们的行为动机,指引人们的行为,调整社会关系的。权利意味着人们可以作或不作一定行为,以及可以要求他人作或不作一定行为。法律通过规定权利,使人们获得某些利益或者自由。义务意味着人们必须作或不作一定行为。义务包括作为义务和不作为义务两种,前者要求人们必须作出一定行为。正是由于法律是通过规定权利和义务的方式调整人们的行为,因此,人们在法律上的地位体现为一系列法定的权利和义务。法律的这种调整方式也使它与道德、宗教、习惯相区别。道德和宗教实质上或一般来说是以规定人对人的义务或人对神明的义务而调整社会关系的。法律的这种独特的调整方式,使它为人们提供了比道德和宗教更广泛的选择自由和机会,因而更有助于充分发挥人们的积极性、创造性和主动精神。有的社会规范(如党章、团章、工会章程等)虽然也规定其成员的某种权利和义务,但在内容、范围和保证实施的方式等方面,与法律上的权利和义务有很大区别。

4. 法律是由国家强制力保证实施的社会规范。任何一种社会规范都具有强制性，都有保证其实施的社会力量。然而，不同社会规范的强制性在性质、范围、程度和方式等方面是不尽相同的。例如，道德是依靠人们的内心信念、社会舆论保证实施的，违反道德者会受到社会舆论的蔑视、批评、谴责，也会受到自我良心的谴责，从而感受到强大的精神压力和强制力，不得不按照道德规范行事。社会组织的规章制度主要依靠社会组织的强制力来实施，即社会组织利用其所控制的社会资源，对其成员遵守规章制度的行为进行奖赏，对其成员违反规章制度的行为加以制裁，保证其规章制度的实施。法律的强制性不同于其他规范之处在于，法律具有国家强制性。法律是以国家强制力为后盾，由国家强制力保证实施的。法律的国家强制性，既表现为国家对违法行为的否定和制裁，也表现为国家对合法行为的肯定和保护；既表现为国家机关依法行使权力，也表现为公民可以依法请求国家保护其合法权利。

二、警察法律规范的主要构成

（一）宪法与法律

宪法是“国家的根本法，具有最高的法律效力”；“一切法律、行政法规和地方性法规都不得同宪法相抵触。一切国家机关和武装力量、各政党和各社会团体、各企业、事业组织都必须遵守宪法和法律。一切违反宪法和法律的行为，必须予以追究。任何组织或者个人都不得有超越宪法和法律的特权。”由此可见，《宪法》是我国最高位阶的法律规范。

法律是全国人民代表大会和全国人民代表大会常务委员会制定的规范性文件。警察的消极行政作用体现出了警察的强制性和对公众权利的限制。所以，以警察实力为保障的警察权及相应职能，基本上都是由法律来进行规定的。相关法律如《人民警察法》《监狱法》《刑法》《刑事诉讼法》《国家赔偿法》《公务员法》《行政监察法》等，都是警察机关和人民警察执法的法律规范。

《人民警察法》和《人民警察法》（修订草案稿）指出，人民警察必须以宪法法律为行为准则，尊重和保障人权，严禁滥用、超越权力。人民警察应当严格按照法律、法规规定的条件、权限和程序履行职责、行使权力，不得超越权力、滥用权力，不得拒绝或者拖延履行法定职责，不得侵犯公民、法人和其他组织的合法权益。

（二）行政法规、地方性法规与自治条例、单行条例

行政法规是国务院依宪法授权制定的规范性法律文件。国务院作为国家最高行政机关，当然地管理警察行政事务。国务院制定的警察行政规范性文件，是警察法律规范的重要组成部分，如《旅馆业治安管理办法》《边防检查条例》等。

地方性法规也是警察法律规范的重要构成。根据宪法规定，省、自治区、直辖市的人民代表大会和它们的常务委员会，在不与宪法、法律、行政法规相抵触的前提下，可以制定地方性法规，报全国人民代表大会常务委员会备案。此外，省、自治区人民政府所在地的市和国务院批准的“较大的市”的人民代表大会及其常务委员会、经济特区市的人民代表大会及其常务委员会也可以制定地方性法规。

根据宪法规定，民族自治地方的人民代表大会有权依照当地民族的政治、经济、文化的特点，制定自治条例和单行条例。自治条例、单行条例也是警察法的法源，只限于民族自治地方适用。

（三）部门规章和地方政府规章

这两种规章可统称为行政规章，也是警察法律规范的重要构成，且有着庞大的数量。

部门规章是指国务院各部、委和某些其他工作部门发布的规则。在表现形式上，一是由中央警察机关自己制定的，如《关于没收处理违反治安管理非法所得和使用工具的暂行规定》《公安机关人民警察内务条令》《公安机关办理行政案件程序规定》《司法部关于在监狱系统推行狱务公开的实施意见》《行政机关公务员处分条例》《公安机关组织管理条例》等。二是地方政府制定的，即省、自治区、直辖市人民政府，省、自治区人民政府所在地的市和国务院批准的较大的市以及经济特区的人民政府制定的规章。

（四）法律解释

作为警察法律规范的法律解释，一般仅指国家机关的规范性解释。这种规范性解释包括最高国家权力机关的解释、国家司法机关的解释、中央国家行政机关的解释、地方国家权力机关和行政机关的解释。在此类法源中，我国中央警察机关的解释数量很多，如公安部《关于执行〈关于运输烟花爆竹的规定〉的有关问题的批复》等。

（五）条约和协定

在我国，条约和协定同样是警察法律规范的构成。近年来，随着国际警务合作的加强，我国加入或签订了很多有关警察的条约和协定，如《国际刑事警察组织章程与规则》《中华人民共和国和吉尔吉斯共和国引渡条约》《中华人民共和国和蒙古国引渡条约》《中华人民共和国和菲律宾共和国引渡条约》等。

依法办事、执法公正，既是警察机关和警察人员工作的基本价值取向，也是人民警察的基本职业操守。改革开放40多年来积累的宝贵经验，其中重要的一点，就是各类警察机关必须坚持严格、规范、公正、文明执法，积极适应深化依法治国实践新形势，坚定不移走中国特色社会主义法治道路，不断提高警务工作法治化水平和警察机关执法公信力,努力让人民群众感受到公平正义。

三、人民警察的义务规范

(一)人民警察的义务的含义

人民警察的义务,就是国家对人民警察在警务活动中为正确行使职权而必须作出和不作出一定行为的要求。忠实地履行警察义务,严格执行警察纪律,是对每一个人民警察的最基本要求。

1. 人民警察的义务是国家法律规定的,目的是保证人民警察在警务活动中正确行使职权。

2. 人民警察的义务的基本内容就是人民警察必须依法作出和不作出一定行为。

3. 人民警察的义务是对人民警察行为的一种强制力,如有违背应负相应的道德或法律的责任。

(二)人民警察的义务的主要内容

1.《人民警察法》对人民警察的职责和义务作出具体规定

《人民警察法》第 2 条规定:“人民警察的任务是维护国家安全,维护社会治安秩序,保护公民的人身安全、人身自由和合法财产,保护公共财产,预防、制止和惩治违法犯罪活动。人民警察包括公安机关、国家安全机关、监狱、劳动教养管理机关的人民警察和人民法院、人民检察院的司法警察。”

2.《人民警察法》对人民警察的职责范围作了界定

《人民警察法》第 6 条规定:“公安机关的人民警察按照职责分工,依法履行下列职责:(一)预防、制止和侦查违法犯罪活动;(二)维护社会治安秩序,制止危害社会治安秩序的行为;(三)维护交通安全和交通秩序,处理交通事故;(四)组织、实施消防工作,实行消防监督;(五)管理枪支弹药、管制刀具和易燃易爆、剧毒、放射性等危险物品;(六)对法律、法规规定的特种行业进行管理;(七)警卫国家规定的特定人员,守卫重要的场所和设施;(八)管理集会、游行、示威活动;(九)管理户政、国籍、入境出境事务和外国人在中国境内居留、旅行的有关事务;(十)维护国(边)境地区的治安秩序;(十一)对被判处拘役、剥夺政治权利的罪犯执行刑罚;(十二)监督管理计算机信息系统的安全保护工作;(十三)指导和监督国家机关、社会团体、企业事业组织和重点建设工程的治安保卫工作,指导治安保卫委员会等群众性组织的治安防范工作;(十四)法律、法规规定的其他职责。”第 20 条规定:“人民警察必须做到:(一)秉公执法,办事公道;(二)模范遵守社会公德;(三)礼貌待人,文明执勤;(四)尊重人民群众的风俗习惯。”

3. 人民警察作为公务员群体，也要遵守《公务员法》中对公务员的义务要求：

《公务员法》第14条规定："公务员应当履行下列义务：(一)忠于宪法，模范遵守、自觉维护宪法和法律，自觉接受中国共产党领导；(二)忠于国家，维护国家的安全、荣誉和利益；(三)忠于人民，全心全意为人民服务，接受人民监督；(四)忠于职守，勤勉尽责，服从和执行上级依法作出的决定和命令，按照规定的权限和程序履行职责，努力提高工作质量和效率；(五)保守国家秘密和工作秘密；(六)带头践行社会主义核心价值观，坚守法治，遵守纪律，恪守职业道德，模范遵守社会公德、家庭美德；(七)清正廉洁，公道正派；(八)法律规定的其他义务。"

四、人民警察的纪律规范

(一)人民警察的纪律的概念

纪律是政党、政府、军队、社会团体以及企业学校等社会组织制定的并要求其成员共同遵守的行为准则。

人民警察的纪律是按照中国共产党的纪律原则建立起来的，根据国家的法律和职业特点制定的人民警察在履行职务中必须遵循的行为规则。经国务院批准，监察部、人力资源和社会保障部、公安部于2010年4月21日联合公布的《公安机关人民警察纪律条令》，2010年6月1日起施行。这是中国第一部系统规范公安机关及其人民警察纪律以及对违反纪律行为给予处分的部门规章。

(二)人民警察的纪律的种类

对人民警察的纪律规范。根据《人民警察法》的有关规定，对人民警察的禁止性规定主要有以下几个方面：

1. 维护国家安全、荣誉和利益方面。(1)严禁散布有损党和国家声誉的言论，参加非法组织，参加旨在反对国家的集会、游行、示威等活动，参加罢工。该规定实质上是规定了人民警察的政治纪律。人民警察的性质和地位决定了其必须严格恪守上述规定，否则与其性质是背道而驰的。人民警察违背上述规定对社会、国家的危害较之一般公民更为严重，它会导致社会秩序的维护失去最后一道屏障。(2)严禁泄露国家秘密、警务工作秘密。人民警察在职务中的特殊身份，对所接触到的未执行的决定、措施、监狱内部情况，必须严格保密，一旦泄密，轻则给工作带来损失和影响，重则给国家及公民的财产和生命造成重大损失。因此，作为人民警察严守秘密是其必备的素质条件。(3)严禁弄虚作假，隐瞒案情，包庇、纵容违法犯罪活动。弄虚作假，隐瞒案情是指办案人员为了获得某种私利，或者出于某种特殊原因及推卸责任，用虚假事实或不以客观事实为依据，而是利用虚假的证据办理案件。该行为的结果就是包庇、纵容违法犯罪活动,使违法犯罪分子逃脱法律制裁。所以,人民警察办理案件弄虚作假,隐瞒案情,包庇、纵容违法犯罪的行为,必须依法严加惩处。人民警察办理各类案件必须以客观事实为依据,客观事实是惩处违法犯罪的基础。因此,对人民警察弄虚作假,隐瞒案情,包庇、放纵狱内违法犯罪活动的行为必须严厉惩处。

2. 维护犯罪嫌疑人及罪犯权益方面。(1)严禁刑讯逼供或者体罚、虐待人犯。人民警察要对犯罪嫌疑人和服刑人员,实行人道主义,保障其基本人权,给其以必要的待遇和条件,反对对嫌疑人和服刑人员进行体罚和虐待。一旦违反上述规定要依法追究当事人的责任。(2)严禁非法剥夺、限制他人人身自由,非法搜查他人的身体、物品、住所或者场所。嫌疑人和罪犯依法享有未被剥夺和限制的权利,任何人不得侵犯、不得侮辱罪犯的人格。人民警察在执行职务活动中必须严格遵守,否则要追究当事人的法律责任。

3. 廉政方面。(1)不得敲诈勒索或者索取、收受贿赂。(2)不得接受当事人及其代理人的请客送礼。人民警察执法和管理中,手中拥有涉及剥夺、限制公民人身自由权、财产权等其他权力,如果不对其权力严格监控,就会出现利用职务之便谋取不当利益的行为。所以,要加强教育和管理,禁止人民警察利用职务敲诈勒索或者索取、收受贿赂或向嫌疑人或犯人家属索取好处的行为。(3)不得违法实施处罚或者收取费用。人民警察在执行公务过程中,要严格按照程序和规章制度办理,不得巧设名目,乱收费或超标收费。

4. 履行职责方面。(1)不得玩忽职守,不履行法定义务。不得非法将监管罪犯的职权交与他人行使,不得私放罪犯或者玩忽职守造成罪犯脱逃,不得违反规定,私自为罪犯传递信件或者物品,否则,会使国家及人民的利益遭受损失。(2)不得从事营利性的经营活动或受雇于任何个人或者组织。人民警察是国家的重要执法力量,而不是某个个人或组织雇员,警察机关不是经济创收部门,因此,从事营利性经营活动和受雇于个人或组织会损害法律的尊严,扰乱正常的社会秩序,给执法活动造成很大困难,甚至会成为一些非法组织和黑恶势力的保护伞。

第三节　人民警察的制度规范

一、人民警察制度规范及特点

(一)警察制度规范概述

制度规范是组织管理过程中借以约束全体组织成员行为,确定办事方法,规定工作程序的各种规章、条例、守则、规程、程序、标准以及办法等的总称。

警察制度规范是指人民警察主管机关和警察机关制定的,人民警察在执法活动、工作程序、言行标准和工作纪律等方面必须遵循的成文规定。

要让民警规范执法,必须有明确、可操作性强的制度标准。从明确执法岗位和执法主体职责入手,分岗、分级、分层设定执法职责、权限和责任,通过制度的完善,执法的每个环节均纳入实时的管理,各警种、各岗位的职责进一步明确,权限进一步明晰,程序进一步完善,从接出警、受案、立案到侦办、查处乃至案卷装订基本实现了有规可依、有章可循,民警在认真执行各项制度中逐渐养成了规范执法的良好行为习惯。

人民警察遵守制度表现在:一要遵守各项工作制度。各级警察机关,根据不同警种、不同岗位的业务内容,依法制定了严格的工作规程和具体要求。随着实践的发展,这些工作制度日益健全、完善,成为各项工作顺利进行的重要保证。广大的人民警察只有严格遵守警务工作制度,才能保证工作的有效性、法制的严肃性,才能顺利完成各项工作任务。二要遵守各项内务制度和保密制度。人民警察作为武装性质的国家治安行政力量和刑事司法力量,按照革命化、正规化的要求,必须严格遵守各项内务制度和保密制度。这也是人民警察严守纪律的一项最基本的要求。

(二)警察规范的特点

1. 科学性。科学的制度应符合其内容、形式和价值的内在特性、特点和规律性,其标准表现为三个方面:在价值方面,必须符合正义并促进社会成员的公共利益;在内容方面,必须合乎调整对象自身的规律;在形式方面,制度必须具有形式科学性。这三个方面的要求共同构成了制定一项制度的标准。人民警察制度规范的制定也应遵循这些标准。制度是人民警察活动的导轨,它设定了各种活动的范围和边界,以及各个活动主体之间的互动机制。制度设计越科学,打击犯罪和监管改造目标的阻力就越小,发展就越好越快越顺利,付出的代价也就越少。

2. 指导性。一般而言,指导是对个体行为进行技术上的、方法上的引导。制度指导人民警察的执法行为有利于克服个人行为多样性带来的随意性结果。在维护治安、打击和惩戒罪犯工作中,不同的人民警察会因为不同的年龄、经历、学识、良知,以及其他些因素对犯罪嫌疑人和罪犯的行为、对处理的事务、对上级指示要求和同事之间协作等作出不同的判断,而制度规范为人民警察提供了参照坐标,提供了明确的标准和约束规范。在警察管理中做到标准统一,促进法律公正。警察制度规范应发挥维护警察的权利、指引警察行为,提供有效预期的功能,这是现代警察管理和法律制度的显著特征,也是维持刑罚执行确定性、实现社会公平和正义的必然要求。

3. 可操作性。可操作性是指构成管理制度的各种要素必须是具体的、可操作的、实实在在的。如果可操作性不强或者说原则性太强，随意解释、自由裁量的空间太大，制度建设就很有可能成为一场轰轰烈烈的文字运动。管理中把它叫作操作细化原则，为此要防止两点：一是程序和规范过于原则，留下的空间过大，实际执行中就带有很大的主观随意性。二是具体规范与制度的要求不配套。

坚持操作细化原则，要求我们在制度实施中不仅要搭建好文本框架，还要制定一系列与之相配套的实施细则；不仅要有实施细则，还要对其中内容进行量化、程式化、规范化。要环环相扣，紧密相连，互相配套，共同促进。

坚持操作细化原则，还必须纠正错误认识：认为每个文件都应是具体的，拿出来就可以解决实际问题，进而排斥原则性文件的倾向。事实上，任何制度都是由原则性文件和可操作性文件构成的，就如法律一样，不仅要有《合同法》《婚姻法》《人民警察法》《监狱法》等专门法律，更要有《宪法》这一根本大法。制度建设也是一样，不仅要有各种实用性、针对性文件，还要有原则性文件。

4. 灵活性。制度规范在统一要求的基础上，必须具有一定限度的灵活性。一方面，制度中体现的灵活性越大，由于未来意外事件引起损失的危险性就越小；另一方面，制度中体现的灵活性越大，制度就越空泛，越不具有可操作性。为了防止人民警察非规范化的行为必须强调制度规范，但实际操作中也必须给警察以较大的灵活性，而不能将警察管理的任何事项都规定得非常具体、机械，否则，一旦出现突发事件、特殊情况时，人民警察就会不知所措，无法临机应变。教条化、缺少灵活性的制度同时也会限制警察的主动性与决策参与热情。需要强调的是，制度的灵活性必须建立在遵循基本规范要求的前提之下，即灵活性是有条件、有限度的。

二、人民警察制度规范的基本内容

近年来，我国警察主管机关制定了一系列人民警察制度规范，如《公安民警基本行为规范（试行）》、《公安机关人民警察内务条令》、《公安协警管理制度》、《人民警察警衔制度》、《人民警察回避制度》、《公安机关保密制度》、《公安机关首问责任制度》、司法部《关于加强监狱劳教人民警察队伍建设的决定》、《监狱劳教人民警察队伍建设规划纲要》、司法部《关于司法行政系统表彰奖励工作的实施意见》、《监狱、劳教人民警察执法过错责任追究办法（试行）》以及公安部“五条禁令”和“三项纪律”、司法部“六条禁令”等。另外，各地各警种的警察机关根据法律规定和本单位的实际情况也制定了大量的具体制度规范。例如，各种执法规程、管理规定、岗位职责、工作纪律、突发事件的处置规定等。这些构成了丰富的人民警察制度规范体系。

（一）有关人民警察执法方面的制度规范

为严格执法标准，很多警察管理机关都建立了符合法律规范的执法工作标准和执法工作考核制度，使人民警察依照标准执法，依照标准考核警察执法行为，并自觉接受社会各界对警察机关及其人民警察执法工作的监督。有关警察执法方面的制度规范有：政务公开制度、公安机关执法办案制度、受案立案制度、交警系统执法记录仪使用制度；监狱收监、释放工作规定；减刑、假释、暂予监外执行制度；未成年犯教育制度；女犯教育制度；入监、出监教育工作实施办法；人民法院司法警察执法行为规范；强制戒毒所执法细则，等等，健全完善这些制度规定的主要目的就是使警察的执行公务活动程序合法、公开、严谨，缩小警察执行公务过程中的自由裁量权，有效约束警察的执法活动。

（二）关于人民警察管理方面的制度规范

制定警察队伍管理的制度规范是依法加强人民警察管理，严明警察纪律，树立警察良好形象，提高警察战斗力，预防司法腐败的重要举措，是警察系统法制工作健全的重要标志。目前，我国除《人民警察法》《监狱法》《国家赔偿法》《行政处罚法》《保守国家秘密法》《行政监察法》《行政复议法》等法律法规外，各种具体落实、可操作性较强的制度措施已普遍建立并形成体系，如公安机关人民警察着装管理规定、监狱戒毒警察着装管理规定、公安机关人民警察内务条令、监狱警察行为规范、警察学习制度、警察岗位培训制度、警察人事录用管理考核制度、警察廉政建设责任制、培训制度等。

如人民警察纪律规范，除依法遵守《人民警察法》和《公务员法》相关规定之外，还要遵守公安部和司法部的相关禁令。人民警察违反这些禁令要承担相应的法律责任，例如，规定严禁违反枪支管理使用规定，违者予以纪律处分，造成严重后果的，予以辞退或者开除；严禁携带枪支饮酒，违者予以辞退；造成严重后果的，予以开除；严禁酒后驾驶机动车，违者予以辞退；造成严重后果的，予以开除；严禁在工作时间饮酒，违者予以纪律处分；造成严重后果的，予以辞退或者开除；严禁参与赌博，违者予以辞退；情节严重的，予以开除；民警违反上述禁令的，对所在单位直接领导、主要领导予以纪律处分。民警违反规定使用枪支致人死亡，或者持枪犯罪的，对所在单位直接领导、主要领导予以撤职；情节恶劣、后果严重的，上一级单位分管领导、主要领导引咎辞职或者予以撤职。对违反上述禁令的行为，隐瞒不报、压案不查、包庇袒护的，一经发现，从严追究有关领导责任。

公安民警绝不允许面对群众危难不作为;绝不允许酗酒滋事;绝不允许进夜总会娱乐。公安民警违反上述规定的一律先予以禁闭,并视情况给予纪律处分。造成严重后果或者恶劣影响的,一律给予开除处分,并视情追究有关领导责任。隐瞒不报、包庇袒护的,从严处理。构成犯罪的,依法追究刑事责任。对违反“三项纪律”的行为,一律坚决依纪依法严肃处理。

这些具体的制度规范和禁令纪律要求对保障警察机关严格管理,强化队伍建设,提升警察机关和人民警察执法能力,推进执法规范化建设等具有重要的作用。

(三)关于警察服务保障方面的制度规范

此类制度规范主要包括:警察抚恤制度、食堂管理规定;车辆管理规定;公务接待规定;物资采购管理规定,设施维护公用与能源使用管理规定;网络管理维护规定;超市管理规定;医疗制度规定;图书管理规定;文艺宣传资源使用规定等。

第四节 人民警察的道德规范

一、人民警察道德规范概述

道德规范是对人们的道德行为和道德关系的普遍规律的反映和概括,是社会规范的一种形式,是从一定社会或阶级利益出发,用以调整人与人之间的利益关系的行为准则,也是判断、评价人们行为善恶的标准。在人们社会生活的实践中逐步形成的,是社会发展的客观要求和人们的主观认识相统一的产物。人民警察不仅要遵守普通公民的道德规范更要模范遵守警察职业道德规范。

(一)人民警察职业道德规范的含义

人民警察职业道德规范是指警察在工作中应该遵守的,以社会舆论和内心信念来维持的,调整警察各种职业关系的行为规范的总和,以及警察个人在工作中表现出来的道德品质状况。人民警察职业道德是随着中国共产党领导的人民警察队伍的诞生而产生,并不断发展和完善起来的。人民警察职业道德是社会主义道德体系的重要组成部分,是警察道德史上一个崭新的发展阶段。警察职业道德面貌的好坏,不仅直接关系到人民群众的切身利益,而且直接关系到党的威望、国家的声誉和专政机关的尊严。人民警察应自觉按照职业的特殊道德要求,为社会主义现代化建设作出应有的贡献。

(二)人民警察道德规范与法律规范的关系

人民警察职业道德是一种行为规范,但它不同于政治、法律、纪律等行为规范,它是以社会舆论和民警个人的内心信念作为发挥作用的依据。换言之,人民警察职业道德规范不具有法律和纪律那样的强制性,是一种自律性的行为规范。

法律规范和道德规范是现代社会中既冲突又亲和的两大范系。在提出"依法治国"与"以德治国"两大治国方略的今天,如何深度理解法律与道德的作用,怎样将法律与道德有机结合起来,对于加强警察队伍建设具有重要意义。

1. 人民警察道德规范与法律规范的共性。马克思主义认为,法律和道德都是由一定社会的经济关系决定并为其服务的上层建筑。社会法治和社会道德作为上层建筑,都产生于社会经济基础之上,是社会经济关系的反映,共同为社会经济基础服务;都是社会大众意志和利益的体现。人民警察道德规范与法律规范的共性可归纳为三个方面:(1)产生的基础相同。它们都是社会经济基础的产物,同时又反作用于社会经济基础;都体现上层建筑所要求的行为规范,同时受社会生产关系的制约。(2)目的愿望一致。它们都是调整人与人之间或人与自然环境之间的关系、维护安定团结,促进社会稳定与发展的规范。(3)具有相同的指导思想。它们都以马列主义、毛泽东思想、邓小平理论和"三个代表"重要思想、习近平新时代中国特色社会主义重要思想为指导,并在其指导下不断完善。

2. 人民警察道德规范与法律规范的不同。法律与道德是两种不同的社会规范。它们的区别体现在四个方面:(1)产生方式不同。法律是具有立法权的不同国家机关按照法定程序制定和认可的,而道德是在社会的不断发展和变化中,人们为适应社会并在不断的自我道德实践中形成的。(2)表现形式不同。法律是经过一定的程序,由国家制定规范性的法律文件并认可的行为习惯,而道德则是一般社会意识,存在于人们的思想观念、内心信念和社会舆论之中。(3)涉及范围不同。法律主要是对人外部行为的调整,而道德只影响着人们的内心活动。(4)作用机制不同。法律以国家权威性和强制力为保障,是具有强制效力和相应后果的"他律";而道德依靠其说服力和劝导力提高社会成员的思想认识和道德觉悟,是不具有强制力和不产生法律后果的"自律"规范。

3. 人民警察道德规范与法律规范的相互依存。在社会规范体系中,法律和道德虽是两种不同属性的行为规范,在调整社会关系方面手段不一,但也有着密切的联系:(1)社会功能相互补充。道德的作用主要表现为对人们思想的规范和诱导,其实现方式主要依靠舆论监督、内心修养和习惯驱使,因而道德在人们生活中影响广泛而深远。但道德对严重危害他人或社会的行为只能责备而不能制裁。法律则不然,它明文规定什么可以做,什么禁止做,并能以国家强制力为后盾,既有保障和推动社会进步的作用,更有惩处和防范阻碍社会进步行为的威力。(2)条款内容相辅相成。法律禁止的行为,必定是道德所唾弃的;法律所保护的也必定是道德所倡导的。许多道德观念体现在法律之中,许多道德问题最终需法律来解决。法律承担着维护社会真、善、美等良好风尚的责任,为道德提供坚实的后盾,而道德往往是一部分法律的直接渊源,在一定程度上,对法律起着引航的作用。(3)两者可以相互转化。随着社会的发展和变化,人们的思想观念也会有一定的变化,一些道德问题必然凸显出来,立法机构就有可能将它纳入法律规范的范围;一些原来认为不道德而被法律禁止的,但当社会进入新时期或者被实践证明仍可适用时,这种道德规范就可能退出法律领域,而转变为道德调整。

道德是法律的基础,法律是道德规范的制度化和保障,两者相互联系相互补充,是相辅相成的两种规范形式。

(三)人民警察职业道德规范的内涵和特点

1. 人民警察职业道德规范的内涵

人民警察职业道德包含着客观和主观两个方面的内涵。就客观方面而言,人民警察职业道德是指人民警察在工作中应该遵守的具有自身职业特点的道德规范的总和,这种规范是社会主义职业道德体系的组成部分,是社会主义道德的核心和原则在民警职业生活中的具体体现,因而它的内容具有客观性,不以民警个人的主观意志为转移。就主观方面而言,人民警察职业道德是指民警经过职业活动实践和自身的修养提高,在道德品质方面达到的状况,这种状况是民警综合素质的反映,它表明了警察个人是否具有一定的职业道德修养,是否具备了社会和警察机关所需要的职业道德品质及其所达到的境界,这种品质和境界是民警个人学习和修养的结果,因而具有主观性。

人民警察职业道德这两个方面的含义是互相联系的,前者是后者的客观标准,后者是前者的内化。在警务工作中,我们在使用"人民警察职业道德"这个概念时,有时候是就其客观方面而言的,有时候则是就其主观方面而言的。

2. 人民警察职业道德规范的特点

(1)政治性。作为人民警察在职务活动中行使国家的维护治安、打击犯罪、刑罚执行权力,它直接体现了国家的意志。为此,在执法过程中必须服从国家的意志,按照国家的法律法规、政策、制度规范办事,时刻考虑国家的利益。从本质上讲,它是一种政治道德,实际就是要服从和执行统治阶级的意志,为统治阶级的利益服务。这就使其具有强烈的政治性。

(2)自觉性。从道德的产生方式、表现形式、涉及范围、作用机制、目的效果看,道德是在社会的不断发展和变化中,人们为适应社会并在不断的自我道德实践中形成的。道德是一般社会意识，存在于人们的思想观念、内心信念和社会舆论之中。警察的道德不是依靠法庭、警察、监狱等来保证实施，而体现的是人类精神的“自律”，通过人们的自觉性来发挥作用，关键在于自省自律。加强道德修养的基本途径是自我教育、自我约束，要求警察在工作和生活中，包括在一些小事、细节上，都能做到自重、自省、自警、自励，管住自己的嘴、管住自己的手、管住自己的腿，坚决抵御各种落后思想和腐朽文化的侵蚀，追求积极向上的生活情趣，养成良好的生活作风，形成风清气正的工作氛围。在“生活圈”“交际圈”“娱乐圈”中，提高自控能力，过好名利关、金钱关、美色关；在家庭生活中，努力做到量入为出，勤俭持家；讲政治、有信念，讲规矩、有纪律，讲道德、有品行，讲奉献、有作为。

(3)示范性。在社会生活中，所有职业的职业道德行为都会对他人产生一定的影响，起到一定的示范作用。相对而言，代表国家行使职权、执行法律的警察的职业道德示范性特征表现得更为鲜明和突出。在我国，警察机关是人们观察社会稳定、社会风气、社会荣辱观的一个重要窗口。警察在执行公务、抓捕罪犯、执行刑罚、矫正罪犯行为过程中，其道德的示范性对社会的影响是十分广泛而重大的。警察通过言行举止、执法尺度和标准、廉洁形象，向社会传递着警察道德精神和内涵。

(4)职业性。每种职业除了遵守社会普遍应遵守的一般道德规范外，还应遵守职业本身所特有的道德规范。作为人民警察除了遵守一般道德规范要求的如文明理性、理性平和、文明礼貌、诚信友善、严守纪律、爱岗敬业、恪尽职守、勤学善思、精益求精等之外，还要遵守作为警察职业要求的秉公执法、事实为据、秉持公正、惩恶扬善、英勇善战、坚韧不拔、甘于奉献、任劳任怨等道德规范。相对于一般公民，警察职业道德有着更高的要求。

二、人民警察职业道德规范的作用

(一)人民警察职业道德有助于密切党群关系

人民警察属于国家公务员，而且是作为社会执法人员出现在群众面前的。他们身着警服，头顶国徽，代表党和国家执法，履行自己的职责。广大群众往往是通过包括警察在内的党政干部的言行，来认识我们的党和政府，来认识党和政府与群众的关系。几十年来的实践证明，党和政府建立自己在群众中的威信，主要靠两条：一是靠它制定的路线、方针和政策的正确性，能代表广大群众的利益；二是靠包括人民警察在内的广大干部具有高度的政治觉悟和良好的道德修养。

实践告诉我们，人民警察道德水平的高低、道德修养的好坏，不仅决定着警察事业的成败，而且直接关系到党和政府的威信及其与人民群众的关系。这其中包括的道理是不言而明的。倘若在严重危及群众财产安全的紧急关头，民警能挺身而出，勇于相救，群众就会由感激民警进而感激党和政府，更加信赖我们的党和国家，从而提高党和政府的威信。反之，就会损害党和政府的形象，影响党群关系。

（二）人民警察职业道德的状况会直接影响社会风气的好坏

人民警察职业道德代表国家执法，与人民群众的接触面极为广泛，这就决定了警察职业道德建设的好坏，对整个社会风气较其他从业人员有着更大的影响。社会风气是党风、政风、职业道德、家庭风尚等多种因素的综合，是多种道德因素的综合表现。其中，党风是关键，是社会风气的核心，影响和制约着社会风气中的其他因素。除党风之外，职业道德风气在整个社会风气中也起着极为重要的作用。因为从现实生活看，人们的道德实践领域，主要存在于特定的职业活动中，而且职业道德又直接与社会物质文明建设和精神文明建设联系在一起，与人民群众的利益联系在一起，这就决定了职业道德的状况会直接影响社会风气的好坏。

每种职业道德对社会风气影响的程度亦有所区别。相比较而言，由于警察工作社会性强，与群众的接触广泛，因而，人民警察职业道德对社会风气形成和改善具有较大的影响。人民警察职业道德对社会风气的积极作用主要是通过其特殊的情感传递作用实现的。如果广大民警在职业活动中能尽职尽责，在社会上率先树立起道德榜样，那就会对社会的各行各业产生巨大的感染作用。被感染者受到感化，受到启迪，就会按照本行业的职业道德要求去做，同时又把良好的道德情感传递给自己的服务对象，如果这种道德情感不断地传递下去，就会在社会上形成一种良性的循环，从而对人与人之间交往关系的改善、社会风气的好转产生潜移默化的作用。

（三）人民警察职业道德规范有助于密切警民关系

警民关系是警察与社会的诸种关系中最为重要的关系，它的好坏关系到警察工作的成败，因而警民关系始终是警察机关十分重视的一个问题。警民关系是一种包括政治、法律关系和道德关系在内的综合性社会关系。其中，道德关系是警民关系的基础。因为警察与群众的关系主要是一种服务与被服务的关系，是公仆和主人的关系。在我国，警察与群众之间没有根本的利害冲突，警察既是社会的执法者，同时也是人民群众的服务员。

警察来自人民，服务人民，是人民的公仆，这是我国的人民警察区别于剥削阶级警察的根本标志。社会主义国家人民警察的这个特点，决定了警民关系必然经常体现为一种服务与被服务的道德关系。处理好警民关系，从政治、法律方面入手固然重要，但注重警民关系始终是警察机关的优良传统。特别是在建立社会主义市场经济体制的过程中,针对部分民警出现的服务意识差,对群众冷、硬、横,各地警察机关出台了许多具体的改进措施,如把人民群众满意不满意作为衡量警察机关工作好坏成败的一个重要标准,强化警察机关的服务功能,增加警察机关工作的透明度等。人民警察职业道德对警民关系的调适,主要表现在约束民警的行为,强化其服务人民的内心信念,从而与群众顺利地交往,并树立起警察的良好形象,使警民关系减少摩擦和冲突。

三、人民警察道德规范的内容

早在20世纪50年代,公安部就制定了《公安人员八大纪律十项注意》,1994年1月又正式印发了《公安机关人民警察职业道德规范》,2011年修订与完善了《公安机关人民警察职业道德规范》和《监狱劳教人民警察职业道德准则》,《人民警察法》对人民警察职业道德规范作了新的规定和要求。人民警察应当恪守忠诚可靠、竭诚为民,秉公执法、清正廉洁,不畏艰险、勇于担当、甘于奉献,团结协作、精诚合作的职业道德。

(一)忠诚可靠、竭诚为民

警察机关及其人民警察要听党指挥,热爱人民,忠于法律。坚持以马克思列宁主义、毛泽东思想、邓小平理论、“三个代表”重要思想和习近平新时代中国特色社会主义思想为指导,深入贯彻落实科学发展观,认真学习中国特色社会主义理论体系,牢固树立社会主义法治理念,做中国特色社会主义事业的建设者、捍卫者。坚持中国共产党领导,始终与党中央保持高度一致,自觉维护中央权威。坚持国家利益高于一切,自觉维护国家安全、荣誉和利益,维护国家统一和民族团结,同一切危害国家利益的言行作斗争。坚持以人为本、执法为民,坚定不移地维护人民群众合法权益,切实实现好、维护好、发展好最广大人民根本利益。坚持依法治国基本方略,维护宪法和法律的统一、尊严和权威,维护社会公平正义,促进社会和谐,维护社会稳定。

(二)秉公执法、清正廉洁

警察机关及其人民警察在执行公务过程中必须以事实为据,秉持公正,惩恶扬善。牢固树立法治观念,严格依法办事,自觉维护法律权威和尊严。严格按照法定权限、条件和程序办理各项受案立案、检查羁押、看管收监、减刑假释、禁毒戒毒等公务活动。以执法如山的态度办理相关公务活动,惩恶扬善,保障公民的合法利益,以事实为依据,以法律为准绳,坚持有法必依,执法必严,违法必究。人民警察清正廉洁就是要克己奉公,秉公办事,不徇私情,不以权谋私,不贪赃枉法。

（三）不畏艰险、勇于担当、甘于奉献

人民警察要英勇善战、坚韧不拔，机智果敢，崇尚荣誉。人民警察应该确立正确的生死观，在各种灾害、事故面前，应是无所畏惧抗灾减害的金盾；在各类犯罪分子面前，人民警察应是所向披靡驱恶除邪的利剑；在人民利益急需的时候，更要义无反顾地献出自己的宝贵生命。机智果敢作为人民警察的一项具体内容和要求，是有人民警察职业的危险性、复杂性、境遇性特点所决定的品质要求。机智勇敢就是在工作中既要大胆沉着、勇于战斗、敢于牺牲，又讲究智慧策略、方式方法、善于战斗，即养成勇于战斗、善于胜利的品格特质。人民警察要自觉珍惜和维护国家、警队的荣誉，视荣誉重于生命。

（四）团结协作、精诚合作

团结是胜利的保证。人民警察队伍是高度集中统一的战斗集体。人民警察队伍是武装性质的国家治安行政力量和刑事司法力量，团结协作是同犯罪作斗争的需要。由于人民警察的职业特点具有广泛的社会性，工作分散、艰苦、机动性强，要求相互协作，适应日益复杂的斗争需要。人民警察在公务活动中首先要顾全大局，树立全局观念，个人利益服从集体利益。自觉克服本位主义、小团体主义、各自为政等不良观念，在工作中密切配合，通力协作，正确履行工作职责和内外部协助义务。在工作中互通信息，互相援助，主动提供方便，积极配合工作，不互相推责，不争功诿过。

案例分析 1

某日下午，安徽省蚌埠市禹会区马城镇发生一起命案，一名 17 岁的超市女收银员被歹徒连捅 10 多刀后遇害。一份案发时的监控显示：女孩被歹徒勒住脖子、用刀捅死时，两位民警就在面前，却不敢挺身而出上前制止。直到歹徒自残倒地后，两位民警才上前将其控制。受害人家属希望有关部门追究两位警察责任，并就此事给他们一个交代。蚌埠市公安机关决定：免去宋某某马城派出所指导员职务，给予行政记过处分，调离公安机关；给予民警崔某某行政记过处分，调离公安机关。

问题思考：该案例体现了人民警察应承担哪些义务和责任？违反纪律应承担哪些后果？

答案要点：违反了人民警察义务和职责要求（预防、制止和侦查犯罪活动和危难救助义务，给予行政处分，如调离、撤职、记过等）。

案例分析 2

某日晚 8 时许，拉萨市公安局出入境管理支队民警张大利、米玛多吉到位于该市北京中路皇家一号夜总会娱乐，并将车牌号为藏 A60178 的车辆停放该夜总会北门，次日 0 时许，被公安部暗访组查获。经核实：张大利与米玛多吉当晚在皇家一号夜总会 519 包间娱乐长达 4 小时，消费 1300 余元，其中支付服务费 600 元，接受营利性陪侍。事件发生后，拉萨市公安局对张大利、米玛多吉二人禁闭 5 日，并根据《公安机关人民警察纪律条令》和公安部“三项纪律”，决定对张大利、米玛多吉予以辞退。

问题思考：本案例中，行为人违反了哪些纪律规范？

答案要点：《人民警察法》规范中的廉政规范和职务履行相关规范，及“三项纪律”的制度性规范，违反了《公务员法》要求的廉洁自律等义务规范，以及相关道德规范。

参考书目

[1] 刘宏斌、王树民编：《公安民警现场执法处置规范》，中国市场出版社 2009 年版。

[2] 王庆功等：《公安机关“三项建设”导论》，中国人民公安大学出版社 2010 年版。

[3] 柯良栋主编：《警务工作转型升级的必由之路：执法规范化建设》，中国人民公安大学出版社 2011 年版。

[4] 高文英、邢捷主编：《警察法学》，中国政法大学出版社 2017 年版。

[5] 程琳主编：《警察法学通论》，中国人民公安大学出版社 2018 年版。

[6] 姜明安主编：《行政法与行政诉讼法》，北京大学出版社、高等教育出版社 2016 年版。

[7] 李永清主编：《警察法学》，中国民主法制出版社 2012 年版。

[8] 高文英主编：《警察行政法》，中国政法大学出版社 2016 年版。

[9] 刘建会等：《监狱警察本体论研究》，中国人民公安大学出版社 2009 年版。

第七章　警察管理体制

教学重点与难点

1. 警察管理体制的三种模式。
2. 我国人民警察的管理原则。
3. 我国各警种组织机构设置及其管理体制。

警察管理体制是指警察的组织领导制度。警察管理体制是警察组织机构的核心，是警察组织机构运作的内在动力和基本规则。警察管理体制涉及警察的职能定位、机构设置、人事管理、职权划分、运行机制、警务保障等基本组成要素。

我国政府部门中设有警察职位的有公安部、国家安全部、司法部、人民法院、人民检察院、监狱等，不同部门对人民警察的机构编制与事权划分有其各自的特色。

第一节　警察管理的基本理论

警察管理体制的核心是警察权力能否得到有效行使以及警察职责能否得到正确履行。“在现代社会中，警察权力通常是依托警察体制以及警察行为活动来实施的，警察体制的状况直接决定了警察权力实现的程度。因此，警察体制是否科学决定了警察权力的行使质量和警察职能的有效发挥程度。”①

警察管理体制事关警察的科学管理以及新时代中国人民警察战斗力的提升。警察管理体制必须适应社会的发展与安全环境的变化。自 2018 年 3 月《深化党和国家机构改革方案》印发以来，政法系统机构改革逐步取得实效，而警察管理体制的优化是其中的重要方面。习近平在 2019 年 1 月中央政法工作会议上指出，“政法

---

① 赵炜、张光主编：《警察政治学》，中国人民公安大学出版社 2014 年版，第 54 页。

系统要在更高起点上，推动改革取得新的突破性进展，加快构建优化协同高效的政法机构职能体系”。“要优化政法机关职权配置，构建各尽其职、配合有力、制约有效的工作体系。”“要推进政法机关内设机构改革，优化职能配置、机构设置、人员编制，让运行更加顺畅高效。”

政法领域全面深化改革，对完善政法职能体系提出了新的要求。司法行政机关要进一步推动机构整合、职能融合，全面深化监狱工作改革，加快刑罚执行一体化建设，健全社区矫正制度，构建监禁刑与非监禁刑相互衔接、统一协调的刑罚执行体系，推动惩罚与改造、管理与矫正、回归与帮扶等环节相互贯通。公安机关要完善国家移民管理体制、行业公安机关管理体制，加快构建职能科学、事权清晰、指挥顺畅、运行高效的公安机关管理体系。健全完善重心下移、警力下沉、保障下倾的工作机制，在市县公安机关积极推进大部门、大警种制，建立健全新型社区警务机制。

对警察管理体制基本概念及理论的把握，是促使警察管理的改革更加科学化的前提。

一、警察管理体制的内涵

警察管理体制是对警察机关在职责划分、机构设置、领导隶属关系和管理权限划分等方面的制度设计和关系协调。其中，职责划分是基础；机构设置是依托；领导隶属关系是保障；管理权限划分是核心。因此，警察管理体制应包含四个方面的内容：领导体制、决策方式、权力配置和组织机构。①

（一）警察管理体制的三种模式

从目前世界主要国家警察管理体制来看，现代警察管理体制基本分为三种模式：集权型、分权型和集权与分权结合型。

1. 集权型警察管理体制

集权型警察管理体制是指由一个国家的中央政府及其中央警察机关直接、统一的管理并指挥全国警察机关的一种警察管理体制。例如，法国警察实行中央垂直领导，全国警察及警务活动立法权由中央掌握，并由中央统辖执行。中央政府在全国统一设立并管理指挥警察机关，警察系统内实行垂直领导体制。在集权型警察管理体制中，警察机构的相关规章制度、人事、经费等均由中央政府统一负责，地方政府不参与管理。

---

① 张光、魏永忠主编：《公安管理学理论研究综述》，中国人民公安大学出版社2012年版，第48页。

2. 分权型警察管理体制

分权型警察管理体制是指各个地区的警察机构都是自治性质的，全国性警察机构与地方警察机构之间不存在上下级的领导与被领导关系。其主要特征包括：警察机关与警务活动立法权分属中央和地方；设立、管理、指挥警察机关权力分属中央和地方，中央无权管理指挥地方警察机关；全国没有统一的警察组织和警察制度，中央和地方警察机关各有法定职权和管辖范围，互不干涉。以联邦制的美国为例，美国警察机构包括联邦警察机构、州警察机构、城市警察机构、县警察机构，其特征体现为对警察权力限制严格；治安管理地方化；执法机构职权分散化。

3. 集权与分权结合型警察管理体制

集权与分权结合型警察管理体制又称均权制或混合制，其体现在中央政府直接、全面管理指挥中央警察机关，并在一定程度上管理指挥地方警察机关；中央警察机关与地方政府也在一定程度上参与管理和指挥地方警察机关。以英国警察管理体制为例，实行警察委员会、内政部、警察局长三方治理体系。英国警察管理体制具有以下特征：一是在中央层面，内政部对跨区域的严重刑事犯罪侦查实行垂直管理。二是在地方层面，内政部对首都伦敦警务实行垂直管理，其他地方则实行条块结合的三方治理，即内政部、地方警察委员会双重领导下的地方警察局长负责制。①

集权制的优点是：政令统一，指挥灵便，力量集中，执行有力。缺点是：下级缺乏自主性、积极性，难以因地制宜地解决实际问题；上级易产生官僚主义和专断作风，下级层层请示汇报，效率低下且缺乏应变能力。

分权制的优点是：充分发挥下级主动性；便于因地制宜地解决问题，行政效率提高。缺点是：分权过度，则会破坏政令统一，导致指挥失灵，控制不力，本位主义严重，影响组织整体功能的发挥。

均权制的优点则是可以将集权制的政令统一、指挥灵活、力量集中和分权制的因地制宜、分权民主、积极主动等优点有机地结合起来，并加以充分发挥，可大大提高警察权行使的权威性和有效性。

（二）决策方式

在警察管理中，决策是指警察组织机构及其领导者针对所面临的任务或要解决的问题，从履行警察职责和实现警察职能出发，为了实现预期目标，所进行的方案设计、选择和执行的活动。决策依赖警察领导体制。警察领导体制是指在涉警的

---

① 赵旭辉：《英国警察管理体制对我国警察事权划分的借鉴与启示》，载《公安学刊》（浙江警察学院学报）2015 年第 1 期。

行政组织中,组织层级之间领导权限及隶属关系划分的制度体系。依据行政决策和担负行政责任的人数多少来划分,决策权力可分为首长制和委员会制。

1. 首长制

首长制决策权,是指行政组织最高决策和管理权力由行政首长个人行使并负责的组织体制。组织内其他参与决策的管理者处在行政首长之下,只起到咨询建议的作用,没有最终决定权力与责任。

首长制的优点是:事权集中,职责明确,行动迅速,效率较高,利于保密。同时,首长制也存在缺陷:个人智慧才能、知识能力有限,处事难免有思虑欠周或失误。首长制的主要负责人如选择不当,还可能因缺乏监督制约而形成其独断专行、滥用权力的弊端。

2. 委员会制

委员会制,是指行政组织决策和管理权力由若干人组成的委员会共同行使,按少数服从多数或协调一致的原则集体决定、共同负责的组织体制。

委员会制的优点是:集思广益,决策周详,分工合作,事半功倍,互相监督,防止专断。其缺点是:有时权力分散,责任不明,行动迟缓,效率较低。有时还会因为对某一问题一部分人拥护、一部分人反对,使问题议而不决,一拖再拖,难以协调,坐失良机。

首长制与委员会制并无绝对的优劣之分,关键在于根据不同行政过程的特点和要求具体应用。一般地说,政党系统,国家立法机构,宜采用委员会制,即战略、规划、协调性事务。它们所进行的运筹战略规划、制定方针政策、拟订法律条令等重大工作,都应反复酝酿,充分协商讨论,集体作出决定。而生产指挥系统、军事系统及一些行政机构,宜采取首长制,即执行性、指挥性、技术性类事务。这样可以对有关问题,进行果断快速的处理,争取时效。领导体制发展到今天,两种决策体制均在相互靠拢,取长补短。例如,首长制的主要负责人,常常把重大问题交给现代智囊团去拟制决策方案,或交给专门委员会处理。委员会制则在减少委员人数,减少副职、虚职方面努力,以求提高工作效率。民主集中制的领导原则,是综合了首长制和委员会制的优点。

(三)组织机构

警察组织机构是依据《宪法》和其他相关法律组建的行政机构体系,是国家为行使警察权,实现警察职能而设立的政府机关。我国警察组织机构设立的主要法律依据是《宪法》《人民警察法》《公务员法》。同时,我国不同警种组织机构设置还有各自的法律依据,包括《人民法院组织法》《人民检察院组织法》《监狱法》《公安机关组织管理条例》等。各警种组织机构设置及其管理体制将在第二节详细分析。

二、我国人民警察的管理原则

我国人民警察的管理原则有坚持党管干部的原则;坚持公开、平等、竞争、择优的原则;坚持监督约束与激励保障并重的原则;坚持任人唯贤、德才兼备的原则;坚持分类管理的原则;坚持从严治警、从优待警的原则。

(一)坚持党管干部的原则

党管干部原则,就是由中国共产党领导干部工作,对干部工作实行统一决策,对各级各类干部实行分级分类管理,是我国政治体制的重要组成部分,也是我国干部管理的根本原则。在人民警察管理中坚持党管干部原则,是保证党对国家政法工作的绝对领导,是确保警察干部队伍忠诚干净担当的根本途径和基本经验,是为了更好地保障公平正义、服务经济社会发展。

对党忠诚体现着政治建警的根本方针,是人民警察第一位的政治要求。2018年1月22日中央政法工作会议提出要求:政法机关作为人民民主专政的国家政权机关,首先是政治机关,没有脱离政治的业务工作,必须把旗帜鲜明讲政治作为根本要求。人民警察是国家意志的忠实执行者,人民警察依据国家的政策和法律,忠实地执行人民的意志、国家的意志,代表国家行使人民警察权,完成国家赋予的任务。因此,人民警察必须明确政治立场,管理人民警察的干部更需要坚定政治立场。坚持党管干部的原则,是确保人民警察干部队伍政治立场的有力保障。

(二)坚持公开、平等、竞争、择优的原则

《公务员法》第5条规定:“公务员的管理,坚持公开、平等、竞争、择优的原则,依照法定的权限、条件、标准和程序进行。”《人民警察法》第27条规定:“录用人民警察,必须按照国家规定,公开考试,严格考核,择优选用。”人民警察的录用和其他国家公务员的录用一样,贯彻公开、平等、竞争、择优的原则。“公开、平等、竞争、择优”的四条基本原则是相互关联的,公开是基础,平等是权利,竞争是手段,择优是目的。

1. 公开原则。人民警察录用的标准、条件、方法、程序、结果都面向社会公开,同时接受社会监督。人民警察公开招考,要求人民警察的相关录用政策、录用计划、资格条件、考试时间及科目、考试地点、考试规则、考试成绩、录用结果,都应通过一定形式和渠道向社会公开,维护考生的知情权。一方面,有关部门要尽可能扩大录用信息的传播面,广泛动员社会上各种符合条件的青年才俊报名参加招警考试,实现优中选优的目的;另一方面,只有公开才能透明,透明才能公正,才能增加人民警察

录用工作的公信度。

2. 平等原则。凡是中华人民共和国公民，只要符合规定的条件，均有平等的机会和权利报名参加考试。平等主要是指符合条件的公民报考人民警察职位的法律地位平等。即凡中华人民共和国公民，只要符合法定的报考条件，不论性别、民族、职业、家庭出身等，均不得受到歧视或者享有特权，具有平等报名参加考试的参与权，具有通过法律规定的程序被录用担任人民警察的平等政治权利。

3. 竞争原则。报考者能否被录用成为人民警察，取决于本人的政治、业务素质、考试成绩和综合实力。通过竞争，优胜劣汰，既符合人类社会发展规律，又可以最大限度地发现和使用人才。合理竞争可以保证新录用的人民警察具有较高的素质和较强的职位匹配度以及工作胜任能力。竞争是人民警察录用考试的核心，通过竞争，才能达到择优的目的。

4. 择优原则。经过考试、考核，合格者取得录用资格，由招录人民警察岗位的机构择优选拔，量才录用。择优，即考生能否被录用，完全取决于本人的政治、能力素质。用人部门确定录用人选，必须根据考生的考试成绩和考察结果的优劣，通过各轮筛选，将真正优秀的人才录用到人民警察队伍中来，这里所说的"优"，既包括能力素质出众，也包括适合人民警察职位需要的特殊优秀品质。

（三）坚持监督约束与激励保障并重的原则

人民警察是国家公职人员，掌握并行使公共权力。权力的运行规律表明必须有制约和监督机制来约束权力。不受监督的权力必然导致腐败。《人民警察法》第3条规定："人民警察必须依靠人民的支持，保持同人民的密切联系，倾听人民的意见和建议，接受人民的监督，维护人民的利益，全心全意为人民服务。"但现实中有出现过警察执法不规范、作风败坏或利用职权谋取私利等问题，严重损害了人民警察的形象和公信力。因此，对警察的监督约束机制是必要的。警察管理体制中对警察的监督约束机制主要有：明确了人民警察的义务，加强纪律约束；强化了对人民警察的定期考核与评估；确立了人民警察惩戒制度；规定了人民警察的辞退办法等。自2018年开始的政法机构改革，也强调完善执法权力运行，提升警察执法公信力，在警察执法的各个环节都保证警察权始终在法治轨道上运行，营造公开、公平、公正的法治环境。

在监督约束的同时，对人民警察应当给予激励保障。人民警察是公务员队伍中唯一兼具行政执法与刑事司法双重职责，直接维护国家安全和社会稳定的专门力量。人民警察任务重、压力大、工作强度大、风险高，时常全天候24小时值班备勤，是和平时期牺牲最大的一支队伍。基层人民警察职业发展空间受限制。待遇付出不相适应,严重影响了人民警察的积极性,影响了人民警察的凝聚力和战斗力。合理的激励保障,能够有效稳定人民警察队伍,也是建设高素质人民警察队伍的重要保障。

党的十八届三中全会通过的中共中央《关于全面深化改革若干重大问题的决定》提出:“建立符合职业特点的司法人员管理制度,健全法官、检察官、人民警察统一招录、有序交流、逐级遴选机制,完善司法人员分类管理制度,健全法官、检察官、人民警察职业保障制度。”《关于全面深化公安改革若干重大问题的框架意见》(2015年)提出,根据人民警察的性质特点,建立有别于其他公务员的管理制度和保障机制,并明确了对人民警察实行职业保障制度等政策措施。

警察管理体制中对警察的激励保障机制主要有:明确了人民警察权利;规定了人民警察的奖励制度;理顺了人民警察的职务晋升;规定了人民警察的福利、保险、退休养老制度;保障了人民警察权益受到侵犯时的申诉控告制度。

(四)坚持任人唯贤、德才兼备的原则

任人唯贤是党一贯坚持的干部路线。德才兼备是任人唯贤的具体化体现,是任人唯贤的基本要求。坚持任人唯贤、德才兼备原则,就是要把政治标准放在第一位,为人民警察队伍选拔优秀干部。人民警察队伍的各级领导干部必须具有坚定的理想信念,全面正确地贯彻党的路线方针政策,同党中央保持高度一致,做到勤政廉洁,公道正派。同时还要有与履行岗位职责相应的警察专业知识和领导能力,有与所担任职务相适应的综合能力。选拔任用干部必须以党的事业为重,以人民警察的职责为重,坚持任人唯贤,反对任人唯亲,坚决抵制用人上的不正之风。同时要正确处理德与才的关系,为思想政治素质好、科学文化水平高、组织领导能力强、工作业绩突出、群众公认的人民警察提供良好的晋升空间。

(五)坚持分类管理的原则

科学分类是科学管理的前提。职位分类制度是适应社会分工和专业化发展要求而兴起的一种人事管理制度,是现代公务员(包括人民警察)各项管理制度的依据。《关于全面深化公安改革若干重大问题的框架意见》明确提出按照职位类别和职务序列,对人民警察实行分类管理。“职位类别”是依据工作内容对公务员工作职位所做的横向分类;“职务序列”是依据工作繁简难易、责任轻重大小、等级高低所做的纵向分类。

2006年国务院制定的《公安机关组织管理条例》第10条规定:“公安机关人民警察职务分为警官职务、警员职务和警务技术职务。”第11条规定:“公安机关履行警务指挥职责的人民警察实行警官职务序列。公安机关领导成员和内设综合管理机构警官职务由高至低为:省部级正职、省部级副职、厅局级正职、厅局级副职、县处级正职、县处级副职、乡科级正职、乡科级副职。公安机关内设执法勤务机构警官职务由高至低为:总队长、副总队长、支队长、副支队长、大队长、副大队长、中队长、副中队长。县级以上地方人民政府公安机关派出机构、内设执法勤务机构和不设区的市、县、自治县公安局根据工作需要,可以设置主管政治工作的政治委员、教导员、指导员等警官职务。"第 12 条规定:"公安机关履行警务执行职责的人民警察实行警员职务序列。公安机关及其内设综合管理机构警员职务由高至低为:巡视员、副巡视员、调研员、副调研员、主任科员、副主任科员、科员、办事员。公安机关内设执法勤务机构警员职务由高至低为:一级警长、二级警长、三级警长、四级警长、一级警员、二级警员、三级警员。"第 13 条规定:"公安机关从事警务技术工作的人民警察实行警务技术职务序列。警务技术职务的设置,按照国家规定执行。"

《关于全面深化公安改革若干重大问题的框架意见》提出:"完善警员职务序列,建立警务技术职务序列。"进一步明确了坚持分类管理的原则,警察分类管理也是公安改革的重中之重。

(六)坚持从严治警、从优待警的原则

从严治警,严格教育是前提,严格管理是关键,严格监督是保证,严格训练是手段,严格纪律是基础。从优待警,是指要随着国家经济的发展和综合国力的不断增强,逐步提高公安机关人民警察的工资待遇、保险福利和经费保障、财政预算,保护其工作的积极性和身心健康,增强战斗力和决胜能力。

第二节 我国各警种组织机构设置及其管理体制

我国不同警种有不同的组织机构设置。按其所属部门划分,包括公安人民警察、国家安全人民警察、监狱人民警察、戒毒人民警察、人民法院司法警察、人民检察院司法警察。《人民警察法》第 24 条规定:"国家根据人民警察的工作性质、任务和特点,规定组织机构设置和职务序列。"下面将分别介绍各警种具体的组织机构设置及其管理体制。

一、公安人民警察组织机构设置及其管理体制

公安组织结构与其他社会组织一样,均为双重结构体系:纵向的层级体系和横向的部门体系。纵向结构,是指按照权责分工把公安组织分成自上而下的层次等

级体系,包括宏观层面的从公安部到地方各级公安组织的层级链以及微观层面的每个层级公安组织内部的层级分工。横向结构,是指依照不同职能对机构进行部门化分工,主要包括执法勤务机构和综合管理机构。

公安机关组织机构设置的法律依据是《宪法》《国务院组织法》《人民警察法》和《公安机关组织管理条例》。

(一)公安人民警察组织机构设置的原则

公安人民警察组织机构主要依据以下六个原则来设置:一是国家设置原则。公安机关的组织机构设置权属于国家,其他任何组织、部门和个人均无权设置。二是行政对应原则。主要指各级公安机关的设置要与国家行政区划相对应。三是职能相应原则。公安机关设置必须与公安职能、职责和任务相一致。四是统一规范原则。内设机构要规范;机构名称、层级、分工要统一;指挥要统一。五是精简效能原则。要求公安机关及其内设机构的设置必须以客观需要为依据,同时保证公安组织、体系灵活运转,获得最大组织功效。组织机构设置的功能要齐全。六是法治原则。公安机关组织机构的设置要依照国家法律和按照相关程序设置。

《关于全面深化公安改革若干重大问题的框架意见》和方案提出按照精简、统一、效能原则推进公安机关机构改革。精简原则,强调精简上层公安机构,充实和加强基层。统一原则,是指统一编制管理,规范上下级公安机关事权划分,调整机构设置。效能原则,是本着有利于提高快速反应能力和控制能力,有利于提高工作效率和质量要求,进一步改革和完善公安工作的运行机制。

(二)公安人民警察组织机构设置

1. 中央公安机关——公安部

公安部是主管全国公安工作的国务院组成部门,是全国公安工作的最高领导机关和指挥机关。

公安部的主要职责是研究拟定公安工作的方针、政策,起草有关法律法规草案,对全国性的侦查、治安等重大公安事项和公安队伍建设,作出决策部署,组织、指挥、协调、指导、监督和检查全国各地、各专门公安机关的工作。

公安部设有办公厅、情报指挥、研究室、督察审计、人事训练、新闻宣传、经济犯罪侦查、治安管理、刑事侦查、反恐怖、食品药品犯罪侦查、特勤、铁路公安、网络安全保卫、监所管理、警务保障、交通管理、法制、国际合作、装备财务、禁毒、科技信息化等局级机构,分别承担有关业务工作。海关总署缉私局、中国民用航空局公安局列入公安部序列,分别接受公安部和海关总署、公安部和中国民用航空局双重领导,以公安部领导为主。[①]

2. 地方公安机关

(1)省级公安机关,即省、自治区公安厅和直辖市公安局。公安厅(局)是省级人民政府的职能部门之一,领导、管理全省、自治区、直辖市范围内的公安工作。

(2)地级公安机关,即省辖市设立的公安局、自治州设立的公安处以及直辖市公安局下设的公安分局。地级公安机关是本级人民政府的一个职能部门,是本地区公安工作的领导、指挥机关和实战单位。

(3)县级公安机关,即县(市)、自治县公安局。它是县(市)、自治县人民政府的一个职能部门,是本地区公安工作的领导、指挥机关和实战单位。

省级、地级、县级及公安分局的内设机构,与上一级内设机构在有些部门和业务上予以对应、衔接,但并非一一对应关系,而且到县级和公安分局这一层级,内设机构更应体现精简高效、倾向实战的特点。县级以上公安机关根据工作需要,依法设置看守所、拘留所等,依法对在押人员进行警戒看管、执行刑事强制措施、治安处罚、教育转化、特定疾病治疗等监管羁押场所。

3. 专门公安机关

专门公安机关是指国家在某些专门行业部门设置的公安机关,接受所在部门党委政府和本系统上级公安机关的领导,同时在业务上接受地方公安机关的指导。

(1)铁路公安机关。主要负责全国铁路安全保卫工作。

(2)交通公安机关。主要负责水上运输和公路运输的治安秩序,保障交通运输生产建设、旅客生命财产安全和交通运输线的畅通。

(3)民航公安机关。主要负责民航飞行和空防安全,保障民航事业的顺利进行。

(4)森林公安机关。主要负责保卫森林资源安全,维护林区社会治安秩序,保障林业生产建设的顺利进行。

4. 公安机关的派出机关和派出机构

(1)公安机关的派出机关。公安分局是公安机关的派出机关,是设区的市公安局依据工作需要设立的。其在我国行政执法体制中,具有县一级公安机关执法主体资格,可以以自己的名义对外行为和由其自身对自己的行为负责。其职责任务、权限和县级公安机关相同。

(2)公安机关的派出机构。公安派出所主要是县一级公安机关的派出机构,是

---

① 详见中华人民共和国公安部官网:http://www.mps.gov.cn/n2254314/n2254315/index.html,最后访问日期:2019年8月21日。

市、县、自治县根据工作需要设立的。除法律、法规专门授权外，一般情况下派出所不能以自己的名义对外行为和由自身对其行为负责，而是以派出机关的名义行为，并由派出机关对其行为负责。

公安机关和公安派出机关内设机构分为综合管理机构和执法勤务机构。综合管理机构包括办公室、政工、督察、装备、财务等机构，其名称与其他行政机关内设机构相同。承担执法执勤工作的部门，如国保、治安、防暴、刑侦、经侦、禁毒、交管、监管等部门纳入执法勤务机构管理，统一实行队建制，设总队、支队、大队、中队。

（三）公安机关管理体制

公安机关管理体制，是指公安机关为实现组织目标而设置的各种机构及其相应的组织领导制度，实际上包括公安机关与地方党委政府之间、上下级公安机关之间在人权、事权、财权，以及公安各项工作运行机制等方面的管理权限划分上的制度。① 我国现行的公安机关管理体制是“统一领导，分级管理，条块结合，以块为主”。

统一领导，是指全国的公安机关都必须接受党和政府的统一领导；地方公安机关必须接受公安部的统一领导。

分级管理，是指中央或地方公安机关分别接受中央或地方政府和同级党委的领导。即公安部在党中央、国务院的领导下，领导全国公安工作；地方各级公安机关在本级人民政府、党委和上级公安机关的领导下，负责所辖地区的公安工作；铁路、交通、民航、森林等专业公安机关，接受本部门的行政领导和公安部的业务领导，并领导所辖公安机关的工作。

条块结合，其中“条”是指全国公安系统内部从上到下的领导关系；“块”是指县以上地方各级党委、政府对公安机关的领导关系。“条块结合”就是实行公安机关内部上级对下级的领导与党委、政府对同级公安机关的领导相结合。

以块为主，是指公安机关在接受“条”和“块”的双重领导时，以接受“块”的领导为主。即以接受同级党委和政府的领导为主，主要体现在人事、经费等方面由地方党委和政府领导与管理，公安部及上级公安机关主要对公安业务工作进行领导与指导。

目前这种公安管理体制，客观地说，在中华人民共和国成立以来的几十年间曾发挥了巨大的作用。它正确地解决了集权与分权的关系。但是，随着改革开放的不断深入和社会主义市场经济体制的逐步建立和完善，社会治安出现了许多新的变

① 马亚雄主编：《中国警学基础理论研究综述》，中国人民公安大学出版社 2018 年版，第 124 页。

化和特点,现行公安机关管理体制的弱点也逐渐显露出来,在许多方面越来越不适应新形势下公安工作的需要。因此,中央在大力推进公安改革中正在不断探索完善公安机关管理体制。

习近平在2019年5月7日至8日召开的全国公安工作会议的讲话中指出:“要坚定信心、乘势而上,把新时代公安改革向纵深推进。要推行扁平化管理,把机关做精、把警种做优、把基层做强、把基础做实,加快构建职能科学、事权清晰、指挥顺畅、运行高效的公安机关机构职能体系。要树立大抓基层、大抓基础的导向,推动重心下移,警力下沉、保障下倾,增强基层实力、激发基层活力、提升基层战斗力。要深化同机构改革相配套的相关政策制度改革,优化职能配置、机构设置、力量资源配置,加强机构人员职能整合、业务工作融合、机制流程衔接。”为公安管理体制改革提出了方向与要求。

二、国家安全人民警察组织机构设置及其管理体制

我国从事国家安全保卫工作的职能部门包括国家安全机关和公安机关,国家安全机关是反间谍工作的主管机关。《反间谍法》第3条第2款规定:“公安、保密行政管理等其他有关部门和军队有关部门按照职责分工,密切配合,加强协调,依法做好有关工作。”具体地说,境外机构、组织、个人实施的,或者境内机构、组织、个人与境外机构、组织、个人相勾结实施的危害中华人民共和国国家安全的间谍行为,原则上由国家安全机关主管,公安机关给予配合;属于《反间谍法》第38条所列的五项行为以外的其他危害国家安全的行为,也就是说,凡是不涉及境外的危害国家安全的活动,如纯属于境内的敌对组织、敌对分子策划、实施的各种破坏活动,由公安机关国内安全保卫部门主管,国家安全机关予以配合。

中华人民共和国国家安全部是中华人民共和国国务院主管国家安全的组成部门,是中华人民共和国政府的反间谍机关和政治保卫机关。1983年7月由原中共中央调查部(整体)、公安部政治保卫局以及中共中央统战部的部分单位、国防科工委的部分单位合并而成。国家安全部虽然也参与国内安全事务,却可能是中国政府最大和最活跃的外交、情报机构。国家安全部的总部设在北京。由于国家安全部的特殊性,不设对外官方网站,不公开副部长、部务委员名单。

(一)国家安全机关的机构设置

国家设立国家安全部;省、自治区、直辖市设立国家安全厅(局);地、市设立国家安全局。以下不再对应,但设立相应的安全保密部门。

(二)国家安全机关的领导体制

国家安全机关的最高领导机关是国家安全部,受党中央、国务院领导,地方各

级国家安全机关受上级国家安全机关的领导。同时,接受同级党委和政府的领导。

国家安全系统实行垂直领导、两级管理体制,是由“坚持党的绝对领导”这一国家安全工作的首要原则和政治建警原则决定的。为了把国家安全工作置于中国共产党的绝对领导之下,不仅实行了“垂直领导、两级管理”的管理体制,还建立了向党委请示报告的制度和政治监督制度。党中央明确规定:国家安全部的重大问题都应当及时向党中央、国务院报告;重要机密情况应当及时向中央常委、总书记、总理和中央主要领导同志请示报告。对地方国家安全机关也相应规定了向地方党委请示报告的制度。地方党委要加强对国家安全机构的政治监督。

在各级国家安全机关建立党委,在国家安全机关人民警察组织内部,实行党委集体领导下的行政首长负责制。

三、监狱人民警察组织机构设置及其管理体制

我国监狱的机构设置体现了分级管理的体制。中央人民政府有监狱主管机关,各省、自治区、直辖市有监狱管理机关以及市属监狱的管理机关,下设基层监狱。

(一)监狱人民警察组织机构设置

1. 国家监狱主管机关

《监狱法》第10条规定:“国务院司法行政部门主管全国的监狱工作。”此规定表明,全国的监狱工作是由中央人民政府即国务院司法部主管的。司法部下设监狱管理局,负责监督检查全国各监狱的法律法规和政策的执行工作;指导、监督监狱执法、管理和罪犯改造等各项业务工作。

司法部监狱管理局下设机构有:办公室和政治处、研究室、监狱规划处、刑罚执行处、狱政管理处、狱内侦查处、教育改造处、劳动和生产管理处、生活卫生处、监狱财务处、科技与信息化处。

2. 地方监狱管理机关

各省、自治区、直辖市司法厅(局)下设监狱管理局,具体负责本省、自治区、直辖市监狱的各项业务工作。有些省(自治区)监狱管理局根据工作需要下设的监狱管理分局是省(自治区)监狱管理局的派出机构,监狱管理分局在其所管理的范围内行使省(自治区)监狱管理局的部分权限。但是,监狱管理分局不是一级监狱管理机关。

地方监狱分为省属监狱和市属监狱。市属监狱由市司法局下设的监狱管理处具体负责本市所属监狱的人事管理工作和各项业务工作。

各省司法厅监狱管理局下设机构一般有:办公室、政治部、狱政管理处、刑罚执

行处、生活卫生处、教育改造处、规划财务处、安全环保处、机关党委、机关纪委、离退休干部处等。

3. 基层监狱

我国基层监狱在机构设置上实行两级管理或三级管理体制。在两级管理体制中分为监狱和监区两个层级，在三级管理体制中分为监狱、监区、分监区三个层级。

(1)监狱。监狱设监狱长一人、副监狱长若干人。

(2)监区。监区设监区长一人、副监区长若干人。监区作为下一级建制，在机构设置上不要求与上级监狱的机构设置相对应，但是为了完成监狱布置和安排的各项工作任务，发挥监区级机构的功能，监区可以下设办事机构或设置若干工作人员。

(3)分监区。分监区设置分监区长一人、副分监区长一人至二人。同时根据分监区监管改造罪犯工作的实际需要，设置管教干事、生产干事等。

此外，根据政治建警的原则，在监狱、监区、分监区，分别设政治委员、教导员和指导员。

监狱根据刑罚执行与改造罪犯任务的需要，按照监管改造罪犯、思想政治工作、行政事务、生产经营等系列设置必要的职能科室。一般设置有：办公室、行政保卫科、财务科、审计科、法制科、政治处（警务科、组干科、宣教科、劳动工资科）、纪检监察室、工会、狱政管理科、教育改造科、狱内侦查科、劳动改造科、生活卫生科、生产科、销售科、安监科等。

(二)监狱管理机关的领导体制

监狱管理机关的领导体制，从外部领导体制上看，有以下三种情况：

1. 司法部及其监狱管理局与各省、自治区、直辖市司法厅(局)及其监狱管理局之间实行“条块结合，以块为主”的领导体制。

2. 各省、自治区、直辖市司法厅(局)及其监狱管理局与各基层监狱，实行“条块结合，以条为主”的领导体制，各基层监狱与当地党委和政府的关系，只存在党委领导关系，不存在行政和业务隶属关系。

3. 地市办的监狱，就各省、自治区、直辖市司法厅(局)及其监狱管理局与这些市属监狱的领导体制来说，实行“条块结合，以块为主”的领导体制。

从监狱管理机关内部领导体制看，实行的是党委集体领导下的行政首长负责制，即党委领导下的监狱长负责制。

四、戒毒人民警察组织机构设置及其管理体制

《禁毒法》第41条第2款规定：“强制隔离戒毒场所的设置、管理体制和经费保

障,由国务院规定。”

《戒毒条例》第4条第3款规定:“设区的市级以上地方人民政府司法行政部门负责管理司法行政部门的强制隔离戒毒场所、戒毒康复场所,对社区戒毒、社区康复工作提供指导和支持。”《戒毒条例》明确了司法行政部门负责管理本部门的强制隔离戒毒场所、戒毒康复场所,这既是对强制隔离戒毒管理的历史和现状的反映,也贯彻了公安、司法两家分别管理的原则。司法行政部门在社区戒毒、社区康复工作中发挥的作用主要体现在对戒毒人员提供法律援助方面,为保障戒毒人员合法权益,反对歧视,更好地融入社会提供帮助。

司法部发布的《司法行政机关强制隔离戒毒工作规定》第6条明确规定:“设置司法行政机关强制隔离戒毒所,应当符合司法部的规划,经省、自治区直辖市司法厅(局)审核,由省级人民政府批准,并报司法部备案。”

2013年12月28日,全国人大常委会通过了《关于废止有关劳动教养法律规定的决定》。根据中央编办《关于司法部劳动教养管理局(戒毒管理局)机构名称调整的批复》,司法部劳动教养管理局(戒毒管理局)的机构名称调整为司法部戒毒管理局。经各级编制委员会审核批准,原劳教(戒毒)场所转型从事司法行政强制隔离戒毒和戒毒康复工作,各省(自治区、直辖市)劳教(戒毒)管理局更名为省(自治区、直辖市)戒毒管理局,各劳教(戒毒)所更名为强制隔离戒毒所。原劳教(戒毒)工作人民警察转型成为戒毒工作人民警察。

以上法律法规明确了司法行政部门主管的强制隔离戒毒机构的名称、设置和管理体制。

(一)各级戒毒工作管理机关的设置

1. 中央一级戒毒工作管理机关的设置

中央一级的戒毒工作管理机关,是设在中华人民共和国司法部内的戒毒管理局。司法部是主管全国司法行政工作的国务院组成部门,司法部戒毒管理局系司法部的机关司局之一,负责管理全国司法行政系统的强制隔离戒毒场所、戒毒康复场所对社区戒毒、社区康复工作提供指导和支持。

司法部戒毒管理局内设机构有:办公室政治处、研究室、管理处、教育矫治处、医疗康复处、生产习艺处、规划科技处、财务处等九个处室,分别负责司法行政戒毒相关方面的工作。

2. 省一级戒毒工作管理机关的设置

省级戒毒工作管理机关,是省级司法行政部门设置或管理的戒毒工作管理机构,即戒毒管理局,受省、自治区、直辖市司法厅的领导,管理本省自治区、直辖市的司法行政戒毒工作。

省一级省戒毒管理局内设机构不尽相同,一般设有:办公室、政治部、管理处、教育矫治处、生活卫生处、习艺劳动处、计财装备处、监察室、离退休干部处、工会等,分别负责全省(自治区、直辖市)司法行政强制隔离戒毒场所、戒毒康复中心相应工作的管理、监督、检查和指导。

3. 大中城市级戒毒工作管理机关的设置

大中城市一级司法行政戒毒工作管理机关是设在市(地区、盟、自治州)司法局内的戒毒工作管理机构,即戒毒管理处(科),受市(地区盟、自治州)司法局的领导,管理本地区的司法行政戒毒工作。

4. 强制隔离戒毒所的机构设置

2018 年 5 月,司法部部署建立全国统一的司法行政戒毒工作基本模式,这是当前深入推进司法行政戒毒工作规范化建设的迫切需要,是进一步提高教育戒治科学化专业化水平的必然要求。该模式以分期分区为基础、以专业中心为支撑、以科学戒治为核心、以衔接帮扶为延伸,戒毒场所统一设置生理脱毒区、教育适应区、康复巩固区和回归指导区,并建立戒毒医疗中心、教育矫正中心、心理矫治中心、康复训练中心和诊断评估中心五个专业机构,形成"四区流转,五大中心"的全国统一戒毒模式。

强制隔离戒毒所的内部机关科室设置一般分为必设机构和非必设机构。

(1)必设机构。必设机构是紧密围绕场所的教育戒治工作而设立的主要职能科室。其主要包括:①政治工作部门;②具体组织强制隔离戒毒执法工作的职能部门;③教育矫治职能部门;④警戒护卫职能部门;⑤生活卫生职能部门;⑥生产习艺职能部门;⑦财务部门;⑧行政办事机构。

(2)非必设机构。非必设机构主要是从事后勤服务和生产经营的有关内设机构。

强制隔离戒毒所下设医院(卫生站)、警戒护卫大队和若干建制大队,医院和警戒护卫大队具体负责场所的戒毒医疗和警戒护卫,戒毒大队具体负责对戒毒人员的日常管理治疗康复、教育矫治生活卫生等工作。

强制隔离戒毒所设所长一人,政治委员一人,副职若干人;强制隔离戒毒所下设戒毒大队,大队设大队长一人,政治教导员一人,副职若干人;大队下设中队,中队设中队长一人,政治指导员一人。

(二)司法行政机关戒毒工作管理体制

主要包括以下三级:

1. 中央级。司法行政戒毒工作的主管机关即中华人民共和国司法部。司法部下设戒毒管理局，负责管理全国司法行政系统的强制隔离戒毒和戒毒康复工作，并对社区戒毒、社区康复工作提供指导和支持。司法部戒毒管理局具体管理职责是：

监督检查司法行政强制隔离戒毒法律法规和政策的执行工作；负责司法行政系统强制隔离戒毒场所、戒毒康复场所的设置布局规划工作；指导对强制隔离戒毒人员的管理教育、戒治、警戒、习艺性劳动和生活卫生、防疫等工作；监督管理司法行政系统强制隔离戒毒措施的执行和戒毒康复工作；指导、监督司法行政系统强制隔离戒毒场所、戒毒康复场所的财务、装备和资产管理等工作；指导和支持社区戒毒、社区康复工作。

2. 省、自治区、直辖市一级。省、自治区、直辖市司法厅（局）设置戒毒管理局（处），在当地司法厅（局）领导下，负责管理本省（自治区、直辖市）的强制隔离戒毒工作和戒毒康复工作，对当地社区戒毒、社区康复工作提供指导和支持。省戒毒管理局（处）具体管理职责是：

贯彻执行党和国家戒毒工作的方针政策和法律法规；制定全省（自治区、直辖市）司法行政戒毒工作规章制度，并监督各强制隔离戒毒管理所、戒毒康复中心实施；领导和管理司法行政强制隔离戒毒康复的执行工作，会同有关部门研究解决强制隔离戒毒康复工作中的重大问题；制定全省（自治区、直辖市）司法行政戒毒工作发展规划，审核全省（自治区、直辖市）强制隔离戒毒场所、戒毒康复场所的设置布局和规划，经批准后组织实施；监督管理全省（自治区、直辖市）司法行政戒毒场所的安全管理、教育戒治、生活卫生和生产习艺等工作；指导全省（自治区、直辖市）司法行政戒毒场所的信息化建设、财务装备和国有资产管理等工作；指导全省（自治区、直辖市）司法行政戒毒场所党的建设、队伍建设和思想政治工作等，负责本系统人民警察和职工的管理工作；指导管理全省（自治区、直辖市）司法行政戒毒企业；指导和协调管理全省（自治区、直辖市）强制隔离戒毒人员疾病防治和戒毒康复工作；指导和支持全省（自治区、直辖市）社区戒毒、社区康复工作；承办省（自治区、直辖市）党委、政府和司法部戒毒管理局、省（自治区、直辖市）司法厅（局）交办的其他工作。

3. 地市一级。设在市（地区、盟、自治州）司法局内的戒毒工作管理机构，即戒毒管理处（科）受市（地区盟、自治州）司法局的领导，管理本地区的司法行政戒毒工作。市（地区、盟、自治州）司法局戒毒管理处（科）主要管理职能有：

在上级戒毒管理局的指导下，负责领导和管理所属强制隔离戒毒所、戒毒康复中心的工作，监督其正确贯彻执行戒毒工作方针、政策和有关法律、法规，不断改善管理，提高教育戒治质量；审查批准强制隔离戒毒人员出所探视、所外就医；审查强制隔离戒毒所提出的诊断评估意见;指导监督强制隔离戒毒所对强制隔离戒毒人员的接收、管理、治疗康复教育和期满解除等工作;与有关部门协商解决有关强制隔离戒毒、戒毒康复的场所经费、人事警戒护卫、安置就业等问题。

从司法行政工作行政建制上讲,各省(自治区、直辖市)戒毒管理局接受司法部戒毒管理局和本省(自治区、直辖市)司法厅的双重领导,市(地区、盟、自治州)强制隔离戒毒所亦应接受省(自治区、直辖 市)戒毒管理局和市(地区、盟、自治州)司法局的双重领导。通俗地讲,我国的司法行政强制隔离戒毒所,分为省属强制隔离戒毒所和市属(地州)强制隔离戒毒所两类。省属所是由省、自治区直辖市强制隔离戒毒管理机关主管的强制隔离戒毒所,实行"条块结合,以条为主"的领导体制。市属所是由大中城市(地州)一级司法行政部门管理的强制隔离戒毒所,属于"条块结合,以块为主"的领导体制。司法厅通过对本省(自治区、直辖市)戒毒管理局的管理,体现对本省(自治区、直辖市)戒毒工作贯彻党的方针、政策,执行国家相关法律法规等方面的指导和监督以及实现对人、财、物的统筹管理。市(地区、盟、自治州)级司法局对本市(地区、盟、自治州)强制隔离戒毒所的管理主要侧重于党政工作和从政府社会治理体系角度实现对戒毒工作的保障和支持。

从司法行政工作业务建设上讲,司法部戒毒管理局对省(自治区、直辖市)戒毒管理局进行业务上的指导,省(自治区、直辖市)戒毒管理局对省直和市(地区、盟、自治州)强制隔离戒毒所亦侧重于戒毒工作业务的指导和管理。省(自治区、直辖市)戒毒管理局负责对省(自治区、直辖市)直属强制隔离戒毒所直接管理。

从强制隔离戒毒机关内部领导体制上看,实行党委集体领导下的行政首长负责制。对强制隔离戒毒所来说,实行党委集体领导下的所长负责制。

五、人民法院司法警察组织机构设置及其管理体制

人民法院司法警察是中华人民共和国人民警察的警种之一。人民法院司法警察的任务是预防、制止和惩治妨碍审判活动的违法犯罪行为,维护审判秩序,保障审判工作顺利进行。人民法院司法警察属于人民法院组织系统内的执法机构。《人民法院组织法》第50条规定:"人民法院的司法警察负责法庭警戒、人员押解和看管等警务事项。司法警察依照《中华人民共和国人民警察法》管理。"

(一)人民法院司法警察组织机构设置

人民法院司法警察是隶属于人民法院直接领导和管理的一支武装性质的执法力量。人民法院司法警察组织机构设置的法律依据是《人民法院组织法》《人民法院司法警察条例》《公务员法》《人民警察法》等。

《人民法院司法警察条例》第16条规定:“人民法院司法警察的编制、建制,由最高人民法院规定。”第17条规定:“人民法院司法警察实行编队管理。最高人民法院设立司法警察局,高级人民法院设立司法警察总队,中级人民法院设立司法警察支队,基层人民法院设立司法警察大队。”

目前,在实际运行中管理人民法院司法警察的最高机构是最高人民法院政治部。最高人民法院官方网站的“机构设置”一栏明确指出最高人民法院政治部负责人民法院司法警察管理工作。

《人民法院司法警察条例》第19、20条分别规定了地方各级人民法院司法警察管理部门的职责。

第19条规定,各级人民法院司法警察部门管理本级司法警察工作的主要职责:组织落实司法警察的条例、条令及其他相关文件;制定实施司法警察工作的规章制度和细则;组织司法警察履行职责;组织司法警察教育训练工作;协助管理司法警察警衔;管理司法警察装备;完成院长交办的其他任务。

第20条规定,上级人民法院司法警察部门管理下级人民法院司法警察工作的主要职责:研究、制定司法警察工作的规划和规章制度;指导、监督、考评司法警察工作;制定司法警察教育训练计划;承担司法警察部门主要负责人的任免职备案工作;管理司法警察警衔;协调跨地区的重大警务活动;承担其他需要管理的事项。

这种归口管理和编队方式,既有利于分清专业法官与司法警察的工作性质、职责和要求,也较好地解决了在保障审判工作中统一调警、联合作战的机动灵活性。①

最高人民法院《关于加强人民法院司法警察队伍建设的若干意见》要求,统一内设机构和领导职数配备。统一司法警察部门内设机构,司法警察总队和支队设置警政科(处)、警务科(处)和直属支(大)队,或根据工作需要适当增减;司法警察大队根据工作需要设置内设机构;规范内设机构的职责分工,并配备相应的领导职数。

(二)人民法院司法警察管理体制

人民法院司法警察实行双重领导制度。《人民法院司法警察条例》第4条规定:“最高人民法院领导地方各级人民法院和专门法院司法警察工作,上级人民法院领导下级人民法院司法警察工作。”第18条规定:“人民法院司法警察接受所在人民法院院长和上级人民法院司法警察部门的领导,接受所在人民法院司法警察

---

① 钟勇生、蔡国芹主编:《人民法院司法警察制度改革与发展研究》,法律出版社2011年版,第43页。

部门的管理。”

双重管理，是指司法警察的录用、管理、考核、任用、工资、福利等由所在的人民法院负责，并接受本院院长的领导和指挥。同时，在业务上，司法警察则应当接受上级人民法院司法警察部门的指导和监督。这种双重管理体制，体现了司法警察在人民法院的特殊地位。

为了进一步规范人民法院司法警察的职责和职权，最高人民法院制定了相关条例、规则、条令、规范、通知等一系列规范性文件，包括《人民法院司法警察值庭规则》《人民法院司法警察看管规则》《人民法院司法警察押解规则》《人民法院司法警察刑事审判警务保障规则》《人民法院司法警察安全检查规则》《人民法院司法警察预防和处置突发事件暂行规则》《人民法院司法警察内务条令》等。

目前人民法院司法警察管理体制实行“编队管理，双重领导”，人民法院司法警察的职能在这种管理体制下得到了进一步发挥，司法警察队伍也得到了进一步壮大，其职能的运用和效果也得到了实践的检验，逐渐走向正规化。但在现行体制运作中，也出现了一些问题：一是司法警察的“编队管理”制度没有得到全面落实；二是司法警察的“双重领导”体制缺乏约束力；三是司法警察的属地化管理体制制约了司法警察职能的发挥；四是人民法院司法警察的编制设置不尽合理；五是司法警察警力与警务任务之间的矛盾日趋尖锐；六是聘任制司法警察在管理中存在诸多现实问题等。

随着政法领域机构改革的深入，人民法院司法警察管理体制也在不断完善。最高人民法院《关于加强人民法院司法警察队伍建设的若干意见》提出，要健全内部管理制度。建立司法警察工作激励机制，推行岗位目标管理，制定详细的工作标准，明确岗位职责，细化各项工作的达标条件，完善各项奖惩制度，并将晋职、晋级与工作成绩挂钩；有条件的地区，要积极试行警营式管理模式，即聘任制司法警察集中管理，形成统一指挥、统一管理、统一使用的准军事化管理体系；要结合司法警察工作特点，积极试行警长制，即根据司法警察队伍的人员数量确定一定比例的警长职数，并明确警长的分工与职责，确定警长的权限和所属人员。

六、人民检察院警察组织机构设置及其管理体制

人民检察院司法警察是中华人民共和国人民警察的警种之一，其组织机构设置及管理体制与人民法院司法警察有相似之处。

《人民检察院组织法》第45条规定：“人民检察院的司法警察负责办案场所警戒、人员押解和看管等警务事项。司法警察依照《中华人民共和国人民警察法》

管理。”

人民检察院司法警察组织机构设置的法律依据是《人民检察院组织法》《人民检察院司法警察条例》《公务员法》《人民警察法》等。

人民检察院司法警察的最高管理机构是最高人民检察院政治部。最高人民检察院官方网站“内设机构”显示:政治部内设干部部(保留警务部牌子)。《人民检察院司法警察条例》第 15 条规定:“人民检察院司法警察的编制、建制,由最高人民检察院规定。”

根据《人民检察院司法警察条例》第 17 条的规定,最高人民检察院司法警察管理机构的主要职责是:研究、制定司法警察工作的规划和规章制度;指导、考评司法警察业务工作;监督、检查司法警察执行法律、法规的情况;协调跨省区的重大警务活动;指导、组织司法警察的教育培训;管理司法警察警衔;管理司法警察警用装备;完成检察长交办的其他任务。

各级地方检察院司法警察同样实行编队管理。《人民检察院司法警察条例》第 16 条规定:“人民检察院司法警察实行编队管理。最高人民检察院设立司法警察局;省、自治区、直辖市人民检察院设立司法警察总队;省、自治区、直辖市人民检察院分院和自治州、省辖市人民检察院设立司法警察支队;县、市、自治县和市辖区人民检察院设立司法警察大队。”

根据《人民检察院司法警察条例》第 18 条的规定,司法警察总队和司法警察支队管理本级和下级人民检察院司法警察工作,其主要职责是:组织落实司法警察工作的条例、规定及其他相关文件;指导司法警察队伍建设,制定队伍管理的规章制度;指导、考评司法警察业务工作;组织司法警察履行职责;协调跨地区的重大警务活动;组织司法警察的教育培训;管理或者协同管理警司以下司法警察的警衔;管理司法警察警用装备;完成检察长交办的其他任务。

根据《人民检察院司法警察条例》第 19 条的规定,司法警察大队管理本院司法警察工作,其主要职责是:组织司法警察履行职责;落实司法警察工作的条例、规定及其他相关文件;制定本院司法警察管理的规章制度;制定司法警察工作计划;组织司法警察进行训练;管理司法警察警用装备;完成检察长交办的其他任务。

最高人民检察院于 2015 年通过了《人民检察院司法警察执行职务规则》,对检察院司法警察队伍的任务执行作出了进一步规范。内容涵盖了人民检察院司法警察执行拘传任务;执行指定居所监视居住任务;协助执行拘留、逮捕任务;协助追捕在逃或者脱逃的犯罪嫌疑人;执行参与搜查任务;执行提押犯罪嫌疑人、被告人或者罪犯任务;执行看管犯罪嫌疑人、被告人或者罪犯任务;执行送达有关法律文书任务;执行保护出席法庭、临场监督执行死刑检察人员安全的任务;执行协助维护检察机关接待群众来访场所的秩序和安全,参与处置突发事件任务;以及履行法律、法规规定的其他职责或者完成检察长交办的任务等方面要求。

思考题

1. 警察管理体制中的决策方式有哪些?
2. 我国人民警察的管理原则有哪些?
3. 简述我国公安机关、监狱、戒毒人民警察的管理体制。

参考书目

[1]万洪云、李永清主编:《警察法学》,法律出版社2016年版。
[2]司法部戒毒管理局编:《司法行政戒毒工作概论》,法律出版社2017年版。
[3]钟勇生、蔡国芹主编:《人民法院司法警察制度改革与发展研究》,法律出版社2011年版。
[4]马亚雄主编:《中国警学基础理论研究综述》,中国人民公安大学出版社2018年版。
[5]赵炜、张光主编:《警察政治学》,中国人民公安大学出版社2014年版。
[6]赵旭辉:《中外警务比较研究:公安改革思考》,中国人民公安大学出版社2016年版。
[7]孙学华主编:《警察制度改革与发展研究》,中国人民公安大学出版社2016年版。

第八章　人民警察的人力资源管理

教学重点与难点

1. 人民警察的录用条件、程序与原则。
2. 人民警察的绩效评估、考核与奖惩制度。
3. 不同警种人民警察的教育培训。

在公安机关、司法机关、国家安全机关对警察人力资源需求日益增长与涉警部门财政紧张的现状下，警察人力资源配置是否合理已成为影响和制约警务发展的重要问题。科学合理地运用警察人力资源，是解决当前警力不足的有效途径，也是未来警察职业良性发展的重要保障。

人民警察人力资源管理涉及以下几个主要方面：人民警察的警种设置、招录、奖惩制度、教育与培训以及退出机制。

第一节　人民警察的警种设置与招录

按照人民警察所属的领导机构来划分，我国人民警察警种可分为公安机关、国家安全机关、监狱、强制隔离戒毒机关的人民警察和人民法院、人民检察院的司法警察。其中，依据人民警察担负的具体任务，公安机关人民警察又可以进一步划分为更细的警种。

一、人民警察的警种设置

（一）公安机关人民警察

1. 警种设置

公安机关人民警察按照具体的职责和任务，可划分为治安警察、刑事犯罪侦查警察、户籍警察、巡逻警察、交通警察、外事警察、经济犯罪侦查警察、公共信息网络安全监察专业警察、禁毒警察、科技警察(专业技术类)、公安法医、对警察权的行使以及警察队伍内部纪律进行监督的警务督察。

另外,还有铁路、交通、民航、林业、海关缉私等原本属于行业公安的人民警察,现全部回归"大公安"。2018 年 12 月,中央办公厅、国务院办公厅印发了《行业公安机关管理体制调整工作方案》。2019 年 9 月 27 日,中共中央办公厅、国务院办公厅印发了《铁路、交通、港航森林、民航、公安机关和海关缉私部门管理体制,调整工作实施方案的通知》,按照"警是警,政是政,企是企"的要求,进一步理顺了行业公安的归属及管理体制。

铁路警察。铁路警察归属公安部第十局,接受公安部领导,为公安部内设机构。2018 年 12 月 28 日,在中央政法委召开的行业公安改革会议上,明确了铁路警察直属公安部,不再接受铁路总公司领导,从而结束了铁路公安双重领导的历史。铁路公安机关人民警察同地方公安机关人民警察的性质是相同的,都是具有武装性质的治安行政力量和刑事司法力量,列入公安部编制序列。同时,铁路警察又有自身的独特性质。铁路警察是维护铁路治安,保卫铁路运输生产安全畅通,保护旅客生命财产安全的专门警察。

交通公安。这里的交通公安是交通运输部下设的公安机关,要区别于地方公安机关的"交通警察",即通常所说的交警。交通公安由原来的接受公安部和交通运输部双重领导,变为由公安部领导。撤销交通运输部公安局(公安部十四局),交通运输部公安局并入治安管理局。长江航运公安局调整为公安部直属机构,其他港口航运公安划转地方公安机关管理。交通公安机关具有鲜明的行业特色,其职责是负责维护内河、海上的正常交通运输安全,管辖本系统内发生的刑事案件,维护港口码头内的治安秩序。交通公安列入公安部序列。

民航警察。民航警察接受公安部和中国民航总局双重领导,以公安部领导为主。首都机场公安局直接归属公安部领导,其余民航公安队伍交由省级公安厅(局)管理领导。民航公安机关除执行公安机关基本任务外,还担负着民航安全保卫任务,即空防安全和反恐防劫工作,具有空防安全管理专业属性特点。民航公安机关的主要任务和职责是负责民航系统内部及机场的安全防范工作,维护民航系统的治安秩序,同破坏机场设施、劫持飞机等暴力犯罪作斗争,以确保机场和航空器飞行的安全。民航警察列入公安部序列。

森林警察。森林警察由接受公安部和国家林业局双重领导的警种,变为由公安部领导。撤销森林公安局。决定组建公安部食品药品犯罪侦查局(公安部七局),承担食品药品、知识产权、生态环境、森林草原、生物安全案件侦查职能,撤销国家林业和草原局森林公安局(公安部十六局),森林公安队伍成建制划转省级公安厅(局)。同时,南京森林警察学院不再接受国家林业和草原局管理领导,转隶公安部,作为公安部直属高等学校。森林警察是指专司森林和野生动物资源保护的刑事执法和治安行政专门机构,列入公安部序列。森林警察的主要职责是防止和制止危害森林和破坏森林资源的违法犯罪行为,保护国家森林资源,打击破坏森林的犯罪分子,维护林区的社会秩序,保护森林安全。

海关缉私警察。海关缉私警察由接受海关总署和公安部双重领导的警种,以海关领导为主,变为实行公安部与海关总署双重领导,以公安部领导为主。海关总署缉私局序列号由公安部二十四局改为十四局。在我国境内,缉私警察依法查缉涉税走私犯罪案件,对走私犯罪案件和走私犯罪嫌疑人依法进行侦查、拘留、逮捕和预审工作。我国于1999年建立了缉私警察队伍,确定了“联合缉私,统一处理,综合治理”的反走私斗争体制。海关缉私警察主要通过行政和刑事两种手段对走私活动予以打击,有效遏制了走私浪潮,为稳定我国经济的有序发展作出了重大贡献。

海关缉私局、铁路公安局、民航公安局实行派驻制,局长政委由公安部任命。

2. 公安大警种制改革

随着公安改革的推进,公安机关也正逐步探索大部制(大警种)改革。自2015年以来,公安部全面深化改革小组多次强调,要在公安机关内部深化警务体制改革创新,积极探索推行“大部门、大警种”制。公安机关大部门制的运行机制是现代科技与警务运行机制的良好结合。2017年7月召开的全国司法体制改革推进会、全国公安厅局长座谈会上,公安部党委指出,要毫不动摇地坚持走改革强警之路,大力推进警务机制改革与现代科技应用深度融合,提升打击犯罪、社会治理、服务发展、服务群众的能力和水平。[①] 有学者认为,数据资源的整合、共享、应用,使公安机关警务运行机制实现一体化,增强打击犯罪的整体性、协同性、时效性。公安机关大部门制的运行机制通过公安信息化建设与应用,实现内部机制的健全与联动,打破警种、部门间的体制壁垒和衔接障碍,以共赢、共担、共进的理念,将各类警用系统平台整合与建设,运用物联网、云计算、大数据、移动互联网等最新信息技术同公安实战无缝对接,并集成应用图片检索、人脸识别、车轨分析等新技术,实现情指联动、情勤对接、情侦一体的实战化运行,通过科学的组织调度,让警力更加适应警务,警务

---

① 王恬:《全国公安厅局长座谈会在贵阳召开》,载《贵州日报》2017年7月13日,第1版。

更加符合警情。①

（二）国家安全机关人民警察

国家安全机关的人民警察是国家安全机关的组成人员，行使侦查、拘留、预审和执行逮捕的职权，担负着在隐蔽战线上同境内外敌对势力、敌对分子进行斗争，维护国家安全的任务。

（三）监狱人民警察

监狱人民警察是从事监狱管理、执行刑罚、改造罪犯工作的人民警察。

随着监狱事业的发展，监狱对警力资源的配置与使用有了更高的要求。监狱警察人力资源管理亟须从监狱警察队伍的长远建设和监狱事业的可持续发展两方面切入。目前，监狱存在警力配置不足和警力使用内耗严重等现象，一些监狱长期受到警力配置效率低下的困扰，导致在工作中不得不采用疲劳战术。一部分司法警察的身体素质、精神状态、心理健康状况下降。而在国家对机关人员编制的控制下，通过大量增加监狱警察编制来解决警力不足的问题可行性不高。最务实可行的办法是"盘活现有总体警力资源存量，适当缓解部分监狱警力紧缺的现状"。② 通过完善系统内监狱之间的编制调剂使用，规范监狱各部门用警，挖掘监狱警察的潜力，提升监狱硬件设施建设的科学化水平等途径，提高监狱警察人力资源使用效率。

（四）戒毒人民警察

戒毒人民警察是对强制戒毒人员进行教育、管理、治疗的人民警察。

《禁毒法》第43、44条规定了强制隔离戒毒场所工作人员的相关职责与任务。第43条规定："强制隔离戒毒场所应当根据戒毒人员吸食、注射毒品的种类及成瘾程度等，对戒毒人员进行有针对性的生理、心理治疗和身体康复训练。根据戒毒的需要，强制隔离戒毒场所可以组织戒毒人员参加必要的生产劳动，对戒毒人员进行职业技能培训。组织戒毒人员参加生产劳动的，应当支付劳动报酬。"第44条规定："强制隔离戒毒场所应当根据戒毒人员的性别、年龄、患病等情况，对戒毒人员实行分别管理。强制隔离戒毒场所对有严重残疾或者疾病的戒毒人员，应当给予必要的看护和治疗；对患有传染病的戒毒人员，应当依法采取必要的隔离、治疗措施；对可能发生自伤、自残等情形的戒毒人员，可以采取相应的保护性约束措施。强制隔离戒毒场所管理人员不得体罚、虐待或者侮辱戒毒人员。"2013年6月1日起

① 任捷：《我国公安机关大部门制改革研究》，中国人民公安大学2017年博士学位论文。

② 刘斌、周雪松：《试论监狱警察人力资源优化的路径——以广东省监狱人民警察为例》，载《河南司法警官职业学院学报》2019年第1期。

施行的《司法行政机关强制隔离戒毒工作规定》第4条规定："从事强制隔离戒毒工作的人民警察应当严格、公正、廉洁、文明执法，尊重戒毒人员人格，保障其合法权益。"由此可见，戒毒警察法律地位明确，工作任务繁重且要求的专业素质高，这对戒毒警察人力资源管理是很大的挑战。通过完善戒毒警察相关法律法规，明晰戒毒警察身份定位，规范诊断评估工作标准，加强戒毒警察教育培训，强化戒毒警察执法监督等方式来提高戒毒警察人力资源质量。①

（五）人民法院司法警察

人民法院的司法警察，是我国人民警察的警种之一，是武装性质的国家司法行政力量，是国家审判机关的法定组成人员，是人民法院行使审判权的执行力量。担负着预防、制止和惩治妨碍审判活动的违法犯罪行为，维护审判秩序，保障审判工作顺利进行的任务。

随着社会的发展和法治中国建设的深入推进，我国人民法院司法警察队伍规范化、专业化取得了一些成就。但相对于社会、经济发展水平和现代审判的法治要求来说，人民法院司法警察人力资源发展状况相对滞后。一是人民法院司法警察专业化、职业化水平不高。表现在司法警察人员结构成分较混杂，包括专项政法编制、地方行政编制、地方事业编制、聘任制等多种类型；司法警察的专业基础不强，素质参差不齐。二是人民法院司法警察队伍的整体素质难以担纲其职责履行。表现在司法警察年龄老化现象严重，学历普遍不高。三是人民法院司法警察的职业忠诚度普遍不高。

提高人民法院司法警察队伍整体素质应当从增加编制、调整结构、入警把关、业务培训等方面着手。一是提高人民法院司法警察的人员编制比例，弥补法院审判业务量的增长与司法警察队伍面临的警力不足的矛盾。二是逐步取消聘任制司法警察制度的实施，保障司法警察的合法权益以及队伍的稳定性。三是调整人民法院司法警察队伍的准入条件。提高学历层次要求，对专业方向应当作出适当要求，对初任司法警察的人员应当设定身高、体重、裸眼视力、听力等身体素质基本要求，同时加强司法警察业务技能的继续教育与培训。②

（六）人民检察院司法警察

人民检察院的司法警察，是人民检察院的法定组成人员，是人民检察院行使检察权，履行检察职能的执行力量。

---

① 阮湘滨：《关于完善强制隔离戒毒工作顶层设计的思考》，载《中国司法》2019年第7期。

② 钟勇生、蔡国芹主编：《人民法院司法警察制度改革与发展研究》，法律出版社2011年版，第176～179页。

人民检察院司法警察队伍建设随着社会的发展也面临一些需要进一步完善的方面。司法警察的职能、职责的变化给履行职责带来了严峻的挑战。警力保障不足、警员年龄结构与工作强度和风险不相适应、司法警察的地位与作用难以良好发挥、对司法警察训练和教育落实不到位，这些问题“对保障检察办案安全和维护检察事务正常工作秩序带来较大影响，特别是给保障检察办案安全和保障检察工作事务正常秩序埋葬下了不可预判的安全隐患”。[①] 具体表现在：一是人民检察院司法警察职业能力单一，发展空间受限，警员工作动力不足；二是职责明确不严格，责任不清，易推诿扯皮，法警履职法规依据有所欠缺。因此，可以通过以下方式来改善人民检察院司法警察队伍建设：一是强化职能培养与训练，提升司法警察履职能力。二是建立灵活的警员转换检察员储备机制。三是依法界定、理顺司法警察职能，解决责任不清推诿扯皮问题。

二、人民警察的招录

人民警察的招录严格依照相关法律进行，对人民警察的录用条件、录用程序、录用原则都有严格的规定。

（一）录用条件

我国《人民警察法》第 26 条明确规定了担任人民警察应当具备的基本条件：（1）年满 18 岁的人民；（2）拥护中华人民共和国宪法；（3）有良好的政治、业务素质和良好的品行；（4）身体健康；（5）具有高中毕业以上文化程度；（6）自愿从事人民警察工作。有下列情形之一的，不得担任人民警察：（1）曾因犯罪受过刑事处罚的；（2）曾被开除公职的。

同时，《人民警察法》也明确了担任人民警察领导职务应当具备的基本条件。第 28 条规定：“担任人民警察领导职务的人员，应当具备下列条件：（一）具有法律专业知识；（二）具有政法工作经验和一定的组织管理、指挥能力；（三）具有大学专科以上学历；（四）经人民警察院校培训，考试合格。”

国家人事部门、公安部依据《人民警察法》等相关法规和规定，对人民警察的录用条件作出了更为详细的规定。

（二）录用程序

《人民警察法》第 27 条明确规定：“录用人民警察，必须按照国家规定，公开考试，严格考核，择优选用。”

---

① 胡永忠：《基层检察机关司法警察队伍建设问题研究》，载《法制与社会》2019 年第 21 期。

1. 发布报考公告。报考公告应该在考试前的一定时间,通过报纸、电视、网络或者其他新闻媒介等多渠道方式向社会公布,以便广大考生了解情况并有所准备。报考公告的内容包括:拟录用人员的职位、数量、报考的资格条件;报名的日期、地点和报名手续;报考的科目、程序和考试的时间、地点等信息。

2. 进行资格审查。这是保证录用人民警察素质的第一道程序,主要是审查报考者是否具备人民警察的条件。主考机关和用人单位在组织报名的同时,进行资格审查,符合条件者方可发给准考证,参加考试,不合格者不予报名。

3. 录用考试。目前我国国家公务员的考试主要有两轮:第一轮是笔试;第二轮是笔试合格者参加面试。考试的目的是测试报考者的基础知识和专业知识水平,以及适应职位要求的业务素质。笔试是测试报考者的文化基础、专业知识、写作能力和思维能力等。面试是面对面地直接观察和测评报考者的素质,包括语言表达能力、应变能力、仪表等。

4. 考试评判。由主考机关对应试者的笔试和面试成绩进行评判。其中,笔试成绩在一定时间内组织人员进行评判;面试的测评当场进行,面试成绩要在面试结束后由测评小组共同判定。之后,主考机关根据规定的笔试、面试的分数比例,计算应试者的综合成绩。最后根据计划录用的人数与应试者的整体考试状况,确定合格分数线。

5. 考核。考核是在考试的基础上进行的。由招录单位对考试合格且入围的应考人员,进行政治素质和业务素质考核。考核的内容主要包括:政治素质、工作表现、工作能力以及是否需要回避等。考核一般由公安机关、国家安全部门、监狱、戒毒所、人民法院、人民检察院等的政工部门组织实施。在考核中,要依靠报考者所在单位或者学校的组织和群众,做到全面、客观、公正。

6. 体检。由主考机关组织考试及考核都合格的报考人员到指定的医院进行体格检查,以证明其是否合乎人民警察岗位所要求的健康标准。体检不合格者,不能录用。

7. 审批。由用人单位根据拟任职位的要求,综合评定报考者的考试、考核、体检结果,确定拟录用人员名单,报设区的市以上政府人事部门审批。审批后,用人单位还要张榜公布录取人员名单,然后为被录取者办理录用手续。

8. 见习。对新录用的人民警察实行试用期制度,见习时间为一年。在试用期内,应当接受人民警察院校教育培训并进行工作见习。

9. 转正。新录用人员试用期满后,合格者,正式任职;需进一步考查者,由用人单位决定可适当延长试用期;不合格者,取消录用资格。

（三）录用原则

人民警察的录用和其他国家公务员的录用一样，贯彻公开、平等、竞争、择优的原则。

1. 公开原则。人民警察录用的标准、条件、方法、程序、结果都向社会公开，并接受社会监督。

2. 平等原则。凡是中华人民共和国公民，只要符合规定的条件，均有平等的机会和权利报名参加考试。

3. 竞争原则。报考者能否被录用，取决于本人的政治、业务素质、考试成绩和综合实力。

4. 择优原则。经过考试、考核，合格者取得录用资格，由用人单位择优选拔，量才录用。

第二节　人民警察的奖惩

人民警察的绩效评估、激励机制、业务考核、奖惩制度等方面是警察人力资源管理的重要方面。

一、人民警察的绩效评估

客观且科学合理的绩效评估是人民警察考核与奖惩制度的前提与参照。

一般来说，警察绩效的评估包含客观的统计数据（包括犯罪统计数据、执法办案数量、治安环境变化等数据）和主观的民众满意度。而近年来，对人民警察绩效的评估越来越重视过程指标，即问题导向勤务策略。过程指标，指的是警力资源有效运用的程度。完整的警察绩效指标应该包括：警力资源有效运用的程度、群众对警察工作的满意度及犯罪统计数据三项。警察组织机构内部从监督考核的角度评价、统计数据从专业客观的角度呈现、社区居民从主观感受的角度表达，这三方面不可偏废。①

在绩效评估的基础上，要科学合理设置人民警察薪酬制度。美国联邦警察（公务员体系）建立了一套较为科学的薪酬体系，其基本原则是实现同工同酬。不能让从事相同工作的群体之间薪酬失衡，导致民众在选择职业时厚此薄彼。通过一系

---

① 范超：《我国警察人力资源发展刍议》，载《现代企业》2019 年第 6 期。

列计算比照，确定每一类职位的每一个职级的正常水平工资。同时，建立职位说明书，对各个职位的任职资格条件进行科学、明确的分析和说明。其中，各个职系所要求的专业以及各种资格证书是职位的重要任职资格条件。比如，联邦司法部的警察与国土安全部以及其他部门的警察比较，不管是否属于同一个职系（工作的专业性和任职资格条件相类似的职位），如果任务难易、责任大小、所需任职资格条件高低相同，就应该获得相同薪酬。同时，结合职位特点，针对一些特殊岗位还会批准高于正常水平的特殊薪酬；由于各地区经济发展水平不同，还设有地方性薪酬。“这一制度不仅能保证公平的薪酬，也能保证公平地招聘、晋升、培训，从人事管理全流程实现对公务员的有效激励。”[①]这种同工同酬的原则值得我国人民警察薪酬制度借鉴。

二、人民警察的激励机制

激励机制，是指组织通过有效地使用某些方式，满足组织成员的需要，激发、引导、保持和控制组织成员的行为，从而使组织成员能自觉、自愿地为实现组织目标而付出更大努力的行为过程。

要适应现代警务的发展需要，必须建立相应的人民警察激励机制。新的激励机制要求人民警察人力资源管理者明确“以人为本”的管理理念，在管理实践中充分认识人民警察的需求差异和动机模式的多元化，通过采取多种激励方法和建立有效的激励机制来激发、引导和规范人民警察的行为，调动他们的主观能动性与工作积极性，以实现有效管理，促进人民警察队伍的良性发展。

完善人民警察激励机制，需要从以下几个方面进行深入的考量。首先，是多元化的动力机制。包括人民警察的生理需要、安全需要、社交需要、尊重需要、自我实现需要。因此，一是要开发物质动力源，二是通过科学的角色定位建立人民警察精神动力源，三是多元化的激励机制在激励的方式多元化基础上，还要强调激励的范围多元化，尽量扩大激励范围，使每一位作出成绩的人民警察都有资格获得激励，真正地调动大多数人民警察的积极性。其次，建立相应的奖惩机制。最后，完善监督机制。[②]

还有学者提出人民警察队伍建设长效的激励机制的构想：一是加强人民警察

---

① 胡登良、刘东华、孟悦：《美国联邦警察职位分类制度探析》，载《中国人民公安大学学报》（社会科学版）2019 年第 3 期。

② 张光、魏永忠主编：《公安管理学理论研究综述》，中国人民公安大学出版社 2012 年版，第 72 ~ 74 页。

职业道德教育;二是充分发挥负激励作用,强化警察危机意识;三是完善榜样激励制度;四是培育人文关怀激励机制;五是加强警察文化建设,为激励机制营造良好的文化环境。①

三、人民警察的考核

工作表现的考核是人民警察人力资源管理中不可或缺的一个环节。考核的目的不仅有记录、分析、监督警察个体的工作表现,并找出警察的培训、发展需要及可以改善之处,还包括协助管理层选派人手、干部晋升选拔以及进行整体的人力资源策划。

人民警察的考核,是指人民警察组织机构的人事管理部门依照管理权限,依据考核的内容、标准、程序和方法,对人民警察进行考察和评价,以此作为奖惩、培训、辞退以及调整职务、级别和工资依据的制度。考核制度是人事管理中一项十分重要的制度,它有利于发现和选拔优秀人才,合理使用人才,调动工作积极性,从而提高工作效能。

(一)人民警察考核的内容

人民警察考核的内容可用五个字概括:德、能、勤、绩、廉。“德”,即坚持四项基本原则,遵守国家法律法规、贯彻执行国家方针政策、对国家是否忠诚以及思想作风、遵守职业道德与社会公德等情况,包括遵纪守法、坚持原则、实事求是、合作协作等精神。“能”,即业务知识和工作能力,包括专业知识、业务技术、文字水平、语言能力、管理水平。“勤”,即出勤情况和工作态度。“绩”,即工作实绩。“廉”,即廉洁自律。

(二)人民警察考核的等级划分

1. 优秀:正确执行党和国家路线、方针、政策,模范遵守各项规章制度,熟悉业务,工作勤奋,有改革创新精神,成绩突出。

2. 称职:正确执行党和国家路线、方针、政策,模范遵守各项规章制度,熟悉业务,工作积极,能够完成任务工作。

3. 基本称职:政治素质和业务素质一般,能完成基本任务,但作风不足,工作积极向、主动性不够,完成质量和效率不高或在工作中有某些失误。

4. 不称职:政治素质和业务素质较差,难以适应工作要求,或工作责任心不强,不能完成工作任务,或在工作中造成严重失误。

---

① 郭睿:《公安队伍建设长效激励机制建构探析》,载《政法学刊》2009 年第 6 期。

香港警队的考核制度有一定的借鉴意义。香港警队每年出具"周年评核报告",对所有警察进行绩效考核和才能评估。其考核机制采用的是多角度、三层架构的评核机制,包括评核人员、审核人员及复核人员(均为被评核人员的直属上级)。一般来说,评核人员须最少较受评警察高一个实任职级,而审核人员则最少较受评警察高两个职级。在"周年评核报告"中,受评对象除了接受上级评核之外,还可以作自我评价,包括表述个人的职业发展选择以及训练要求、在职位方面的长远目标及在评核期内任何相关工作的成就。为了确保考核机制公平、透明,任何形式的评核报告(周年评核报晋升评核报告等)均要让有关人员阅读,并加以签字。完成评核报告后,各级的参评人员要与受评警察进行见面,讨论有关受评者的工作表现、进度以及职业前途问题。受评者若对评核报告中的内容有意见,可以在会见时向上级提出意见或向其单位指挥官提出上诉。①

四、人民警察的奖惩

人民警察的奖励,是指人民警察管理机关指依据法律、法规等相关规定,对人民警察所属单位集体和人民警察实施的精神和物质上的嘉勉和表彰。人民警察的惩处,是指人民警察管理机关指依据法律、法规等相关规定,对违法违纪的警察组织机构和人民警察给予的处罚。建立一个运行良好的奖惩制度,要注意如下几个方面:一是明确是谁出了问题;二是明确问题的性质;三是确定奖惩的强度。

(一)奖励

人民警察管理机构及时奖励在各项警务工作中作出突出成绩的集体和个人,树立典型和榜样,能够充分激发、调动各级警察组织机构和广大人民警察的工作积极性、主动性和创造性。

人民警察的奖励制度,主要依据是《公务员法》《人民警察法》《公务员奖励规定(试行)》《公安机关组织管理条例》《公安机关人民警察奖励条令》等。监狱、戒毒所、人民法院及人民检察院司法警察奖励工作暂时还未有正式出台,奖励制度有待完善。本小节以公安机关人民警察奖励工作制度为例展开。

1. 奖励的原则

一是实事求是,按绩及时施奖。二是发扬民主,贯彻群众路线。三是公开、公平、公正。四是以基层一线为重点,领导机关、领导干部从严。五是精神奖励与物质

① 中央人民政府驻香港特别行政区联室警务联络部、广东警官学院、香港警务处编:《香港警察:二十一世纪新警政》,群众出版社 2013 年版,第 43~44 页。

奖励相结合，以精神奖励为主。

2. 奖励的组织领导

公安机关奖励工作实行统一领导，分级管理，分工负责。公安机关政工部门是奖励工作的主管部门，负责组织、指导、管理奖励工作。公安机关其他部门配合政工部门做好奖励工作。

3. 奖励的类别、对象和等级

奖励分为集体奖励和个人奖励。根据《公安机关人民警察奖励条令》第46条的规定，奖励适用于全国各级公安机关，铁路、交通、民航、森林公安机关和海关缉私部门及其人民警察。公安机关所属单位及其在编在职人员，公安机关见习期人民警察、离退休人民警察、在编在职工勤人员和公安院校全日制普通学历教育学生参照执行。

《公安机关人民警察奖励条令》第7条规定，集体奖励的对象是各级公安机关建制单位和为完成专项工作临时成立的非建制单位。个人奖励的对象是各级公安机关在编在职人民警察。因公牺牲或者病故的人民警察，生前有重大贡献或者突出事迹，符合奖励条件的，可以追授奖励。

《公安机关人民警察奖励条令》第8条规定，集体奖励由低至高依次为：嘉奖，记三等功、二等功、一等功，授予荣誉称号。集体授予荣誉称号的名称，根据受奖集体的事迹特点确定。个人奖励由低至高依次为：嘉奖，记三等功、二等功、一等功，授予荣誉称号。授予个人的荣誉称号分为全国公安系统二级英雄模范、一级英雄模范称号。

4. 奖励的标准和待遇

《公安机关人民警察奖励条令》第30条规定，奖励批准机关对获得奖励的集体颁发奖匾或者奖状；对获得记三等功以上奖励的个人颁发奖章和证书；对获得嘉奖奖励的个人颁发证书。

《公安机关人民警察奖励条令》第34条规定，奖励批准机关对获得奖励的集体和个人统一按照下列标准颁发奖金：集体嘉奖5000元，集体三等功10000元，集体二等功20000元，集体一等功30000元，集体荣誉称号50000元。个人嘉奖2000元，个人三等功5000元，个人二等功10000元，个人一等功20000元，全国公安系统二级英雄模范50000元，全国公安系统一级英雄模范80000元。集体奖励的奖金一般作为工作经费由集体使用，原则上不得向个人发放。

《公安机关人民警察奖励条令》第35条规定，获得授予或者追授全国公安系统一级英雄模范、二级英雄模范荣誉称号奖励的个人的子女，符合条件的，可以保送进入普通公安高等院校学习。

《公安机关人民警察奖励条令》第 36 条规定，获得记一等功以上奖励的个人，可以按照有关规定提前晋升警衔。

《公安机关人民警察奖励条令》第 37 条规定，获得记三等功以上奖励(含追记、追授的)的个人死亡后，按照国家有关规定增发一次性抚恤金。获得全国公安系统一级英雄模范、二级英雄模范称号的个人死亡后，按照有关规定进行吊唁。

《公安机关人民警察奖励条令》第 38 条规定，获得奖励的个人，根据国家有关规定享受其他待遇。

(二)惩处

人民警察的惩处工作在严明人民警察队伍纪律，规范人民警察的行为，加强人民警察人事管理，促进人民警察队伍建设，保证人民警察依法履行职责等方面起着重要的作用。人民警察的惩处分为行政处分、纪律处分和刑事处分。

1. 行政处分

人民警察违法违纪，应当承担纪律责任的，由任免机关或者监察机关按照管理权限依法给予处分。人民警察所属机关有违法违纪行为，应当追究纪律责任的，对负有责任的领导人员和直接责任人员给予处分。

行政处分分为：警告、记过、记大过、降级、撤职、开除。对受到处分的人民警察，应当依照有关规定延期晋升、降低或者取消警衔。

2. 纪律处分

对违反纪律的人民警察，必要时可以对其采取停止执行职务、禁闭的措施。根据《公安机关实施停止执行职务和禁闭措施的规定》(公通字〔1998〕64 号)，人民警察有下列行为之一的，可以对其采取停止执行职务的措施：

(1)拒不执行上级公安机关和领导的决定、命令或者违抗命令不服从指挥，可能造成严重后果的；

(2)涉嫌泄露国家秘密、警务工作秘密的；

(3)弄虚作假、隐瞒案情，包庇、纵容违法犯罪活动的；

(4)刑讯逼供或者体罚、虐待犯罪嫌疑人、被告人和罪犯，情节比较严重的；

(5)涉嫌敲诈勒索或者索取、收受贿赂的；

(6)违反规定使用武器、警械，造成严重后果的；

(7)违法实施处罚或者收取费用，造成恶劣影响的；

(8)接受当事人及其亲属或者代理人请客送礼，数额较大，造成恶劣影响的；

(9)从事营利性的经营活动或者应聘、受雇于任何个人、组织搞营利性经营活

动,不听制止的;

(10)玩忽职守,不履行法定义务,造成严重后果的;

(11)其他违反纪律的行为有必要采取停止执行职务措施的。

人民警察有下列行为之一并不听制止,可能造成恶劣影响的,可以对其采取禁闭的措施:

(1)违抗命令,不服从指挥,可能造成严重危害的;

(2)涉嫌泄露公安工作秘密或者为犯罪嫌疑人通风报信的;

(3)威胁、恐吓、蓄意报复他人的;

(4)殴打他人或者唆使他人打人的;

(5)酗酒滋事,扰乱工作秩序和公共秩序的;

(6)其他有必要采取禁闭措施的。

禁闭的期限为1~7天。

3. 刑事处分

人民警察违法违纪涉嫌犯罪的,应当依法追究刑事责任。

第三节 人民警察的教育培训

尽管在人民警察录用环节有严格的录用标准,但是由于人民警察工作是一项专业性较强的执法业务,加之社会形势的变化和现代警务的发展,对人民警察的工作不断地提出更新、更高的要求。因此,有计划、有目的地参加业务培训,是人民警察不断提高履行职责的实际能力和提高工作效率的现实需要。我国警察教育要求人民警察必须具备执法知识、执法技能、执法伦理,三个方面缺一不可。

《人民警察法》第29条规定:“国家发展人民警察教育事业,对人民警察有计划地进行政治思想、法制、警察业务等教育培训。”

一、公安机关人民警察的教育训练

人民警察的教育训练,是指公安机关为提高民警的政治、业务素质,根据形势发展与岗位能力的要求开展的教育训练活动。2015年1月1日起施行的新《公安机关人民警察训练条令》是公安机关人民警察训练工作的总章程。新条令强化了公安“四项建设”特别是警务实战化对民警训练工作的引领作用,加强和规范了民警训练工作,对各级公安机关依法施训,提高民警训练工作的制度化、规范化和科学化水平具有重要意义。

（一）公安机关人民警察教育训练的原则和目的

公安机关人民警察教育训练的地位：公安机关人民警察训练是提高队伍战斗力的根本途径，在队伍建设中居于先导性、基础性和战略性地位。

公安机关人民警察教育训练的原则是：公安机关人民警察训练坚持贯彻党和国家的干部教育培训方针、政策，坚持从公安工作和队伍建设实际需要出发，坚持为公安中心工作服务，坚持为公安实战服务。

公安机关人民警察教育训练的目的是：提高队伍的整体素质和执法水平，增强履行职责的能力，努力打造一支信念坚定、执法为民、敢于担当、清正廉洁的公安队伍。

（二）公安机关人民警察教育训练的组织领导

公安机关人民警察训练实行统一领导，分工负责，分级管理，分类实施。

1. 统一领导。公安部主管全国公安机关人民警察的训练工作，各级公安机关主要领导是第一责任人，政工部门是训练工作的主管部门。

2. 分工负责

公安机关政工部门负责规划、组织、指导、管理、实施训练工作。

公安机关法制部门负责执法资格等级考试和组织、参与执法培训工作。

公安机关装备财务部门负责训练经费、装备保障。

公安院校和公安机关训练基地承担公安机关人民警察训练任务。

3. 分级管理

新《公安机关人民警察训练条令》规定了公安部、省、市、县四级公安机关的具体职责和承担的训练任务。其中，公安部主管全国公安机关人民警察训练工作；省级公安机关主管本地区公安机关人民警察训练工作；市级公安机关主管本地区公安机关人民警察训练工作；县级公安机关根据上级公安机关的安排和要求，承担本级公安机关除上级公安机关负责训练以外的人民警察的专业训练和适应形势任务需要实施的发展训练。

4. 分类实施

根据新警入职、民警岗位要求、职务警衔晋升和职业发展等不同需求，进行入警训练、晋升训练、专业训练和发展训练。

（三）公安机关人民警察训练种类

入警训练，是对新录用、调入的人员进行的训练。入警训练时间不少于 90 天。其中，新录用的非公安院校毕业生，新录用、调入任县处级副职职务以下人员的入警训练时间为180天。实践教学时间不少于总训练时间的30%。入警训练内容主要包括理想信念教育、警察职业养成教育、基础公安理论、基础法律法规、基础公安业务和基础警务实战技能、体能、心理行为训练等，重点培育人民警察核心价值观和基本职业素养，提高适应公安工作能力。其中，基础警务实战技能和体能训练课程不少于集中训练课程的30%。

晋升训练，是对晋升职务、晋升警衔的人民警察进行的训练。晋升训练时间不少于15天。其中，新任市、县级公安机关正职领导职务的训练时间不少于30天。

专业训练，是警种、部门根据人民警察岗位职责要求进行的训练。专业训练时间由政工部门和警种、部门根据实际确定，保证人民警察每年至少参加一次专业训练，3年累计不少于30天。基层和一线民警每年的实战训练时间累计不少于15天。

发展训练是公安机关应对新形势、新任务，按照国家关于干部教育培训的有关要求，着眼公安工作长远发展和人民警察健康成长组织的训练。发展训练主要包括在职领导干部专题训练、后备干部培养训练、专家和业务骨干研修、教官业务提高训练、民警职业拓展训练等。发展训练的时间、内容根据实际需要和有关规定确定。

（四）公安机关人民警察训练要求

1. 公安机关应当紧贴实战需要，推进训练工作信息化建设，利用科技信息手段开展学习、训练、管理、考核。推行实战案例教学，基层和一线人民警察的案例教学课程不少于总课程的30%。

2. 市县两级公安机关实行“轮训轮值、战训合一”训练模式，提高训练工作效率和效益。

3. 公安机关人民警察应当以提高岗位履职能力和实战本领为目标，通过岗位练兵、在线学习等形式开展自学自练，达到训练考核标准。

4. 基层和一线民警应当根据体育锻炼达标标准，积极参加体育健身锻炼，增强身体素质和体能素质。

二、人民法院司法警察的业务培训

人民法院司法警察的业务培训，是依据司法警察的职责要求和工作特点，以集中教学的方式，进行专门的学习和训练的组织活动。培训工作开展的相关依据有《人民法院司法警察培训暂行办法》和《人民法院司法警察训练大纲》。

司法警察训练的基本任务是学习司法警察基本理论、警务基础知识和司法警察履行职责必备的法律法规,掌握司法警察专业技能,培养坚强的意志、优良的作风和严明的纪律,锻炼强健的体魄,全面提高司法警察队伍的综合素质。

(一)人民法院司法警察业务培训的类型

依据《人民法院司法警察培训暂行办法》,人民法院司法警察业务培训按照不同的划分标准,可分为不同的培训类型。

1. 按参加培训的人员身份不同,可以划分为五种类型:新录用司法警察初任培训,警衔晋升培训,新任司法警察领导职务培训,专门业务与岗位培训,以及知识技能更新培训。

新录用司法警察初任培训的主要内容是:政治理论基础知识、法律基础知识、司法警察业务基础知识、警体训练。培训时间不少于2个月。警衔晋升和新任司法警察职务培训的主要内容是:政治理论、法律法规、行政管理、领导科学、司法警察工作研究和警体训练。培训时间不少于1个月。专门业务和岗位培训的内容,根据工作实际需要确定。培训时间不少于15天。知识技能更新培训的内容和时间,根据形势和任务的需要确定。

培训使用最高人民法院司法警察局统一编写的《司法警察训练教程》和各高级人民法院司法警察总队选编的教材以及指定的有关教材。

2. 按参训的司法警察的职务和衔级不同,可以划分为高级培训、中级培训、初级培训。高级培训,包括警督选升警监培训、新任总队领导职务人员培训、警监警衔人员的专门业务、知识技能更新和岗位培训。中级培训,包括警司晋升警督培训,新任支(大)队领导职务人员培训,警督警衔人员的专门业务、知识技能更新和岗位培训。初级培训,包括新录用司法警察初任培训,一级警司警衔以下人员的专门业务、知识技能更新和岗位培训。

(二)人民法院司法警察业务培训的组织管理

1. 最高人民法院政治部警务部

最高人民法院指导、协调、管理全国法院司法警察培训工作。具体职责包括:(1)制定全国法院司法警察训练的各种规章制度,编写训练大纲和训练教材。(2)规划、部署、检查、指导全国法院司法警察训练工作,组织全国法院司法警察队伍分列式、阅警式、汇操、专业技能考核等较大规模的训练活动,指导训练改革。(3)组织全国法院司法警察队伍领导干部、业务骨干和选升警监警衔的培训。

2. 高级人民法院司法警察总队

高级人民法院指导、协调、管理本省(市、区)司法警察培训工作。具体职责包括:(1)部署年度训练任务,组织指导训练工作。每半年召开一次训练会议;每年组织一次对辖区司法警察支队的全面考核验收;每两年组织一次调警、汇操等训练活动;每三年组织一次辖区法院司法警察队伍的分列式、阅警式、专业技能比武等训练活动。(2)组织指导处置与审判工作有关的较大规模突发事件的演练。(3)组织训练保障工作,负责训练经费、器材、装备的计划保障工作。(4)组织支队、大队领导干部、业务骨干和晋升警督警衔的培训。

3. 中级人民法院司法警察支队

中级人民法院指导、协调、管理本地区的司法警察培训工作。具体职责包括:(1)部署年度训练任务,组织指导训练工作,轮训业务骨干,组织新任司法警察岗前训练,每季度召开一次训练会议,每年对辖区法院司法警察组织一次考核验收,每两年组织一次辖区法院司法警察队伍的分列式、阅警式、专业技能比武等训练活动。(2)组织编写训练教案,抓好训练的示范和教学工作。(3)组织司法警察的训练保障工作。(4)组织晋升警司警衔的培训。

4. 基层人民法院司法警察大队

基层人民法院负责本院司法警察的培训工作。具体职责包括:(1)组织实施本大队的训练,统计、报告训练情况,拟定本大队训练进度表,具体落实训练计划,每月召开一次训练会议,总结工作,交流经验;每季度组织一次单警专业技能训练考核;每年组织一次达标训练考核。(2)管理使用训练器材、教材。(3)组织实施补训、复训和岗位练兵工作。

三、人民检察院司法警察的教育培训

随着全面推进依法治国工作的开展,检察机关的工作面临着新的挑战,加强检察机关司法警察教育培训工作,以适应新时代法治建设,值得密切关注。

近年来,最高人民检察院已多次出台相关文件,促进检察机关司法警察队伍的专业化、职业化发展。人民检察院司法警察的教育培训的主要依据包括:《人民检察院司法警察条例》、《人民检察院司法警察执行职务规则》、最高人民检察院《关于进一步加强检察机关司法警察队伍建设的意见》、《人民检察院司法警察训练大纲》等。

最高人民检察院《关于进一步加强检察机关司法警察队伍建设的意见》要求:"坚持把警务人才培养纳入检察人才队伍建设大盘子,有计划、分层次培养高素质警务人才。进一步强化司法警察部门与检察业务部门联合培养人才的观念,建立完善组织协调机制、轮岗交流机制、联合办案机制,真正形成环环相扣、有机衔接的警务人才培养链条。充分依托办理重大案件的实践平台,切实在完成重大警务保障任务中锻炼人才、培养人才。充分利用警察院校、检察官学院优质教育资源,加强对司法警察骨干专门培养，努力培养造就一批警务专家和业务尖子。高检院和省级院建立警务人才库，实行动态管理、定期考核、淘汰更新制度，保证警务人才队伍的质量和规模。完善人才管理制度，探索形成一套符合司法警察工作实际的人才评价体系。认真落实事业留人、感情留人和适当待遇留人的要求，努力防止和克服人才流失，真正使优秀警务人才安心在法警岗位、扎根在法警岗位、发展在法警岗位。"

（一）人民检察院司法警察的训练内容

依据最高人民检察院 2013 年 7 月 3 日印发的《人民检察院司法警察训练大纲》，司法警察训练工作的基本任务是确保每名司法警察掌握基础理论、增强基本体能、提高基本技能和专业技能，培养一支政治坚定、业务精通、作风过硬、纪律严明、执法公正的司法警察队伍。

基本技能训练包括队列训练、擒敌技术训练、警械具使用、安全防范装备使用、卫生训练、手枪操作、心理行为基础及训练、计算机基本操作与应用和汽车驾驶等内容。专业技能包括保护检察机关直接立案侦查案件的犯罪现场，执行传唤、拘传，协助执行监视居住、拘留、逮捕，协助追捕在逃或脱逃犯罪嫌疑人，参与搜查，押解，看管，送达，保护出席法庭、执行死刑临场监督检察人员的安全，协助维护检察机关接待群众来访场所的秩序和安全并参与处置突发事件。

（二）人民检察院司法警察的训练要求

人民检察院司法警察训练实行训练日制度，包括岗前训练、专业训练和晋升训练，一般采取集中训练的方式进行。担任领导职务的司法警察每年训练时间不少于 15 个训练日，非领导职务的司法警察每年训练时间不少于 30 个训练日。初任司法警察岗前训练时间不得少于 45 个训练日，每个训练日按 7 小时计算。

最高人民检察院要求，司法警察的训练要强调注重训练计划性，省级检察院要每年制订训练计划；注重训练经常性，确保各类人员年度训练时间全部达标，确保训练工作常态化；注重训练严肃性，健全司法警察训练档案，确保训练情况有据可查；注重训练安全性，严肃训练纪律，坚持令行禁止，确保训练安全；注重训练全面性，切实提高司法警察个体的综合素能。

四、监狱戒毒人民警察的教育培训

为了深入贯彻落实中共中央《关于新形势下加强政法队伍建设的意见》和司法部《关于新形势下加强司法行政队伍建设的意见》，紧紧围绕维护社会大局稳定、促进社会公平正义、保障人民安居乐业的总任务，按照"五个过硬"的总要求，坚持中国特色社会主义政法队伍正规化、专业化、职业化方向，深入推进思想政治建设、业务能力建设、纪律作风建设,努力建设一支信念坚定、执法为民、敢于担当、清正廉洁的监狱戒毒人民警察队伍。要加强监狱戒毒警察的专业化建设,加大教育培训力度,创新教育培训方式,分类分级开展培训,突出精细化管理、教育改造、心理矫治、信息化实战应用等专业技能培训,切实提高履职能力。强化岗位练兵和实践锻炼,优化"战训合一、轮训轮值"岗位练兵模式,大力开展业务竞赛、实战观摩、技能比武等,切实提高单警实战能力和队伍应急处突能力。加大人才工作力度,拓宽专业人才引进渠道,健全从司法警官院校毕业生中招录人才的规范便捷机制,加强高层次人才库建设,为优秀人才施展才华创造良好条件。

第四节 人民警察的辞职、辞退与退休

人民警察的辞职、辞退与退休,是人民警察人力资源管理的最后一环。合理的、顺畅的退出机制,是人民警察队伍建设的重要环节。人民警察的辞职、辞退与退休的主要法律依据包括《公务员法》《人民警察法》《公安机关组织管理条例》《公安机关人民警察辞退办法》等。本节以公安机关人民警察为例,介绍人民警察的辞职、辞退与退休制度。

一、人民警察的辞职与辞退

《公务员法》规定了公务员辞职与辞退的条件与法定程序。

(一)人民警察的辞职

《公务员法》第 85 条规定:"公务员辞去公职,应当向任免机关提出书面申请。任免机关应当自接到申请之日起三十日内予以审批,其中对领导成员辞去公职的申请,应当自接到申请之日起九十日内予以审批。"

根据《公务员法》第 86 条的规定,公务员有下列情形之一的,不得辞去公职:(1)未满国家规定的最低服务年限的;(2)在涉及国家秘密等特殊职位任职或者离开上述职位不满国家规定的脱密期限的;(3)重要公务尚未处理完毕,且须由本人继续处理的;(4)正在接受审计、纪律审查、监察调查,或者涉嫌犯罪,司法程序尚未终结的;(5)法律、行政法规规定的其他不得辞去公职的情形。

根据《公务员法》第 87 条的规定,担任领导职务的公务员,因工作变动依照法律规定需要辞去现任职务的,应当履行辞职手续。担任领导职务的公务员,因个人或者其他原因,可以自愿提出辞去领导职务。领导成员因工作严重失误、失职造成

重大损失或者恶劣社会影响的,或者对重大事故负有领导责任的,应当引咎辞去领导职务。领导成员因其他原因不再适合担任现任领导职务的,或者应当引咎辞职本人不提出辞职的,应当责令其辞去领导职务。

(二)人民警察的辞退

辞退公务员,按照管理权限决定。辞退决定应当以书面形式通知被辞退的公务员,并应当告知辞退依据和理由。被辞退的公务员,可以领取辞退费或者根据国家有关规定享受失业保险。公务员辞职或者被辞退,离职前应当办理公务交接手续,必要时按照规定接受审计。《公安机关组织管理条例》规定了人民警察予以辞退和不得辞退的条件。

1. 人民警察应当予以辞退的条件

根据《公安机关组织管理条例》第30条的规定,公安机关人民警察有下列情形之一的,应当予以辞退:(1)在年度考核中,连续两年被确定为不称职的;(2)不胜任现职工作,又不接受其他安排的;(3)因所在公安机关调整、撤销、合并或者缩减编制员额需要调整工作,本人拒绝合理安排的;(4)不履行人民警察义务,不遵守人民警察纪律,经教育仍无转变,不适合继续在公安机关工作,又不宜给予开除处分的;(5)旷工或者因公外出、请假期满无正当理由逾期不归连续超过15天,或者1年内累计超过30天的。

2. 不得辞退人民警察的条件

根据《公安机关组织管理条例》第31条的规定,公安机关人民警察有下列情形之一的,不得辞退:(1)因公致残,被确认丧失或者部分丧失工作能力的;(2)患病或者负伤,在规定的医疗期内的;(3)女性人民警察在孕期、产假、哺乳期内的;(4)法律、行政法规规定的其他不得辞退的情形。

3. 人民警察辞退的特点

(1)辞退公安民警是公安机关的法定权力,只要符合法定条件,即可按照法定程序辞退公安民警,无须征得被辞退人员的同意。

(2)辞退公安民警必须有一定的法定事实,无法定事实,公安民警不得被辞退。

(3)辞退公安民警必须遵循必要的法定程序,不符合法定程序的辞退没有法律效力。

(4)被辞退的公安民警享有法定待遇,即可享受待业保险。

4. 人民警察辞退的法律后果

(1)职务关系的消失与警察身份的丧失。公安民警被辞退后,无须履行人民警察的职责和义务,不能行使人民警察的权力,也不再享有警察的权益。

(2)被辞退后的待遇。

被辞退人员,自批准之月的下月起停发工资,按国家有关规定享受失业保险或者领取辞退费。

对被辞退人员,5 年内不得再录用为人民警察。

被辞退人员的人事档案,由任免机关人事部门按规定转至有关机构。

被辞退人员对辞退决定不服,可以依照《国家公务员申诉控告暂行规定》申请复核或者提出申诉。受理复核和申诉的机关,发现辞退决定错误的,应当及时予以纠正。

(3)被辞退后的其他相关事宜。

被辞退人员应当在接到《辞退国家公务员通知书》或者接到维持原辞退决定的《国家公务员复核(申诉)决定通知书》的 15 日内,办理公务交接手续和辞退手续,必要时,应当接受财务审计。对拒不办理公务交接手续、辞退手续和拒绝接受财务审计的,给予开除处分。

被辞退人员无理取闹、扰乱机关工作秩序,殴打、侮辱、诽谤有关人员,属于违反治安管理行为的,依照《治安管理处罚法》予以处罚;构成犯罪的,依法追究刑事责任。

同级人民政府人事部门和上一级公安机关对公安机关执行辞退制度的情况有权进行监督。

被辞退人员的所在单位应当及时收回其使用的枪支、警械、警用标志、工作证件和其他警用物品。

二、人民警察的退休

《公安机关组织管理条例》第 39 条规定:"公安机关人民警察达到国家规定的退休年龄或者完全丧失工作能力的,应当退休。公安机关人民警察符合国家规定的提前退休条件的,本人自愿提出申请,经任免机关批准,可以提前退休。"

《公务员法》第 92 ~ 94 条对公务员的退休制度作出了规定。

(一)提前退休的条件

根据《公务员法》第 93 条的规定,公务员符合下列条件之一的,本人自愿提出申请,经任免机关批准,可以提前退休:(1)工作年限满 30 年的;(2)距国家规定的退休年龄不足 5 年,且工作年限满 20 年的;(3)符合国家规定的可以提前退休的其他情形的。

(二)退休后的待遇

《公务员法》第 94 条规定:"公务员退休后,享受国家规定的养老金和其他待遇,国家为其生活和健康提供必要的服务和帮助,鼓励发挥个人专长,参与社会发展。”

《公安机关组织管理条例》第40条规定:“公安机关人民警察退休后,享受国家规定的退休金和其他福利待遇。”

思考题

1. 我国人民警察的警种是如何设置的?
2. 人民警察的考核侧重哪些方面?
3. 简述人民警察的奖惩制度。
4. 简述不同警种人民警察的教育培训内容。
5. 简述人民警察的辞职、辞退与退休条件。

参考书目

[1]钟勇生、蔡国芹主编:《人民法院司法警察制度改革与发展研究》,法律出版社2011年版。

[2][美]史旺生、[美]特里托、[美]泰勒:《警察行政管理:结构、过程与行为》,匡萃冶等译,中国人民公安大学出版社2013年版。

[3]中央人民政府驻香港特别行政区联室警务联络部、广东警官学院、香港警务处编:《香港警察:二十一世纪新警政》,群众出版社2013年版。

[4]马亚雄主编:《中国警学基础理论研究综述》,中国人民公安大学出版社2018年版。

第九章　警 衔 制 度

教学重点与难点

1. 警衔等级设置。
2. 评定警衔的标准。
3. 警衔晋升的种类。
4. 实施警衔制度的要点。

警衔制度是关于警察衔级的基本规范的总称。1992 年 7 月 1 日我国颁布《人民警察警衔条例》,1992 年 9 月颁布《评定授予人民警察警衔实施办法》《人民警察警衔标志式样和佩带办法》(2000 年 8 月 18 日国务院第二次修订),1993 年 12 月公安部联合国家安全部、司法部、最高人民检察院和最高人民法院联合颁布的《人民警察警衔工作管理办法》成为现行的人民警察警衔管理工作的主要依据。

第一节　人民警察警衔制度概述

一、警衔和警衔制度

(一)警衔和警衔制度的定义

根据《人民警察警衔条例》的规定,警衔是区分人民警察等级、表明人民警察身份的称号、标志,是国家给予人民警察的荣誉。也就是说,警衔是人民警察特有的标志,既是表明人民警察身份的外在符号,也是国家给予人民警察的特殊荣誉。

警衔制度是指对警察个人工作能力、表现、成绩等方面进行评价并以此确定警察衔级的基本规范的总称。主要包括警衔名称、警衔等级的设置、授衔范围与标准、警衔的变动、警衔的审批权限及主管部门等。

(二)警衔制度的历史发展

现代警察警衔制度发端于西欧。1829 年英国创立现代职业警察,法国等西欧国家相继创建职业警察组织,即建立了警衔制度。此后,世界各国也相继实行了各不相同的衔级制度,并逐渐形成国际通行的一种警察管理制度。

我国人民警察警衔制度的建立和发展经历了曲折反复的过程。中华人民共和国成立伊始,中央公安部和中央财政部即开始研究人民警察的等级、服装、津贴、徽章等问题。经过一段时间的酝酿,1956 年,党中央原则同意第一任公安部部长罗瑞卿《关于在人民警察中实施警衔制度几个问题的请示报告》和公安部起草的《人民警察警衔条例(草案)》。按此草案,人民警察警衔分为警长、警士两等,实行"二等六级警衔制"。但由于当时人民警察队伍刚刚组建,人员组成相当复杂,机构体制、人员编制等均未确立,实行警衔制度的时机并不成熟。1983 年 11 月 10 日,公安部再次向党中央、国务院作了《关于人民警察实行警衔制度的报告》,由于历史的原因,该警衔条例未能正式颁布实施。

1991 年 12 月 23 日全国人大常委会第二十三次会议对条例草案进行了审议。为了加强人民警察队伍建设的革命化、现代化、正规化、职业化建设,增强人民警察的责任心、荣誉感和组织纪律性,有利于人民警察的指挥、管理和执行职务,1992 年 7 月 1 日,全国人大常委会第二十六次会议审议通过并颁布实施《人民警察警衔条例》,确立总警监、警监、警督、警司、警员五等十三级警衔制度,这标志着我国人民警察警衔制度的正式建立。1992 年 9 月,国务院对公安部《评定授予人民警察警衔实施办法》进行了批转,这意味着警衔评授工作进入实施阶段。1993 年 12 月 24 日公安部、国家安全部、司法部、最高人民检察院、最高人民法院制定了《人民警察警衔工作管理办法》,1995 年 2 月 28 日通过的《人民警察法》,使得警衔制度在法律上被确立。2000 年 8 月 18 日国务院发布第二次修改的《人民警察警衔标志式样和佩带办法》,标志着人民警察警衔制度的进一步完善。

二、实行警衔制度的意义

警衔制度对于促进现代警务机制健康高效运行,推动我国改革开放的深入发展,促进社会政治经济形势的全面稳定,加强人民警察队伍建设,提高警察执法能力,开创警政工作新局面发挥了重要的影响和作用。警衔制度对于警务工作的重要意义主要包括以下几个方面:

(一)实行警衔制度有利于完善人民警察队伍管理制度

人民警察的任务决定了人民警察队伍必须具有高度的组织纪律性,能够统一指挥,快速反应,整体作战,连续作战。实行警衔制度,能够简明地显示人民警察的隶属关系,在表明国家公务员身份的基础上突出了人民警察队伍的特点,有利于人民警察队伍的管理和指挥,并能激发人民警察的进取献身精神,有利于树立人民警察的形象和执法权威,使依法治警、从严治警得到有力的保证。

(二)实行警衔制度有利于人民警察队伍的集中统一指挥

人民警察的性质、任务和工作特点决定了人民警察队伍必须实行等级管理,坚决服从命令,听从指挥,有高度的组织纪律性。由于人民警察职务有了明显的表明身份的等级标志,等级容易识别,不仅在正常情况下能协调人民警察的等级秩序,而且在处置暴力犯罪、群体性事件、火车颠覆、民航空难、森林大火、洪涝灾害等各种突发事件和灾害事故中,在隶属关系不清的情况下,按照警衔级别下达指令,有利于统一指挥协同作战,以弥补职务等级制度在实战指挥中的缺陷。

(三)实行警衔制度有利于人民警察队伍正规化、科学化建设

人民警察的性质决定了这支队伍必须按照正规化建设的要求,严格教育,严格训练,严格管理,严格纪律,使队伍管理制度化、规范化。实行警衔制度,正是加强人民警察队伍正规化建设的重要路径。警衔制度按照人民警察职务等级编制警衔,并对各个衔级的人民警察规定了不同的条件,确定了不同的审批权限,明确了领导关系。

(四)实行警衔制度有利于增强人民警察的责任感和荣誉感

警衔是党和国家授予人民警察的荣誉,是人民警察地位、荣誉、权力的象征。它能激励人民警察增强责任心和组织纪律性,促使人民警察更加珍惜荣誉,明确自己所肩负的责任,时时处处以人民警察的标准严格要求自己,规范自己的言行,奋发向上,更加自觉地为国家的长治久安建功立业。同时,人民警察佩带的等级符号、标志,具有公开性的特点,便于人民群众和社会各界进行监督。

(五)实行警衔制度有利于人民警察进行国际交流与合作

国际交流与合作注重对等原则,警衔制度作为被国际社会确认的警察等级形式,是各国通行的警察制度。随着全球化发展,我国警察与国外警察交流机会不断增多,实行警衔制度既可以与国际惯例接轨,也有利于对外进行警务交流与合作。

第二节 警衔制度的基本内容

一、警衔等级的设置

目前世界各国和地区的警衔衔级设置,大致有以下三种类型:(1)将、校、尉、士

型，即指警衔名称、等级设置等与军衔基本相似，大多以“将、校、尉、士”作为等级称谓。朝鲜、越南、泰国、沙特阿拉伯、意大利、比利时、西班牙以及非洲、拉丁美洲等均属于此种类型，但有些国家和地区在警衔前冠以“民警”或“警察”以与军衔相区别。(2)非将、校、尉、士型。采用这种警衔类型的主要有英国、日本、韩国、德国等，我国警衔设置也属于此类型，这类警衔在衔级的名称上，可分为四种情况。第一种是以英国为代表的许多英联邦国家，采用警察总监、警司、警督、警长、警员等衔级。第二种是以德国为代表的一些国家和地区，衔级名称比较简明。如德国警察衔级设四等：警监、警督、警长、警员，每等分为四级。我国台湾地区警衔设三等：警监、警正、警佐，每等分为四级。第三种是以日本为代表的少数国家和地区，不分等，设九个衔级，即：警视总监、警视监、警视长、警视正、警视、警部、警部补、巡查部长、巡查。第四种是以法国为代表的少数国家和地区，把警察分为两类，每类各设若干级。如法国分为警官和保安官两类，共11个衔级。警官分为特级和一级至三级；保安官分为一级至六级和见习保安官。[①] (3)混合型，即把将校尉与警官、警察等结合起来使用，或者把担任的职务等级与警衔融为一体。美国、丹麦、冰岛等属于这种类型。

(一)警衔等级

我国人民警察警衔的设置为五等十三级：

表9－1　我国人民警察警衔

<table>
<tr><th>五等</th><th>十三级</th><th>类别</th></tr>
<tr><td>一等</td><td>总警监
副总警监</td><td rowspan="2">高级警官</td></tr>
<tr><td>二等</td><td>一级警监
二级警监
三级警监</td></tr>
<tr><td>三等</td><td>一级警督
二级警督
三级警督</td><td>中级警官</td></tr>
<tr><td>四等</td><td>一级警司
二级警司
三级警司</td><td rowspan="2">初级警官</td></tr>
<tr><td>五等</td><td>一级警员
二级警员</td></tr>
</table>

① 朱健雄：《国内外警察制度溯源及警衔制度概况》，载《武汉公安干部学院学报》2008年第4期。

担任专业技术职务的人民警察的警衔，在警衔前冠以“专业技术”。

(二)职务等级编制警衔

我国人民警察实行警察职务等级编制警衔，即依据人民警察职务等级确定编制警衔。根据《人民警察警衔条例》，我国人民警察编制警衔如下：

1. 行政职务与警衔。担任行政职务的人民警察实行下列职务等级编制警衔：

(1)部级正职：总警监；

(2)部级副职：副总警监；

(3)厅(局)级正职：一级警监至二级警监；

(4)厅(局)级副职：二级警监至三级警监；

(5)处(局)级正职：三级警监至二级警督；

(6)处(局)级副职：一级警督至三级警督；

(7)科(局)级正职：一级警督至一级警司；

(8)科(局)级副职：二级警督至二级警司；

(9)科员(警长)职：三级警督至三级警司；

(10)办事员(警员)职：一级警司至二级警员。

2. 技术职务与警衔。担任专业技术职务的人民警察实行下列职务等级编制警衔：

(1)高级专业技术职务：一级警监至二级警督；

(2)中级专业技术职务：一级警督至二级警司；

(3)初级专业技术职务：三级警督至二级警员。

二、评定授予警衔的范围

根据《评定授予人民警察警衔实施办法》的规定，评定授予警衔的人员，必须是属于人民警察建制的在编在职的人民警察。凡不具有人民警察性质的单位和不担任人民警察职务的人员，不实行警衔制度。

(一)评定授予警衔的人员

一是各级公安部门(包括公安部门设在铁道、交通、民航、林业部门的公安机构)、国家安全部门和监狱中从事指挥决策、监督保障和业务工作的人民警察。具体来讲，从事指挥决策工作的是指担任各级领导职务以及在办公厅(室)指挥中心、机要通讯等单位工作的人民警察；从事监督保障工作的是指政工、纪检、监察、审计和警用装备物资、警察经费管理、机关行政管理等单位工作的人民警察；从事业务工作的是指在侦查、情报、治安行政管理、预审、保卫、监管改造、强制隔离戒毒、科研技术管理、法治、外事等单位工作的人民警察。

二是各级人民法院、人民检察院的司法警察，具体是指人民法院、人民检察院中直接管理司法警察并担任司法警察职务的人员和从事提解、押送案犯、送达法律文书、传唤当事人、拘留、拘传、搜查、遣送、逮捕和其他强制措施，警卫法庭，执行死刑等工作的司法警察。

三是警察专业技术单位、院校、报社、医院中担任人民警察职务的人员。警察专业技术单位中担任人民警察职务的人员，具体是指科研所的领导成员、所办公室、科研保障、政工部门以及从事现场勘验、刑事技术鉴定、警用装备器械科研工作的人民警察；警察院校中担任人民警察职务的人员，是指院校的领导成员、警察教官以及院校办公室、教学管理、教学保障、政工部门的人民警察；警察报社中担任人民警察职务的人员，是指报社的领导成员、办公室、政工部门的人民警察和负有现场采访报道任务的记者、编辑；警察医院中担任人民警察职务的人员，具体是指公安医院、安康医院（专门收治严重危害社会治安的精神病人的医院）监狱、强制隔离戒毒所医院的领导成员和执行警察职务的治疗监护管理人员。

上述在编在职具有干部身份或者公务员身份的人民警察属于评授警衔的范围。警察专业技术单位、院校、报社、医院的附属单位，如出版社、印刷厂、食堂等单位的人员，均不属于评授警衔的范围。

（二）不评定授予警衔的人员

已批准离休、退休的人民警察；不服从组织分配、拒不到职的人民警察；已决定调离人民警察工作岗位的人员；企业单位的人员；事业单位中不担任人民警察职务的人员；群众性学术团体的人员；合同制民警；所有工勤人员；其他不担任人民警察职务的人员。

三、首次评定授予人民警察警衔的标准

（一）担任行政职务的人民警察依据下列标准评定授予警衔

1. 正部级职务人员：可授予总警监。

2. 副部级职务人员：可授予副总警监。

3. 正厅级职务人员：现任部长助理职务的，德才表现较好，可授予一级警监。其他正厅级职务人员，德才表现较好，任现职满 3 年、参加工作满 30 年的，或者任现职不满 3 年、参加工作满 35 年的，可授予一级警监；其余的可授予二级警监。

4. 副厅级职务人员：德才表现较好，任现职满 6 年、参加工作满 22 年的，或者任现职满 3 年、参加工作满 30 年的，或者任现职不满 3 年、参加工作满 35 年的，可授

予二级警监;其余的可授予三级警监。

5. 正处级职务人员:现任省会(自治区首府)市和人口较多、治安任务重的地级市公安局局长,德才表现较好,任现职满3年、参加工作满22年的,或者任现职不满3年、参加工作满26年的,可授予三级警监;其余的可授予一级警督。其他正处级职务人员,德才表现较好,任现职满5年、参加工作满32年的,或者任现职不满5年、参加工作满38年的,可授予三级警监;任现职满3年、参加工作满18年的,或者任现职不满3年、参加工作满22年的,可授予一级警督;其余的可授予二级警督。

6. 副处级职务人员:德才表现较好,任现职满3年、参加工作满22年的,或者任现职不满3年、参加工作满26年的,可授予一级警督;任现职满3年、参加工作满16年的,或者任现职不满3年、参加工作满20年的,可授予二级警督;其余的可授予三级警督。

7. 正科级职务人员:现任县(市)公安局和地级市下设的公安分局的局长、政委,德才表现较好,任现职满3年、参加工作满22年的,或者任现职不满3年、参加工作满26年的,可授予一级警督;其余的可授予二级警督。其他正科级职务人员,德才表现较好,任现职满5年、参加工作满32年的,或者任现职不满5年、参加工作满38年的,可授予一级警督;任现职满2年、参加工作满20年的,或者任现职不满2年、参加工作满24年的,可授予二级警督;任现职满2年、参加工作满10年的,或者任现职不满2年、参加工作满14年的,可授予三级警督;其余的可授予一级警司。

8. 副科级职务人员:德才表现较好,任现职满2年、参加工作满26年的,或者任现职不满2年、参加工作满30年的,可授予二级警督;任现职满2年、参加工作满16年的,或者任现职不满2年、参加工作满20年的,可授予三级警督;任现职满2年、参加工作满8年的,或者任现职不满2年、参加工作满12年的,可授予一级警司;其余的可授予二级警司。

9. 科员(警长)职务人员:德才表现较好,参加工作满30年的,或者现任县(市)公安局股、所、队长,参加工作满22年的,可授予三级警督;参加工作满18年的,或者现任县(市)公安局股、所、队长,参加工作满14年的,可授予一级警司;参加工作满8年的,或者现任县(市)公安局股、所、队长,不具备授予一级警司条件的,可授予二级警司;其余的可授予三级警司。

10. 办事员(警员)职务人员:德才表现较好,参加工作满20年的,可授予一级警司;参加工作满12年的,可授予二级警司;参加工作满8年的,可授予三级警司;参加工作满4年的,可授予一级警员;其余的可授予二级警员。

(二)担任专业技术职务的人民警察依据下列标准评定授予警衔

1. 教授、研究员等高级专业技术职务人员:德才表现较好,在专业技术工作中作出特别突出贡献，同时任现职满 8 年的，或者任现职满 3 年、参加工作满 30 年的，或者任现职不满 3 年、参加工作满 35 年的，可授予一级警监；任现职满 8 年的，或者任现职满 3 年、参加工作满 30 年的，或者任现职不满 3 年、参加工作满 35 年的，可授予二级警监；其余的可授予三级警监。

2. 副教授、副研究员等高级专业技术职务人员：德才表现较好，在专业技术工作中作出突出贡献，同时任现职满 5 年、参加工作满 32 年的，或者任现职不满 5 年、参加工作满 38 年的，可授予二级警监；任现职满 5 年、参加工作满 32 年的，或者任现职不满 5 年、参加工作满 38 年的，可授予三级警监；任现职满 3 年、参加工作满 18 年的，或者任现职不满 3 年、参加工作满 22 年的，可授予一级警督；其余的可授予二级警督。

3. 讲师、助理研究员、工程师等中级专业技术职务人员：德才表现较好，任现职满 5 年、参加工作满 24 年的，或者任现职不满 5 年、参加工作满 30 年的，可授予一级警督；任现职满 3 年、参加工作满 18 年的，或者任现职不满 3 年、参加工作满 22 年的，可授予二级警督；任现职满 2 年、参加工作满 12 年的，或者任现职不满 2 年、参加工作满 16 年的，可授予三级警督；任现职满 2 年、参加工作满 6 年的，或者任现职不满 2 年、参加工作满 10 年的，可授予一级警司；其余的可授予二级警司。

4. 助教、研究实习员、助理工程师等初级专业技术职务人员：德才表现较好，任现职满 3 年、参加工作满 22 年的，或者任现职不满 3 年、参加工作满 26 年的，可授予三级警督；任现职满 2 年、参加工作满 10 年的，或者任现职不满 2 年、参加工作满 16 年的，可授予一级警司；参加工作满 6 年的，可授予二级警司；其余的可授予三级警司。

5. 技术员、实验员等初级专业技术职务人员：德才表现较好，任现职满 2 年、参加工作满 12 年的，或者任现职不满 2 年、参加工作满 18 年的，可授予一级警司；参加工作满 10 年的，可授予二级警司；参加工作满 6 年的，可授予三级警司；其余的可授予一级警员。

四、授予警衔的依据

《人民警察警衔条例》第 11 条规定："授予人民警察警衔，以人民警察现任职务、德才表现、担任现职时间和工作年限为依据。"

其中，"现任职务"，是指按干部管理权限由主管部门正式任命的职务，不是指临时委派或暂时指定代理的职务。"德才表现"，是指人民警察政治品质、思想觉悟、遵纪守法、联系群众、实事求是、公道正派、廉洁奉公、英勇献身等表现和知识化、专业化程度，实际工作能力，执法水平。"担任现职时间"，是指现任职务从其主管部门正式下达任命通知之日起计算的任职的时间。连续担任同一等级职务的时间可以合并计算。“工作年限”,是指按国家有关规定计算的正式参加工作时间的总和。工作满12个月为工作年限1年。

由于编制警衔以职务等级为依据,除部级正职为总警监,部级副职为副总警监是一行政职务对应一警衔外,其他职务等级编制警衔幅度内均有两个以上衔级。加之警衔授予不仅以现任职务为标准,还要参照德才表现、担任现职时间和工作年限综合评定。现实情况中便出现了“一职多衔、一衔多职”的情形和少数职务高者在警衔上低于职务低者的现象。“一职多衔”是指担任同一行政职务的人民警察,可以有不同的警衔。例如,同样是科长,其警衔可能是一级警督、二级警督、三级警督或者一级警司。“一衔多职”是指同一警衔的人民警察,其所担任的职务不尽相同。例如,同样是三级警监,其行政职务可能是副厅(局)长,也可能是处长。上一个职务的低档警衔与下一个职务的高档警衔相交叉。

《人民警察警衔条例》实行“一职多衔”、“一衔多职”和不单按职务授衔,从而有利于缓解基层行政职位紧缺、上升渠道狭窄等矛盾,有利于调动大多数民警的积极性,有利于现代警务机制健康高效运行。当出现少数职务高者在警衔上低于职务低者的现象,可根据《人民警察警衔条例》第5条“当警衔高的人民警察在职务上隶属于警衔低的人民警察时,职务高的为上级”的规定解决。

五、晋升警衔

晋升警衔是指人民警察依照警衔条例的有关规定由现任衔级调任到较高一衔级。根据《人民警察警衔条例》和《人民警察警衔工作管理办法》的规定,警衔的晋级分为以下五种:

(一)定期逐级晋级

二级警督以下的人民警察,现衔级时间已满晋级的期限,经考核具备晋级条件的,可在其职务等级编制警衔幅度内晋升一级警衔。

1. 晋级的期限:二级警员至一级警司,每晋升一级为3年;一级警司至一级警督,每晋升一级为4年。在职的人民警察在院校培训的时间,计算在警衔晋级的期限内。

2. 晋级的条件:执行国家的法律、法规和政策,遵纪守法;胜任本职工作;联系群众,廉洁奉公,作风正派。

晋级期限届满,经考核具备晋级条件的,应当逐级晋升。

(二)提前晋升

二级警员至一级警司的人民警察现衔级满1年和一级警司至一级警督的人民

警察现衔级满2年，有下列情况之一的，可在其职务等级编制警衔幅度内提前1年或2年晋升一级警衔：

1. 现衔级期间获得一级、二级英雄模范称号和一等功奖励或国家、省级劳动模范称号者；

2. 现衔级期间获三等以上国家自然科学奖、科技进步奖、发明奖的个人或课题的一名主要贡献者；

3. 现衔级期间获得国家和省级政府特殊津贴奖励者；

4. 其他功绩突出者。

（三）择优选升

1995年1月28日，经国务院批准，最高人民法院、最高人民检察院、公安部、国家安全部、司法部印发的《人民警察选升警衔的暂行办法》对选升的原则和条件作了具体规定，“符合人民警察所任衔级时间、任职时间和参加工作时间条件的，根据德才表现和工作实绩，择优选升”，即把参加工作时间也作为选升的必备条件，或只要现衔级达到规定年限的，也可选升。

一级警督以上人民警察，德才表现优秀，现衔级期间年度考核称职，在职务等级编制警衔幅度内，符合下列条件的，可以选升一级警衔：

1. 正厅级职务人员

（1）省以上公安机关的厅（局）长，任二级警监满2年、任正副厅级职务时间满4年、参加工作时间满25年，或者任二级警监满6年的，可以选升至一级警监。

（2）其他正厅级领导职务人员，任二级警监满3年、任现职级时间满2年、参加工作时间满30年，或者任二级警监满6年的，可以选升至一级警监。

（3）正厅级非领导职务人员，任二级警监满4年、任现职级时间满3年、参加工作时间满35年，或者任二级警监满6年的，可以选升至一级警监。

2. 副厅级职务人员

（1）省以上公安机关的副厅（局）长、省会市（副省级建制的城市）公安局副厅级的局长，任三级警监满3年、任现职级时间满2年、参加工作时间满25年，或者任三级警监满6年的，可以选升至二级警监。

（2）其他副厅级领导职务人员，任三级警监满4年、任现职级时间满3年、参加工作时间满30年，或者任三级警监满6年的，可以选升至二级警监。

（3）副厅级非领导职务人员，任三级警监满5年、任现职级时间满3年、参加工作时间满35年，或者任三级警监满6年的，可以选升至二级警监。

3. 正处级职务人员

(1)省会市、人口较多治安任务重的地级市公安局局长,任一级警督满 2 年、任正副处级职务时间满 3 年、参加工作时间满 22 年,或者任一级警督满 6 年的,可以选升至三级警监。

(2)地(市)公安处(局)长、省会市(副省级建制的城市)公安局正处级的副局长和省(自治区、直辖市)公安厅(局)以上机关的处长,任一级警督时间满 3 年、任现职级时间满 2 年、参加工作时间满 25 年,或者任一级警督满 6 年的,可以选升至三级警监。

(3)其他正处级领导职务人员,任一级警督满 4 年、任现职级时间满 3 年、参加工作时间满 30 年,或者任一级警督满 7 年的,可以选升至三级警监。

(4)正处级非领导职务人员,任一级警督满 5 年、任现职级时间满 3 年、参加工作时间满 35 年,或者任一级警督满 7 年的,可以选升至三级警监。

专业技术职务人员警衔择优选升应当符合下列条件:

1. 教授级专业技术职务人员:作出特别突出贡献,同时任专业技术二级警监满 4 年、任现职级时间满 3 年、参加工作时间满 30 年,或者任二级警监满 6 年的,可以选升至专业技术一级警监。

任专业技术三级警监满 4 年、任现职级时间满 3 年、参加工作时间满 30 年,或者任三级警监满 6 年的,可以选升至专业技术二级警监。

2. 副教授级专业技术职务人员:作出突出贡献,同时任专业技术三级警监满 4 年、任现职级时间满 3 年、参加工作时间满 32 年,或者任三级警监满 7 年的,可以选升至专业技术二级警监。

任专业技术一级警督满 4 年、任现职级时间满 3 年、参加工作时间满 32 年,或者任一级警督满 7 年的,可以选升至专业技术三级警监。

(四)晋职晋升

人民警察警衔晋职晋升分为以下两种情况:

1. 当人民警察的职务职级提升后,其警衔可能会低于新职务职级等级所对应的警衔范围,此时就是通过晋职晋升的方式来调整警衔,应当晋升至其新任职务职级所对应警衔的最低衔级。例如,人民警察职务变动前是二级警司警衔,当他提拔为正科级职务时,对照"职务等级编制警衔"的标准,正科级人员最低的警衔级别是一级警司,则这名警员的警衔应当晋职晋升为一级警司。

2. 二级警督以下的人民警察,在职务提升前,其警衔已达到或者超过新任职务等级编制警衔的最低警衔,但现衔级时间已满晋级期限的,应在晋升职务的同时晋升一级警衔。例如，一名人民警察由科员级职务晋升为副科级职务，原警衔是科员级职务对应的最高衔级，即三级警督，且已满4年的晋衔期限，在其提升为副科级职务时，警衔同时晋升为二级警督警衔。

（五）延期晋升

延期晋升是指人民警察的警衔晋级期限已满，且在“职务等级编制警衔”范围内，由于不具备晋级条件而不能正常晋升。根据《人民警察警衔工作管理办法》的规定，二级警督以下的人民警察，有下列情况之一的，应当延期晋升警衔：

1. 受行政警告处分或者党内警告处分的，延期6个月；

2. 受行政记过、记大过处分或者党内严重警告处分的，延期12个月；

3. 受行政降级处分的，延期18个月；

4. 受留党察看处分的，延期24个月；

5. 不胜任本职工作、纪律松弛并造成不良后果的，可延期3～6个月。

人民警察在延期晋升警衔期满后，如确已改正错误，表现好的，可按规定晋升警衔；仍表现不好的，不予晋升。有立功表现或者作出突出贡献的，延期晋升的期限可适当缩短。

非因公致伤或者长期病休的人民警察，现衔级时间已满晋升期限的，应暂缓晋升警衔。连续病休不超过12个月的，从恢复工作之日晋升警衔；连续病休超过12个月的，待恢复工作后重新计算晋升期限（病休前衔级时间加恢复工作后衔级时间满12个月），达到后再晋升警衔。

六、警衔的保留、降级与取消

（一）警衔的保留

人民警察离休、退休，其警衔予以保留，警衔标志和授衔命令证书由本人妥为保管，但不得佩带警衔标志。人民警察调离警察工作岗位或者辞职、辞退的，其警衔不予保留，警衔标志应予收回。

（二）警衔的降级

警衔降级是指人民警察依照有关规定由原衔级调到较低的衔级。人民警察警衔的降级有以下两种情况：

1. 人民警察被调任下级职务，其警衔高于新任职务等级编制警衔的最高警衔的，应当调整至新任职务等级编制警衔的最高警衔。其警衔晋级时间可从降级前的警衔等级算起。原警衔标志应予收回。需要注意的是，这种情况属于人民警察的职级发生变动从而降低警衔，不是处分。

2. 人民警察违反警纪情节严重的，应当给予警衔降级处分。其警衔晋级时间应当按照降级后的警衔等级重新计算，原警衔标志应予收回。这种情况属于纪律处分中的附加处分，应随同其他处分合并使用。

（三）警衔的取消

人民警察警衔的取消，是指人民警察违反了有关法律、法规、条例等，将其警衔取消，使其不再具有人民警察身份的一种行政处分决定。

人民警察被取消警衔的情形包括：人民警察被依法判处徒刑、拘役、管制、剥夺政治权利、免予起诉、免予刑事处分的，或者被开除公职、警籍、党籍的，其警衔相应取消，警衔标志和授衔证书均应收缴。

七、警衔的更换

警衔的更换包括两种情况：

1. 从其他政法部门调入的已评定授予警衔的人民警察，现衔级在其新任职务等级编制警衔幅度之内的，不再办理警衔审批手续，由调入单位在本人档案中注明并办理更换新的警衔标志手续；现衔级需作调整的，应当按照规定的批准权限和程序办理，并更换警衔标志。

2. 已评定授予警衔的人民警察，从行政职务调任专业技术职务，或者从专业技术职务调任行政职务的，现衔级在新任职务等级编制警衔幅度之内的，不再办理警衔审批手续，由调入单位在本人档案中注明并办理更换警衔标志手续；现衔级需作调整的，应当按照规定的批准权限和程序办理，并更换警衔标志。

八、警衔标志式样

1992 年 9 月 12 日国务院发布施行《人民警察警衔标志式样和佩带办法》后，又先后于 1995 年 5 月 16 日、2000 年 8 月 18 日进行了修订，警衔式样也随之改变。

1992 年的人民警察警衔标志：总警监、副总警监为金色橄榄枝环绕金色八角星，警监为金色八角星，警督为金色四角星，警司为金色三角星，警员为金色箭头星。警衔标志佩带在领章上，领章为剑形。担任行政职务的人民警察的领章版面为橄榄色，担任专业技术职务的人民警察的领章版面为银灰色。

1995 年的人民警察警衔标志：总警监、副总警监警衔标志由金色橄榄枝环绕金色四角星组成，警监、警督、警司、警员警衔标志由金色四角星和金色横杠组成。警衔标志佩带在橄榄色肩章上，肩章为剑形。

2000 年的人民警察警衔标志：总警监、副总警监警衔标志由银色橄榄枝环绕银色国徽组成，警监警衔标志由银色橄榄枝和银色四角星花组成，警督、警司警衔标志由银色横杠和银色四角星花组成，警员警衔标志由银色四角星花组成。警衔标志佩带在肩章上，肩章为剑形，分为硬肩章和软肩章。（见图 9－1、图 9－2）

担任行政职务的人民警察的肩章版面为藏蓝色，担任专业技术职务的人民警察的肩章版面为蓝灰色。人民警察着常服、执勤服时，佩带硬肩章；着作训服、制式衬衣时，佩带扣式软肩章；着多功能服时，佩带套式软肩章。人民警察的警衔标志由公安部负责制作和管理。其他单位和个人不得制作、仿造、伪造和买卖、使用警衔标志，也不得使用与警衔标志相类似的标志。

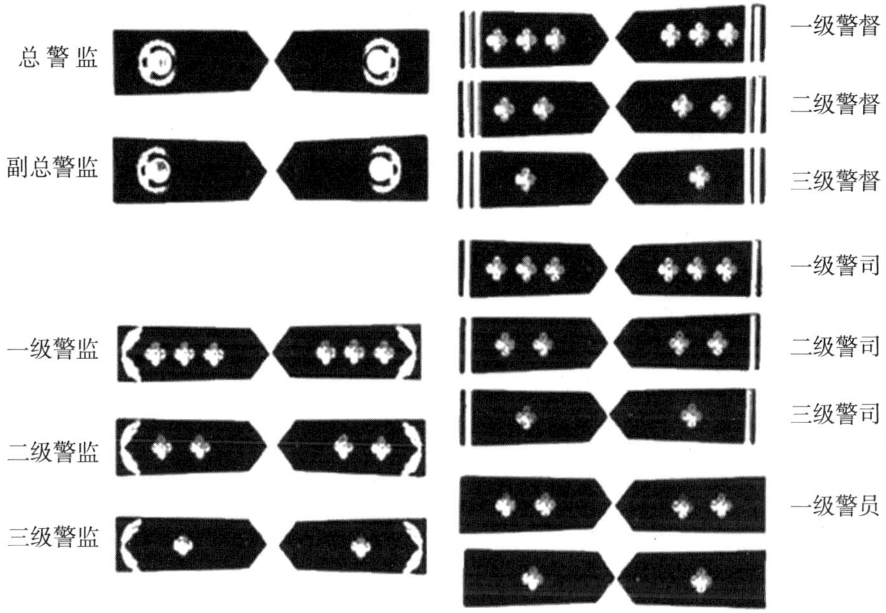

图 9－1　人民警察警衔标志式样（行政）

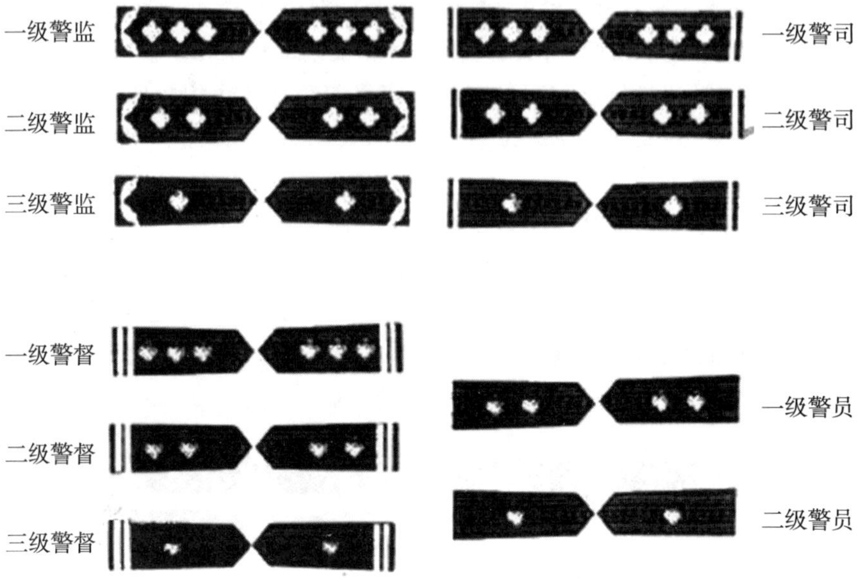

图 9－2　人民警察警衔标志式样(专业技术)

第三节　实施警衔制度的要求

一、严格把控授衔范围

《评定授予人民警察警衔实施办法》中明确规定，评定授予警衔的人员，必须是属于人民警察建制的在编在职的人民警察。凡不具有人民警察性质的单位和不担任人民警察职务的人员，不实行警衔制度。

根据公安部解释，“属于人民警察建制的在编在职的人民警察”，是指经有批准权限的机关批准，由人民警察编制编成的单位内现在担任人民警察职务的人员。警察建制、警察编制、现任警察职务同时具备的，才属于评授警衔的范围，否则就不属于评授警衔的范围。

二、严格执行凡晋必训原则

人民警察警衔晋升的前提条件是必须培训合格。根据《人民警察警衔工作管理办法》的规定，人民警察警司晋升警督，警督晋升警监，需经相应的人民警察院校培训，考试合格后，方可晋升。司法行政系统人民警察警衔晋升培训分别由下列警察院校承担:中央司法警官学院承担警督晋升警监和司法部机关及直属单位警司晋升警督的培训;省、自治区、直辖市司法警官学校,承担本地区警司晋升警督的培训;经司法部审定的地、市司法警官学校,也可承担部分警司晋升警督的培训任务。

各地警务机关需安排即将到期晋升警衔的人员参加警衔晋升培训,培训合格后的警员获得合格证,警衔到期时凭晋衔培训合格证方可办理警衔晋升手续。

在警衔晋升培训过程中,应当严格要求,加强监督,结合人民警察岗位职责进行专项培训,注重发展人民警察专业技能,将警衔晋升培训常态化、制度化、实战化,为提高人民警察素质,加强警察队伍专业性发挥重要的作用。因此,在警衔评授过程中,要特别注重严格培训,坚决杜绝出现晋升不培训或培训不遵守规范的问题。

思考题

1. 实行人民警察警衔制度的意义是什么?
2. 请阐述警衔制度存在的问题与改进措施。

案例分析

某地人民警察李某,警衔为二级警督,衔级满 1 年后,获得市级劳动模范称号,单位为其申请提前 3 年晋升至一级警督,获批后李某因公务繁忙,未参加警衔晋升培训即得以晋升至一级警督警衔,李某的警衔晋升程序是否符合相关规定?

参考答案:

首先,一级警司至一级警督的人民警察现衔级满 2 年才可提前晋升警衔,在其职务等级编制警衔幅度内提前 1 年或 2 年晋升一级警衔,李某衔级满 1 年,提前 3 年晋升不符合警衔条例规定;其次,李某不具备提前晋升警衔的资格,提前晋升警衔情形之一是,人民警察在现衔级期间获得一级、二级英雄模范称号和一等功奖励或国家、省级劳动模范称号者,而非市级劳动模范;最后,晋升警衔的前提条件是警衔晋升培训合格,李某未参加警衔培训不得办理警衔晋升手续。

参考书目

[1]朱健雄:《国内外警察制度溯源及警衔制度概况》,载《武汉公安干部学院学报》2008 年第 4 期。
[2] 冯德文编:《警察学概论》,中国人民公安大学出版社 2013 年版。
[3] 张兆端:《警察文化学》(第 4 版),中国人民公安大学出版社 2016 年版。

第十章 警务保障

教学重点与难点

1. 通过本章的学习，掌握警务保障的含义、特征、功能和基本原则。

2. 了解主要发达国家警务保障的概况。

3. 了解警务保障的主要内容，重点掌握警察政治保障、法治保障、资源保障和职业保障的相关规定和具体内容。

在现代社会，任何组织要维持运行和发挥功能，都离不开人、财、物，以及信息、技术、社会关系等资源。如何获取这些资源并加以优化配置，是每一个组织存在和发展的基础条件和重要任务之一，警察组织也不例外。警察组织和人员要实现法定职能、履行法定职责，必须得到政府、社会、公众的支持和保障，这种保障落实到警务活动中就可以称为警务保障。所谓“兵马未动，粮草先行”，这句古语对开展警务保障工作也具有现实指导意义。当警情发生时，警务保障必须及时甚至提前到位，这样才能保证警察组织和人员顺利实现法定职能、履行法定职责。由此可见，在新时期，加强警务保障的理论体系构建，加快警务保障的实践创新，建设有中国特色的现代化警务保障体系，是一个亟待研究的时代课题。

第一节 警务保障概述

一、警务保障的含义

（一）警务保障的发展历史

警务保障的发展历史是与近代警察的发展历史密不可分的。1829 年，英国在内政大臣罗伯特·比尔的推动下，创建了世界上第一支职业化警察队伍——伦敦大都市警察，拉开了世界第一次警务革命的序幕。人类历史上出现了第一支身着制式服装、享受国家警察薪俸的正规职业警察队伍，现代意义上的警察制度也正式诞生。在这一时期，与当时的社会生产力水平相适应，国家和政府为警察队伍提供的保障也相对粗放简单，主要是设立机构、配备人员、出台法律和制度、提供制式服装、配备简单的警用武器和巡逻马匹、提供警察训练和驻扎的房屋场所，等等。1898年，在风雨飘摇的中国晚清社会，湖南巡抚陈宝箴在维新派重要人物黄遵宪的辅佐下，于长沙成立了第一个警察机构"湖南保卫局"。脱下军装的士兵，穿上稍加改装的警察制服，脖子上挂着警哨，腰中挎着佩刀，四处巡视查看、维持治安。当时警察的保障来源于官府与民众合力，"官民合办，费筹之于民，权分之于民，民食其利、任其责、不依赖于官"①，警察活动所需饷银和物资大都是向民间商贾大户摊派而得。

20世纪20年代初，美国率先发起的警察专业化运动标志着第二次警务革命的到来。紧接着，20世纪30年代，警察专业化改革浪潮席卷欧美主要国家，第三次警务革命兴起。持续到20世纪70年代，西方主要国家接连实现了警察装备技术现代化的目标，各国的警察编制、预算均有巨幅增长，警务装备迅速更新换代，各国警察的整体面貌焕然一新。这是世界警察历史中最辉煌的时期，警察队伍实现了"四个现代化"：车巡代替步巡、通信现代化、计算机革命、个人装备现代化。这一时期的警察形象，是头顶钢盔、肩别对讲机、手持盾牌、腰挎手枪的"机械战警"②。我国的警务保障起步较晚，进入专业化保障时期比西方国家要晚50年左右③。20世纪八九十年代，随着我国改革开放和现代化建设的全面推进，国家财政实力显著增强，国家随之开始大幅增加警察编制、提高警察业务经费，完善发展警察教育培训事业，加快警用装备的研发与配备，加强基层警察机关基础设施建设，不断提升警务活动的科技水平。

20世纪70年代，第四次警务革命兴起。其主要源于美国的社区警务运动，强调社会是产生犯罪的地方，也应该是抑制犯罪的主力军。在这一时期，警务保障不再片面追求较高的警察配备率和高科技的警察装备，开始把警务改革重心放到社区，把社区的人力资源作为增强警力的强大后盾，以警务社会化为突破口，强调警力应以质量胜数量，建立严格的、正规的警察录用训练制度，广泛应用非致命性武器，形成了警察与科技成果高度结合的新工作机制和警务保障模式。在这一时期，我国的警务保障也逐渐突破传统的后勤保障范畴，越来越科学化、系统化。警务保障开始渗透于现代警务活动的各个环节，既是政治、管理、后勤工作，又是经济、服

---

① 黄遵宪：《人境庐诗草笺注》，上海古籍出版社1981年版，第122页。

② 王大伟：《英美警察科学》，中国人民公安大学出版社1999年版，第277页。

③ 程琳主编：《警察法学通论》，中国人民公安大学出版社、群众出版社2018年版，第408页。

务、窗口工作,内容面覆盖政治、法律、警力、科技、信息、经费、装备等多个方面,具有全面性、动态性、层次性、有效性等特点。[①] 2011 年 9 月,公安部召开全国公安装备财务工作会议,明确要求全国各级装备财务部门统一更名为警务保障部门。

(二)警务保障的含义

从世界范围警务保障的发展历史可以看出,警务保障是各国警察体系中不可或缺的一个重要组成部分,主要内容是关于一个国家和政府根据警察机关和警察人员开展警务活动的实际需要,从法律、制度、物资、人力、财政等多方面为警务活动提供一切必要条件。根据《人民警察法》的相关规定,警务保障所涉及的内容是多方面的:既包括确定人民警察的法律地位,明确人民警察职责权限,建立健全警察队伍的管理,保障人民警察有效地进行社会管理的法律保障;也包括各个有关部门对人民警察的工作在物质装备、经费、社会福利等诸方面提供必要的物质保障。[②]在理论界,学者们对警务保障这一概念的界定大体上可以分为两类:一类是狭义的警务保障概念,认为警务保障仅仅是指为警务活动提供人员、资金和物资方面的支持和保证,也就是我们通常所说的"人、财、物"的保障;另一类是广义的警务保障概念,认为警务保障是指对警察机关履行职责、行使职权提供全方位的支持和保证,既有政治方面的保障、法律方面的保障,又有人力资源保障、经费保障、技术装备保障、社会环境保障和人身健康、品德修养及自身安全等个人权益方面的保障。

本书赞成广义的警务保障观点,认为警务保障是政府、公民和其他社会组织为警察机关能够实现法定职能,警务人员能够依法履行职责所提供的一切必要条件和支持活动,其内容涵盖了政治、法律、人力、财政、物资、信息、技术、社会关系等诸多方面。

二、警务保障的特征

(一)双重性

警务保障的双重性可从以下两个方面来理解。一方面,警务保障具有客观性和主观性的双重属性,既涉及某一些客观的社会资源,又体现为一系列主观的社会活动。警务保障的客观性体现在能够为警务活动提供保障的人、财、物、信息、技术等社会资源都是客观存在的,反映了人类社会生产力发展的最高水平,是人类社会所创造的物质财富的集中体现。同时,警务保障的主观性体现在为警务活动提供

---

① 聂国丽:《现代警务保障》,中国人民公安大学出版社 2003 年版,第 3 页。

② 韦杰:《构筑有中国特色的警务保障体制》,载《广西政法管理干部学院学报》1999 年第 4 期。

保障必须通过立法、执法、司法、警民交往等社会实践活动得以实现,这些社会活动是相应的社会主体发挥主观能动性的结果,是人类社会关系的集中反映,在一定程度上也体现了一个国家和社会精神文明的发展水平。另一方面,警务保障具有被动性和主动性的双重属性。警务保障的被动性是指开展警务保障工作时,需要及时针对警务实践活动所反映出来的保障不足之处,进行查缺补漏。由于受国家经济发展水平、国家财政支出结构等因素制约,传统的警务保障往往遵循"缺什么、补什么"的规律,体现出较强的被动性。警务保障的主动性是指开展警务保障工作时,要根据警务活动实践及其发展趋势,在科学预测的基础上,提前做好各项保障,以便有备无患。随着我国社会政治、经济、科技等方面的不断进步与发展,传统的被动警务模式也将逐渐被主动警务模式所取代,警务保障也将逐渐由"被动"走向"主动",这是我国警务保障工作的一个重要发展趋势。

(二)全面性

警务保障的全面性是指警务保障所涉及的各方面内容是一个不可分割的有机整体,必须统筹兼顾,不可偏废。因此,警务保障的一般要求就是以整体保障为主进行协调,局部服从整体,整体统领局部,达到整体最佳的效果。警务保障涉及面广,内容丰富,保障的方式、措施多种多样。从警务保障的范围来看,一是有关警务活动过程的保障,包括警察机关的工作条件,工作秩序的保障等;二是有关人民警察身份的权益保障,包括物质利益、生活待遇、执行职务条件的保障等。从警察保障的具体方式和措施来看,既有行为保障措施,又有物质保障措施。在行为保障措施中,一方面包括人民警察依法应当实施的警务活动的行为,如必须执行上级的决定、命令,拒绝执行超越法定职责范围的指令,对妨害警务活动的行为采取强制措施或处罚方法加以排除等;另一方面是公民和组织对警务活动的支持、协助行为。在物质保障措施中,各级政府和社会各个方面应当为警务活动提供必要的经费、装备、通讯训练设施和基础设施,对人民警察给予与其特殊身份相适应的工资、津贴、保险、福利待遇和抚恤优待等。需要强调的是,对人民警察身份权益的保障,是基于人民警察职务关系产生的,人民警察负有法定的职责,同时享有法定的身份上的权益,只有将这种权益加以保障,警务保障才是全面的、完整的。

(三)动态性

警务活动必须随着社会治安形势、违法犯罪情况的变化而发展,这就决定了警务保障的内涵和标准也要随着时代的发展变化而赋予其新的内容和形式。从本质上来说,警务保障的动态性即要求我们用发展的观点来看警务保障的现实问题。其内涵在于:首先,警务保障的动态性有利于克服传统警务保障灵活性较差的特点，其重点在于及时优化、及时调整以适应当前警务工作的需要，具有较强的灵活性。其次，警务保障的动态性相对于传统警务保障而言更加具备时效性。所谓警务保障的时效性，就是在警务工作中，在什么时刻进行保障，其保障的效率或者保障的有效性更高。动态性要求警务保障工作随着警务工作的发展变化而发展变化，因此警务保障的效率将会大大提高。最后，警务保障的动态性相对于传统警务保障而言，也更加具有经济价值、更加节约保障成本、减少财政支出等特点。

（四）层次性

警务保障的层次性是指警务保障是由不同层次的内容和活动构成的完整体系。在微观层次，即物质保障领域，警务保障工作的核心是警务经费落实、装备物资配发、基层基础建设、综合服务提供以及警力团队构建。在中观层次，即“大保障”体系视野下，核心工作是更加有效地优化资源配置，对现有的资金、装备、设施和技术进行合理的排列组合，促进资源的共建、共享，共用，实现物资条件和警务工作的有机结合。在宏观层次，即本书所指的广义警务保障，包括政治、法律、体制，人力资源、经费、技术装备、社会环境等方面的保障。以上三个层次相辅相成、互为依存，反映了不同视角的警务保障内容。微观层面关注保障能力提升，以民警满意为第一标准，扎实推进经费保障、装备配备、基础建设、综合服务等方面的工作，是中观、宏观的基础和根本保障；中观层面强调规划与协调，以跨区域、跨警种联动机制建设以及各项规划制定落实为重点，推动实现保障政策措施的公开、公正、公平，起着承上启下的作用；宏观层面则是考量体制层面的顶层设计问题，明确发展方略、发展理念以及发展路径，关系到中观和微观决策基本取向的正确性。只有在三个层面上分层把握，实现微观层面全面推进、中观层面重点突破、宏观层而总体要求，警务保障工作才能步入可持续发展的良性轨道。

三、警务保障的功能

作为国家整体警察活动和警务工作的一项重要内容，警务保障在保卫国家、保护群众、保障警务、激励警察等方面都发挥着重要的功能和作用。

（一）国家保护功能

国家保护功能是指国家对推动警务活动的实施所发挥的效能。警务活动实质上是警察机关及其人民警察为实现国家管理的目标，代表国家而实施的管理活动。因此，警务保障必然体现国家保障的基本特性，具有国家保护的功能。从总体而言，该功能应当贯穿于警务保障的全过程，涉及警务保障的各个方面。国家保护功能的具体发挥主要通过两种方式：一是通过国家立法对警务保障的法律地位以及警务保障的具体内容加以规定,使各种社会主体明确其履行警务保障的责任和义务;二是通过国家和各级政府实施的各种警务保障措施和手段,保证警务活动的有效开展,以国家保障为后盾,从而使警察机关及其人民警察增强执法信心,消除后顾之忧,认真履行其警务活动的职责,依法执行职务。

(二)群众参与功能

忠实于人民,全心全意为人民服务,保护人民群众的合法权益,是我国警察机关及其人民警察的根本宗旨。警务活动与人民群众的利益息息相关,人民群众参与警务活动实践,是警务活动的重要特色。警务活动离不开人民群众的支持、协助,这是警务保障的一项不可缺少的内容,它反映了警务保障具有人民群众参与实施的功能。这一功能对于发挥公民和组织在警务保障中的参与作用,特别是对于树立公民和组织支持和协助人民警察依法执行职务,参与警务活动实践的意识,形成警务活动良好的外部保障环境,有着不可低估的作用。

(三)排除妨碍功能

警务活动是警察机关及其人民警察的执法活动,对妨害警务活动的各种情况,需要采取措施加以制止、排除,所以具有杜绝功能。如果缺少这种功能,就可能出现执法过程中的偏差与失误,或发生不执行、错误执行或拖延执行职务的现象;或出现指派人民警察从事非职责范围的工作,使其承担超越法定范围的非警务活动。比如有些地方指派民警参与征粮、收税、卫生检查等现象。因此,警务保障规定对于抵制和拒绝非警务活动,排除对警务活动的干扰和影响,使警察机关及其人民警察集中精力做好本职工作,保证执法的正确性、有效性和权威性,是十分必要的。

(四)有效激励功能

警务保障的重要目的之一,就是调动警察机关及其人民警察的工作积极性和敬业精神,使他们尽职尽责,积极主动地完成任务。《人民警察法》第37~41条对警察机关的经费、装备、设施建设,以及对人民警察身份权益方面的保障规定,其意义不仅仅是明确了警务活动有了坚实可靠的物质基础,人民警察的工作需要、生活需要有了法律上的保障,更重要的是,使人民警察体会到了尊严感和社会责任感。同时,合理的、较为优厚的物质利益保障条件,对促进人民警察廉洁自律,严格执法,激励工作热情,提高工作效率,调动其工作的主动性、创造性有着重要作用。

四、警务保障的基本原则

警务保障的目的在于保障公安机关和人民警察更好地实现国家机器的职能与作用,顺利而又正确地依法行使职权,全心全意为人民服务。警务保障属于警务活动的重要组成部分,因此也属于行使国家公共权力的活动,这就决定了警务保障必须坚持依法进行、科学高效、基层优先、有效监督的原则。

(一)依法进行原则

警察机关作为人民民主专政的重要工具,是政府的一个重要职能部门,属于国家政权架构中行政机关的范畴。同时,警察机关不是一般的行政机关,其特殊的性质和重要的职责决定着它比一般的行政机关有着更重要的地位,发挥着更重大的作用。为保证警察机关法定职能的有效实现,国家必须从立法角度对警务保障的职能、内容、形式和程序加以确认,警务保障工作的开展也必须严格按照法律的规定依法进行。具体而言,警务保障的依法进行原则体现在以下几个方面:

1. 我国的法律法规对警务保障的实施作出了一些原则性的规定。这就要求我们通过完善的立法,科学地设定警务保障的各项标准,从而保证警务保障有法可依,权责明确,警务资源配置合理。比如,《人民警察法》对警务保障的原则、措施和条件等作出了明确的规定。其中,总则第 5 条规定了“人民警察依法执行职务,受法律保护”的原则。第 5 章对警务保障内容作了具体规定,从物质保障条件看,规定了警务活动所必需的经费、装备、设施等保障规范;规定了对人民警察物质利益待遇的保障规范。从行为保障措施来看,规定了对于妨害警务活动的错误决定、命令,有权提出异议;对于超越法定职责范围的指令,有权拒绝执行。《监狱法》总则第 5 条规定:“监狱的人民警察依法管理监狱、执行刑罚、对罪犯进行教育改造等活动,受法律保护。”第 8 条规定:“国家保障监狱改造罪犯所需经费。监狱的人民警察经费、罪犯改造经费、罪犯生活费、狱政设施经费及其他专项经费,列入国家预算。国家提供罪犯劳动必需的生产设施和生产经费。”

2. 在有法可依的前提下,警务保障工作应严格做到有法必依,真正按照法定标准和法定程序科学配置警务资源。依法履行警务保障职能的组织和个人,都应该严格按照法律规定的内容和程序开展警务保障工作。一方面,负责管理和配置警务资源的组织和个人,有义务妥善管理并合理利用警务资源,积极主动地开展警务保障工作;另一方面,其他组织和个人都有义务配合和保障人民警察的执法活动。

3. 任何组织和个人如果违反了警务保障相关法律法规,就会被依法追究责任。一方面,负责管理和配置警务资源的组织和个人不得浪费资源、违反程序乱作为,不得消极怠工、敷衍塞责不作为,更不得贪污腐败、中饱私囊胡作非为。否则,将会受到相应的党纪政纪处分,甚至因为触犯法律而受到法律的严惩。另一方面,拒不配合或妨碍警察执法活动的组织和个人也会受到相应制裁。根据《人民警察法》第 35 条的规定,对于拒绝或阻碍人民警察依法执行职务的行为,依法给予治安管理处罚,直至追究刑事责任等。

(二)科学高效原则

科学高效原则要求在开展警务保障工作时,应该按照警务活动的实际需要,科学合理地配置各类警务资源,在提高警务保障活动质量的同时,尽可能地降低警务保障的成本,实现警务保障活动较高的效率、效益和效能①,即"多、快、好、省"地完成警务保障工作。具体而言,警务保障的科学高效原则体现在以下几个方面:

1. 科学配置警力资源。通常所说的警力,一般指警察人力资源,包括警察人力资源的数量、质量、个体能力三个方面。我国幅员辽阔,人口众多,从总体上来说警力的数量仍相对不足,质量和个体能力都有待提升。这就要求解决好警力的科学计算配置,综合各种因素,科学周密计算,以求最佳配置最佳效果,发挥警察人力资源的最大效能。

2. 科学预算警务经费。警务活动离不开经费,经费保障是警务保障的基础。因此,要做到警务经费的科学预算才能实现保障有力。首先,警察机关的正常办公经费应当由财政部门进行科学预算,监督使用;其次,刑事案件的侦查破案经费应当根据发案情况,提供强有力的经费保障;最后,人民警察的工资、福利、抚恤等要与社会经济发展水平相适应,并适当体现出"从优待警",做到稳中有升。

3. 科学配置警务装备。警务装备的现代化是警务活动的有力武器。因此,警务装备的科学配置要求与一个国家和地区的科技发展水平相适应,政府组织研发最先进的、科技含量最高的警用产品和装备,并用来科学武装警察队伍,以适应违法犯罪的日益高科技化、复杂化的挑战。

4. 科学规划警务基础设施。《人民警察法》第 38 条规定:"人民警察工作所必需的通讯、训练设施和交通、消防以及派出所、监管场所等基础设施建设,各级人民政府应当列入基本建设规划和城乡建设总体规划。"《监狱法》第 9 条规定:"监狱依法使用的土地、矿产资源和其他自然资源以及监狱的财产,受法律保护,任何组织或者个人不得侵占、破坏。"因此,警务基础设施建设要由各级政府依法进行科学规划。同时,要随着城市规模的不断扩大和乡村的城镇化进程,本着利于工作、方便群众的原则,及时合理、科学地规划警察机关的基础设施"改、扩、迁"建设。

(三)基层优先原则

我国警力的现状一方面是警力不足,另一方面是在警察机关内部呈"倒金字

---

① 效率、效益和效能,即通常所说的"3E"标准。效率一般要求单位时间内较多的产出;效益则是指用尽可能少的成本获得较高的收益(也称经济);效能则是指在最大程度上达成既定目标。

塔”形状，加剧了基层民警力量薄弱不堪重负的状况。这种现状既造成基层警察超负荷工作，影响到他们的身心健康，又会给基层警察的执法质量带来负面影响。警察作为高危职业之一，每年都有数以百计的民警因公牺牲，其中绝大多数是一线民警。因此，警察装备财务工作要坚持服务中心工作，紧紧围绕“三项建设”，进一步加大对信息化建设、社会治安防范体系建设、社会管理创新、执法规范化建设的保障力度，着力夯实警务工作长远发展的根基，要坚持服务基层一线，重点向广大处于工作第一线的基层民警倾斜，切实提升基层警务保障水平。警务保障作为保障基层民警安全的重要工作之一，不能有半点马虎和松懈，必须精确到位、切实有力。

（四）有效监督原则

警务保障工作严格做到有法必依还要求警务资源的配置要公开透明。具体地讲，就是各项资源（尤其是人力和财力资源）配置的理由、去向、利用效果等要向权力机关及时主动汇报，要向社会进行必要的公布，从而接受全方位的监督，从根本上保证有限的警务资源能够真正配置到位，并合理利用，发挥出最佳效能。警务保障的资源来自各级政府的财政转移支付，从更加宏观的角度来说，这些资源来自纳税人的支持。警务保障必须置于严格的监管和审计框架之下，对每笔投入都要进行管控，既要保证会用经费，也要确保经费用得合法、合理，监督管理必然是统筹安排、计划实施的有效途径。

五、主要发达国家警务保障概况

西方发达国家经济社会发展水平和科学技术水平较高，警务保障起步早，水平高，一些有益的经验值得我国借鉴。下面对美国、英国和日本三个国家的警务保障情况作简要介绍。

（一）美国警务保障概况

美国共有 1.2 万个警察机构，3080 个法警部门，全国共有警察约 75 万人，加文职人员共约 110 万人。[①] 美国的警察体制是自下而上形成的体系，郡、市、州和联邦都有自己独立的警察队伍，相互之间没有隶属和领导关系。美国警务保障具有以下特点：

1. 经费多种渠道。警局的绝大多数经费来源于同级财政，联邦和州只有极少一点转移支付。转移支付一般要有明确的项目为支撑，且申请过程非常严格。比如，联邦政府设有制止酒驾的专项转移支付，但各地需要自行申请，阐述理由，并有明

---

① 么子国、马骁：《美国警务保障工作情况及启示》，载《现代世界警察》2016 年第 5 期。

确的绩效目标,审计署每年组织专项转移支付使用情况审计,达不到绩效目标的将被取消。同时,警察相关非政府组织要想申请联邦、州或地方警局经费,也面临着众多的竞争对手,必须有目标、有结果、有详细材料支撑,才能申请到经费。

2. 装备采购灵活。警用装备的采购机制非常灵活,除一定金额以上的大型装备、涉密系统、手段建设外,单警装备和一些小型装备都是警员根据本人需求,到专门的装备零售门店自行采购,凭发票回单位报账。有的直接将经费包干到个人,由警员自行支配使用。

3. 决策人人参与。美国体制"自下而上"的特点也体现于警务保障工作和警务保障管理体制中。警察局中,各位警员既是装备的使用者也是装备的"研究者",主动思考现有装备的问题和不足,积极参与到装备的选择、测试、改进中,实现了决策人人参与、使用人人有责。灵活多样、参与度高、以人为本的体制机制,为美国警务保障工作注入了生机和活力。

4. 培训贴近实战。美国新任警员一般有 20 ~ 24 周的初任培训,在职警员每年 40 课时的脱产培训。北弗吉尼亚州警察培训学校的警员培训非常注重战术技能和装备使用实战培训,设置了全身搜查、肢体搏斗、持枪上铐、徒步追捕、行车阻拦、刀具防御等 22 项战术课程培训,应对被喷辣椒水后执法、漆黑或路面湿滑环境下开车追捕等场景、情形和极端条件下培训,警员作为目击证人出庭作证的培训。费城警察局拆弹队一年拆弹 1100 多次,多次赴以色列等地培训,并利用自制炸药模拟真实场景培训。如培训车内排爆项目,则购置老旧汽车,装上常见车内炸弹,进行真实场景下的演练。

5. 警察待遇优厚。新泽西州警察年薪约达 9 万美元,高于软件工程师平均收入;纽约市警察人均年薪略低,约为 6 万美元,但也高于该市平均收入水平。除工资外,还有加班费以及终生医疗保险,工作 25 年即可退休,享受总收入 65% 的退休金。同时,对牺牲警察的抚恤较好。警察牺牲后,其妻子每月能获得 40% ~ 60% 的工资作为抚恤金,直到牺牲警察预定退休年龄;若服役满 25 年,其妻子能终生享受抚恤。

6. 社会力量完善。美国的非政府组织历史悠久、发展成熟,警察相关非政府组织种类众多、功能强大,为警务工作开展和事业发展起到了重要推动作用。比如,警察新任、在职培训由警察学院承担,招警、晋升考试由国际人力资源协会承担,立法游说、工作宣传、装备展览等由国家法警协会承担,警用装备市场调研和推广应用由警察管理论坛承担,与社会企业的公关协调、警民关系互动等由基金会承担。纽约市警察局利用基金会"种子基金"四两拨千斤,推动防弹背心配备和刑事侦查数据库更新,节省了警察局经费支出。

（二）英国警务保障概况

在西方发达国家中,英国的警务保障建设理念和做法具有鲜明的特色。根据《1919年警察法》的规定,英国形成了以“四统一”为主要特征的警务保障体制,即统一全国警察工作待遇、统一为每名警察提供免税的住房补贴、统一为每名警察提供一套免费住房、统一拨款标准。[①] 英国警方在警务保障方面长期形成了一整套“精确、规范、科学、高效”的运作机制,具有以下主要特点。

1. 警务保障理念注重以人为本,强调安全健康、交流合作。英国国内种族众多,不同地区的文化、语言、宗教信仰差异很大。因此,英国警方在警务活动中非常注重“平等、多元和尊重人权”的核心理念。他们注重通过多元化管理为社会服务、为警队服务,在细节上处处体现“平等平和、相互尊重”的总体要求,竭力避免歧视行为。如为警队中的印裔警员设计专用头巾,尊重其文化传统;为穆斯林警员单独设置祷告室,尊重其宗教信仰等。这些做法有效加强了警队内部的种族融合和团结,有利于警方更好地为多元社会服务。他们充分关注警员的安全健康,如在警用车辆研发中引入了“One Box”理念,即警用装备的研发在强调“简洁、安全、实用”的同时,还强制要求在生产制造环节中一次性完成,所有警车必备的设备全部在生产过程中一次安装配备到位。此外,他们还十分注重交流合作,各区域、各部门、各警种在重大事件处置过程中,彼此注重加强警务保障的沟通协作,对一些涉及危机处理的必要装备、培训、服务等都尽量共建共享。由此,在提高警务保障整体绩效的基础上,将有限的经费、装备投入警务工作最急需的地方。

2. 警务保障工作注重整合高效,强调专业运作、鼓励激励。英国警务保障遵循“整合高效、精简实用”的原则,除了通常意义上的行政运行、被装装备研发、房屋设施维修等保障工作外,还将人力资源、组织训练、绩效评估等工作都纳入其中,体现了“警务大保障”的思路。目前,英国警务保障工作大多是委托社会有资质的专业公司实行社会化管理,近年来甚至将人力资源管理、财务会计等工作也外包管理,在节约经费、整合内部资源同时,最大限度地提高了服务水准和保障效率。此外,英国警方内部承担警务保障工作的都是通过严格招募程序进入警队的文职人员,其专业素养非常高,警方也有意识在一些重大突发事件的处置中发挥他们的作用。如在2005年伦敦地铁爆炸案、2006年Inswick谋杀案的处置中,他们均直接参与了受害者家属临时管理小组工作。他们在职务晋升、工作评估等方面可以获得与警

① 赵炜:《外国警察体制比较研究》(上),载《公安教育训练》2016年第7期。

员同样的认可，从而也具备了职业生涯的上升空间。

3. 警务保障建设注重节俭实用，强调运转有序、效能至上。英国警方办公用房普遍历史悠久，办公设施和工作条件相对来说较为简陋。近年来，受欧债危机等因素影响，很多地方的警务经费投入实际处于负增长状态。同时，地方政府还继续要求每年必须压缩10%的预算开支，更加剧了经费困难。据介绍，英国现有许多规模较小、经费有限的地方警察局大都采用分期付款租赁的方式解决办公用房，办公条件甚至不如我国一般区县公安机关。一些地方警察配发制式服装的品种、数量要取决于当地预算经费的保障力度。不过，英国警方一直秉承"节俭实用、运转有序、效能至上"的原则，各单位、部门场所硬件设施都非常完善，办公设施养护良好，秩序井然有序，人员着装整洁规范，警务保障高效有力，充分体现了英国警方严谨、认真、细致的作风以及守制度、按规划、循程序的"民族特征"。

4. 警务保障目标注重服务实战，强调充分保障、科技支撑。英国警务保障活动大多围绕一线部门、紧急突发事件处置而开展。他们依据实战需要特别强调做好"四项保障"：首先是经费保障，联邦政府预留部分预算经费，专项用于重大、跨区域突发事件发生后的紧急响应活动支出；其次是资源保障，警察局作为执行主体，提供人力支持，并通过向支持部门提出请求而获得相应的人力、装备和技术等方面的支持；再次是信息保障，通过建立全国警务联络中心（PNICC），制定国家警察调动预案（PUMP），使各类应急信息在重大事件发生后第一时间得到更新共享；最后是技术保障，通过畅通统一的通信网络，规范一致的工作标准，提高网络利用率，确保联系高效便捷，指挥统一灵活。此外，英国警方还在国家层面建立了资产中心数据库，汇集全国范围内警务保障资源基础数据，努力发挥统一调配作用。这些制度安排为英国警方快速处置"洛克比"空难、2011年伦敦骚乱等事件提供了重要的支撑。

5. 警务保障机制注重严格执行，强调监督制约、评估问责。英国法律制度相当完善，政策规定十分具体，警方任何执法行为都能找到相应的法律依据，内部保障管理也能找到明确的政策依据。在国家层面，有"国家委员会"对包括警务保障在内的各项警务工作制定目标，完善业务标准，以此指导地方警局按规定操作，按程序执法，按标准执行。同时，地方警局还要接受上级部门、第三方独立机构，如审计委员会、皇家检察署等部门对其工作、经费进行审计评估，结果将直接影响下一财政年度经费预算的申请，也关系到警局负责人、警员的职位升迁。这些做法，既维护提高了英国警察形象，也保证了其警务保障的质量水平。

6. 警务装备建设注重精良有效，强调科学规划、贴近实战。英国警务装备建设起步早、起点高、投入大，并在几十年的发展过程中渗透到警务活动的方方面面。例如,在打击犯罪方面,英国警方建成了全国统一的重大案件调查系统;在指挥调度方面,建成了功能强大的 TETRA 数字集群指挥系统;在视频监控方面,建成了探头数量约占欧洲 2/3 的城市图像监控系统;在单警装备方面,警车和警察都配备了车牌识别仪、无线执法仪、GPS 全球定位系统等。同时,英国警方十分注重装备的安全性和实用性,并且训练装备与实战完全一样。制式警车一般装有防弹玻璃、防爆轮胎和加厚钢板;警用枪械包括狙击步枪、冲锋枪、防暴枪甚至机关枪;破拆装备包括电锯、液压剪等;防护装备包括防护服、防弹背心、防暴头盔、盾牌甚至防火服等。这些警用装备的配发不但大大降低了警察面临的风险,而且提高了警察的冲击力、威慑力和处置效率。

(三)日本警务保障概况

日本警察组织分为中央警察部门和都道府县警察部门,并在公安委员会制度下展开工作。中央警察部门是国家警察厅,截至 2018 年,共计 7902 名警察。都道府县警察组织包括都道府县警察本部和警察署等,截至 2018 年,共计 28.88 万名警察。警民比约为 1∶431。[①] 日本警务保障的主要经验有:

1. 以"以人为本"理念为核心的人力资源保障

日本警察人力资源保障的特点可以概括为"以人为本"。该理念意味着日本警务保障既要惠及日本民众生活所需,又要惠及日本警务活动。就前者而言,可以说近些年来日本犯罪率稳定下降的趋势,与日本警察总量稳定增长的趋势不无关联。这也从两个方面影响着日本民众的生活需要:一是犯罪率下降能够提升民众社会安全感,为社会发展营造出安全有序的环境;二是警察数量的增加,有助于提高警察为民众提供及时有效服务的可能性。此外,警务保障更是惠及了日本警务工作。一是警力资源数量的适当增加,既有利于缓解警务工作的现实压力,又为警察组织开展更为细致的服务提供可能;二是因需而教的培训制度,有利于日本警察迅速适应未来工作要求,同时又为警察内部交流搭建了公共平台;三是广泛的社会力量整合,为日本警务工作提供了不竭动力。

2. 凸显因职而异,并强调供应完善和发展创新的物力资源保障

物力资源保障是日本警务工作开展的"硬条件"。其特点:第一,对岗位的职责定位是基础。只有职责定位明晰,才能为警务工作提供匹配的保障。以日本机动队和驻在所警察为例,机动队的一项重要职能是打击犯罪,其物力资源保障至少包含警用手枪等武器装备。较之于机动队警察,驻在所警察更偏向于深入基层和服务

---

① 李星昊、李辉:《日本警务保障建设经验及启示》,载《福建警察学院学报》2019 年第 2 期。

民众,其物力资源保障的武装性、暴力性会相应削弱。第二,物力资源完善、充沛,并随时代发展不断创新。例如,随着科技发展,以无人机为代表的一系列新兴科技产品为日本警方执法活动提出挑战,“无人机的应对装置”即时横空出世,压缩了传统警用装备盲区。又如,随着国际化大潮的推进,为避免因言语不通而造成的困窘,日本警察与时俱进,尝试通过高科技产品(翻译机)予以化解,并推广普及,以确保物力资源保障的供应完善和充沛。

3. 确保供应充沛且存在竞争机制的财力资源保障

充足的经费保障,是有效实现警务活动目标的重要前提。日本警察相对充足的经费保障,与以下条件不无关系:一是国家和社会的支持和重视。近年来,随着“世界最安全的日本”战略的贯彻落实以及2020年东京奥运会的筹办准备,日本警察越来越多地受到来自国家和社会的支持和帮扶。二是日本警察有能力回应国家和社会期望。一方面,日本警察拥有确保日本犯罪率持续走低的硬实力;另一方面,日本警察拥有与民众情感交融并获得民众支持信任的软实力。三是经费保障法定化。一方面,日本国家和民众通过法律制度赋予警察组织相对充沛的办公经费;另一方面,日本警察组织在法律制度和职业道德的双重规制下,最大限度地避免了经费使用不合法、不合理等问题。此外,建立在充沛供应基础之上的竞争机制,有助于确保财力资源流向更具价值的方向,不仅注重能力素质和应用价值的绝对方面,更体现为对警察贡献的支持和回馈的相对方面。

4. 以事权设置为基础,强调保障警察工作和生活的制度安排

日本警务保障建设,通过事权的明确划分得到有效实施。一是警务保障离不开事权设置。事权设置是人、物、财力资源保障的重要依据之一,只有在明确中央地方在警务保障中的权力和责任,并通过法律的形式予以公开,其他形式资源保障才能落到实处。二是事权设置需要符合本国国情。日本警察组织建立了相对完善的保障警察日常生活和执法勤务等方面的工作制度、基础设施等,在尽最大可能消除日本警察后顾之忧的同时,提供了一系列激励机制,引导日本警察最大限度地投身于警务工作之中。

相比较而言,由于我国的国体、政体和国情与上述西方发达国家存在较大差异,因此,我国的警务保障工作在发展历程、发展水平和发展背景等方面势必具有鲜明的中国特色。与此同时,我国的警务保障在一些基本内容上也与西方国家存在共同之处。具体而言,中国特色的警务保障包括政治保障、法治保障、资源保障和职业保障四大方面内容。

第二节　政治和法治保障

一、政治保障

（一）政治保障的内涵

警务保障中的政治保障，指的是通过在警察组织确立党的领导和开展思想政治教育等方法，保证警察组织人民民主专政的阶级属性，保证人民警察为人民服务的公仆性质。警务活动政治保障的核心问题是对警察的领导权问题，必须牢固确立中国共产党对人民警察的绝对领导权。这一点是由我国的国家性质、党的阶级性质和警察的政治属性所决定的。在任何国家，警察都是阶级统治的工具，是维护阶级利益的国家暴力机器的重要组成部分。我国的国家性质是人民民主专政，这就决定了我国警察必须是维护人民民主专政的武装力量，必须以全心全意为人民服务为宗旨。而中国共产党是我国的执政党，是人民民主专政和社会主义建设事业的领导力量，全心全意为人民服务是党的根本宗旨。由此可见，中国共产党的阶级性质和我国警察的政治属性具有一致性，二者统一于我国人民民主专政的国家性质，统一于全心全意为人民服务的根本宗旨。因此，必须确立中国共产党对人民警察的绝对领导权。

（二）政治保障的重要意义

在我国公安机关成立之初，周恩来总理就赋予其“国家安危，公安系于一半”的历史使命，可见警察对于维护国家稳定，促进经济社会发展具有极其重要的作用。在党的十八届六中全会上，党中央就新形势下加强党的建设作出了新的部署，形成了全面从严治党的新常态。警察机关作为党领导下的纪律部队决定了其在任何时候都必须坚持党的绝对领导。习近平总书记曾在全国政法工作会议上强调，不断提高政法队伍思想政治素质和履职能力，培育造就一支忠于党、忠于国家、忠于人民、忠于法律的政法队伍，确保刀把子牢牢掌握在党和人民手中。习近平总书记还对我国警察队伍提出了“对党忠诚、服务人民、执法公正、纪律严明”这十六个字的总要求，将“对党忠诚”放在了首位。开展警务保障工作的前提条件也是确保警察在思想上忠于党和国家，在行动上听从党的指挥，而实现这一前提条件就必须依靠强有力的政治保障。

随着我国市场经济的发展和人们物质生活水平的提高，警察所面对的外部诱惑也增多，在全面从严治党和全面推进依法治国的现实背景下，如何克服警察在执法工作中所表现的主观随意性和其他不规范现象,提升警察队伍抗腐拒变能力和保障警察执法公正公平成为警察工作的重要任务。要完成这一艰巨任务,仍然要依靠强有力的政治保障。一方面,要在警察组织建立党委集体领导下的决策体制以及“党管干部”的选拔任用机制;另一方面,要加强全面从严治党新常态下的思想政治教育工作,尤其要加强对基层警察机关的忠诚意识和法治思维的培养,对活跃在执法一线的民警进行常态化的思想政治教育,把学习贯彻党的十八届六中全会精神与深入推进“两学一做”学习教育相结合,引导全体民警树立政治意识、大局意识、核心意识和看齐意识,确保警察队伍绝对忠诚、绝对纯洁、绝对可靠。只有通过强有力的政治保障,才能保证警察队伍为党所用、为民所需。

(三)政治保障的主要内容

习近平同志在党的十九大报告中指出,“党政军民学,东西南北中,党是领导一切的”。党的领导主要体现在政治领导、组织领导和思想领导三个方面。与之相应地,警务保障中的政治保障也包含以下三个方面的内容。

1. 在警察组织建立党委集体领导下的决策体制。党的十七届四中全会决定首次以中共中央的名义提出要完善党委常委会议事规则和决策程序,党的十八大对此加以重申和确定。近年来,为了完善党的地方领导体制的工作机制,党的地方各级常委会陆续制定和颁布了地方党委常委会议事(决策)规则。同样,各级警察组织也必须建立并严格执行党委会的议事规则和决策程序,在议事范围内的重大决策事项,必须由党委会集体讨论决定,任何个人或少数人无权作出决定。党委会在讨论决定重大事项时,要充分发扬民主,各党委委员充分发表个人意见,意见比较一致时,通过集体表决作出决定。在讨论干部人事任免等重要事项时,还应当实行票决。总的来说,在警察组织建立党委集体领导下的决策体制必须严格贯彻落实民主集中制,将党委集体领导与行政首长负责制有机地结合起来。

2. 在警察组织建立“党管干部”的用人机制。“党管干部”是我国公务员制度中区别于西方文官制度“政治中立”标准的一条重要原则,是我党干部工作的根本原则。它规定了干部工作的主体和体制,是党的领导在干部人事工作中的重要体现,是巩固党的执政地位、履行党的执政使命的重要保证。具体而言,在各级警察组织中,选拔任用干部必须严格执行党制定的《党政领导干部选拔任用工作条例》等干部工作的路线、方针、政策;由各级党委管理和推荐重要干部,加强领导班子和干部队伍建设;党指导干部人事制度改革,改进“党管干部”方法,努力实现干部工作的制度化、规范化、科学化;加强党对干部人事工作的宏观管理和检查监督,保证干部工作的健康有序进行。

3. 在警察组织开展思想政治教育工作。思想政治教育工作是一定的阶级和政治集团,为实现一定的政治目标,有目的地对人们施加意识形态的影响,以转变人们的思想和指导人们行动的社会行为。中国共产党的思想政治工作是以中国特色的马克思主义思想体系教育人民,动员人们为实现当前和长远的共产主义目标而奋斗的实践活动。毛泽东同志说过:"掌握思想教育,是团结全党进行伟大政治斗争的中心环节。如果这个任务不解决,党的一切政治任务是不能完成的。"①习近平总书记在全国宣传思想工作会议上曾经指出:"要加强党对宣传思想工作的全面领导,旗帜鲜明坚持党管宣传、党管意识形态。"警察思想政治工作的责任主体是各级警察机关的党组织,各级警察机关党组织对本单位思想政治工作负有主体责任。②其中,党委书记是第一责任人,领导及推动警察思想政治工作规划和举措的实施;其他党员领导干部对各自分管条线的警察思想政治工作负指导责任。在各级警察机关党委的统一领导下,由本单位政工部门承担思想政治工作主要责任。各级政治委员、政治教导员、政治指导员与各级政工部门的政治部(处)主任及机关各部门的政治协理员要负责在同级党组织的领导下和上级机关的指导下,组织开展各项警察思想政治工作。在实际工作中,较为常见的思想政治工作方法包括组织集体学习、召开民主生活会、个别谈话、组织红色教育或警示教育、各级评选表彰优秀人民警察,等等。

二、法治保障

(一)法治保障的内涵

警务保障中的法治保障,指的是国家通过完善警察相关立法,使警察组织履行职能和人民警察执法行为有明确的法律依据,并排除非法干扰,保证社会协助,以保证各项警务活动的正常秩序和顺利开展。党的十八大报告明确提出,要"全面推进依法治国","加快建设社会主义法治国家",要"更加注重发挥法治在国家治理和社会管理中的重要作用"。警察组织是国家实施社会管理的一支重要力量,是国家法治的践行者和维护者,在开展警务活动时就更加需要发挥法治的作用。因此,法治保障必然成为警务保障中的一个重要方面。一般认为,法治建设包含四个主要方面,分别是科学立法、严格执法、公正司法、全民守法。因此,从广义上来讲,现代警务活动中的法治保障也应该包括四个方面的内容:一是完善警察相关立法,为警

① 《毛泽东选集》(第3卷),人民出版社1991年版,第1094页。

② 各级警察机关党组织在思想政治教育方面的主体责任主要有:制定思想政治工作战略;作出思想政治工作决策;配置思想政治工作资源;组建"大政工"队伍;督查思想政治工作落实情况;等等。

察组织履行职能和人民警察执法行为提供明确的法律依据；二是要求警察严格执法，保证警察组织履行职能和人民警察执法行为的规范性，这也是对人民警察的一种保护；三是公正司法，为警察组织履行职能和人民警察执法行为提供司法支持，并通过司法审判依法对非法干扰警察执法的组织和个人进行惩戒；四是全民守法，通过对公民加强法治宣传和普法教育，为警察组织和人民警察开展警务活动创造良好的社会法治环境。由于篇幅限制，本书选取其中与警察组织履行职能和人民警察执法行为关系较为密切的确保警令畅通、排除非法干扰、获得社会协助三个方面来具体阐述法治保障的内容。

（二）法治保障的主要内容

1. 确保警令畅通

所谓警令，是指上级人民警察机关对下级人民警察机关、上级人民警察对下级人民警察发出的执行警务的指令。[①] 由于我国警察机关实行双重领导体制，在受到上级警察机关业务领导的同时，也属于地方人民政府的职能部门，需要服从地方人民政府的政令，即地方人民政府对人民警察发出的法令。因此，广义的警令也包括政令。确保警令畅通，是指保证警令政令能够以较高的效率传达并得到贯彻实施的具体制度安排。

《人民警察法》（修订草案稿）第 65 条第 1 款规定："人民警察在执行职务时必须执行上级的决定和命令。"这里的"上级"是指根据行政职务和警衔的高低区分上级和下级。行政职务和警衔高的为上级、低的为下级。在不清楚行政职务时，警衔高的为上级、低的为下级。这里的"决定"和"命令"是指由各级人民政府或者人民警察机关就重要事项或者重大行动作出部署的制约性指令。人民警察对上级的决定和命令的执行是无条件的、强制性的。

《人民警察法》（修订草案稿）第 65 条第 2 ~ 4 款规定："人民警察对其认为违法或者违反国家有关规定的决定和命令，可以向发布决定、命令的机关及其负责人提出意见，但不得中止或者改变决定和命令的执行；提出的意见不被采纳时，必须服从决定和命令，执行决定和命令的后果由作出决定和命令的上级负责。人民警察对明显违法或者超越法律、行政法规规定的人民警察职责范围的决定和命令，应当拒绝执行，并向作出决定和命令的上级报告。上级应当及时予以答复。人民警察执行第三款规定的决定和命令造成损害后果，未经报告的，由作出决定和命令的上级、执行决定和命令的人民警察分别承担相应的责任；已经报告的，由作出决定和

① 陈晋胜：《警察执法论》，中国民主法制出版社 2001 年版，第 48 页。

命令的上级承担责任。”以上条款对人民警察在特殊情况下执行决定和命令的细则及责任认定作出了规定。

《公安机关人民警察内务条令》第 12 条第 2 ~ 3 款规定:“执行中如果情况发生重大变化,原命令确实无法继续执行而又来不及或者无法请示报告上级时,应当根据上级的基本意图,以高度负责的精神,积极主动地果断行事,坚决完成任务,事后迅速报告上级。下级接到越级下达的命令,必须坚决执行。除下达命令的机关有明确要求外,在执行的同时,应当向直接上级报告;因故不能及时报告的,应当在情况允许时迅速补报。”第 12 条规定:“不同建制的公安民警在共同执行任务时,应当服从上级指定的负责人的领导和指挥。如果发生重大治安案件、重大刑事案件、重大自然灾害事故、暴乱、骚乱以及追捕逃犯等紧急情况,在建制不明时,由行政职务高的公安民警负责指挥;一时难以区别行政职务高低时,由行政警衔高的公安民警负责指挥。”第 14 条规定:“公安机关之间及各警种、各部门之间,应当按照各自职能和分工,密切合作,互相支持,协调一致地进行工作。”

2. 排除非法干扰

排除非法干扰指的是依法消除以各种方式阻挠、限制人民警察依法履行职责的因素。《人民警察法》(修订草案稿)第 66 条规定:“任何组织和个人不得干涉人民警察的正常执法活动,不得要求人民警察实施法定职责以外的行为。公安机关应当建立干预执法办案活动、插手具体案件处理的记录、通报和责任追究制度。”这里的“任何组织和个人”是指国家、社会和政府、政党的各种组织和个人;这里的“干涉”是指通过各种方式阻挠和限制人民警察的正常执法活动,阻挠和限制的方式可能有:网络舆论压迫、利益输送、人情感化、权力压迫等。同时,要求人民警察对干预执法办案活动、插手具体案件处理的情况进行全面、如实的记录,做到全程留痕,有据可查;对如实记录干预执法办案活动,插手具体案件处理情况的人民警察,要给予法律和组织的保护;人民警察不记录或者不如实记录干预执法办案活动、插手具体案件处理情况的,依照相关规定给予相应的处罚;领导干部干预执法办案活动、插手具体案件处理的情况,党委政法委按程序报经批准后予以通报,必要时可以向社会公开,并依法追究其党纪政纪直至法律责任。

3. 获得社会协助

获得社会协助,是指为了实现公共利益、人民警察依法对其他社会组织和个人提出协助请求时,这些组织和个人应当给予人民警察帮助。《人民警察法》(修订草案稿)第 9 条规定:“人民警察依法执行职务受法律保护,任何组织和个人应当予以支持和配合,不得干涉、拒绝和阻碍。”根据《人民警察法》(修订草案稿)第 67 条第

1、2款之规定,有关人民警察依法获得社会协助的一般规定包含以下四个方面:(1)公民、法人和其他组织协助人民警察依法执行职务,既是权利也是义务;(2)公民、法人和其他组织协助人民警察依法执行职务的行为受法律保护;(3)公民、法人和其他组织协助人民警察依法执行职务有显著成绩的,给予表彰和奖励;(4)公民、法人和其他组织协助人民警察依法执行职务,造成自身伤亡或者财产损失的,按照国家有关规定给予抚恤或者补偿。

同时,《人民警察法》(修订草案稿)第27条规定:"人民警察因履行职责的紧急需要,经出示工作证件,可以优先乘坐公共交通工具,遇交通阻碍时,优先通行。人民警察因履行职责的需要,可以优先使用或者征用公民、法人和其他组织的交通工具、通信工具、场地和建筑物等物品、设施,用后应当及时归还或者恢复原状,并按照国家有关规定支付适当费用;造成损失的,应当依法给予补偿。"

《人民警察法》(修订草案稿)第67条第3款规定:"人民警察依法执行职务,有关公民、法人或者其他组织无正当理由拒不协助的,可以视其情节和危害后果处警告、五百元以下罚款或者十日以下拘留。"所谓"正当理由",在法律上是指自然灾害类的不可抗拒的意外事故或不能克服的障碍。

《人民警察法》(修订草案稿)第68条规定:"拒绝或者阻碍人民警察依法执行职务,有下列行为之一的,依法从重给予治安管理处罚;构成犯罪的,依法追究刑事责任:(一)侮辱、谩骂、威胁、围堵、拦截正在执行职务的人民警察的;(二)阻碍人民警察调查取证、拒不提供证据或者作伪证的;(三)拒绝或者阻碍人民警察执行追捕、检查、搜查、救险、警卫等任务的;(四)故意阻碍用于依法执行职务的警车和警卫车队通行的;(五)拒绝或者阻碍人民警察执行职务的其他行为。对正在执行职务的人民警察实施前款规定的行为,人民警察有权予以警告和采取措施制止。"

《人民警察法》(修订草案稿)第69条规定:"暴力袭击或者组织、协助、煽动暴力袭击正在执行职务的人民警察,构成犯罪的,依法从重追究刑事责任。以报复、泄愤为目的,威胁、恐吓、故意伤害、杀害人民警察及其近亲属或者实施其他侵犯人身权利、财产权利的行为,构成违反治安管理行为的,依法从重给予治安管理处罚;构成犯罪的,依法从重追究刑事责任。"所谓"暴力",是指使用武器、凶器以及其他方法对某个目标进行攻击,使人身造成伤害或者物体遭到破坏。对他人拳打脚踢也属于使用暴力。所谓"威胁",是指对他人表示将要使用暴力或者表示在某些条件下将会使用暴力。

第三节　资源保障

资源保障是指国家为保证人民警察职能的履行，提供或者配置与警务活动相匹配的物质力量或者条件，主要包括人力资源保障、信息保障、经费保障以及基础设施和技术装备保障。资源保障是警务活动顺利开展的先决条件，是影响警务活动效果的基础性因素之一。

一、人力资源保障

警力作为警察机关及其警务活动的人力资源，是保证警务活动有效进行，不断提高执法水平和服务质量的保障，如何运用现代人力资源管理和开发理论，不断提高人民警察的各项素质，实现“向素质要警力”的目标，是警务保障中的首要问题。人力资源保障是指国家为保证人民警察职能的履行，提供或者配置在数量、质量和警察个体能力方面上与警务活动相匹配的人员力量或者条件。主要涉及警力编制和调配以及警务辅助人员的管理问题。

（一）警力编制和调配

1. 警力编制

《人民警察法》（修订草案稿）第48条规定：“国家根据人民警察的性质特点和管理需要，对人民警察实行分类管理，建立有别于其他公务员的管理制度。国家建立专门的人民警察职务序列和职级晋升制度。”所谓分类管理，是指对警察机关的警官、警员、警务技术人员、警务辅助人员，进行分别管理。根据《公安机关组织管理条例》第19、21、22条的规定：（1）公安机关人民警察使用国家专用行政编制，实行分类管理。公安机关人民警察职务分为警官职务、警员职务和警务技术职务。（2）公安部根据工作需要，向国务院机构编制管理机关提出公安机关编制的规则和调整编制的意见，由国务院机构编制管理机关审核，按照规定的权限和程序审批。（3）省、自治区、直辖市人民政府根据工作需要，可以向国务院机构编制管理机关提出调整公安机关编制的申请。国务院机构编制管理机关对省、自治区、直辖市人民政府调整公安机关编制的申请、征求公安部意见后进行审核，按照规定的权限和程序审批。这些规定，为其他警种的警力编制管理提供了参考。另外，警察机关根据工作需要，可以对专业性较强的职位和辅助性职位实行聘任制。但是对执法和涉密职位不实行聘任制。

2. 警力调配

《人民警察法》(修订草案稿)第74条规定:"国家建立警力编制动态调整机制。省级人民政府可以根据本地人口数量、辖区面积、社会治安形势等因素,核定承担地方公安事权的警力编制。"警力编制动态调整是指在警情需要的时候,警力不受固有编制的限制,可以灵活调整,以保证警务活动顺利完成。但是,调整警力编制要严格遵守规定的权限和程序,按照实际需要和科学标准进行。根据我国警务体制改革的发展趋势,要探索建立警力随着警情走的编制动态调整机制,推行大部门制、大警种制,推动警力下沉,增强一线警力和重点领域警力是警力调配的发展方向。

(二)警务辅助人员管理

《人民警察法》(修订草案稿)第75条第1款规定:"公安机关根据工作需要,可以使用警务辅助人员。"警务辅助人员是指依法招聘并由警察机关管理使用,履行规定职责和劳动合同约定的不具有正式人民警察身份的人员。主要包括文职、辅警两类从事警务辅助工作的人员。警务辅助人员要面向社会依法公开招聘,公平竞争,择优录用;与用人的警察机关签订劳动合同,建立劳动关系;有明确的职责范围,但是不具备执法主体资格。警务辅助人员的使用,缓解了警力不足,使人民警察从繁杂的事务中解脱出来,从事更为专业化的警务活动,在节约人力资源成本的同时,提高了警力资源的效能,在一定程度上也增加了社会就业率。

1. 警务辅助人员管理的原则

2016年11月,国务院办公厅印发的《关于规范公安机关警务辅助人员管理工作的意见》(以下简称《警务辅助人员管理意见》)指出,警务辅助人员管理遵循"谁使用、谁管理、谁负责"的原则。按照此原则,各级警察机关用人单位或部门负责警务辅助人员的具体管理工作,并承担相应责任。同时,《警务辅助人员管理意见》还规定要加强警务辅助人员日常管理制度,进行岗前培训和年度定期培训,建立考核晋升机制,对在本职岗位表现突出、有显著成绩和突出贡献的,按照国家有关规定给予表彰。要建立健全警务辅助人员管理、监督、投诉和退出机制,严格违法违纪行为处理,对违反公安机关纪律要求或者相关规章制度的,参照《公安机关人民警察纪律条令》有关规定,给予相应处分或处理;情节严重的,依法予以开除或解除人事(劳动)关系;构成违法犯罪的,依法追究法律责任。

2. 警务辅助人员的职责与权利

按照《警务辅助人员管理意见》规定,警务辅助人员负责协助警察机关文职和执法岗位人民警察开展警务活动,同时规定了警务辅助人员不得从事的工作。警务辅助人员要按规定佩带统一的工作证件,统一着装,持证上岗。警务辅助人员协助人民警察依法履行职责的行为受法律保护,履行职责行为后果由所在警察机关承担。

3. 警务辅助人员的待遇保障

《人民警察法》(修订草案稿)第75条第3款规定:“警务辅助人员所需经费列入地方政府财政预算予以全额保障。”按照《警务辅助人员管理意见》规定,警务辅助人员相关经费列入本级财政预算予以保障,依法保障警务辅助人员在工资福利、社会保险、劳动用工、劳动保护等方面的合法权益。

二、信息保障

(一)信息保障的含义

警务活动的信息保障是指通过配备专门的信息人员和信息设备,采用各种信息网络技术构建信息系统和平台,为警务活动提供信息情报支持。其主要的功能活动包括对信息的搜集、存储、传递、处理、开发及利用,等等。由于信息化社会的长足发展和信息技术的不断提高,信息资源的重要性日益突出,信息保障对现代警务活动具有更加重要的意义。21世纪是信息网络时代,随着科学技术的突飞猛进,社会信息化的快速发展,以信息技术为主要标志的高新技术革命已经引起了社会各个领域的深刻变革。信息化的历史潮流对警察机关传统的警务运作方式提出了前所未有的挑战,警务工作情报信息化是一场深刻的警务革命,是警务力量增长的强大动力。以警务指挥的情报信息保障系统为中心已成为信息化时代世界各国警务部门迎接犯罪高潮的严峻挑战、回应政府和民众的期望、保障社会安全的根本手段之一。因此,信息保障是保证警务决策科学化,提高警务工作效率的必由之路。

(二)信息保障的内容

具体而言,信息保障应该包括两大部分内容:一是建设一支专业化的信息工作队伍,二是建立一套高效的信息传输网络。由于本书第十一章还要对警务信息化建设进行专门讨论,在这里仅作简要论述。

1. 建设一支专业化的信息工作队伍。具体指:自上而下信息情报机构设置健全;干部队伍业务精熟,训练有素;特情耳目、秘密情报人员数量、质量均有一定规模。

2. 建立一套高效的信息传输网络。具体指:以计算机情报信息网络建设为主的各级各类网站和应用系统建设。其要求包括:硬件设备要到位,上下联网要通畅,各级网页内容丰富,数据库资料充实,信息共享。

三、经费保障

(一)经费保障的含义

人民警察的经费保障是指国家为保证人民警察依法履职,根据事权划分及实际需要,通过财政提供警务活动所需的资金和费用。任何一项警务活动的开展都需要花费一定的资金和费用。由于警务活动具有行使国家公共权力的性质,并且是为了维护国家安全和社会公共利益、保护人民生命财产安全之目的展开,因此需要国家财政资金的有力保障。如果警务经费得不到及时的保障,不但会阻碍警务活动的顺利开展,还可能导致出现“权力寻租”的腐败现象。经费保障是警务保障中不可或缺的基础性重要组成部分。

(二)经费保障的内容

《人民警察法》(修订草案稿)第 71 条规定:“国家建立稳定的与经济社会发展相适应的人民警察经费增长保障机制。人民警察的经费,按照事权分别列入中央和地方财政预算,予以全额保障;中央和省级人民政府对经济困难地区的警务工作给予必要的经费补助。”第 72 条第 2 款规定:“人民警察教育培训经费应当由各级人民政府按照事权在财政预算中单独列项。”《公安机关组织管理条例》第 23 条规定:“公安机关应当按照国家规定,将各项罚没收入和行政事业性收费收入全额上缴财政。县级以上人民政府按照国家规定的经费项目和标准,将公安机关经费列入财政预算,实行全额保障,并对经济困难地区的公安工作给予必要的经费支持。”所谓“事权划分”,即承担中央警务活动的经费,由中央人民政府财政部门拨付;承担地方警务活动的经费,由地方人民政府财政部门拨付。具体而言,根据我国“条块结合,以块为主”的警察管理体制,应该建立分级管理与宏观调控相结合的经费保障机制。在分级管理中,把落实经费放在首位,即警务经费应随着社会经济的发展、警察业务拓展及物价上升而同步递增。在分级管理的基础上,还必须加强宏观调控,如中央财政在安排中央警察事业经费预算和基建投资计划中,除保证警察机关的中央事权需要外,对中央委托事权和中央和地方共同事权,中央与省级财政建立专项经费补助机制,由部级、省级警察机关按照一定经费补助比例和标准拨给地方警察机关用于指定项目。同样,在地方事权方面,省级和地市级、县级财政也应对确保全省(自治区、直辖市)的专项警务活动和系统化警务装备建设加大专项投入,并按比例分级负担。在经费的使用中,财务部门要严格把好审核关,加强管理。依法保障警务经费,有利于防止基层“以罚代处”、“以罚代刑”等问题,也有利于警察机关“吃饱皇粮”、防止“乱吃杂粮”,保障了警察机关所需经费的合法来源。

四、基础设施和技术装备保障

(一)基础设施保障

《人民警察法》(修订草案稿)第72条第1款规定:"人民警察工作所必需的基础设施建设,各级人民政府应当按照事权列入基本建设规划和城乡建设总体规划,基础设施建设及其配套设施所需经费列入财政预算,予以全额保障。"《监狱法》第9条规定:"监狱依法使用的土地、矿产资源和其他自然资源以及监狱的财产,受法律保护,任何组织或者个人不得侵占、破坏。"这里所指"人民警察工作所必需的基础设施"是警察机关保障警务工作的物质依托和基础,包括公安局、派出所、看守所、拘留所、监狱、强制隔离戒毒所、警察机关业务技术用房及其配套设施等。各级人民政府应将警察基础设施建设纳入本级人民政府基本建设规划和城乡建设总体规划,并提供全额保障。

(二)技术装备保障

现代警务活动离不开现代化的技术装备作为保障。《人民警察法》所规定的警用标志装备包括人民警察专用的警用标志、制式服装、警械、警用装备、证件等。《人民警察法》(修订草案稿)第70条规定:"人民警察的警用标志装备必须由国务院公安部门统一监制、专门管理,其他任何组织和个人无权制造和买卖警用标志装备;人民警察的警用标志装备只为人民警察专用,其他任何组织和个人不得仿造、持有和使用。违反前两款规定的,没收非法制造、买卖、持有、使用的人民警察警用标志、制式服装、警械、警用装备、证件,由公安机关处十五日以下拘留或者警告,可以并处违法所得五倍以下的罚款;构成犯罪的,依法追究刑事责任。"

《人民警察法》(修订草案稿)第73条规定:"国家加强科技强警建设,推广、应用先进的科技成果,建立警用装备标准体系,努力提高警务工作科技信息化水平。"科技强警是指以现代理论和现代技术为支撑,提升警务管理与执法的能力与水平,提高警务质量与效率。科技强警是实现警务工作现代化的坚实依托,是提高警察队伍战斗力的必由之路。

第四节 警察职业保障

警察职业保障是指国家和政府给予警察履行职务时依法享有的公民权利和利益保护。其主要内容包括职业组织保障、职业薪金保障、职业安全保障和职业优抚保障等。警察职业保障具有以下特点:(1)警察职业保障的主体是政府。《人民警察法》(修订草案稿)第10条规定:"国家保障和维护人民警察的合法权益。"第11条规定:"各级人民政府应当为公安机关及其人民警察依法履行职责提供保障。"(2)警察职业保障的客体是警察,即保障警察依法享有的公民权利和其他利益的实现。(3)警察职业保障的目的是使所有依法从事管理和执法活动的人民警察,能够在法律框架内更好地履行警察的职责,进而实现稳定社会公共秩序、维护社会安定之目的。(4)警察职业保障的内容是多样的,有职业政治保障、职业薪金保障、职业安全保障和职业优抚保障,等等。

警察职业保障的价值和意义在于:(1)健全和加强警察职业保障,有利于维护警察的合法权益。警察的合法权益是警察依法享有的权利和应得的能够满足警察职业需求的各种事物。依法满足和保护警察合法权益,提高警察的社会地位和经济待遇,赋予警察应有的社会尊荣,从政治上和经济上为警察提供强有力的政治保障和经济保障,可以解决警察的后顾之忧,让警察不为生计发愁,不为小利而枉法,保证其完成好各项任务,是警察职业保障的基础和应有之义。(2)健全和加强警察职业保障,有利于提高警察的工作绩效。通过对警察提供薪酬、奖励、福利、培训、晋升等激励因素,可以对警察的工作态度和努力程度产生有效的激励作用,从而提高警察履职的绩效。(3)健全和加强警察职业保障,有利于强化警察的职业信仰。警察职业信仰是警察在特定的工作环境中形成对本职业所具有的高度认同感、崇高归属感与荣誉感。良好的警察职业保障可以提高警察的职业认同感、归属感与荣誉感,从而强化警察的职业信仰,提升警察组织的整体战斗力。(4)健全和加强警察职业保障,有利于维护警察的职业权威。警察职业权威,即警察权威,是警察在履职中形成的使人信服的影响力量和社会对警察履职的服从。警察权威是警察执法权威与身份权威的有机统一,其形成来自法律的确认,是警察依法履职所产生的影响力,是社会公众对警察职业活动的认可。健全和加强警察职业保障是维护警察权威的重要途径。

一、职业组织保障

(一)警察的政治权利保障

警察是具有警察职业身份的公民,因此警察同样具有宪法和法律规定的公民的政治权利。政治权利,是指公民依法享有的参与国家政治生活的权利。主要包括选举权、被选举权,参加管理国家、担任公职和享受荣誉称号等权利。我国《宪法》规定,凡年满18周岁的公民,除依法被剥夺政治权利者外,都有选举权和被选举权。

国家保障人民参加管理国家事务，管理经济和文化事业，管理社会事务，监督国家机关及其工作人员等权利。公民有言论、出版、集会、结社、游行、示威的自由权利。同时《宪法》规定了公民对任何国家机关及其工作人员的违法失职行为有向有关机关进行申诉、控告或检举的权利。

（二）警察的名誉权保障

《宪法》第 38 条规定："中华人民共和国公民的人格尊严不受侵犯。禁止用任何方法对公民进行侮辱、诽谤和诬告陷害。"第 41 条第 1 款规定："对于任何国家机关和国家工作人员的违法失职行为，有向有关国家机关提出申诉、控告或者检举的权利，但是不得捏造或者歪曲事实进行诬告陷害。"最高人民法院《关于审理名誉权案件若干问题的解释》规定："公民依法向有关部门检举、控告他人的违法违纪行为，他人以检举、控告侵害其名誉权向人民法院提起诉讼的，人民法院不予受理。如果借检举、控告之名侮辱、诽谤他人，造成他人名誉损害，当事人以其名誉权受到侵害向人民法院提起诉讼的，人民法院应当受理。"因此，警察在履职过程中因职务行为受到侮辱和诽谤，或者被他人借检举之名侮辱、诽谤时，警察可以名誉权受损为由提起民事诉讼。

（三）警察的退休权利保障

警察的退休权利保障，是指保护警察依法退休的权益。《宪法》第 44 条规定："国家依照法律规定实行企业事业组织的职工和国家机关工作人员的退休制度。退休人员的生活受到国家和社会的保障。"《人民警察法》（修订草案稿）第 64 条规定："国家根据人民警察的岗位、职务，分别规定不同的服务年限和最高任职年龄。从事基层一线执法执勤工作满二十五年或者在特殊岗位、艰苦边远地区从警满二十年的人民警察，本人自愿提出申请，经任免机关批准，可以提前退休，并享受正常退休的待遇。"

（四）警察的绩效考核与奖励

1. 警察的绩效考核

警察的绩效考核是警察组织为了完成工作任务、提高工作效率，设计相应的考核标准和考核方法，对警察的工作任务完成情况、履职情况以及职业发展情况进行评定，并将考核结论反馈给警员的整个过程。当前，我国并没有统一的关于警察绩效考核的指标体系，各地警察部门、各警种根据实际情况制定了形式多样的绩效考核体系。从效果来看，对扭转警察队伍中存在的工作倦怠、不积极、散漫等问题起到了促进作用，能够调动警察的工作积极性和创造力。但是，在考核方法以及程序等方面可能还存在一定的问题，比如考核指标是否科学全面、考核过程是否公平公正、考核结果是否得到运用等,都需要在实践中不断加以完善。

2. 警察的奖励

《人民警察法》(修订草案稿)第61条规定:"人民警察集体或者个人在工作中表现突出,有显著成绩或者特殊贡献的,应当给予表彰奖励。对受奖励的人民警察,按照国家有关规定,可以提前晋升警衔,并给予一定的物质奖励。"对警察的奖励分为集体奖励和个人奖励,警察个人或者集体在工作中表现突出,有显著成绩和特殊贡献的,给予奖励。按照《公安机关人民警察奖励条令》第10条规定:根据人民警察集体和个人的事迹及影响,按照以下标准确定奖励等级:(1)对成绩突出的,给予嘉奖;(2)对成绩突出,有较大贡献的,记三等功;(3)对成绩显著,有重要贡献的,记二等功;(4)对成绩显著,有重大贡献和影响的,记一等功;(5)对成绩卓著,有特殊贡献和重大影响,堪称典范的,可以授予荣誉称号。荣誉称号分为二级英雄模范、一级英雄模范。《公安机关人民警察奖励条令》第10条对给予警察各种奖励的程序作出了详细规定。

(五)警察的申诉权与控告权保障

警察的申诉权与控告权是警察依法享有的与职业相关的救济权利。《人民警察法》(修订草案稿)第76条规定:"人民警察非因法定事由、非经法定程序,不得被免职降职、辞退成者处分。人民警察对涉及本人的人事处理不服,有权按照有关法律规定提出申诉。"第77条规定:"人民警察认为所属机关及其领导侵犯其合法权益的,可以依法向上级机关或者有关的专门机关提出控告。"

1. 警察的申诉权。根据相关法律规定,警察对国家行政机关作出的涉及本人权益的人事处理决定不服的,可以依据国家公务员法律规定,向原处理机关、政府人事部门或行政监察部门提出重新处理意见和要求。

2. 警察的控告权。在合法权益受到国家行政机关及其领导人员侵犯时,警察可依照法规和法定程序,向上级行政机关或行政监察机关提出控告。

二、职业薪金保障

(一)警察的工资、奖金和津补贴制度

1956年,国家改革干部工资制度时,为公安民警制定了单独的工资标准体系,确定了公安民警工资"高于地方,略低于军队"的基本原则。[①] 2015年2月,《关于全面深化公安改革若干重大问题的框架意见》及相关改革方案经中央审议通过,提

① 程琳主编:《警察法学通论》,中国人民公安大学出版社、群众出版社2018年版,第431页。

出要贯彻落实人民警察生活待遇“高于地方、略低于军队”的原则，建立符合人民警察职业特点的工资待遇保障体系。《人民警察法》（修订草案稿）第78条规定：“国家建立符合人民警察职业和岗位特点的工资、津贴、奖金、补贴等保障制度。”除了工资、奖金和津贴、补贴之外，警察依法享有带薪休假、发放实物等福利。

（二）建立科学的警察工资、奖金和津补贴增长机制

《宪法》第42条第2款规定：“国家通过各种途径，创造劳动就业条件，加强劳动保护，改善劳动条件，并在发展生产的基础上，提高劳动报酬和福利待遇。”所谓科学的工资和津贴增长机制，是指根据国家经济和社会发展水平，以及警察职务职级的特点，不断提高警察工资和津贴的具体制度。这项具体制度的建立，不仅可以保障警察及其家庭的一般生活需求，而且可以解决警察因行政职务提升不上，工资不能增加的弊端，有益于调动警察履职的积极性和主动性。

三、职业安全保障

（一）警察的职业安全保障

警察职业安全，是指警察在履职时处在一种没有危险的持续状态中，既包括警察的身心健康也包括警察工作环境的安全。《人民警察法》（修订草案稿）第79条规定：“国家重视人民警察身心健康和职业安全保障，对在有毒、有害、危险、边远艰苦等特殊环境下工作的人民警察，提供与其工作岗位相适应的安全保护条件。”警察的身心健康指警察在工作、生活和行为中表现出来的积极向上的心理状态和良好的身体素质。有毒、有害的工作环境是指警察履职时遭遇化学溶剂或是吸入有毒气体，或者发生物理变化，致使身体遭受可能的损伤；危险的工作环境是指警察履职时遭遇可能使生命受到威胁的境况；边远艰苦的工作环境是指警察在边远地区或自然、地理、气候环境较为恶劣的地区履行职责。警察在这些特殊环境下工作，必须为其提供相应的保护条件，包括必要的化学防护设备、定期的医疗检查、必要的武器装备、特殊的津贴、定期的心理干预等。

（二）警察的近亲属安全和私生活安宁权保障

警察近亲属安全保障是指保护警察的近亲属不受各种威胁的权利。警察及其近亲属私生活安宁权保障是指保护警察及其近亲属的私生活不受非法侵扰、保持安静稳定的权利。警察近亲属安全和私生活安宁权均属于基本人权范畴。《宪法》第33条第2款规定：“国家尊重和保障人权。”人民警察的近亲属是他们履职的强大动力与慰藉，人民警察的私生活是他们履职的后方保障。如果他们的近亲属的安全和私生活的安宁没有保障，他们就不能安心履职，就不能很好地承担起职业责

任,所以警察及其近亲属的人身安全和私生活安宁权应该依法受到保护。

四、职业优抚保障

(一)警察因公受伤的治疗

《人民警察法》(修订草案稿)第80条规定:"人民警察因公受伤的,医疗机构应当无条件及时予以救治,不得拒绝或者拖延。"根据我国《工伤保险条例》第3章关于工伤认定的有关规定,警察因公受伤就是工伤,即警察在工作时间和工作场所内,因工作原因受到事故伤害或者因履行工作职责受到暴力等意外伤害等,均应当被认定为工伤。警察因公受伤后,医疗机构应当履行救治义务,该义务包括三点:一是无条件救治;二是及时救治;三是不得拒绝或者拖延。《护士条例》第17条规定:"护士在执业活动中,发现患者病情危急,应当立即通知医师;在紧急情况下为抢救重危患者生命,应当先行实施必要的紧急救护。"同时,医务人员职业道德规范规定,要"救死扶伤"。目前,警察法中关于医疗机构救治因公受伤警察义务的规定,还缺乏相应的操作细则和量化标准。

(二)警察的抚恤、优待和保险保障

《人民警察法》(修订草案稿)第81条规定:"人民警察因公致伤致残的,与因公致伤致残的现役军人享受国家同等标准的抚恤、优待和保险保障。人民警察因公牺牲或者病故的,其家属与因公牺牲或者病故的现役军人家属享受国家同等标准的抚恤、优待和保险保障。人民警察被评定为烈士的,其遗属按照有关规定享受国家的抚恤,优待和保险保障。人民警察院校学员、警务辅助人员因公致伤致残或者牺牲的,按照国家有关规定享受相应的抚恤、优待和保险保障。"为做好人民警察的抚恤优待工作,激励人民警察的奉献精神,根据《人民警察法》和国家有关优抚法规、政策,2014年4月30日,民政部、最高人民法院、最高人民检察院、教育部、公安部、国家安全部等部门联合公布了《人民警察抚恤优待办法》。公安部、财政部联合下发通知,从2015年1月1日起,为全国公安民警办理人身意外伤害保险,所需经费统一由中央财政承担,这标志着全国公安民警人身意外伤害保险制度正式建立,对于解除公安民警后顾之忧,增强公安队伍凝聚力和战斗力具有重要意义。

1. 警察因公牺牲评定标准

根据《人民警察抚恤优待办法》第10条的规定:"人民警察死亡,符合下列情形之一的,确认为因公牺牲:(一)在执行任务或者在上下班途中,由于意外事件死亡的;(二)被认定为因战、因公致残后因旧伤复发死亡的;(三)因患职业病死亡的;(四)在执行任务中或者在工作岗位上因病猝然死亡,或者因医疗事故死亡的;

(五)其他因公死亡的。"

2. 警察烈士评定标准

根据《人民警察抚恤优待办法》第 8 条的规定:"人民警察死亡,符合下列情形之一的,评定为烈士:(一)在依法查处违法犯罪行为、执行国家安全工作任务、执行反恐怖任务和处置突发事件中牺牲的;(二)抢险救灾或者其他为了抢救、保护国家财产、集体财产、公民生命财产牺牲的;(三)在执行外交任务或者国家派遣的对外援助、维持国际和平任务中牺牲的;(四)在执行武器装备科研试验任务中牺牲的;(五)其他牺牲情节特别突出,堪为楷模的。人民警察在处置突发事件、执行边海防执勤或者抢险救灾任务中失踪,经法定程序宣告死亡的,按照烈士对待。"

3. 警察伤残等级评定标准

人民警察伤残按照致残性质分为因战致残和因公致残。根据《人民警察抚恤优待办法》第 25 条的规定,人民警察因《人民警察抚恤优待办法》第 8 条第 1 款规定的情形之一导致伤残的,认定为因战致残;因第 10 条第 1 款规定的情形之一导致伤残的,认定为因公致残。根据《人民警察抚恤优待办法》第 26 条的规定,警察伤残的等级,根据劳动功能障碍程度和生活自理障碍程度确定,由重到轻分为一级至十级。伤残等级的具体评定标准,参照《军人残疾等级评定标准》执行。

(三)警察的抚恤、医疗和特困救助基金制度

《人民警察法》(修订草案稿)第 82 条规定:"国家根据人民警察职业特点,建立政府主导、社会志愿参与的人民警察抚恤、医疗和特困救助基金制度,鼓励公民、法人和其他组织提供捐助。"人民警察担负着维护国家安全和公共安全,维护社会治安和社会稳定的重任,与其他职业相比,风险更高,压力更大。在国家和政府出台系列优抚优待政策的基础上,通过建立人民警察抚恤、医疗和特困救助基金制度,举全社会之力提高对伤残警察的优抚和救助水平,可以解决警察的后顾之忧,鼓舞警察的职业士气。目前在实践中,人民警察抚恤、医疗和特困基金制度还完全没有建立起来,但是有一些省份已经根据地方的实际情况建立了基金制度。例如,2007 年,安徽省无为县公安局决定设立"民警救助基金";2014 年 3 月,江西省万年县成立了"民警重大疾病(特困)救助基金会";2015 年 7 月 10 日,江苏省南京市公安局成立了"民警大病特困救助基金会",等等。

(四)警察近亲属受特别照顾和帮助的权利

规范和健全对警察的优抚工作,更多地关心和爱护人民警察及其家属,对规范

人民警察抚恤优待工作，提高人民警察优抚保障水平，增强人民警察的职业荣誉感、责任感具有重要意义。《人民警察法》（修订草案稿）第83条规定："人民警察因公牺牲、致残或者病故的，国家对其近亲属在住房、医疗、教育、就业等方面提供特别照顾和帮助。具体标准和实施办法由国务院另行规定。"根据《人民警察抚恤优待办法》第12条的规定，人民警察除了因患职业病死亡、在执行任务中或者在工作岗位上因病猝然死亡，或者因医疗事故死亡之外，因其他疾病死亡的，确认为病故。人民警察非执行任务死亡，或者失踪经法定程序宣告死亡的，按照病故对待。警察因公牺牲、致残或者病故，其近亲属都会受到国家的特别照顾和帮助。这些照顾和帮助包括住房、医疗、教育和就业等多方面。例如，根据《烈士褒扬条例》（2019年修订）第22条的规定，烈士的子女、兄弟姐妹本人自愿，且符合征兵条件的，在同等条件下优先批准其服现役。烈士的子女符合公务员考录条件的，在同等条件下优先录用。

五、职业免责保障

《人民警察法》（修订草案稿）第84条规定："人民警察按照法定条件和程序履行职责、行使权力，对公民、法人或者其他组织合法权益造成损害的，不承担法律责任，由其所属机关按照国家有关规定对造成的损害给予补偿。"警察依法履职会遇到诸多不确定因素，有时可能因不可抗力对公民、法人或者其他组织的合法权益造成损害，在这种情形下，警察不承担法律责任，而是由该警察所属机构，按照国家有关规定对造成的损害给予补偿。

思考题

1. 警务保障的含义是什么？在新时期加强警务保障有何重要意义？
2. 简述警务保障的特征。
3. 警务保障的功能是什么？
4. 警务保障工作应遵循哪些基本原则？
5. 什么是警察政治保障？其涉及哪些主要内容？
6. 警察法治保障的主要内容有哪些？
7. 警察资源保障主要包括哪些方面？
8. 结合实际，谈谈如何加强警察职业保障。

案例分析

资料：根据包头市人力资源和社会保障局、包头市财政局《转发关于调整人民警察警衔津贴标准的通知》精神，我区拟为青山区公安分局、青山区检察院、青山区法院、青山区森林公安分局人民警察调整警衔津贴。按照文件要求，人民警察警衔津贴的执行范围包括：各级公安机关、国家安全机关、监狱、强制隔离戒毒机关中评定授予警衔的在职人民警察和人民法院、人民检察院中评定授予警衔的在职司法警察。调整后的警衔津贴标准每月为：一级警司 860 元、二级警司 760 元、三级警司 660 元、一级警员 610 元、二级警员 560 元。我区高度重视，认真组织实施，确保人民警察警衔津贴调整工作落实到位。（资料来源：包头市人民政府网，http://www.baotou.gov.cn/info/1445/96698.htm，2016-05-03）

请根据上述资料分析：

1. 资料所涉及内容属于警务保障哪方面的内容？

2. 请结合实际谈谈适时进行人民警察警衔津贴调整工作有何现实意义。

参考书目

[1]高文英、邢捷主编：《警察法学》，中国政法大学出版社 2018 年版。

[2]程琳主编：《警察法学通论》，中国人民公安大学出版社 2018 年版。

[3]缪文升：《警察法学原理》，中国人民公安大学出版社 2015 年版。

[4]万洪云、李永清主编：《警察法学》，法律出版社 2015 年版。

[5][日]松井茂：《警察学纲要》，吴石译，中国政法大学出版社 2005 年版。

[6]刘建会等：《监狱警察本体论研究》，中国人民公安大学出版社 2009 年版。

第十一章　警务信息化

教学重点与难点

1. 通过本章的学习，掌握警务信息化的内涵、特征和意义。

2. 了解中外警务信息化建设的发展历程。

3. 了解警务信息化的主要相关技术，包括云计算技术、大数据技术、人工智能技术和物联网技术等。

4. 掌握警务信息化建设的主要内容，包括警务信息化建设的总体要求、系统架构和具体内容。

自改革开放以来，随着我国社会经济的高速发展，人口、职业、资金等的综合流动使以往计划经济时代相对静止、稳定的社会构架产生了大幅动荡。这一改变直接给社会治安形势带来日益严峻的挑战，违法犯罪形式也日益呈现出流动性、复杂性、多元性的特征。大量的查询、统计、协查、管理等工作使传统的手工操作完全无法适应当前警务工作的需要。对此，在警察机关建立高效便捷的信息查询系统、数据传输渠道、实时监控网络等警务信息化战略模式已成为警察机关应对日益严峻、复杂的社会治安形势的当务之急和重要基础性工程。当前各级各类警察机关以实战为引领，充分运用大数据等新技术手段，积极构建以大数据智能应用为核心的智慧警务新模式，着力提高预测预警能力、精确打击能力和动态管理能力，不断提升警务工作智能化水平，不断推动警务工作的质量变革、效率变革和动力变革。

第一节　警务信息化概述

一、警务信息化的内涵

信息化是指“以计算机广泛应用为基础的智能工具作为一种新的生产力，有利于社会不断向前发展的过程"①。信息化的概念由日本学者梅田忠夫在20世纪60年代首次提出,而后传入西方社会,在20世纪80年代被西方社会广泛使用。这一概念在我国开始普及的时间要更晚一些。1997年,为了快速推进国内社会信息化的发展,我国举办了第一届全国信息化会议,并对信息化给出了这样的定义:信息化是一个人类社会的历史过程,在该过程中,以智能工具为代表的新的生产力获得了发展,从而为人类带来更多的福利。中共中央办公厅、国务院办公厅于2006年3月19日印发的《2006－2020年国家信息化发展战略》中指出:"信息化是充分利用信息技术,开发利用信息资源,促进信息交流和知识共享,提高经济增长质量,推动经济社会发展转型的历史进程。"

说到警务信息化,简单来讲,就是将以往的传统警务活动信息化的过程。但是,对警务信息化的理解和认识,不单单是将警务活动信息化这么简单,还涉及警务信息化所要达到的目标、警务信息化建设的发展方向等问题,这些都是警务信息化的建设和应用首先需要解决的基本问题。无论是在学术界还是在警察机关内部,不同的人对于这些问题的看法不尽相同。概括而言,主要存在两种观点:一部分人更强调的是警务信息化建设中的技术,认为一定要将当今社会最先进的技术运用到警务活动中,技术的先进程度最能够反映信息化的发展程度。他们认为警务信息化的建设就是计算机技术、通信技术和网络技术在警察机关工作中的广泛运用和普及。另外,一些学者和警务工作者则更强调警务信息化建设中对信息资源的处理和利用,认为警务信息化是对各类与警务活动有关的信息进行收集、处理、传递、储存和利用的一整套过程。本书比较认同后一种说法,认为警务信息化是指在警务活动的各个环节中,充分利用现代信息技术、信息资源和环境,建立信息应用系统,使信息采集、流转、传输、利用集中高效,实现信息资源优化配置,不断提高警务工作效率和水平的过程。信息化不单单是靠技术来实现的,技术只是一种手段和一个平台,真正重要的是通过这一平台对信息的整合和挖掘所带来的巨大价值。作为政府信息化的重要组成部分,警务信息化是在现代化的技术背景下逐渐兴起的一种新型警务模式,警务信息化建设也相当于一次"警务革命",会给警察机关的各项工作带来体制上的创新,会给警务工作人员带来观念上的改变,同时也对警务工作者的素质和能力提出了更高的要求。

---

① 梁慧稳:《公安信息化演进路径的诺兰模型分析》,载《中国人民公安大学学报》(社会科学版)2009年第4期。

二、警务信息化的特征

警务信息化是新型的警务发展形态，其主要是运用信息技术，使汇集智慧的人与具备智能的物互存互动、互补互促，以实现警务效能最大化。警务信息化必须以科技信息化技术手段为支撑，其建设在高新技术之上，是大数据、“互联网＋”时代的现代警务模式。警务信息化具有如下特点：

1. 高科技性。警务信息化充分利用大数据、云计算、物联网、人工智能、数据挖掘等先进的技术，无论是从部门的数据整合、清洗、归集和大数据深度应用来看，还是从警务信息化的表现形式、对领导决策的辅助作用来看，都体现了警务信息化的高科技性。这不是单独某个管理系统可以比拟的，真正体现了警察机关“向科技要警力，向数据要战斗力”的发展趋势。

2. 智能性。随着警务信息化建设的不断推进，传统的人工警务模式已不能满足警务活动的需要，正逐步转为“向科技要警力，向数据要战斗力”的现代警务模式。人民警察侦查破案、管理社会、改造罪犯都是利用各种智能的系统和先进的技术，根据各类警务活动的办理思路，从不同角度、不同视野、不同思维，自动智能地将所需的数据提供给相关警员以协助其警务活动。警务信息化建设将各类系统的数据进行有效整合，协同工作，利用大数据深入分析，进行智能处理、分析预测，为各类警务活动提供决策支持，具有强大的自动化和智能化的特点。

3. 精准性。大数据时代的现代警务模式，就应该让数据说话。任何警务工作的细节、任何警务活动顺利开展的关键，都要让警务大数据进行分析，然后让数据说话，让工作更精准，更有说服力。警务信息化对警务工作不再是以前简单的查询，而是通过各种技战算法、人工智能算法和机器学习方法对警察大数据进行分析与应用，做到对事实、案件有针对性地精准分析，真正体现智慧警务的优势。

4. 高效性。传统的警务活动是通过单独的几个或几十个警察业务系统进行简单的查询，再将查询结果进行人工分析或人工干预方式的计算机分析，最终获得有用的资讯或情报。而警务信息化则是以大数据和云计算技术为支撑，其运行速度是单个计算机系统的成千上万倍，获得信息或情报的速度十分迅速高效。警务信息化建设通过实现各业务系统之间的协同工作和无缝数据对接，从而大幅度缩短工作时间，大幅度提升工作效率，真正实现警务活动的高效快捷。

5. 集成性。警务信息化不仅需要将警察机关正在运行使用的各种业务系统进行有机整合集成，再造业务流程，还需要将警察业务系统数据进行融合，打通各警种、部门之间的信息孤岛，实现资源共享，达到节约建设成本目的，真正实现“横向集成,纵向贯通”。

6. 可视化。可视化展示也是警务信息化的一部分。在警务活动中,经常需要将大数据分析获得的资讯以大家更好接受和更易理解的方式展示出来,便于领导和非专业警种进行科学和可视化的决策分析。警务信息化的内容包括数据可视化、运维可视化、分析结果可视化、分析过程可视化。通过可视化,不仅可以体现警务工作的动态变化,还可以体现高科技带来的直观震撼效果。

三、警务信息化的意义

加强警务信息化是提高警察机关整体战斗力的重要途径,是提升基层基础工作水平的重要载体,是牵动警务机制改革的重要纽带。各级警察机关要积极适应信息化的发展趋势,坚定不移地走科技强警之路,向科技要素质、要警力、要战斗力,把信息化打造成为提升警察机关核心战斗力的重要支柱。作为政府信息化的一个重要组成部分,警务信息化对现代警务活动的改革和发展将产生积极而深远的影响,能够有效提升警察机关保护国家安全和公民人身、财产安全的业务能力。

(一)警务信息化有利于构建现代警务机制,提升和发掘警察机关战斗力

随着社会经济的不断发展,人口、资金、物资的流动不断增大,科学技术不断进步,警察机关单靠过去的“人海战术”和“手工劳动”已经远远不能适应当前打击犯罪、预防犯罪、加强社会治安综合治理、教育改造罪犯、禁毒戒毒等工作的需要。当前,高科技犯罪和智能型犯罪日益突出,严峻的形势对警务工作的科技水平提出了更高的要求。随着以金盾工程为代表的科学技术和网络技术在警务活动中的不断应用,现在警察机关很多警务活动能够直接在网络上完成。比如,公安机关通过网上检索排查,网上通缉嫌疑人,网上布控赃物,网上查询信息,网上比对指纹,日常查询检索等方式,可以快速破获大量案件。又如,监所机关通过建立智能化的监管中心,可以大大提高监管工作的效率。实践证明,加强信息化建设能够降低警察机关警务活动的成本,提高警务活动的效率,也有利于进一步提高民警的业务素质,从而增强警察机关打击犯罪、改造罪犯、维护社会稳定、保障人民安居乐业的能力。因此,警务信息化建设势在必行。

(二)警务信息化能够有效缓解当前警力不足的问题

警力不足是长期困扰和制约基层警察机关依法履职的瓶颈和难题。按照警力和人口比,中国警民比最高的城市,北京,也只有万分之二十四,低于国际平均水平

万分之三十。[①] 要做好警务工作,就必须破解这个难题。尽管经过多年的磨砺,我国民警的基本素质、警务技能和专业素养都比过去有了明显改善。但是,与当前越来越复杂严峻的工作任务相比较,警力不足的矛盾不仅仍然存在而且日益突出,特别是基层实战单位警力明显不足,一线民警经常处于超负荷运转的状态。在当前民警数量不可能大批量增加的形势下,坚持科技强警,坚持警务信息化建设,向警务信息化要警力、要战斗力,必将成为缓解警力不足的关键途径。

(三)警务信息化能够提升警察机关良好形象、优化警民关系

警务信息化建设的开展,首先,可以通过网上办公等途径提高警察的办事效率,减少群众从警察机关获得服务的时间和金钱成本;其次,可以促进警务公开透明,群众可以通过可视化的网络监督警察的执法行为,促进警察执法行为的规范化;最后,警务信息化平台也可以为广大群众参与警务活动提供一个良好的沟通与互动平台,便于警察机关和人民警察及时掌握公民的诉求,聆听公民的意见和建议。警务信息化通过发挥以上作用,可以有效提升警务活动的效率和效能,让人民警察更好地服务社会,打造战斗力强、服务优质高效的警察机关正面形象。同时,可以拉近警察与群众之间的距离,促进警民关系的和谐。

四、警务信息化建设发展历程

随着信息化浪潮席卷全球,世界各国相继开展了警务信息化建设,取得了显著的成果。尤其是西方发达国家的警务信息化建设,值得我国学习和借鉴。

(一)国外警务信息化建设概况

国外警务信息化发展早于国内,建设过程中对信息的使用、管理和效果评价关注度较高。在法律层面上,如美国在2000年6月国会众议院以426票赞成对4票反对的绝对优势通过《电子签名法》,使电子签名与手写书面签名具有同等法律效力;英国警方制定《警务信息管理指导手册》,指导英国各警务部门开展警务信息化工作,英国警察部门在此基础上建立了较为完善的警务信息评估制度。在技术层面上,如"9·11"事件以后,美国司法部提出国家信息交换模型,成为信息交换标准和流程,联邦政府各部门根据实际工作需要对数据进行完善;德国实行统一的数据采集传输标准;日本则根据警务信息化发展需要,每年引进高学历人才,经过长期实践工作培训后进入工作岗位,通过担任技术人员的角色,保障警务信息化持续发

---

① 《北京每万人中就有24名民警 警民比例全国最高》,载中国新闻网:http://www.chinanews.com/fz/2013/08-21/5188087.shtml,最后访问日期:2013年8月21日。

展。警务信息化都是以提高警务活动的效率,降低警务活动的成本,减少和预防各类违法犯罪行为发生为目的,不同国家和地区在具体实施过程中由于具体国情的差异,形成了各具特色的警务信息化模式。

1. 美国是目前世界上科学信息技术最为发达国家。20 世纪 60 年代,美国开始建设全国犯罪情报信息中心。1967 年开始运行的美国联邦调查局犯罪信息中心是犯罪分析技术的创新者,1995 年开始利用当时掌握的数据分析针对女性犯罪、城市犯罪、犯罪中枪支的使用等做专题报告。2006 年纽约警方通过把 20 多年的犯罪数据和交通事故的数据整合在一起,并映射到同一张地图上之后,发现交通事故的高发地带,也正是犯罪活动的高发地带,甚至交通事故的高发时间段,也是犯罪活动的高发时间段。2013 年,美国警方研发了一套"鹰眼"系统,充分利用大数据分析技术、人工智能技术、物联网技术,通过大数据分析和人的行为举止跟踪分析,判断犯罪可能性,而且准确率极高,对犯罪预警起到了很大作用。

2. 德国是欧洲地区中工业和信息化程度高度发达的国家之一。德国人生活的严谨性较强,其信息化建设应用管理理念是其他国家所不具备的。首先,资金设备投入一次到位,后期维护升级可以追加财政预算;其次,德国各地区采集信息标准统一,避免数据格式不同导致信息不能传输共享。德国联邦警察局没有对数据采集提出硬性要求,但在巡逻执勤、执法办案过程中,所有的案件、事件、时间、地点等元素都必须采集录入。他们认为工作数据就是信息数据,保证信息数据的新鲜、全面、及时,便于日后进行数据分析。2009 年,德国联邦警察局研发了"智能网络平台",从警务人员管理、侦查办案、犯罪预防等方面进行综合管理,全面支撑着德国警察工作。

3. 英国在 2007 年就开始整合国内数据资源,融合各警种业务系统,对信息化进行科学规划,提前部署,将目标分为近期、中期和远期,并对建设任务和建设要求作出了明确规定,要求全国树立一盘棋的思想,对犯罪的打击和防控效果超过预期。

4. 日本是亚洲地区经济、工业、科技最为发达国家,日本警务信息化建设由警察厅信息通讯部门具体负责组织规划实施。信息通讯部门每年引进大量高学历人才,通过 3 年系统培训后才能上岗。另外,日本在相关大学院校设立信息通信专业,培养对口专业人才。

(二)我国警务信息化建设概况

我国的警务信息化建设起步比较晚,但是在实行警务信息化的近 20 年里取得了卓越的成效。社会信息化的快速发展,有力地推动了警务信息化建设,也为构建现代警务机制、提升警察机关战斗力带来了巨大的动力和契机。最为典型的是,从

2003年开始,公安机关紧紧依托"金盾"工程[①]建设,全面加快了公安信息化建设步伐。公安警务信息化的推进不仅有效地降低了警务运行成本,提高了打击犯罪、侦查破案的能力,提高了行政管理效率,而且引领了公安工作理念的更新,警务运行机制、队伍管理机制的变革。2008年,我国公安机关根据形势任务和工作要求的变化,提出了进一步推进公安信息化建设的指导意见。要求各级公安机关坚持用信息主导警务,确保警力部署始终跟着不断发展变化的警情走,积极探索调整基层警务勤务机制,大力推行弹性工作制、错时工作制、四班三运转[②]等勤务模式,最大限度地实现警力部署的全时空覆盖,解决"猫鼠不同步"[③]问题,基本实现信息主导下的主动型、效能型警务。"金盾"工程作为中国电子政务12个"金"工程之一,国家投入大量人力、物力、财力。从第一期工程实施至今,我国警务信息化已初具规模,并逐步从硬件建设向软、硬件建设起头并进,建设过程中更加注重实际应用,所取得的成就是有目共睹的。如建成了统一建设并网的全国在逃人员信息库、全国警员信息库、全国人口信息管理系统、交通事故处理信息系统等诸多警务业务系统。与此同时,各地各类警察机关也纷纷建立了具有地方特色并联网共享的警务信息系统,比如2006年,北京市公安开始建设"数据采集、数据整合和综合应用系统";2010年,浙江省公安机关开启了"智慧浙江公安"的建设;2012年,山东省公安厅启动"警务云"建设;2013年,山西省公安开通了"山西公安便民服务在线平台";2016年,湖南省公安厅提出要推进"4+X中心"建设;2016年,"上海市监狱信息化建设(一期)"项目顺利通过了专家验收;等等。开展警务信息化建设的同时,各级公安机关已将警务信息化建设和应用作为年度考核的一项重要工作,并列入"一把手"工程。各级公安机关制订相关工作评估考核方案,建立了标准评价体系,对警务信息化技术的发展和现状的适用工作范围进行客观评价。如公安部交管局从信息化结构、基础设施建设、信息化应用、系统运维管理等诸多方面建立了评价体系,对交警部门的业务信息进行分级考核;辽宁省公安厅制订了信息化建设与应用工作考核方案等等。2018年5月,我国成功举办了"首届中国警务信息化建设成果"推介

---

① "金盾"工程,实质上就是公安通信网络与计算机信息系统建设工程,是国家电子政务建设的12个重要业务系统之一。2003年8月,经国务院批准、国家发改委正式批复了《"金盾"工程初步设计方案和资金概算》。2003年9月2日至3日,公安部组织召开了全国"金盾"工程工作会议,标志着"金盾"工程建设正式启动。2006年5月19日,全国"金盾"工程一期建设项目如期完成。

② 四班三运转就是把民警分成四个班组,每个班组上两天白班,再上两天中班,再上两天夜班,然后休息两天。

③ "猫鼠不同步"是指公安机关与犯罪嫌疑人的不在同一时间出现,比如警察上班小偷休息,警察下班小偷作案。

活动，共征集到来自全国128家警察机关和企事业单位报送的近200项方案，集中展现了近年来我国警务信息化建设的先进成果。从信息化的视角看，我国警务模式可归纳为以下五个发展阶段：

1. 传统警务（2000年以前）。主要依靠人工的方式，开展巡逻、盘查、出警和处警等警务工作。信息和数据主要以纸质档案的形式保存。在案件侦查过程中也更多依靠人眼分辨、目击证人佐证等方式进行分析和举证。20世纪80年代中期开始，110接警台应运而生，个人电脑推广使用后，第一代人口、出入境等信息系统先后建成。受制于信息技术水平较低，本阶段的警务活动大多以人工为主，为被动式、事后型，效率相对较低。

2. 数字化警务（2000～2005年）。随着个人电脑、模拟对讲机等技术普及，公安机关也开始利用计算机实现信息的采集、录入、查询。为了提升基层民警实战效能，出现了集成作战式的"派综系统"，同时也利用"三台合一"①等手段，实现了警务的基本协作能力，提升了警务信息管理效率。"金盾"工程建设项目在这一阶段启动。

3. 网络化警务（2006～2012年）。随着各级公安机关大力推进"金盾"工程的建设，"金盾"工程一期建设项目完成，计算机网络大量普及，各警种纷纷建设应用各类信息系统，出现分级指挥调度模式，建立了部、省、市、县的指挥架构，依托地理信息系统（PGIS）和全球卫星定位系统（GPS），各种移动终端、单兵装备得到了应用，大大提升了民警的工作效率。

4. 合成化警务（2013～2017年）。社会逐渐进入互联网时代，人流物流大迁徙，治安形势向复杂化、网络化方向发展，需进行多警种、跨部门紧密协作。出现集成指挥系统、情报主导、合成作战为特征的合成化警务模式，并逐渐出现大数据的应用和数据驱动警务的尝试，取得了一定成效。

5. 智慧警务（2018年以后）。警务模式正在向智能化阶段迈进。"智慧警务"的提出顺应了警务智能化的潮流，是警务智能化的一种重要形态。智慧警务以提升警察机关核心战斗力为主要目标，以实施大数据战略为路径，以大数据、云计算、人工智能、移动互联网、物联网等技术为支撑，打造警务工作智慧化的新理念和新模式。实施智慧警务战略后出现了更加集中的省级警务大数据云中心和统一的移动警务应用平台，以及高度融合、协同作战、一体化运作的指挥中心、情报中心、新闻中心和互联网监控等中心，逐步形成大数据驱动下的警务新机制、新模式，从而实现具有系统化、智能化、扁平化、精准化、动态化、人性化特征的"智慧警务"，提升警

---

① 2004年以后，随着国家应急机制不断建设发展的需要和老百姓报警服务的要求，公安部开始整合110报警台、火警119报警台、交通事故122报警台，合成为统一的110报警服务台，即"三台合一"。

务信息化、智能化、现代化水平，推动警务工作实现跨越式发展。

第二节 警务信息化的主要相关技术

警务信息化是在信息化时代发展到高级阶段的一种警务形态，主要采用了云计算、大数据、物联网、人工智能、数据挖掘等新一代信息技术，整合警察信息数据资源，高度集成警察业务系统功能，以提供智能化警务决策与个性化便民服务。

一、云计算技术

信息技术（Information Technology，IT）是20世纪最重要的科技成果，日益成为引领经济增长和社会进步的关键因素与主要动力之一。互联网是其中最重要的一项发明和最活跃的一个领域。它常用的表示方法就是通常所说的“云”。也就是说，“云”是网络、互联网的一种较为形象比喻的说法。

（一）基本概念

云计算迄今为止没有统一的定义。据不完全统计，不同学者和组织从不同角度给出的不同定义至少有25种以上。例如，Gartner认为，云计算是一种使用网络技术并将信息技术所具有的可扩展性和弹性能力作为服务提供给多个外部用户的计算方式。美国国家标准与技术实验室对云计算的定义是：云计算是一个提供便捷的通过互联网访问一个可定制的IT资源共享池能力的按使用量付费模式（IT资源包括网络、服务器、存储、应用、服务）。这些资源能够快速部署，并只需要很少的管理工作或很少的与服务供应商的交互。[①] 随着IT技术的发展和应用场景的变化，关于云的定义还在不断地产生新的观点。

一般认为，云计算（Cloud Computing）是利用分布式计算和虚拟资源管理等技术，通过网络将分散的资源（包括计算与存储、应用运行平台软件等）集中起来形成共享的资源池，并以动态按需和可度量的方式向用户提供服务。按照云计算提供的资源所在层次，可分为IaaS（基础设施即服务）、PaaS（平台即服务）和SaaS（软件即服务）。云计算是分布式计算、并行计算、效用计算、网络存储、虚拟化、负载均衡、热备份冗余等传统计算机和网络技术发展融合的产物。云计算系统运用了许

① 刘绪崇、苏欣、唐德权主编：《智慧警务：大数据环境下新时代公安信息建设模式探索》，清华大学出版社2018年版，第26页。

多技术,其中以编程模型、数据存储技术、数据管理技术、虚拟化技术、云计算平台管理技术最为关键。

云计算的主要特点有:(1)具有“作为服务”交付的能力;(2)以高度可扩展的弹性方式交付服务;(3)利用互联网技术和方法开发和交付服务;(4)资源虚拟化及资源的自动管理与配置;(5)可实现海量数据的分布式并行处理;(6)低成本并对用户透明。

(二)工作原理

在典型的云计算模式下,用户通过终端接入网络,向“云”提出需求。“云”接受请求后组织资源,通过网络为“端”提供服务。用户终端的功能可以大大简化,诸多复杂的计算与处理过程都将转移到终端背后的“云”上去完成。用户所需的应用程序并不需要运行在用户的个人电脑、手机等终端设备上,而是运行在互联网的大规模服务器集群中。用户所处理的数据也无须存储在本地,而是保存在互联网上的数据中心里。提供云计算服务的企业负责这些数据中心和服务器正常运转的管理和维护,并保证为用户提供足够强的计算能力和足够大的存储空间。在任何时间和任何地点,用户只要能够连接至互联网,就可以访问云,实现随需随用。

(三)体系结构

云计算的体系结构由五部分组成,分别为资源层、平台层、应用层、用户访问层和管理层,云计算的本质是通过网络提供服务,所以其体系结构以服务为核心。

1. 资源层

资源层是指基础架构层面的云计算服务,这些服务可以提供虚拟化的资源,从而隐藏物理资源的复杂性。资源层主要包括物理资源、服务器服务、网络服务和存储服务四个部分。(1)物理资源指的是物理设备,如服务器等;(2)服务器服务指的是操作系统的环境,如 Linux 集群等;(3)网络服务指的是提供的网络处理能力,如防火墙、VLAN、负载等;(4)存储服务指的是为用户提供存储能力。

2. 平台层

平台层为用户提供对资源层服务的封装,使用户可以构建自己的应用。平台层主要包括数据库服务和中间件服务。(1)数据库服务提供可扩展的数据库处理能力;(2)中间件服务为用户提供可扩展的消息中间件或事务处理中间件等服务。

3. 应用层

应用层主要是提供软件服务,其主要包括企业应用服务和个人应用服务两个部分。其中,企业应用服务面向企业的用户,如财务管理、客户关系管理、商业智能等;个人应用服务面向个人用户,如电子邮件、文本处理、个人信息存储等。

4. 用户访问层

用户访问层是方便用户使用云计算服务所需的各种支撑服务，针对每个层次的云计算服务都需要提供相应的访问接口。用户访问层主要包括服务目录、订阅管理和服务访问三个部分。(1)服务目录是一个服务列表，用户可以从中选择需要使用的云计算服务；(2)订阅管理是提供给用户的管理功能，用户可以查阅自己订阅的服务，或者终止订阅的服务；(3)服务访问是针对每种层次的云计算服务提供的访问接口，针对资源层的访问可能是远程桌面或者 X Windows，针对应用层的访问提供的接口可能是 Web。

5. 管理层

管理层提供对所有层次云计算服务的管理功能，主要包括安全管理、服务组合、服务目录管理、服务使用计量、服务质量管理、部署管理和服务监控七个部分。(1)安全管理提供对服务的授权控制、用户认证、审计、一致性检查等功能；(2)服务组合提供对已有云计算服务进行组合的功能，使得新的服务可以基于已有服务创建时间；(3)服务目录管理提供服务目录和服务本身的管理功能，管理员可以增加新的服务，或者从服务目录中除去服务；(4)服务使用计量对用户的使用情况进行统计，并以此为依据对用户进行计费；(5)服务质量管理对服务的性能、可靠性、可扩展性进行管理；(6)部署管理提供对服务实例的自动化部署和配置，当用户通过订阅管理增加新的服务订阅后，部署管理模块自动为用户准备服务实例；(7)服务监控提供对服务健康状态的记录。

二、大数据技术

(一)基本概念

大数据(Big Data)指的是所涉及的资料数量规模巨大、关系混杂、动态持续、变化不定，需要用先进的技术和工具，在合理的时间内实现数据的获取、存储、分配、提炼、集成和分析，并从中挖掘出有价值的咨讯和信息，用于辅助和优化决策。大数据技术就是从各种类型的数据中快速获得有价值信息的技术，大数据处理技术一般包括：大数据采集、大数据预处理、大数据存储及管理、大数据分析及挖掘、大数据检索、大数据可视化、大数据应用、大数据安全等。

(二)体系结构

虽然不同机构和组织对大数据体系架构的设计有所不同，但从解决问题的实质上来看，不同的体系架构之间又有共性的方面：(1)工作流程主要围绕大数据生命周期进行设计；(2)工作方法主要依靠分布式存储和分布式并行处理来实现；

(3)基础设施具有良好的扩展性;(4)大数据隐私和安全被广泛重视。

如同其他技术或事物一样,大数据体系会逐渐趋于一致并最终实现标准化,而具有普通适用的标准又能更好地为大数据研究和应用提供理论指导和技术参考。目前,比较流行的典型大数据处理开源架构主要有 Hadoop、Storm、Spark 三种。

(三)关键技术

在实际应用中,大数据是一项非常复杂的系统工程,既需要硬件基础,也需要软件支撑,涉及的技术涵盖信息通信、计算机科学、信息网络、数据库等多个领域。单从大数据的处理流程和生命周期考虑,归纳起来,大数据的关键技术主要包括大数据感知与获取技术、大数据预处理技术、大数据存储与管理技术、大数据分析技术、大数据可视化技术以及大数据安全与隐私保护技术等。

1. 大数据感知与获取技术

大数据应用的关键,就是从海量的看似无关的数据中通过分析关联关系从而获取有价值的信息,因此有效获取目标数据成为大数据应用必须解决的首要问题。大数据类型多样,来源广泛,涉及人类社会活动的各个领域,其中最主要的来源有三个方面:人们在互联网活动中产生的数据、各类计算机系统产生的数据、各类数字设备记录的数据。人们在互联网活动中产生的数据为网络数据,常用到的数据感知与获取技术有网络爬虫或网络嗅探等;各类计算机系统产生的数据,主要是日志和审计数据,常用日志搜集和监测系统来获取数据,如 Scribe、Flume、ChuKwa 等;各类数字设备主要包括传感器、RFID、GPS 等,这些设备记录的数据既有实时的流数据,也有类似记录产品交易信息的非实时数据。常用数据流处理系统、模/数转换器等来感知和获取数据。

2. 大数据预处理技术

大数据源中既有同构数据也有大量的异构数据,目标数据常会受到噪声数据的干扰,影响数据的准确性、完整性和一致性。为提升大数据质量,需要对原始数据进行数据清理、数据集成、数据规约与数据转换等预处理工作。

大数据清理是通过设置一些过滤器,对原始数据进行“去噪”和“去脏”处理,大数据清理常用到的技术有数据一致性检测技术、脏数据识别技术、数据过滤技术、噪声识别与平滑处理技术等;大数据集成是指把来自不同数据源、不同格式的数据通过技术处理,在逻辑上或物理上进行集中,形成统一的数据集或数据库。大数据集成常用到的技术包括数据源识别技术、中间件技术、数据仓库技术等;大数据规约是在不影响数据准确性的前提下,运用压缩和分类分层的策略对数据进行集约式处理。大数据规约常用到的技术有维规约技术、数值规约技术、数据压缩技术、数据抽样技术等;大数据转换是将数据从一种表示形式转换成另一种表示形式,目的是使数据形式趋于一致。常用到的技术有基于规则或元数据的转换技术、基于模型和学习的转换技术等。

3. 大数据存储与管理技术

目前,除了传统关系型数据库外,大数据存储和管理形式主要有三类:分布式文件系统、非关系型数据库和数据仓库。

(1)分布式文件系统是由物理上不同分布的网络节点,通过网络通信和数据传输统一提供文件服务与管理的文件系统,它的文件物理上被分散存储在不同的节点上,逻辑上仍然是一个完整的文件。常用的分布式文件系统有 Hadoop 的 HDFS、Google 的 GFS 等。

(2)非关系型数据库(Not Only SQL,NoSQL)是为解决大规模数据集合多重数据种类存储难题应运而生的,它的最大特点就是不需要预先定义数据结构,而是在有了数据后根据需要灵活定义。非关系型数据库一般分为四类:①键值(Key – Value)存储数据库,主要利用哈希表中的特定键值对来实现数据存储,常见的有 Redis、ApacheCassandra 等;②列存储数据库,是按行排序以数据列为单位进行存储,有利于对数据库进行压缩,减少数据规模,提高存储和数据查询性能,常见的有 SybaseIQ、InfiniDB 等;③文档型数据库,是按封包键值对的方式进行存储,每个文档(如 XML、HTML、JSON 文档等)代表一个数据记录,记录着数据的具体类型和内容,常见的有 MongoDB、CouchDB 等;④图形数据库,是利用图形模型实现数据的存储,主要存储事物与事物之间的相关关系,将这些相关关系所呈现负责的网络关系简单地称为图形数据,常见的有 Google Pregel、Neo4J 等。

(3)数据仓库建立在已有大量操作型数据库的基础上,通过 ETL 等技术从已有数据库中抽取转换导出目标数据并进行存储。与操作型数据库不同,数据仓库不参与具体业务数据操作,主要目的是对从操作型数据库中抽取集成的海量数据进行分析处理,并提供高速查询服务。

4. 大数据分析技术

大数据分析是大数据处理流程中最为关键的步骤,也是大数据价值生成的核心部分。从对数据信息的获知度上来看,大数据分析可以分为对已知数据信息的分析和对未知数据信息的分析。对已知数据信息的分析一般运用分布式统计分析技术来实现,对未知数据信息的分析一般通过数据挖掘等技术来实现。

大数据统计分析主要利用分布式计算集群和分布式数据库,运用统计学相关知识和算法(如聚类分析、判别分析、差异分析等),对获取的海量已知数据信息进行分析和解释。目前，比较流行的大数据统计分析工具是基于R语言的分布式计算环境（如RHIPE）。数据挖掘是从海量的数据中通过算法计算，提取隐藏在其中的有用信息的数据分析过程，是统计分析、情报检索、模式识别、机器学习等数据分析方法的综合运用。在大数据领域中，常见的数据挖掘方法主要包括聚类分析、分类分析、预测估计、相关分析等。

5. 大数据可视化技术

大数据可视化技术的工作原理是运用计算机图形学和图像处理技术，将数据以图形或图像的方式展示出来，实现对大数据分析结果的形象解释，并能够实现对数据的人机交互处理。大数据可视化关键技术包括符号表达技术、数据渲染技术、数据交互技术、数据表达模型技术等。大数据可视化技术与传统数据可视化技术不同。传统数据可视化技术通常是从关系数据库或数据仓库中提取数据（数据类型较为单一）并进行可视化处理，一般不支持实时数据的可视化和交互式的可视化分析。而大数据可视化技术则是从多个数据源提取多种类型数据进行可视化处理，并且支持实时数据的可视化和交互式的可视化分析。常见的可视化处理和管理工具有TableauDesktop、QlikView、Datawatch、Platfora等。

6. 大数据安全与隐私保护技术

大数据应用在商业、政府决策、军事等领域创造了巨大价值，同时正是受利益驱使，大数据的安全和隐私保护也正面临着越来越严重的威胁。从大数据的关键技术来看，大数据处理的每个阶段几乎都面临着各种各样的安全威胁，传统的信息安全技术措施很难对大数据进行有效的安全防护。越来越多的人开始重视大数据的安全和隐私保护，并开始着重研究应对安全隐患和保护隐私的技术措施。

保护大数据安全主要是保证大数据的可用性、完整性、机密性。大数据来源广泛、模态复杂，大量数据来自不可信的数据源，同时收集到的大数据常常会有字段缺失或数据错误的情况，导致大数据不可用或弱可用以及完整性缺失。解决大数据可用性问题一般通过数据冗余设置，而大数据的完整性问题一般通过数据校验技术和审计策略来解决。对于大数据的机密性，由于数据规模大，传统的数据加密技术会极大地增加开销，因此一般利用访问控制和安全审计技术来保证大数据的安全。

三、人工智能技术

1956年，被誉为“人工智能之父”的美国学者约翰·麦卡锡（John McCarthy）提出了“人工智能”的概念，此后人类开始对这一全新领域进行不断探索。人工智能

(Artificial Intelligence,AI)是计算机科学与技术专业的一门重要的专业课程,主要研究运用计算机模拟和延伸人脑功能的综合学科,主要探讨如何运用计算机模仿人脑所从事的推理、证明、识别、理解、设计、学习、思考、规划以及问题求解等思维活动,并以此解决如决策、咨询、诊断、预测、规划等需要人类专家才能处理的复杂问题。通俗地说,人工智能可以分为两部分来理解,即"人工"和"智能",顾名思义,就是人造的智能。

(一)基本概念

人工智能是计算机学科的一个分支,是主要研究、开发用于模拟、延伸和扩展人的智能的理论,方法、技术及应用系统的一门技术科学。20 世纪 70 年代以来,人工智能技术与空间技术、能源技术并被称为世界三大尖端技术。人工智能研究的内容丰富,学科交叉的特点比较显著,除了计算机科学以外,人工智能还涉及信息论、控制论、自动化、仿生学、生物学、心理学、数理逻辑、语言学、医学和哲学等多门学科。人工智能是一门综合学科,又是交叉学科,所研究的内容比较浩繁。从基础理论上来讲,人工智能主要研究的内容大致可包括以下几个方面:(1)搜索与求解。搜索是人工智能的基本技术,求解就是为了达到某目标而多次地进行某种操作、运算、推理或计算的过程。(2)学习与发现。(3)知识与推理。知识是智能的基础和源泉。(4)发明与创造。(5)感知与交流。(6)记忆与联想。(7)系统与建造。(8)应用与工程。

(二)关键技术

1. 专家系统

专家系统泛指各种知识系统,是一种基于知识的智能计算机程序,它利用人类专家提供的专门知识模拟人类专家的思维过程,运用知识和推理解决只有某一领域的专家才能解决的复杂问题。专家系统拥有某一领域大量的信息和推理过程,含有批量的专业知识与经验,并同时具有存储、记忆、推理、判断等能力。其核心是知识库和推理机。专家系统的应用方式是先把某一领域的专家知识经验以及所研究的信息存入数据库知识库,然后根据需要被解释机、推理机所调用,经过人机交互接口供人们使用。

2. 自然语言理解

自然语言理解即自然语言处理(Natural Language Processing,NLP)是使用自然语言同计算机进行通信的技术。处理自然语言的关键是让计算机"理解"自然语言,因此又称为计算语言(Computational Linguistics),是语言信息处理和人工智能学科的交叉。自然语言理解可分为口语理解(语音识别、分析等)和书面语理解(机器翻译、自动成文等)。自然语言理解是人工智能应用的一个亮点。人和动物的本质区别之一是人具有语言,如果计算机能够理解分析人类的语言,那我们就毫不犹豫地说计算机具有了智能。在人工智能中,自然语言是研究知识表示的方式,也是无法回避的直接研究对象,最常见的就是在计算机上编程调试以实现问题的求解。在计算机程序设计语言,特别是很接近人类自然语言的高级程序设计语言的教学中,编程是必不可少的环节。在编程的过程中,我们会发现计算机对程序具有查错、分析、推理等功能。如在 VB 程序设计中编程时,如果语句本身有误,计算机会给出相应的提示要求修改。而程序调试的过程就是计算机进行诊断、分析、判断、推理的过程。

3. 人工神经网络

人工神经网络在人工智能的发展过程中,始终离不开对人类大脑的模拟和实现。用人工神经元(神经细胞)组成的人工神经网络作为信息和知识载体的生理模拟(结构模拟),用称为神经计算的方法实现学习、记忆、联想、识别和推理等功能,从而来模拟人脑的智能行为,使计算机表现出某种智能的结合,使人工神经网络的出现成为可能。人工神经网络(Artificial Neural Network,ANN)就是通过对大脑生理结构原理的研究,用模拟生物神经元的某些基本功能元件,按照多种不同的方式组合连接而成的一个网络。人工神经网络不仅广泛应用于结构工程研究、光学信号处理和信号识别、光谱分析、磁共振分析等方面,而且在教学中也扮演着重要的角色。人工神经网络在教学中主要是和专家系统相结合,用于提高教学专家系统的性能。神经网络在决策方面优于专家系统,主要依据是经验,不同于专家系统之处在于可用文字清楚地表达规则,导出符合逻辑的正确输出,并对系统的推理过程作出解释。在缺乏清楚表达规则或精确数据时,利用神经网络可产生合理的输出结果。另外,神经网络的并行分布处理能力和知识获取自动化克服了专家系统问题求解中的故障"组合爆炸"、"推理的复杂性"及"无穷递归"等传统困难。由于人工神经系统具有自组织、自适应能力,与专家系统结合使用可以弥补专家系统知识获取的"瓶颈"问题、知识不够宽泛等不足,同时专家系统也为人工神经网络提供了更好的交互界面,可以使教学过程中的知识信息展示得更为直观。

四、物联网技术

(一)基本概念

物联网(Internet of Things,IOT)指的是将各种信息传感设备,如射频识别(RFID)装置、红外感应器、全球定位系统、激光扫描器等与互联网结合起来而形成的一个巨大网络。物联网是多学科高度交叉而形成的新兴前沿研究热点领域,它综合了传感器技术、嵌入式计算技术、现代网络及无线通信技术、分布式信息处理技术等,能够通过各类集成化的微型传感器协作地实时监测、感知和采集各种环境或监测对象的信息,通过嵌入式系统对信息进行处理,并通过随机自组织无线通信网络以多跳中继方式将所感知的信息传送到用户终端。

物联网与互联网有着显著的区别,同时也存在密切的联系。物联网是基于互联网之上的一种高级网络形态。物联网和互联网的共同点是:技术基础是相同的,即它们都是建立在分组数据技术基础之上的。物联网和互联网的不同点是:用于承载物联网和互联网的分组数据网无论是网络组织形态,还是网络的功能和性能,对网络的要求都不尽相同。互联网对网络性能的要求是"尽力而为"的传送能力和基于优先级的资源管理,对安全、可信、可控、可管等都没有要求。物联网对网络的要求高得多,对实时性、安全可信性、资源保证性等都有很高要求。

(二)关键技术

技术是应用的基础,物联网要实现物与物之间的感知、识别、通信等功能需要有大量先进技术的支持。目前,物联网关键技术包括感知事物的传感器节点技术、联系事物的组网和互联技术、判别事物位置的全球定位系统、实现事物思考的应用技术,以及提高事物性能的新材料技术。

1. 传感器节点技术

传感器是一种物理装置或生物器官,能够探测、感受外界的信号、物理条件或化学组成,并将探知的信息传递给其他装置或器官。目前传感器节点技术的研究主要包括传感器技术、RFID 射频技术、微型嵌入式系统。其中传感器技术是研究的重点,因为传感器节点技术是传感网信息采集和数据预处理的基础和核心,而传感器技术则是传感器节点技术的前提。随着材料、工艺等技术的进步,传感器已经实现了微型化、网络化、信息化,但是在某些领域,尤其是传感器供电技术方面,相关的研究遇到了很大的阻力。因为传感器往往是依靠自身或者太阳能来进行供电的,而太阳能电池的供电效率以及可靠性都无法满足要求。目前一个比较理想的途径是大力研究无线电能传输技术和高性能锂电池技术,定期对传感器进行远程充电,以大规模延长传感器的使用时间。

2. 组网和互联技术

传感器组网和互联技术是实现物联网功能的纽带。目前这一领域的主要研究方向包括构建新型分布式无线传感网络组网结构;基于分布式感知的动态分组技术;实现高可靠性的物联网单元冗余技术;无缝接入、断开和网络自平衡技术。一个高效的物联网是由数以万计的传感器节点构成的,而要使这些传感器能够相互协作,高效率地运行就必须有一个强大的组网和互联技术作为支撑。在节点过多时关闭其中的某些节点以延长网络的可用时间,当某些传感器节点出现故障或者脱离网络时能够及时开启备用的节点,在保证整个网络各项功能满足要求的前提下尽可能地延长网络的使用时间。

3. 全球定位系统

全球定位系统(Global Positioning System,GPS)是一种结合卫星及通信技术,利用导航卫星进行测时和测距,从而实现物体的精确定位。全球定位系统由三部分组成:空间部分——GPS 星座;地面控制部分——地面监控系统;用户设备部分——GPS 信号接收机。全球定位系统最主要的指标是定位的精度。目前主要的全球定位系统是美国的 GPS,其精度在民用领域为 30 米。为了打破美国在全球定位系统方面的垄断地位,各国目前都在争相研发全球定位系统。典型的例子有欧盟的"伽利略"卫星定位系统、俄罗斯的"格格纳斯"卫星定位系统以及中国的"北斗"卫星定位系统。其中,中国北斗卫星导航系统(BeiDou Navigation Satellite System,BDSS)是中国自行研制的全球卫星导航系统。北斗卫星导航系统由空间段、地面段和用户段三部分组成,可在全球范围内全天候、全天时为各类用户提供高精度、高可靠定位、导航、授时服务,并具有短报文通信能力,已经初步具备区域导航、定位和授时能力,定位精度 10 米,测速精度 0.2 米秒,授时精度 10 纳秒。

4. 应用技术

物联网应用技术是根据具体的物联网应用要求,在传感器节点构成的网络基础上具体服务于特定行业或者实现特定功能的技术。按照具体的任务来分,物联网应用技术主要包括感知信息处理技术、系统软件、传感器应用抽象和标准化以及应用软件及平台技术。物联网服务的行业领域极其广泛,这决定了物联网的工作平台必须具有极高的开放性。因此,感知信息处理技术、系统软件以及传感器应用抽象和标准化将是研究的重点,也是为应用软件及平台技术打下坚实的基础。从目前的趋势来看,传感器系统软件将会走模块化设计的思路,并且寻求一种基于新型开放性互联平台的层次化系统解决方案,其他应用技术都将基于这个平台来研发。

5. 新材料技术

新材料是指那些新近发展或正在发展之中的具有比传统材料的性能更为优异的材料。为了进一步提高传感器的性能,新材料技术是不可或缺的。物联网新材料技术的研究主要包括使传感器节点进一步小型化的纳米技术;提高传感器可靠性的抗氧化技术;减小传感器功耗的集成电路技术。可以预见,随着新材料技术的发展,物联网系统器件会变得更小、能耗更低、可靠性更高。

第三节　警务信息化建设的主要内容

警务信息化是以警察业务为核心,以科技信息化手段为支撑,整合警察业务系统功能,打通信息系统壁垒,构建信息化警务工作平台,涵盖警察所有业务工作,包括公安机关实现“打、防、管、控”一体化的职能,以及监狱开展智能化监管改造工作,等等。

一、警务信息化建设的总体要求

(一)警务信息化建设的任务

警务信息化建设要以当前警察的主要工作为核心,适应警察工作的实际需求,符合“节约成本,整合资源,共建共享,惠及民生”的要求。警务信息化的核心技术是大数据、云计算、物联网、人工智能等先进的信息技术,是利用计算机通过机器学习的方法或算法模拟人民警察的思维,进行侦查办案、治安防控、便民服务、监管改造等警务工作。整个过程全自动化,最终实现警察机关及人民警察履职能力和水平的提升,更好地为人民群众做好服务工作。

1. 整合信息数据资源,构建警察大数据中心

根据公安部、司法部等上级部门的数据标准,结合本地警察业务数据实际,制定本地大数据标准,对警察业务数据、社会资源数据、互联网数据、视频图像数据等进行数据抽取、对标、清洗等预处理工作,构建本地警务数据标准库。结合各警种警务实战专题设立专题库、关联库、主题库和报告库,构建本地警务在线数据中心。原则上,从资源整合和共享角度考虑,警务大数据应该设立在部、省和市一级警察机构,区、县警察机构不提倡建设数据中心。

2. 融合业务系统功能,构建统一智慧警务平台

“金盾”工程一期、二期建设中,警务信息化系统繁多,业务功能重叠,重复建设现象较多。在智慧警务建设过程中,要制定部级、省级、市级智慧警务平台的数据标准、服务标准、接口标准和应用标准,推进各警种业务系统功能的融合,构建功能齐全、满足各警种业务需求的统一警务平台,以减少重复建设现象。对于过去已建成的信息化系统,把相关业务功能融合在统一的警务信息平台。业务系统融合暂时

有难度的,要实现单点登录,以减少重复登录。对新建的信息化业务系统,必须统一到警务信息平台,从技术上、制度上限制不能进行功能融合的信息化系统上线运行。同时,把先进的,发达地区已使用的各类实战模型和算法融合到警务信息平台,构建集"打击、防范、管理和服务"于一体的统一警务信息平台。

3. 拓展信息来源渠道,构建广泛的数据感知网络

警务信息化建设是以警务科技信息化为基础的,关键在于警务大数据的数量和质量。在警务信息化建设过程中,应拓展信息数据来源,构建广泛的数据来源感知前端设备网络,如电子围栏、无线 WiFi 设备、电子卡口、摄像机、智能社区、互联网出口感知设备等。数据量上来后,再对数据进行清理,提高数据质量,便于大数据分析应用,提升警务信息的效能。

4. 提供便民利民通道,构建一站式公共服务体系

推进警察便民服务协同,整合治安、人口、出入境、网监、交管、监管等警察服务门户建设,利用云计算、云服务的架构理念,通过构建平台即服务(PaaS)和软件即服务(SaaS)的电子政务应用架构模式,升级"一站式"行政审批流程,方便老百姓随时随地接受便捷的服务,满足各警种各部门无所不在的警务办公要求,打造统一的"一站式"公共服务支撑平台,提高警察机关的便民服务能力和水平,让老百姓更有获得感和认同感。

(二)警务信息化建设思路

警务信息化建设应聚焦本地警务实战需求,以云计算、大数据、人工智能、物联网、移动互联网等先进信息化技术手段为支撑,整合多源信息资源,打通条块分割的业务应用系统,打造数字化互联互通的"天网"、海量数据超级运算的"天算"、超级智能控制指引的"天智",构建全维感知、全能运算、全域运用的智慧警务信息化体系。实现风险防控从被动响应向主动预警转变、指挥决策从经验驱动向数据驱动转变、安全治理从人力密集向科技集约转变、侦查破案从循迹追踪向精准发力转变,突破警务体制机制瓶颈,促进警务流程再造。

以公安工作为例,当前公安机关的警务工作是"以预防为主,以打击为辅",警务信息化的建设也应该遵循这个理念和思路,坚持将"风险排查防控系统"作为警务信息化的核心部件,把"人、车、场所、组织"管控到位,关键是把"人"管控到位。在警务信息化建设中应始终坚持"一人一档",通过公安机关前端感知设备和后台大数据,为每个人建立一个电子档案,无论是常住人口还是临时流动人口,一旦在管辖区内感知出现,就要为其建立电子档案,以此进行警务信息化应用功能扩展。

诚然,警务信息化建设是一项涉及警察机关内外各领域、各部门的复杂系统工

程，不可能一蹴而就，需要一个较长的建设和磨合过程。警务信息化最根本的目的就是：为民警减压减负，为老百姓提供便利服务，最终实现“向科技要警力，向数据要战斗力”。结合我国警务工作的实际情况，当务之急是参照公安部、司法部公布的大数据标准，制定具有地方特色的警务大数据标准，清洗提取警察业务系统数据，以半自动化的方式整合社会资源数据，构建警务大数据平台，整合警察业务部门工作，构建“4 + X 中心”的警务信息化统一平台框架，完善其必要的智慧警务功能，促进全警信息化应用水平的迅速提升。

（三）警务信息化建设的原则

警务信息化建设涵盖了所有警种、所有部门的信息化建设，是贯穿警察工作的基础性、全局性工程。在信息化项目的建设过程中，应立足于“顶层设计，技术优先”的总体原则，在保证科学性、先进性、经济性、实用性、前瞻性的同时，具有良好的扩展性和兼容性。为了确保警务信息化项目的建设质量，各地警察机关应遵循“业务警种主建、科技部门把关、第三方验收”的总体思路。除此之外，还应遵循以下建设原则。

1. 坚持急用先建，效果优先

根据警察机关目前警务信息化建设的实际需求，应对需要建设的警务信息化支撑项目进行科学合理的顶层设计。对上级警察机关要求考核的项目优先启动建设，分轻重缓急，稳步向前推进，以确保建设实效。警务信息化建设，要以解决目前警察实战中所遇到的问题、为警察实战提供服务、提高警察实战效率为目标，确保项目建设的成果和效率。

2. 坚持基础先行，分批建设

警务信息化建设，应立足于“自下而上，逐步建设”的原则，坚持数据融合、大数据中心、视频专网等信息化基础设施建设先行启动。在此基础上进行相关应用系统的建设，保证项目建设的逻辑性和完整性。在建设过程中，项目规模较大、所需经费较多的项目可以通过分批次的方式来进行，以确保所建项目既能满足当前的需求，同时又能适应技术的自身发展。

3. 坚持统筹规划，节约经费

警务信息化建设也属于目前智慧城市建设的主要内容之一，应积极向政府汇报，争取将警务信息化建设纳入政府主导下的智慧城市建设中，将警务信息化建设资金纳入政府公共财政预算。同时，可以按照政府投入为主、其他投入为辅的方式，努力尝试警务信息化建设融资渠道的社会化、多元化的途径，力争做到资金使用的集约化、合理化和适度化。同时，在项目建设规划中，应遵循避免重复建设的原则，全面了解各部门的需求,从整体上把握项目建设规划,确保经费节约。

4. 坚持理念超前,注重实效

在警务信息化建设的需求调研和前期顶层设计时,通过对新的理论和技术的了解,对本地实际情况的掌握,以及对未来发展方向的预测,制定具备时效性、超前性的信息化建设规划。同时,借鉴其他成熟的应用系统的建设经验,结合先进的信息技术、数据标准、服务标准、硬件设备等的不断演进,确保警务信息化建设的实际效果,为警察实战、管理和服务带来看得见的改进和提升。

二、警务信息化的系统架构

警务信息化建设是一项复杂的系统工程,不仅涉及各警种各部门,还涉及政府各部门的配合、专业人才的培养、标准体系的制定等方方面面。因此,警务信息化建设需要从整体上进行统一规划统筹推进,需要做好科学合理的顶层设计,在系统功能架构上要求是一个完善的相互联系且相互支撑的整体,只有这样才能真正实现预期效果。一般而言,警务信息化系统架构应该包括基础层、数据层、服务层、应用层以及支撑保障体系。

(一)基础层

基础层可以理解为支撑警务信息化系统所需要的硬件条件,包括服务器、虚拟化平台、交换机、路由器、基础网络、负载平衡、容灾备份、存储系统、数据库、大数据软件、防火墙、网络安全设备等基础硬件设备,以及数据采集所需的电子卡口、无线WiFi 采集、电子围栏、天网视频、人脸追踪摄像机、基站采集、社会采集 APP 等前端感知设备或系统。基础层是警务信息化系统的基础,可以确保其所需的计算能力存储能力、数据获取与处理能力,以及大数据分析与决策分析支撑能力。

(二)数据层

数据层在智慧警务或大数据分析决策中具有至关重要的作用,就是解决如何将地点分散的警察机关业务数据、政府部门共享数据、社会服务部门数据、互联网数据、视频图像数据进行汇聚,按照统一的数据标准进行数据标准化处理,构建基础数据库、关联数据库、专题数据库、主题数据库等,为警察机关的各种警务活动等提供依据和情报,保证警务大数据分析的真实性、实时性和有效性。数据层建设是警务信息化建设的关键,数据层数据的实时、有效、精准直接关系到警务决策的科学性。如果数据层建设不符合规范,达不到要求,我们就不能很好地应用大数据进行智能分析,就不可能很好地应用警务信息化系统的各项功能。

(三)服务层

在警务信息化系统的体系构架下,服务层独立于任何应用和数据,下接数据,上接具体警务应用,起到了“承上启下”的作用,直接关系到警务信息化建设的实际效果。服务层利用当前主流的主数据技术、数据资源服务、业务规则引擎、企业服务总线等技术构造行业应用集成环境,构建服务警察机关的支撑环境、集成环境,促进业务流程再造,最终目标是通过对核心数据资源和核心业务服务的管理,打通全行业信息系统的壁垒。服务层的主要作用就是防止各种警务应用被个别公司绑架,让更多有实力、有思路、有实战经验的公司参与到警务信息化的应用中来。

(四)应用层

应用层是面向全体民警使用的。应用层的界面必须友好,应该最能体现出警务信息化的智能、精准、快速要求。应用层包括所有的警务信息化的应用,涉及各警种各种业务。用户需求是否满足,直接由应用层体现出来。这些应用除了满足各警种的业务需求外,还要有较强的体验感,体现智能化的特点,满足不同层次民警的个性化需求。对普通民警,要求其应用功能越简单越好,越“傻瓜”越好,不需要有太多的专业知识。对于专业技术骨干民警,仅仅“傻瓜式”系统应用是不能满足要求的,还要利用专业知识和技术进行综合分析、研判的功能或平台。警务信息化系统的应用层至少包括平台门户、大数据分析应用、警务应用商店和二次快速开发平台等。

(五)支撑保障体系

警务信息化建设是一个复杂的系统工程,需要各警种的通力合作,利用多种先进的信息技术,由较高端的专业人才进行合理的顶层设计,只有这样才能出成效。在警务信息化建设过程中,需要强大的专业运维平台和运维团队。同时,还需要社会各界数据的汇集和警察机关内部业务的数据融合,而数据质量的好与坏直接关系到警务信息化建设的效果。因此,警务信息化需要强大的支撑保障体系来保证数据质量、数量的智能化检查。可视化运维管理、数据规范化管理、信息安全技术保障等,这些都属于支撑保障系统的范畴。

三、警务信息化建设的具体内容

警务信息化建设以信息化手段为支撑,利用云计算、大数据、人工智能、物联网等先进信息技术,让计算机模拟人的智慧完成警务工作,从而达到解放警力的目的。其信息来源就是警察机关汇集的各类数据,这就要求各业务警种的深度参与,将各业务警种及其业务系统获取到的数据全部共享到警务信息化平台大数据中心,真正做到数据资源整合共享,业务系统共建共用。警务信息化建设的具体内容主要包括警务信息化系统所需的数据、支撑警务信息化建设所需的平台、为警务信息化提供的服务以及警务信息化的广泛应用。

(一)警务信息化的数据

数据在警务信息化建设中起到关乎成败的关键作用。没有广泛的数据作支撑,警务信息化不可能发挥作用。经过多年的警务科技信息化建设积累和各警种人民警察的工作经验总结,警务信息化建设的数据应包括政府部门数据、社会服务部门数据、互联网数据、天网视频数据、网络安全保卫部门数据、技术侦查部门涉密数据,以及各业务警种收集整理的业务数据。

1. 政府部门数据

政府部门数据是指除警察部门自身外的其他政府部门拥有的数据,具有真实性高、数据鲜活、来源广的特点,对警务活动的开展具有重要作用。它主要包括公民社保数据、工商注册数据、税务交税数据、扶贫数据、房产登记数据、网格化管理数据、旅游信息数据等。

2. 社会服务部门数据

社会服务部门数据包括医疗就诊数据、煤气数据、水电数据、银行数据、民航数据、铁道数据、景点游客数据、大宗商品送货物数据、寄递物流数据、保险数据等。这些社会服务部门数据,对加强社会管控、治安犯罪预警、犯罪倒查追踪、公安精准服务等都具有极为重要的作用。

3. 天网视频数据

随着天网工程、雪亮工程逐步推进和全面部署,天网视频数据成为仅次于互联网数据的第二大数据,在公安机关案件侦破、犯罪嫌疑人抓捕过程中发挥了巨大作用。天网的视频数据、图像数据基本上都是非结构化的数据,在进入警务信息化系统大数据中心之前,需要进行结构化处理,使之变为结构的数据,有利于进行大数据分析和应用。依托天网工程的数据主要包括天网视频数据、图像数据、卡口数据、车辆违法数据、重点人员照片数据等。

4. 网安部门数据

公安网安部门是公安机关的技术警种之一,具有互联网管理、侦查打击网络犯罪、案件协作追逃等职能,在日常工作中可以获取到大量的数据。网安部门的数据主要包括网址域名数据、虚拟身份数据、使用日志数据、远程登录数据、互联网内容数据、MAC 地址数据、互联网注册信息数据、移动 3G/4G/5G 数据、无线 WiFi 采集数据、微信/QQ 等社交软件数据、网络支付数据、木马/病毒数据、手机取证数据、电脑取证数据等。

5. 技术侦查部门数据

技术侦查部门是公安机关的特殊部门,掌握着大量的涉密信息数据,为了配合构建公安智慧警务平台,可以提供用户开户资料数据、基站位置数据、手机信号数据、通话记录数据、物流寄递数据、电子围栏数据等。

6. 其他警种业务系统数据

在金盾一期、二期建设中,公安机关各警种建设各类业务系统几十个,甚至上百个,有的是公安部、公安厅统一安排部署,有的是公安机关根据自身需求建设的。近年来,监狱和戒毒部门也在进行业务系统建设。这些数据没有共享共用,业务系统功能重叠,没有很好地整合。但与此同时,数据内容丰富,来源广泛,数据质量特别高,特别适合进行警务大数据分析与深度应用,具体包括治安卡口数据、旅店数据、人口数据、车辆数据、机动车驾驶人员数据、重点单位数据、重点人员数据、执法办案数据、违法犯罪人员数据、指纹数据、DNA 数据、现场勘查数据、毒品信息数据、监所业务数据、刑侦业务数据等。

(二)警务信息化的平台

警务信息化建设的预期效果中最重要的一部分是警务信息化平台,用来展示警务信息化应用功能、业务工作、大数据分析、应用实战等实效。同时,还可以通过这些警务平台展示各警种所需警务工作。警务平台的建设,可以解决民警统身份登录认证的问题,每位民警在工作中只需登录统一的警务平台,不需要重复登录不同的业务系统。同时,警务平台会自动根据需求个性化制定警务工作,不需要人工过多干预。不同部门、不同岗位、不同角色的民警登录,警务平台的功能不一样。总体上,警务平台包括大数据分析中心、协同办公流转中心和业务系统集成中心。

1. 大数据分析中心

警务平台主要是依托大数据分析中心开展警务信息化工作的,大数据分析中心是警务平台的核心,集中了警务信息化的先进核心技术。将先进的人工智能算法、数据挖掘方法、实战模型算法应用于大数据分析,可以解决当前人工简单查询方式的警务模式,通过模拟人的智慧解决当前大量的警务工作,变"智能警务"为"智慧警务"。大数据分析中心的功能可根据每个应用中心的职责分工进行功能性调整,保证每个应用中心大数据分析功能的完整、可用、够用、实用。

2. 协同办公流转中心

基层民警更为关注的是警务平台如何解决业务流转、指令的下达与接收、信息的反馈等问题。因此,警务平台中必须考虑有日常业务的协调流转办公,确保数据、业务、指令的快速送达和及时反馈。协同办公和业务流转也会贯穿于大数据分析中心数据分析的全过程,可以实时监督、人为干预动态跟踪协同,也保证了大数据分析中心功能尽可能地发挥。

3. 业务系统集成中心

警务信息化平台需要解决统一登录认证的问题。每位民警根据自己的工作部门岗位和角色定位,经常需使用一些公安部、公安厅、市(州)公安局等其他警察机关自建的业务系统。为了方便使用,常将这些分散的、需要使用的业务系统集成在警务信息化平台中。业务系统集成中心就相当于“沙盘”或“工具箱”,把各个业务系统集中在一起,方便民警查询和使用,从而提高工作效率。

(三)警务信息化的服务

警务信息化系统的业务工作服务,向上为具体警务应用服务,向下为调用大数据中心数据。警务服务单独在服务层,是标准化的,不能想建就建、想用就用。如果警务信息化系统的应用需要使用具体的服务,就应提出标准化服务的请求。也就是说,任何警务信息化系统的应用必须是通过服务来调用大数据中心的数据,将一些实战模型和先进的人工智能算法应用于大数据中心,并将结果通过服务反馈给警务信息化系统应用。警务信息化系统服务可分为大数据服务总线、标准服务接口和第三方服务。

1. 大数据服务总线

大数据服务总线主要实现服务接口的接入适配、协议转换、服务聚合、访问控制、路由调度和日志审计等功能,用于解决大数据中心之间的服务整合共享问题,实现跨系统、跨部门、跨地区的服务资源共享应用和业务流程协调统一。警务信息化平台大数据服务总线除了提供目录服务查询和编排服务的开发、调试以及属性设置等功能之外,还具有服务监控管理能力,可以提供集群环境总线 Server 的管理及各种日志控制级别、服务运行状态、服务线程配置等系统级配置的在线管理和及时更新,并提供服务注册、服务查找等服务元数据管理功能。同时,还提供各种维度的事前预警、事中告警、事后统计分析等功能。

2. 标准服务接口

将各类对数据信息资源的服务封装为标准服务接口,满足各类应用的数据访问需要,提供 SOAP、XML、KVP、JSON、消息传输服务等接口协议类型。标准服务接口主要包括元数据访问接口、资源目录服务接口、数据搜索服务接口、数据查询服务接口、数据全文检索服务接口、专题数据接口、数据核查服务接口、数据比对服务接口、碰撞分析服务接口、信息布控服务接口等。

3. 第三方服务

通过大数据服务总线,警务信息化系统需要调用第三方的服务,也就需要集成第三方提供的各类服务接口,包括 PGIS 平台服务接口、视频服务接口、卡口服务接口、警综平台服务接口、网络安全数据接口、技侦数据接口。此外,警务信息化平台建设还需要考虑与公安部、司法部、省厅的异地信息访问接口进行对接。

(四)警务信息化的应用

警务信息化建设的效果主要体现在警务信息化的实际应用上。警务信息化的应用可以涵盖各业务警种的各项业务工作。湖南公安机关推出的"4+X 中心"的警务信息化建设方案,得到了公安部的充分肯定和认可。接下来,将以湖南公安机关"4+X 中心"为例,展示警务信息化的应用功能。四个必建中心分别为"侦查实战中心"、"治安防控中心"、"情报指挥中心"和"执法监管中心"。把四个中心的基本功能整合在一个警务信息化平台上,根据各个中心的具体业务确定具体的功能模块。

1. 侦查实战中心

将各侦查业务警种力量、资源、手段、线索统一接入中心,建立多资源无缝对接、多手段同步上案、多警种联合作战的常态机制,做到"情报联查、线索联侦、对象联管、资金联控、打击联手",促进信息资源共享、工作手段集成、侦查效能提升。侦查实战中心至少应该具备以下功能模块:

表 11-1 侦查实战中心功能模块

序号	分类	功能模块	备注
1	公文流转与协同	协同办公	因部门岗位设置角色
2	大数据分析与应用	轨迹查询分析	
		人员线索画像	
		重点对象管控与分析	
		人车伴随分析	
		通联智能分析	
		案件线索智能分析	
		姓名关联分析	
		可视化展示与分析	
		人像比对识别分析	

续表

序号	分类	功能模块	备注
		家谱关系分析	
		人员批量落地	
		多维度碰撞分析	
		综合查询统计	
		其他……	
3	业务系统集成	公安警务信息综合应用平台	不同部门,业务系统不同
		执法办案系统	
		现场勘查	
		指纹采集系统	
		DNA 采集分析系统	
		资金查冻系统	
		刑事综合查询系统	
		其他……	

2. 治安防控中心

通过信息技术将各警察职能部门功能整合进治安防控中心,利用大数据分析应用构建社会治安管理防控模型,建立社会治安分析评估、警情动态监测预警以及人、车、物、场所一体管控等机制,实现精准预警、精准防控、精准评估、精准倒查。治安防控中心应具有以下基本功能模块:

表 11 –2　治安防控中心功能模块

序号	分类	功能模块	备注
1	公文流转与协同	协同办公	因部门岗位设置角色
2	大数据分析与应用	可视化分析	
		消息自动推送	
		高危人群研判分析	
		人像识别分析	
		区域人员分析	
		人员聚集分析	

续表

序号	分类	功能模块	备注
		热力地图展示	
		犯罪预警分析	
		人车伴随分析	
		家谱关系分析	
		线索面相分析	
		重点对象管控	
		报表统计分析	
		其他……	
3	业务系统集成	旅店业管理系统	不同部门,业务系统不同
		治安防控系统	
		危爆物品管理系统	
		风险排查管控平台	
		警情检查预警系统	
		其他……	

3. 情报指挥中心

整合公安内部和外部数据,运用科技信息化手段开展数据分析,提供"人、事、案"全要素核查及多轨迹研判等情报支撑,利用大数据进行综合情报研判和指挥调度,为案件侦破提供精准服务,为领导提供科学决策。情报指挥中心应该具有以下基本功能模块:

表 11－3　情报指挥中心功能模块

序号	分类	功能模块	备注
1	公文流转与协同	协同办公	因部门岗位设置角色
2	大数据分析与应用	智能情报研判	
		可视化指挥调度	
		接出警记录与处警	
		警情实时推送	
		群体对象发现分析	

续表

序号	分类	功能模块	备注
		重点区域预警	
		大型活动安保与群体聚集预警	
		视频自动跟踪	
		人车伴随分析	
		轨迹分析重现	
		线索面相分析	
		重点对象管控	
		报表统计分析	
		其他……	
3	业务系统集成	智能研判分析平台	不同部门,业务系统不同
		电子卡口系统	
		稽查布控系统	
		指挥调度平台	
		三台合一接出警系统	
		其他……	

4. 执法监管中心

通过信息技术自动将民警的执法过程全程记录,自动识别各种违规行为,及时告警或提示,确保民警执法公正和执法过程的规范化。执法监管不仅包括通过执法记录仪记录民警执法过程,还包括通过警务信息化平台强大的日志记录和审计功能,自动识别公安各类业务系统的正常、合法使用,对发现的各类违规或违法使用系统的异常行为,及时提醒或告警,做到执法过程的全程监管,从而提高警务规范化程度。执法监管中心应该具有以下基本功能模块:

表 11-4 执法监管中心功能模块

序号	分类	功能模块	备注
1	公文流转与协同	协同办公	因部门岗位设置角色
2	大数据分析与应用	执法记录仪数据监督	
		执法过程关键点监督	

续表

序号	分类	功能模块	备注
		警务督察	
		日志审计监督	
		权限角色分配与管理	
		数据接口监测	
		异常操作行为警告	
		安全名单审查	
		可疑倒查追踪	
		数据异常警告	
		系统异常访问检测	
		运维实时展现	
		报表统计分析	
		其他……	
3	业务系统集成	执法办案系统	不同部门,业务系统不同
		网上督察系统	
		视频督察监管平台	
		网上积分督察平台	
		应用系统日志审查系统	
		其他……	

5. 其他中心功能(X 中心)

X 中心建设为自选项目,可以选择智慧交管中心、智慧监管中心、便民服务中心等警务信息化应用功能的建设。智慧交管中心的应用功能应包括智能交通疏导、可视化调度与指挥、假套牌识别与追踪、违章抓拍、人车轨迹分析、同车伴随分析、智慧交通导航、车流高峰预警与分流等功能。智慧监管中心的应用功能应包括在押人员智能定位管理、民警巡更、视频会见、会见预约、自助订餐、视频行为跟踪、手机侦测与获取、异常车辆识别与告警、网络教育、可视化管理与监控等功能。便民服务中心的应用功能主要集中在交警部门的办证、上牌、交通违法处理、快处快赔、微信移车、智慧停车等,户政与出入境部门的证件预约办理、交费、办理过程管理、预约送达、上门服务等,以及一键报警、违法犯罪案件举报、执法公示、可视化回访等功能。

思考题

1. 警务信息化的含义是什么？加强警务信息化建设有何现实意义？
2. 警务信息化的主要特征是什么？
3. 你认为我国警务信息化建设经历了哪几个发展阶段？
4. 什么是云计算技术？请举例说明它在警务信息化建设中的运用前景。
5. 什么是大数据技术？请结合实际谈谈它在警务信息化建设中的运用前景。
6. 警务信息化建设的基本原则有哪些？
7. 请结合实际，谈谈在我国加强警务信息化建设的主要途径。

案例分析

资料：2019年8月29日，苏州市公安局召开5G公安科技产品发布会，正式推出政务服务一体机、智能巡逻机器人、移动布控哨兵3款使用5G通信技术的公安科技产品，向公众展示苏州公安智慧警务建设的最新成果。

近年来，苏州公安坚持"科技兴警"，不断向科技要警力、要战斗力，2018年，创新发布了具有苏州特色、体现公安特点的"六星科技·纵横警务"顶层设计方案，打造了"深度中心""城市盾牌""动态巡防""蜂巢计划"等一系列面向公安实战、领先业内同行的科技品牌。这些产品经过一年多的检验，已经在警务实战中发挥出显著成效。如今，三款5G公安科技产品的新鲜出炉，将进一步提升苏州公安面向人民群众的"数据服务力"、针对犯罪分子的"数据威慑力"、面向公安民警的"数据支撑力"。现代警务、未来已来。随着苏州公安迈进5G时代，将会有越来越多的创新产品投入应用，赋能实战，助力移动安防的跨越式发展，更加有力地护航平安苏州。（资料来源：《苏州公安再出大手笔，一举迈进5G时代》，微信公众号《苏州公安》，2019－08－29）

请根据上述资料分析：

1. 苏州公安为什么要下大力气加强智慧警务建设？
2. 结合实际，你认为智慧警务建设的未来发展趋势有哪些？

参考书目

[1]王沙聘：《信息共享环境：情报主导警务》，中国人民公安大学出版社2010年版。
[2]刘绪崇、苏欣、唐德权主编：《智慧警务：大数据环境下新时代公安信息化建设模式探索》，清华大学出版社2018年版。
[3]公安部人事训练局、公安部科技信息化局编：《公安信息化建设基础教程》，群众出版社2010年版。
[4]王电：《公安信息化概论》，清华大学出版社2011年版。
[5]徐晓林、杨锐主编：《电子政务》，华中科技大学出版社2009年版。

第十二章 警察执法监督

教学重点与难点

1. 了解我国警察执法监督的含义、特征、构成体系，了解警察执法监督的重要法治意义。

2. 了解警察执法监督机构分工及其运作，掌握督察制度和警务公开制度。通过监督促进依法行政，更好地保障公民的合法权益。

孟德斯鸠在《论法的精神》一书中指出："一切有权力的人都容易滥用权力，这是万古不易的一条经验。有权力的人们使用权力直到遇到有界限的地方才休止。"这句话虽有以偏概全之嫌，但也充分说明了权力本身离不开监督和制约。警察是武装性质的治安行政力量和刑事执法力量，它拥有的行政权涉及社会的方方面面，其在行使权力的同时，也承担着依法履行职责的义务，承担着接受国家和人民监督的义务。警察必须以宪法、法律为活动准则，履行法律规定的职责，严格执法，体现国家和人民的意志，维护国家和人民的利益。因此，建立一套完善的警察执法监督机制，使人民警察履行职责、行使职权的活动置于有效的监督和控制之下，是顺应时代要求的，是实现警察职能的必要条件。

第一节 警察执法监督概述

一、警察执法监督的含义和特征

（一）警察执法监督的含义

警察执法监督，是指由法律授权的机关以及公民和社会组织对警察人员执行的活动，以及人民警察机关内部对执法活动和遵纪情况所进行的监察、督促、检查和纠正的行为。执法监督是保障人民警察依法履行职责、行使职权的重要手段，也是维护公民合法权益的重要保障。警察监督有广义和狭义之分。

狭义的警察监督，即警察机关内部执法监督，是指警察机关内部上下级之间和警察机关内部专设的机构，对所属警察人员履行职责、行使职权和遵守纪律进行视察和督导并进行监督。如公安法制部门、公安监察、纪律等部门专门设立的监督机构。广义上的警察监督也称一般执法监督，包括以下几方面：其一，外部监督，包括执政党机关、检察机关、审判机关、社会团体、公民对警察的监督；其二，政府系统的行政监督，包括上级和本级的监督、行政监察机关的监督、审计监督和其他监督。

（二）警察执法监督的特征

1. 监督主体的广泛性

我国警察监督主体的广泛性和多元性，是由我国警察机关的性质、任务和宗旨所决定的。各监督主体按照法定的监督权，从各自的角度对人民警察执法进行广泛的监督，共同组成警察监督的整体。人民警察执法监督的主体包括：全国人民代表大会及其常务委员会、人民检察院、行政监察机关、公民和社会组织、督察、人民警察的上级机关。

2. 监督对象的特定性

人民警察执法监督的对象，既包括人民警察，也包括人民警察的机关。其范围是公安机关、国家安全机关、监狱、强制隔离戒毒机关的人民警察和人民法院、人民检察院的司法警察。

3. 监督客体的全面性

监督客体是指警察监督所指向对象的行为，即警察机关是否依法有效地进行职能活动，其所属的人民警察在依法履行职责、行使职权和纪律作风方面的情况。

4. 监督形式的多样性

对人民警察的执法监督包括外部监督和内部监督两个方面，通过各方面的监督，使广大民警打牢执法为民的思想基础，忠于党、忠于祖国、忠于人民、忠于法律，加强证据意识、程序意识、权限意识和自觉接受监督的意识。主动适应社会主义政治文明建设的客观进程。完善法律体系，规范执法行为，强化执法监督，提高执法质量。

二、警察执法监督的必要性

警察的活动涉及国家安全、社会稳定和公共秩序，关系到公民和社会组织的重大合法权益，因此行使警察职权的主体必须接受多方面的监督，以保障警察的权力不被滥用、警察的职责正确履行。

(一)实现人民警察"执法为民"的保障

"全心全意为人民服务"是人民警察的根本宗旨,这是国家的社会主义性质所决定的。人民警察依法代表国家行使职权,其行为是代表广大人民群众的根本利益,应当自觉接受人民群众的监督。

一些警察机关和警察人员受特权思想和"法律虚无主义"观念左右,在执法办案和日常管理过程中,工作作风简单粗暴,耍特权,抖威风,动辄以"管人者"自居,对待群众"冷硬横推",漠视群众疾苦和公民合法权益。有的对群众的报案求助要求敷衍塞责,消极应付,能推则推,能拖则拖,给群众造成不应有的损失,甚至导致严重后果;有的利用权力,搞权钱交易、权色交易,吃请索贿,弄权渎职,袒护、包庇、放纵不法行为,使一些理应受到法律追究的违法犯罪嫌疑人逍遥法外,继续危害社会;有的与不法分子称兄道弟、拉拉扯扯,对违法犯罪行为漠然置之,充当违法犯罪嫌疑人的后台和"保护伞",甚至与他们同流合污"鱼肉百姓"。

根据《人民警察法》的规定,人民警察行使职权必须接受社会及公民的监督,要坚持执法为民,努力做到"两个一致性"和"三个有机结合"。两个一致性,即坚持执政为民,必须努力做到对法律负责与对党负责、对人民负责的一致性;坚持严格执法、公正执法、文明执法的一致性。三个有机结合,即把打击犯罪与保护人权有机结合起来,追求效率与实现公正有机结合起来,执法形式与执法目的有机结合起来。人民警察必须转变执法观念,要增进同人民群众的感情,提高服务意识,坚决维护群众的合法权益,自觉接受人民群众的监督。

(二)贯彻依法治国方略的保障

依法办理各类案件,依法行政,是警察机关贯彻依法治国方略的必然要求,也是加强人民警察队伍建设的重要保障。人民警察的执法行为,直接影响到国家利益和人民群众的切身利益。我们必须要认识到,当前仍然存在有少数人民警察在执法过程中有越权、滥用职权等违法现象,以权谋私、执法犯法并未完全得到杜绝。解决这些问题的途径之一,就是加强对人民警察的执法监督。这是从严治警、加强人民警察队伍自身建设的需要。

国家法律赋予人民警察尤其是公安机关的人民警察许多特别的权力,如果没有严格执法监督制约机制,就容易导致违纪违法行为的发生,出现腐败。因此,必须加强对人民警察的执法监督,执法监督是人民警察队伍建设的可靠保障。

(三)完成人民警察任务的重要保证

警察权力属于公共权力,其本身具有一种内在的矛盾性,它不仅同社会整体利益相联系,还与掌权者的个体利益相联系。一方面,权力具有造福社会的趋向;另一方面,权力本身潜藏着一定的侵犯性和腐蚀性。当权力扩张超越一定的界限,就产生了所谓的“权力异化”现象。这导致极少数民警无视法定要件,凭经验和感情办事,只强调专政和打击职能,忽视人权保障职能,野蛮执法,甚至随意使用警械;有的民警在行使权力时,程序意识缺乏,该请示的不请示,该履行审批手续的不履行审批手续,执法中随意性很大;还有的消极不作为,弄权渎职,等等。

提高民警执法水平,需要加强监督机制,这是完成人民警察任务的重要保证。人民警察的任务,一是保护国家和人民的利益,二是打击违法犯罪活动。这两项任务都要通过人民警察的具体执法活动来完成,而人民警察能否完成上述任务的关键就是必须做到严格依法行使职权。要保证严格依法行使职权,条件之一就是必须要有相应的、有效的监督制约机制。

(四)有利于及时、高效地开展执法监督,使执法监督信息化、科学化

以往各警察机关执法监督的方式,基本采用调阅案卷、开展专项执法检查、开展执法质量考评、日常个案考评等形式来进行。通过健全完善网络执法办案系统,就可以从网上直接调阅案卷,对办案审批流程实行动态监督,也就是对案件实行“事中监督”,及时提出整改意见。对年终执法质量考评也可以建立专门系统统一抽取案件,在考评后自动生成考评分数,进行统计、分析和研判,以便确定工作重点。使警察法治工作科学化、规范化、现代化。

三、警察执法监督的构成

警察执法监督过程中,一般由主体、客体和内容三个方面构成。

(一)警察执法监督的主体

警察执法监督的主体是指依据法律、法规的规定,享有警察执法监督权力的机关、个人和组织。按照法律、法规的规定,可以作为警察执法监督的主体主要有中国共产党、全国人民代表大会及其常务委员会、地方各级人民代表大会及其常务委员会、人民检察院、人民法院、行政监察机关、公民和社会组织等。

(二)警察执法监督的客体

警察执法监督的客体是指在警察执法过程中,被有警察执法监督权的机关组织和个人监督的对象。在警察执法监督过程中,警察机关及警察人员的执法行为是被监督的客体。

(三)警察执法监督的内容

警察机关及人员的执法活动是警察监督的主要内容。要监督其执行法律法规、遵守纪律的情况,监督其在行使警察权的过程中是否有违法乱纪、徇私枉法、等

行为。不同监督主体监督的内容和侧重点不同。

四、警察执法监督的种类

对警察机关及人民警察的执法监督体制是一种上下结合、内外纵横交错的监督形式构成的监督网络。

根据监督主体与监督对象的隶属关系不同,警察执法监督可分为外部监督和内部监督。外部监督包括中国共产党的执政党监督、各级人民代表大会的权力监督、各级检察院的检察监督和人民法院的审判监督、人民政府的行政监督、社会和公民的监督、监察机关的行政监察;内部监督主要有公安机关内部上级对下级的监督,下级对上级的逆向监督,还有警察机关的内部执法监督。

根据实施监督的时间不同,执法监督可以分为事前监督、事中监督和事后监督。事前监督是指监督主体在警察机关及人民警察实施执法行为之前依法进行的监督,如上级警察机关对下级警察机关执法工作方案事前的审核、检察机关对警察机关提请逮捕犯罪嫌疑人的审查批准等,事前监督可以提前预防和避免违法现象的发生;事中监督是指监督主体在警察机关及人民警察执法过程中进行的监督,如检察机关对警察机关侦查过程中存在的违法行为发出纠正违法通知书,督察机构对人民警察的执法活动进行现场督察等,事中监督具有控制作用,以便及时发现问题及时纠正;事后监督是指监督主体在警察机关及人民警察执法行为终结之后进行的监督,如行政复议、行政诉讼、行政赔偿等,事后监督是对执法行为的后果进行的监督,对于违法行使职权侵犯公民、法人和其他组织合法权益的,予以纠正和赔偿,具有救济作用。

根据监督行为是否具有法律效力的不同,可以分为直接监督和间接监督。直接监督是具有法律效力的监督,会产生直接的法律后果;间接监督是无直接法律效力的监督,不产生直接的法律后果。各种监督方式具有不同的法律效力:社会公众与新闻机构的监督是没有相应的法律效力的,只是从舆论上给予监督对象一定的监督。而司法监督与部门内部监督则是最为主要也是能产生相应效力的形式,但不同的监督对象和监督措施也会产生不同的效力结果。

各方监督主体通过目标相同、手段有别的监督渠道,多管齐下,共同致力于警察权力规范、高效合理地运行。

第二节　警察执法的外部监督

警察执法外部监督又称警察一般执法监督，是指警察机关以外的享有监督权的主体对警察机关及警察人员执法情况和遵守法律、纪律的情况进行审查、督促和制约的活动。

一、执政党的监督

由执政党掌握和领导警察力量，是世界各国普遍规律。在我国，中国共产党作为执政党的地位已经载入国家宪法，这决定了中国共产党可在政治上、思想上、组织上对人民警察实行全面的领导。执政党对警察机关及警察人员的监督是广泛而全面的。监督的内容包括监督警察机关是否执行党的路线、方针、政策和决议及警察人员是否遵纪守法的监督。监督的方式也比较全面，既可采用召开座谈会民意测验等不带强制性的监督方式，也可采用责令有关部门和人员汇报工作、说明情况、提交文件等具有明显强制性的监督方式。应当指出的是，执政党的组织在警察执法行政监督中不应直接代替警察机关作出行政行为。

二、权力机关的监督

权力机关的监督，在我国就是全国人民代表大会及地方各级人民代表大会对警察机关及人民警察的活动进行的监督，他们对警察机关及其人民警察执法活动的监督，以宪法和法律为依据。国家权力机关的监督是最高层次和效力的监督，是具有权威性的国家监督。

权力机关的监督主要是针对警察机关的抽象行为进行监督，监督的形式主要有：一是监督警察机关实施、执行宪法和法律，改变或撤销有关行政机关制定的与国家宪法、法律相抵触的警察行政法规和规章；二是由全国人民代表大会及各级地方人民代表大会听取和审查国务院及同级政府执行法律法规及工作报告；三是由人民代表大会代表向警察机关提出质询案和询问；四是全国人民代表大会及各级人民代表大会任命权和豁免权的行使。

三、司法机关的监督

司法机关对警察机关的监督包括检察机关和人民法院对警察机关的监督，又可称为警察执法的司法监督。

1. 检察机关的监督

我国宪法将检察机关定性为法律监督机关，拥有广泛的监督权。《人民警察法》第42条规定："人民警察执行职务，依法接受人民检察院和行政监察机关的监督。"

国家检察机关的监督，是指各级检察机关依法定职权和程序对警察机关和警察人员的活动进行监督，主要是对警察人员作出的具体行政行为是否合法进行监督，并可依法追究其违法犯罪行为的法律责任。其主要包括法纪监察、侦查监督、逮捕监督和执法监督等，主要集中于对警察机关的刑事司法活动进行监督。此外，检察机关还对人民警察的贪污、受贿及渎职行为进行调查，依托人民检察院查办相关案件，追究职务犯罪行为等职能。

2. 人民法院的监督

人民法院是我国的审判机关，可以通过民事、行政与刑事诉讼，以及对国家赔偿案件的审理，对警察机关和人民警察的活动进行监督。

在我国，因为在制度层面缺乏明确的公法合同的概念，政府合同方面的争议仍需要通过民事诉讼解决，人民法院对警察机关的监督主要是通过审理警察行政诉讼案件，对警察机关及警察人员的具体行政行为的合法性进行审查、评价和裁决，监督警察权的行使，约束警察权的滥用。

此外，公民、法人和其他组织还可以依法就警察机关及人民警察的某些不法行为提起国家赔偿诉讼，或在行政诉讼中一并提出赔偿要求。

人民法院的监督是一种最具体、最实际、最有效的监督方式。由于人民法院的裁判具有强制执行效力，决定了人民法院对警察人员的执法监督具有强制性，对督促警察机关及警察人员严格依法履行职权，提高办案质量具有很重要的意义。

司法机关的法律监督是一种事后性的监督。只有当法律规定的属于法律监督的情形出现以后，人民法院和检察机关才能启动法律监督程序，实施监督行为。并且，警察机关和人民警察在执行职务活动中可能出现的各种讳法行为，在程度上是不同的，只有在违法行为达到一定程度之后，人民法院和检察机关才能启动法律监督程序实施监督。

四、监察机关的监督

《监察法》规定，各级监察委员会是行使国家监察职能的专责机关，依照本法对所有行使公权力的公职人员进行监察，调查职务违法和职务犯罪，开展廉政建设和反腐败工作,维护宪法和法律的尊严。监察委员会依照法律规定独立行使监察权,不受行政机关、社会团体和个人的干涉。监察机关办理职务违法和职务犯罪案件,应当与审判机关、检察机关、执法部门互相配合,互相制约。

《监察法》规定,人民法院、人民检察院、公安机关、审计机关等国家机关在工作中发现公职人员涉嫌贪污贿赂、失职渎职等职务违法或者职务犯罪的问题线索,应当移送监察机关,由监察机关依法调查处置。

各级警察机关及人民警察属于国家公职人员,依法接受各级监察机关的监督。各级监察机关对人民警察的监督体现在以下几个方面:

1. 对人民警察开展廉政教育,对其依法履职、秉公用权、廉洁从政从业以及道德操守情况进行监督检查;

2. 对警察机关及人民警察涉嫌贪污贿赂、滥用职权、玩忽职守、权力寻租、利益输送、徇私舞弊以及浪费国家资财等职务违法和职务犯罪进行调查;

3. 对违法的人民警察依法作出政务处分决定;对履行职责不力、失职失责的领导人员进行问责;对涉嫌职务犯罪的,将调查结果移送人民检察院依法审查、提起公诉;向监察对象所在单位提出监察建议。监察机关根据对警察机关和人民警察的监督、调查结果,依法作出如下处置:

(1)对有职务违法行为但情节较轻的警务人员,按照管理权限,直接或者委托有关机关、人员,进行谈话提醒、批评教育、责令检查,或者予以诫勉;

(2)对违法的人民警察依照法定程序作出警告、记过、记大过、降级、撤职、开除等政务处分决定;

(3)对不履行或者不正确履行职责负有责任的警察机关的领导人员,按照管理权限对其直接作出问责决定,或者向有权作出问责决定的机关提出问责建议;

(4)对涉嫌职务犯罪的,监察机关经调查认为犯罪事实清楚,证据确实、充分的,制作起诉意见书,连同案卷材料、证据一并移送人民检察院依法审查、提起公诉;

(5)对监察对象所在单位廉政建设和履行职责存在的问题等提出监察建议。

监察机关经调查,对没有证据证明被调查人存在违法犯罪行为的,应当撤销案件,并通知被调查人所在单位。

五、社会监督

我国的监督体系分为两大系统:一是国家监督,二是社会监督。所谓社会监督,是指来自国家机关以外的社会组织、团体和公民个人等,依法对警察机关及其人民警察的执法活动进行监督。社会监督是一种非国家性质的监督,是国家机关监督的重要来源和重要补充。社会监督是各类警察机关执法监督体制的重要组成部分。

我国法律对警察工作中的社会监督制度有明确的规定,《人民警察法》第46条第1款规定:“公民或者组织对人民警察的违法、违纪行为,有权向人民警察机关或者人民检察院、行政监察机关检举、控告。受理检举、控告的机关应当及时查处,并将查处结果告知检举、控告人。”警察工作中的社会监督是一种非国家性质的监督,主要方式是对警察机关采取的措施和作出的决定提出批评建议和对人民警察的违法违纪行为进行控告检举等。不产生法律后果,也不具有法律上的强制性。不同于国家机关监督的“以权力制约权力”,社会监督呈现出来的是“以权利制约权力”。相较于国家机关的监督,由于社会监督的主体大多和行政系统毫无关系,不存在利益上的瓜葛,因此社会监督在当下表现出越来越重要的作用。我国人民警察法中的社会监督主要包括公民个人的监督、新闻媒体的监督和社会组织的监督三个方面。

(一)公民个人的监督

公民个人监督是指公民有权对国家行政机关及工作人员的活动提出批评和建议、申诉、控告、检举和揭发。《宪法》明确规定“中华人民共和国的一切权力属于人民”,规定了公民对于任何国家机关及其工作人员都有监督的权力。监督的目的是维护人民群众的根本利益,监督的真正力量也孕育在人民群众之中。

在我国,公民监督的制度性方式主要包括举报制度、信访制度、申诉制度和复议制度。举报就是指公民对于警察行政执法过程中违反法律规定、违反警务纪律的行为向有关部门进行检举、揭发等。信访是指根据《信访条例》,采用书信、电子邮件、传真、电话、走访等形式,向各级人民政府、县级以上人民政府工作部门反映情况,提出建议、意见或者投诉请求,依法由有关行政机关处理的活动。申诉是指公民认为警察行政执法过程中所作出的处理决定违法而依法向有关机关要求重新作出决定的行为。复议则是指公民认为公安机关作出的具体行政行为侵犯其合法权益,依法向行政机关提出复查该具体行政行为的申请。

(二)新闻媒体的监督

新闻媒体的监督是指新闻机构通过新闻媒介的作用,反映广大人民群众的意志和要求,揭发、检举和控告公安机关及人民警察的违法渎职行为。相较于其他的社会监督方式,新闻媒体监督具有以下几个特征:

一是监督形式的公开性。新闻媒体行使监督权是通过报纸、电视、广播以及互联网等公共媒介向外界传播信息,以公开报道的方式表达公众的意愿,以及揭露社会上的黑暗与丑恶,因而能够引起公众的广泛关注和社会参与。

二是监督范围的广泛性。新闻媒体的监督范围十分广泛,舆论监督将整个社会都纳入了监督的视野,其监督对象既包括国家机关也包括公务人员,既包括抽象行政行为也包括具体行政行为,既包括行政行为的合法性也包括行政行为的合理性。因此,正是因为其监督范围的广泛,才能够突破许多羁绊和束缚,充分发挥其监督权来制约行政权的运行。

三是监督效力的非强制性。新闻媒体的监督不同于国家机关的监督,新闻媒体在监督过程中所要做的仅仅是将所要曝光的事件呈现在有关部门和公众面前,并不参与对违法行政行为的处理,因此它本身不具有强制力。它的监督效力体现在使公众形成强大的舆论压力,从而促使有权处理的机关对于这些被曝光的问题及时处理。

(三)社会组织的监督

社会组织监督是指社会组织、群众团体和舆论工具对警察机关和警察人员的具体行政行为及活动进行的监督。这种监督最为广泛,也最为普通。监督主体包括政协、各民主党派、工会、共青团、妇联、居委会、村委会等。

各民主党派的监督主要是通过人民政协而进行的。人民政协的民主监督是我国社会主义监督体系的重要组成部分,是我国民主政治运行程序中的重要环节,是人民行使监督权的重要形式,在我国政治生活中具有重要作用和独特优势。从性质上面言,人民政协是中国人民爱国统一战线的组织形式,是我国政治体系的重要组成部分,是共产党领导的多党合作与政治协商的重要机构,是发扬社会主义民主的重要形式。人民政协的上述性质决定了其民主监督的性质和任务。民主监督是人民政协的三大职能之一,也是我国社会主义政治文明的具体体现。警察机关作为行政机关,自然被纳入人民政协监督的范围之内,人民政协对警察机关的监督主要是通过定期举行会议、政协委员进行调查、视察和提案多种方式进行的。

第三节　警察机关内部执法监督

警察机关的内部执法监督是指警察机关的上下级机关之间、同一警察机关的领导和干警之间以及各业务部门之间,对执法行为进行审核、检查和经常性约束的制度。它与外部执法监督起到互相补充、互相促进的作用。可以说,警察机关的内部执法监督是警察机关在执法中一种自我约束形式,各业务部门之间相互监督,可以体现“分工负责、互相配合、互相制约”的工作方针。

警察机关的内部执法监督的内容主要是：一是有关警察工作的法律、法规、规章制度和其他规范性文件的执行实施情况；二是对警察机关起草和制定的规范性文件是否合法、有效实行监督；三是对执法活动是否合法、正确的监督；四是对受理行政复议、参与行政诉讼活动是否合法、正确，以及需要监督的其他执法行动进行监督。

一、一般监督

一般监督包括警察机关的上级机关对下级机关、同一警察机关的领导对干警的监督，是在领导和管理关系中实施的监督活动。这种监督权比较宽泛，一般包括撤销和变更下级警察机关作出的错误的执法行为和决定，也包括人事、财务及执法过程规范化等的全方位监督。

二、政工监督

政工监督是指警察机关内部实施的以政治思想教育、批评和自我批评为中心内容的单位之间、人民警察之间的相互监督，一般由各警察机关的政治部门来具体实施监督。

三、纪检监督

纪检监督，即警察机关内部实施以党的纪律检查委员会为主体，以警察机关内部具有党员身份的人民警察为对象，以共产党员的条件、标准和纪律为依据所实施的一种监督。

四、监察监督

监察监督是指警察机关内部的监察机构依法对警察机关及警察人员在履行职责、适用国家警察权过程中所作出的具体行政行为违法时，所实施的全面合理的监督。监察监督通常情况下由所在单位的监察室专门人员不定时进行。

五、法制监督

法制监督主要是由警察机关内部的法制部门对其内部的全部警察执法活动进行全面监督。

在警察机关，法制部门是领导警察法制工作，组织、协调、规划和推动警察法制建设的专门机构。其是内部执法监督工作的主管部门,还承担着办理行政复议案件、国家赔偿案件等执法办案任务。其主要职责是:综合研究警察执法问题,提出加强和改进警察执法工作的方针、政策,组织、推动解决警察执法问题;编制警察立法和执法制度建设规划,组织或者协助起草、审核、清理、汇编有关警察工作的法律、法规、规章和规范性文件,对规范性文件进行备案审查;办理重大执法问题的请示和答复,对警察法律、法规、规章作应用性解释;组织、指导执法质量考核评议、执法检查、个案调查、执法过错责任认定等内部执法监督工作;组织、开展警察机关领导和民警法律学习培训工作;参与研究、处理重大、疑难案(事)件,提出法律意见和建议;组织、开展法律应用研究、法律服务、法治宣传工作;参与内地与港澳台警务合作协议的起草、磋商和重大案件处置等涉港澳台法律事务;参与引渡条约、刑事司法协助条约、国际警务合作协议的起草、谈判和重大涉外案件处置等涉外法律事务;办理领导交办的其他法律事务。

六、督察监督

1997 年 6 月 20 日,国务院根据《人民警察法》第 47 条关于"公安机关建立督察制度,对公安机关的人民警察执行法律、法规、遵守纪律的情况进行监督"的规定,以第 220 号令发布施行《公安机关督察条例》(2011 年 8 月 24 日国务院第 169 次常务会议修订),这是中华人民共和国成立以来第一部专门规定公安机关内部监督机制的行政法规,标志着具有中国公安特色的警务督察制度的诞生。督察制度的建立,充分体现了党中央、国务院对公安工作和公安队伍建设的高度重视和殷切期望。

司法行政机关立足本职工作,司法部于 2021 年 1 月 22 日发布了《司法行政机关警务督察规定》(司法通〔2021〕11 号),指导各省、自治区、直辖市司法厅(局),新疆生产建设兵团司法局、监狱局等的警务督察工作。

(一)督察制度概述

督察制度是指警察机关的督察机构在其职责范围内,运用法律允许的手段和必要的措施,对警察机关及其警察依法履职、执法和遵纪情况进行检查和监督的有关规定和准则。[①] 督察制度是一种符合警察机关性质、职责和任务要求的行之有效的监督制度,是为完善警察机关自我约束而依法建立的内部监督机制。

建立警察机关督察制度有利于完善警察机关监督机制,保障警察机关依法履

① 程琳主编:《警察法学通论》,中国人民公安大学出版社 2018 年版,第 189 页。

行职责、行使职权以及遵守纪律，规范警察机关和人民警察执法行为，保证执法质量；有利于维护人民群众的合法权益，密切警民关系；有利于推进警务工作和警察队伍建设，保障政令畅通，警令畅通，促进严格执法、公正、文明执法。

建立司法行政机关督察制度，是促进监狱、戒毒人民警察队伍革命化、专业化、正规化建设的重要措施。做好警务督察工作，对于加强司法行政机关对监狱、强制隔离工作的领导，确保监狱、戒毒人民警察严格正确执法，提高监狱、戒毒场所管理水平，增强监狱、戒毒人民警察的法治观念和组织纪律性，对实现依法治警、从严治警具有重要的作用。司法行政机关要深刻认识新形势下加强警务督察工作的重要意义，将警务督察工作提高到一个新水平。

（二）警务督察的基本特征

1. 督察主体的特定性。专门的督察机构是督察监督的主体，目前督察监督的主体主要是各级公安机关建立的督察机构和司法行政机构在各个监狱、强制隔离戒毒所等建立的督察机构，督察机构由专职人员建立督察队，负责对警察行政执法行为的监督。如公安机关，公安部和县级以上地方各级人民政府公安机关均设立督察机构。公安部督察委员会领导全国公安机关的督查工作，负责对公安部所属单位和下级公安机关及其人民警察依法履行职责、行使职权和遵守纪律情况进行监督，对公安部部长负责。县级以上地方各级人民政府公安机关设立督察机构，负责对本级公安机关所属单位和下级公安机关及其人民警察依法履行职责、行使职权和遵守纪律情况进行监督，对上一级公安机关督察机构和本级公安机关行政首长负责。公安部和县级以上地方各级人民政府公安机关的督察机构建立由专职人员组成的警务督察队。公安机关督察机构设督察长，由同级公安机关领导成员副职担任。县级以上地方各级人民政府公安机关督察机构的督察长、副督察长在任免前，必须征求上一级公安机关的意见。

2. 监督方式的法定性。警务督察监督制度以《人民警察法》、《公安机关督察条例》和《公安机关督察条例实施办法》等为法律依据，警务督察部门开展督察工作必须严格依照法律规定的程序进行，表明了监督方式的法定性。从《公安机关督察条例》来看，督察监督方式分为以下几类：(1)进行明察和暗访；(2)专项督察和集中督察；(3)受理核查检举控告，查处公安民警违法违纪行为，依法保护公安民警的合法权益；(4)组织开展警务评议，听取国家机关、社会团体、企业事业单位和人民群众对公安机关及其人民警察的意见；(5)现场督察。

3. 监督效力的强制性。公安机关作为纪律部队，其内部的警务督察制度的监督效力具有强制性，《公安机关督察条例》第11条规定："督察人员在现场督察中发现公安机关人民警察违法违纪的，可以采取下列措施，当场处置：（一）对违反警容风纪规定的，可以当场予以纠正；（二）对违反规定使用武器、警械以及警用车辆、警用标志的，可以扣留其武器、警械、警用车辆、警用标志；（三）对违法违纪情节严重、影响恶劣的，以及拒绝、阻碍督察人员执行现场督察工作任务的，必要时，可以带离现场。”第 12 条规定：“督察机构认为公安机关人民警察违反纪律需要采取停止执行职务、禁闭措施的，由督察机构作出决定，报本级公安机关督察长批准后执行。停止执行职务的期限为 10 日以上 60 日以下；禁闭的期限为 1 日以上 7 日以下。”第 13 条规定：“督察机构认为公安机关人民警察需要给予处分或者降低警衔、取消警衔的，督察机构应当提出建议，移送有关部门依法处理。督察机构在督察工作中发现公安机关人民警察涉嫌犯罪的，移送司法机关依法处理。”从这些规定中可以看出警务督察的监督效力具有极强的强制性。

（三）督察监督的职责范围

根据《公安机关督察条例》第 4 条的规定，督察机构对公安机关及其人民警察依法履行职责、行使职权和遵守纪律的下列事项，进行现场督察：（1）重要的警务部署、措施、活动的组织实施情况；（2）重大社会活动的秩序维护和重点地区、场所治安管理的组织实施情况；（3）治安突发事件处置的情况；（4）刑事案件、治安案件的立案、侦查、调查、处罚和强制措施的实施情况；（5）治安、交通、户政、出入境等公安行政管理法律、法规的执行情况；（6）使用武器、警械以及警用车辆、警用标志的情况；（7）处置公民报警、请求救助和控告申诉的情况；（8）文明执勤、文明执法和遵守警容风纪规定的情况；（9）组织管理和警务保障的情况；（10）公安机关及其人民警察依法履行职责，行使职权和遵守纪律的其他情况。

根据《司法部关于加强警务督察工作的意见》的规定，司法行政督察事项主要包括：重要警务部署、措施、活动的组织实施情况；监狱、戒毒所突发事件处置情况；监狱、戒毒所规范执法情况；警察执勤现场履行岗位职责情况；警察使用武器、警械及警用车辆、警用标志的情况；警察文明执法、执勤和遵守警容风纪情况等。

（四）现场督察方式及程序

根据 2000 年《公安机关督察条例实施办法》第 20 条的规定，现场督察方式可以分为随警督察、重点督察和专门督察等不同的督察方式。《公安机关督察条例实施办法》第三章“现场督察的范围与方式”对现场督察的程序作了详尽的规定：

1. 督察机构在执行督察任务的时候，通常情况下应当按照立项、审批、实施和处理等程序进行，由督察机构领导审查批准。对重大事项的督察，必须经本级行政首长批准，由督察长组织实施，必要时报上一级督察机构备案。

2. 督察人员在执行现场督察任务时,不得少于 2 人。根据工作的需要,可以采取明察和暗访两种形式。

3. 根据督察工作任务的需要,经警务督察队队长以上领导批准,督察人员可以模拟设置警情,实地了解被督察对象工作的真实情况。督察任务结束后,督察人员应当撤销所设警情。未经批准,任何人不得擅自模拟设置警情。

4. 在现场督察中,督察人员可以通过录音、摄影和摄像等手段,获取信息资料或证据。必要时,督察机构可以邀请公安机关有关部门和专业人员配合督察工作。

5. 上级督察机构可以指令下级督察机构对专门事项进行督察,必要时,可以直接派员进行督察。下级督察机构应当按照要求,认真、及时地完成交办事项的督察,并将督察结果报告上级督察机构。

6. 各级公安机关督察机构对群众的投诉,应当如实登记、认真核实、及对反馈,经督察机构核查证实反映问题不实并造成一定后果的,应当予以澄清,消除不良影响,对不属于督察机构督察范围的,督察机构应当立即转交有关部门处理,同时将情况反馈检举人或控告人。

(五)督察的处置措施

督察机构对本级警察机关所属单位和下级警察机关拒不执行法律、法规和上级决定、命令的,可以责令执行;督察机构对本级警察机关所属单位或者下级机关作出的错误决定、命令,可以决定撤销或者变更,报本级警察机关行政首长批准后执行。

处置措施可以分为以下几类:(1)纠正措施,例如,对违反警容风纪规定的,可以当场予以纠正;(2)强制措施,如对违反规定使用武器、警械以及警用车辆、警用标志的,可以扣留其武器、警械、警用车辆、警用标志;对违法违纪情节严重、影响恶劣的,以及拒绝、阻碍督察人员执行现场督察工作任务的,必要时,可以带离现场;(3)处分措施,如决定停止执行职务、采取禁闭措施,报本级公安机关督察长批准后执行;(4)移送措施,如认为公安机关人民警察需要给予处分或者降低警衔、取消警衔的,督察机构应当提出建议,移送有关部门依法处理;发现公安机关人民警察涉嫌犯罪的,移送司法机关依法处理。①

督察制度作为警察内部监督的特色机制,对于确保良好的警容风纪、严格的依法履责发挥着重要的作用。

① 高文英、刑捷主编:《警察法学》,中国政法大学出版社 2018 年版,第 366 页。

第四节 警察执法监督的方式方法

各监督主体在行使监督权时根据监督权限可以使用多用监督方式、方法和手段:审核、审查、检查、建议、考评、举报、行政复议、行政诉讼等。各警种警察机关常用和主要的监督方式和方法有以下几种:

一、警务公开

(一)实行警务公开的意义

实行警务公开制度是实施依法治国方略,坚持走群众路线,增强警务工作透明度,进一步密切警民关系的一项重大举措;实行警务公开是加强和改进警察机关作风建设的实施步骤;实行警务公开是深化政治体制改革、建设社会主义民主政治的客观要求;实行警务公开是保障人民利益、维护改革、发展稳定大局的迫切需要。

(二)警务公开的原则

1. 警务公开法定原则。该原则的基本含义包含两层:一是警务公开的制度构建和构建进程,包括警务公开的原则、主体、内容、程序性规范等,都应该在法律上有明确具体详细的规定,可以说,法律的明文规定是警务公开制度赖以生存的基础和生命线;二是警察机关的警务公开行为在行为构成要件上应当符合法律的有关具体规定,其价值取向和自由裁量权的行使应当严格依据法律规定的原则和要求进行。该原则的基本内容主要包括以下六个方面:警务公开的主体应当合法;警务公开的内容应当合法;警务公开的程序应当合法;警务公开的方式应当合法;警务公开的时间应当合法;警务公开的对象应当合法。

2. 警务公开适时原则。该原则的基本含义是指警务公开时应当严格按照法律规定的时间要求,提高公开效率,做到及时公开,既不得违法提前公开,也不得迟延公开,更不得消极作为违法放弃依法应当履行的警务公开义务、剥夺权利人依法享有的警务公开的权利。该原则的基本内容,从宏观上讲,警察机关以法定形式把警务公开的内容予以公示,晓谕广大人民群众;从微观(个案)层面上讲,要根据案件的进展情况,严格按照法律规定的时间及时告知相对人享有的权利和应当履行的义务,依法应当向社会或特定组织、个人通报或告知的警务活动,要及时告知或通报给特定组织、个人或向社会公开。

3. 警务公开适度原则。该原则的基本含义是,警务公开的主体、内容、程序、时间、方式、对象等警务公开所涉及的诸要素应当严格遵守法律的规定，与法律规定的范围和要求相一致，不得超越法律规定的范围和要求，也不得被非法限制、缩小其范围或降低要求，在法定的自由裁量权允许范围内，应当立足于保护公民权利，寻找警察权力与公民权利的平衡点，对警务公开所涉及的诸要素在合理范围内进行公开。该原则的基本内容主要包括三个方面：第一，警务公开的内容应当适度；第二，警务公开的对象应当适度；第三，警务公开的方式应当适度。

4. 警务公开告知原则。该原则的基本含义是指警察机关在警务公开工作中，除了依法应当保密的以外，应当把相对人或社会大众等主体依法享有的知情权的内容明确告诉他们，并且告诉的效果要达到足以使权利人知晓的程度。该原则的基本内容主要包括五个方面：第一，告知的主体，即负有告知义务的警察机关，也就是警务公开的主体；第二，告知的对象，即警务公开的对象；第三，告知的内容；第四，告知的方式；第五，告知的时间，即警务公开的时间。

警务公开的内容包括以下几个方面：执法依据和制度、程序；刑事执法；行政执法；警务工作纪律。

（三）警务公开的形式和办法

警察机关遵循警务公开原则可以通过报刊、电台、电视台等新闻媒介和其他现代化信息传播手段公布；在公共场所设置公示栏、牌匾或者印发“警务公开手册”；印制“警民联系卡”“便民卡”等，还可以设立电话查询服务、电脑触摸屏等；看守所、治安拘留所、监狱、强制隔离戒毒所等监管场所，要将被监管对象依法享有的权利和义务以及生活卫生制度张榜公布；通过口头告知的办法。

二、法制审查

法制审查监督是指公安机关在办理行政和刑事案件的过程中，公安法制部门对执法办案的合法性（部分行政行为的合理性）进行审查，在作出行政行为或移送审查起诉等重要环节以前，发现并纠正其中的错误和缺陷的制度。法制审查制度是公安机关规范执法、规范办案的重要保障。此外，由公安法制部门、案卷管理部门或执法办案管理部门对接处警、受立案等执法办案前期活动的合法性进行审查监督，也属于法制监督的内容。

三、行政复议

《行政复议法》第 12 条第 1 款规定：“对县级以上地方各级人民政府工作部门的具体行政行为不服的，由申请人选择，可以向该部门的本级人民政府申请行政复议,也可以向上一级主管部门申请行政复议。”县级以上地方各级人民政府由此可以通过审理行政复议案件对地方警察机关和人民警察行驶监督权。监督的内容主要包括警察机关行政行为的合法性和合理性。

四、执法质量考核评议

为了加强公安机关内部执法监督,落实执法责任,提高执法质量,促进公安机关及其人民警察严格、公正、文明执法,根据《人民警察法》等有关法律、法规,公安部于2016年1月制定了《公安机关执法质量考核评议规定》。

执法质量考核评议,是指上级公安机关对下级公安机关以及各级公安机关对所属执法部门依照法律、法规、规章和其他规范性文件办理刑事、治安案件和行政管理等情况进行的考核评议。执法质量考核评议,坚持实事求是、公开公正、奖优罚劣的原则。

公安机关执法质量考核评议的主要内容包括:(1)在办理刑事案件中的执法情况;(2)在办理治安案件和行政案件中的执法情况;(3)在行政管理中的执法情况;(4)在办理行政复议、行政诉讼、国家赔偿案件以及控告申诉案件中的执法情况;(5)内部执法监督工作和民警执法违法情况。

执法质量考核评议制度涵盖公安机关的所有执法活动,对公安机关的执法活动提出了全面的要求。根据法律要求,执法质量考核评议实行百分制,根据考核评议的内容范围,确定考核评议各项内容所占分数。各省、自治区、直辖市公安厅、局结合本地实际确定全省、自治区、直辖市范围内统一的考核评议项目和评分标准。考核评议结果以年度积分为准,分为优秀、达标、不达标三档。各级公安机关对下级公安机关和所属执法部门的执法情况按本规定的内容和标准每年进行一次全面考核评议,将考核评议结果报上一级公安机关并在本级公安机关予以通报。上级公安机关应当对下级公安机关的考核评议结果进行复核。在执法质量考核评议过程中,发现已办结的案件或者执法活动确有错误、不适当的,应当按照《公安机关内部执法监督工作规定》及时纠正。需要追究有关领导或者直接责任人员执法责任的,依照《公安机关领导责任追究规定》(2016年)、《公安机关人民警察执法过错责任追究规定》(2016年)予以追究。执法质量考核评议制度已成为重要的常规监督机制。

五、执法过错责任追究

为落实执法办案责任制,完善执法过错责任追究机制,保障公安机关及其人民警察依法正确履行职责，保护公民、法人和其他组织的合法权益，根据《人民警察法》《行政机关公务员处分条例》等有关法律、法规，公安部2016年1月制定发布了《公安机关人民警察执法过错责任追究规定》。

执法过错是指公安机关人民警察在执法办案中，故意或者过失造成的认定事实错误、适用法律错误、违反法定程序、作出违法处理决定等执法错误。在事实表述、法条引用、文书制作等方面存在执法瑕疵，不影响案件处理结果的正确性及效力的，不属于《公安机关人民警察执法过错责任追究规定》所称的执法过错，不予追究执法过错责任，但应当纳入执法质量考评进行监督并予以纠正。

追究执法过错责任，应当遵循实事求是、有错必纠、过错与处罚相适应、教育与惩处相结合的原则。这一制度是一种有力的事后监督机制，对人民警察的执法活动提出了具有强制约束力的确切要求。

思考题

1. 警察执法监督的主要形式有哪些？哪些监督是直接监督？哪些监督是间接监督？
2. 社会监督的效力相对于其他监督形式有哪些特点？
3. 警务公开遵循哪些原则？

案例分析1

某日，徐某某驾一大货车与张某所驾微型车在一岔路口相撞，致张某当场死亡。某县交警大队经调查取证后作出责任认定，在这起重大交通事故中徐某某负主要责任、张某负次要责任。张某的父亲对县交警大队作出的责任认定不服，向市交警支队申请重新认定。市交警支队经复议后作出维持交警大队责任认定的决定，张某的父亲仍不服，并向有关部门上访。此后，省公安厅责令省交警总队对本案进行调查处理。交警总队调阅该案重新审查后，作出了撤销了市交警支队及其下属大队相关责任认定的决定，并责令由某县交警大队重新进行责任认定。据此，县交警大队重新作出责任认定：徐某某负全部责任、张某不负责任。徐某某不服此责任认定，依法向人民法院提起行政诉讼。本案经某县人民法院开庭审理，法院判决撤销了县交警大队作出的《道路交通事故责任认定书》，并判令交警大队重新进行责任认定。对此判决，徐某某和张某的父亲均表示不服，双方均向市中院提起上诉。本案经市中院二审，作出驳回上诉维持原判的处理。①

① 案例来源：招警考试警察法案例，www.chinatat.com。

问题讨论：

1. 在这起交通事故处理中为何出现六次责任认定？
2. 本案例中涉及哪些监督活动？哪些属于内部监督？哪些属于外部监督？

案例分析 2

“陕西南郑一交警宴请收礼 4.3 万受警告并责令退还”

某日，陕西广播电视台《第一时间》节目报道了南郑县交警大队民警张某，因为自己儿子考上大学，违规宴请宾客收受礼金的情况。这引起南郑县有关部门的重视，并责令南郑县公安局对此事进行处理。经过调查核实，张某是南郑县公安局交警大队事故科交警。因其子考入大学，中午在南郑县福临贵宾楼置办酒席 24 桌宴请亲朋，赴宴宾客共计 186 人，其中有两家汽修厂负责人参加，当日收受礼金 43700 元。南郑县公安局认为，张某身为国家工作人员，超标准宴请、违规收取礼金，违反了县纪委颁布的《关于规范领导干部婚丧喜庆事宜的通知》精神。决定给予张某行政警告处分，由本人在交警大队作出深刻检讨，限期退还所收礼金同时，对其违纪行为通报批评，并在全体民警中深入开展警示教育活动。①

分析要点：

本案例中民警的违法违纪行为得到外部监督，一是新闻媒体和社会公众的监督。二是在看到新闻报道后，当地纪委监委责令南郑县公安局对此事进行处理，发挥了监察机关的外部监督作用。公安局内部对此事进行了调查，确认事实后给予违纪警察行政警告处分，由本人在交警大队作出深刻检讨，限期退还所收礼金同时，对其违纪行为通报批评，属于内部监督。

参考书目

[1]高文英、邢捷主编:《警察法学》，中国政法大学出版社 2018 年版。
[2]程琳主编:《警察法学通论》，中国人民公安大学出版社 2018 年版。
[3]姜明安主编:《行政法与行政诉讼法》，北京大学出版社、高等教育出版社 2016 年版。
[4]李永清主编:《警察法学》，中国民主法制出版社 2012 年版。
[5]高文英主编:《警察行政法》，中国政法大学出版社 2016 年版。
[6]周永坤:《规范权力——权力的法理研究》，中国人民公安大学出版社 2014 年版。
[7]高文英、孟昭阳主编:《公安行政诉讼教程》，中国人民公安大学出版社 2013 年版。
[8]沈岿:《国家赔偿法:原理与案例》，北京大学出版社 2011 年版。
[9]张超:《警务法治化建设进路研究——以警务公开为视角》，中国人民公安大学出版社 2013 年版。

① 案例来源:http://blog.sina.com.cn/s/blog_640e12c10102vb0f.html。

第十三章　警察法律责任

教学重点与难点

1. 警察行政法律责任和刑事法律责任的内容和范围。

2. 警察侵权责任赔偿的形式、内容及程序。

法律责任，是指按照法律的规定应该履行义务的组织或个人，因不履行法律规定的义务，而应承担的具有强制性的法律后果。承担法律责任必须有明确的法律规定，而且只能由法定的国家机关依照法定的程序予以追究。法律责任同违法行为紧密相连，只有实施某种违法行为的人（包括法人），才承担相应的法律责任。

警察法律责任，指的是警察机关及其人民警察在执法过程中违反国家法律、法规，依法所要承担的法律后果。这是一种特定的法律责任，是基于特定的职业、特定的岗位而产生的法律责任。正因如此，人民警察法律责任的构成须具备如下要件：一是承担法律责任的主体是人民警察机关及其成员；二是人民警察机关及其成员必须有违反法律、法规的行为；三是这种违法行为发生在执法活动中。根据《人民警察法》的规定，人民警察法律责任可分为行政法律责任、刑事法律责任和侵权赔偿责任三大类。其中行政法律责任、刑事法律责任由责任者个人承担，侵权赔偿责任由警察机关承担。

我国用法律形式规定人民警察的责任，对于严明法纪、防止滥用警察权力、惩治腐败分子、纯洁人民警察队伍有着十分重要的意义。明确人民警察的法律责任，可以促使警察机关及其人民警察更好地履行职责，提升警察机关和警察队伍的执法规范化水平，切实保障人民群众的合法权益。同时，还可以健全我国的法律责任制度，促进国家民主法治建设的发展。

第一节　警察行政法律责任

一、警察行政法律责任的概念

行政责任是指因违反行政法规定或因行政法规定而应承担的法律责任。警察行政法律责任，是指人民警察机关及其成员违反法律、法规，依照《人民警察法》或其他法律法规的规定应承担的行政责任，是一种特殊的行政法律责任，承担这种责任的方式就是受到行政处分。

行政处分是行政机关对违法、违纪的国家公务员所给予的内部行政惩戒。根据《公务员法》的规定，国家公务员实施了违纪违法行为，尚未构成犯罪的，或者虽然构成犯罪但是依法不追究刑事责任的，应当给予行政处分。

人民警察的行政处分是指警察机关依法对违法、违纪的警察人员所给予的警察内部行政惩戒行为，是警察机关依照法律和有关规章，给所属的违法或违纪警察人员的一种行政制裁，同时又是被处分人承担行政责任的体现形式。行政法律责任从责任主体上说，行政责任与行政违法是对应的；从责任内容上说，行政责任与违法、违纪又是相互衔接的。据此，行政处分是人民警察因违反行政法规范、违反纪律而依法必须承担的法律责任，是行政违法引起的法律后果。

值得注意的是，在一些国家行政机关包括警察机关对公务员的惩戒措施，除国家规定的行政处分外还可能有其他内部的特别纪律处分，后者就不是行政法律责任了。人民警察的行政法律责任，是我国行政行为法制化、行政责任法制化的体现。它完善和健全了我国法律责任制度的空缺，填补了刑事法律责任与民事法律责任之间的不足，促进了行政责任追究由人治向法治的转变。

二、警察行政法律责任的种类

（一）人民警察行政处分

我国《人民警察法》对人民警察的行政处分的种类作了较为明确的规定。根据《人民警察法》第 48 条的规定，对人民警察的行政处分可分为警告、记过、记大过、降级、撤职、开除六种。

警告是指对犯有一定错误或有过失的警察人员进行警示、告诫的一种行政处分行为。

记过是指将警察人员已经实施的过错行为进行登记，并直接影响警察人员当年评优选先等资格的一种行政处分行为。

记大过是指将已经实施的过错行为登记起来,并记入个人档案,直接影响当年评优选先等资格,影响晋升工资、职务等一种行政处分行为。

降级是指行政机关对违反国家有关法律、法规政策所犯错误的个人,进行降低职务或级别的一种行政处分。

撤职是指对违反有关规定的警察人员,按照法定程序和法定事由,经单位领导集体研究决定,向有管辖权的人事部门提出处分意见,经审批后,对其担任的职务进行撤销,不再担任该职务的一种处分。

开除是指对违反有关法律法规的警察人员,经过法定程序和出现法定事由,经警察机关、行政机关所作出开除公职的一种处分。

《人民警察法》第48条第2款规定:“对受行政处分的人民警察,按照国家有关规定,可以降低警衔、取消警衔。”在处分期间,不能享受正常的晋升职务、级别,其中受警告以上的行政处分的,不得晋升工资档次。由于警衔只在人民警察中实行,不涉及其他国家公务员。因此,不宜把降低警衔、取消警衔列入国家公务员统一适用的行政处分种类之中。警衔降级的处分仅是针对人民警察警衔管理工作而言,不能与《人民警察法》所规定的行政处分相提并论。

除行政处分外,在行政机关内部的人事管理活动中,对国家公务员个人作出的具体人事处理决定,还有定级、考核等次、降职、免职、回避、晋级、增资、辞职、辞退以及退休等涉及其个人权益的决定。

(二)人民警察的辞退

辞退是指警察机关对已不具备担任人民警察的条件,不适合在警察机关继续工作的人员,依照法律及有关规定,解除其与警察机关任用关系的一种人事行政管理措施。

1. 人民警察辞退的特点

辞退警察人员必须遵循必要的法定程序,不符合法定程序的辞退没有法律效力;辞退警察人员是公安机关的法定权力,只要符合法定条件,即可按法定程序辞退,无须征得被辞退人员的同意;辞退警察人员必须有一定的法定事实,无法定事实,公安民警不得被辞退;被辞退的警察人员可享受待业保障的法定待遇。

2. 辞退人民警察的条件

(1)人民警察辞退的基本条件。《公安机关人民警察辞退办法》第3条规定:“人民警察有下列情形之一的,应当予以辞退:(一)不符合录用人民警察的条件,未按规定程序招收的;(二)连续两年考核被确定为不称职的;(三)不能胜任现职工作,又不服从其他安排的;(四)因单位调整、撤销、合并或缩减编制名额需要调整工作,本人拒绝合理安排的;(五)旷工或者无正当理由逾期不归连续超过十五天,或一年内累计超过三十天的。”

(2)不适宜再担任人民警察的人员。《公安机关人民警察辞退办法》第4条规定:“人民警察有下列情形之一,经批评教育、纪律处分仍不改正的,或者经培训试用后仍不合格的,应当予以辞退:(一)作风散漫,纪律松弛,经常迟到早退或者上班时间经常办私事的;(二)遇事推诿,消极怠工,工作不负责任的;(三)耍特权,态度恶劣,刁难辱骂群众,侵犯公民合法权益的;(四)酗酒滋事或经常酗酒的;(五)私自将警械、警服、警衔标志转借、赠送非人民警察的;(六)不按规定着装,警容不严整,举止不端庄的;(七)对遇有危难情形的群众拒绝提供救助的;(八)文化、业务素质低,不适应公安工作的。”

(3)错误比较严重又不宜给予行政开除处分的。《公安机关人民警察辞退办法》第5条规定:“人民警察有下列情形之一,错误比较严重又不宜给予行政开除处分的,应当予以辞退:(一)殴打他人或者唆使他人打人的;(二)违法实施处罚的;(三)违反规定收取费用的;(四)接受当事人及其代理人请客送礼的;(五)从事营业性的经营活动或受雇于个人、组织的;(六)给违法人员通风报信或者给违法活动提供保护的;(七)玩忽职守,不履行法定义务的;(八)不执行上级决定和命令的;(九)在执行公务中贪生怕死,临阵脱逃的;(十)违反规定使用武器、警械的;(十一)利用职权牟取私利的;(十二)诬告他人,压制和打击报复检举人、控告人的;(十三)道德败坏,生活腐化的;(十四)有其他违法违纪行为的。”人民警察被辞退的法律后果是人民警察职务关系的消失和警察身份的丧失。

3. 不能辞退人民警察的范围

《公安机关人民警察辞退办法》第6条规定:“人民警察有下列情形之一的,不得辞退:(一)因公负伤致残并确认丧失工作能力的;(二)患严重疾病或者负伤正在进行治疗的;(三)在孕期、产假或哺乳期内的。”

三、警察行政法律责任的查处

警察违法违纪案件的查处,追究违法违纪警察的法律责任,是社会主义民主和法治建设的一项重要内容。坚持不懈地查处违法违纪案件,依法惩处违法违纪人员,对有令不行,有禁不止者法律制裁,对维护人民警察的形象、维护党和国家的声誉,保障公民、法人和其他社会组织的合法权益,有十分重要的意义。

为使查处违法违纪案件工作顺利开展,取得实效,必须重视和发挥以下几个重要作用：

1. 充分发挥管理机构的职能作用。这里所说的管理机构，既包括人民警察机关，也包括人民警察机关内部负责警察综合管理的部门。

2. 充分发挥专门机构的监督作用。专门机构指国家机关、监察机关和人民警察机关内部的专职督察机构。

3. 充分发挥人民群众的举报作用。人民群众是国家的主人，享有对国家机关和国家工作人员提出批评、建议、申诉、控告、检举的权利。《人民警察法》第 46 条也明确规定了公民和组织的各种监督权利。

4. 及时立案调查，作出处理决定。国家监督机关、人民警察管理机关，对自行发现的或接受检举、控告的警察违法违纪行为，认为依法需要追究行为人责任的，应当予以立案，认真调查，收集证据，听取当事人的陈述和辩解，在弄清事实的基础上作出处理决定。查处违法违纪案件要做到：事实清楚，证据确凿，定性准确，处理得当，手续完备。受处分的人民警察如果认为处理决定有错误，可按法定程序向作出决定的机关或者上级机关提出申诉，也可向行政监察机关提出申诉。

第二节　警察刑事法律责任

刑事法律责任，是指行为人的行为违反刑事法律规范，严重危害社会，依《刑法》的规定，对行为人给予的法律惩罚。凡是违法者都应受到惩罚，而违反刑事法律规范，是最严重的违法行为，所以受到的惩罚也最为严厉。

一、警察刑事法律责任概述

（一）警察刑事法律责任的概念

《人民警察法》《监狱法》中有关人民警察违反法律构成犯罪应追究刑事责任的规定，都同人民警察的执法活动紧密相连，主要指在执法活动中违法构成犯罪的情形，同在执法活动之外违法犯罪的构成有所不同。根据法学理论和《刑法》的有关规定，人民警察刑事法律责任的含义是：人民警察在执法活动中，故意或者过失地违反法律规定，其行为造成严重后果，给社会带来较大危害，依照《刑法》规定，应负法律责任。

警察刑事法律责任与行政法律责任，是两种性质完全不同的责任，不能互相代替，也不能彼此抵消。刑事责任与行政责任两者的主要区别是：

1. 追究的违法行为不同。追究刑事责任的是犯罪行为;追究行政责任的是一般违法行为。

2. 追究责任的机关不同。追究刑事责任只能由司法机关依照《刑法》的规定决定;追究行政责任由国家特定的行政机关依照有关法律的规定决定。

3. 承担法律责任的后果不同。追究刑事责任是最严厉的制裁,重者可以判处死刑,比追究行政责任严厉得多。行政责任一般就是警告、记过、降职、撤职、开除等行政处分和行政处罚,刑事责任就是限制人身自由,如拘役、管制、有期徒刑、无期徒刑、死刑等刑事处罚,还包括剥夺政治权利、罚金和没收财产三种附加刑。附加刑可以单独适用,也可以与主刑合并适用。

犯罪者都违法,但违法者不一定都构成犯罪。行为人是否承担刑事法律责任,受到法律惩罚,必须严格按照《刑法》规定的犯罪构成条件和标准去衡量,准确地把握罪与非罪的界限。

(二)警察刑事法律责任的种类

依据《人民警察法》第 48 条规定,如果违反《人民警察法》第 22 条规定,构成犯罪的,依法追究刑事责任。第 49 条规定,人民警察违反规定使用武器、警械,构成犯罪的,依法追究刑事责任。《监狱法》中也有与前述相类似的规定。根据《人民警察法》和其他有关法律法规的规定,对照刑事法律规范的有关内容,人民警察在执法活动中违反法律构成的犯罪常见的有以下几种:泄露国家机密罪、徇私舞弊罪、私放罪犯罪、刑讯逼供罪、非法拘禁、受贿罪、报复陷害罪、玩忽职守罪以及滥用职权可能构成的其他犯罪。

对于违反法律构成犯罪的警察,要根据其犯罪的事实、犯罪的性质、犯罪的情节和对社会的危害程度,依照《刑法》和全国人大常委会一系列刑事补充规定,确定其应负的刑事法律责任。

(三)警察刑事法律责任的查处

追究警察刑事责任,主要通过刑事诉讼程序。刑事诉讼程序是《刑事诉讼法》规定的司法机关和诉讼参加人进行刑事诉讼活动的程序和方式,主要有以下几项程序:立案、侦查、提起公诉、审判、执行。

二、警察人员刑事责任的特征

犯罪主体必须是警察人员;警察人员的违法行为必须与危害结果之间存在内在的因果关系;警察人员的犯罪行为与警察履行的职务有一定的联系;警察人员刑事责任由警察人员个人承担。

三、警察人员刑事责任的表现形式

根据警察机关的性质及警察人员执行职务行为的特点，警察人员在执行职务中违反法律规定滥用职权，可能依法应该承担刑事责任的犯罪情形主要表现为：刑讯逼供罪、非法拘禁罪、非法搜查罪、体罚虐待人犯、徇私枉法罪、报复陷害罪、伪证罪等。警察利用职权非法占有公共财物，索取、收受贿赂或者滥用职权、玩忽职守构成犯罪的，依法追究刑事责任。

另外，《人民警察法》第 49 条规定："人民警察违反规定使用武器、警械，构成犯罪的，依法追究刑事责任。"

第三节　警察侵权赔偿责任

一、警察侵权赔偿责任的概念

警察赔偿责任，又称警察侵权赔偿责任，是指人民警察机关及其警察成员在执行职务过程中违反法律，侵犯了公民、法人或其他组织的合法权益，并造成损害的，依法由警察机关承担的赔偿责任。《人民警察法》第 50 条规定："人民警察在执行职务中，侵犯公民或者组织的合法权益造成损害的，应当依照《中华人民共和国国家赔偿法》和其他有关法律、法规的规定给予赔偿。"侵权赔偿包括人民警察在行使侦查、强制措施、监狱管理职权时，侵犯公民、法人或者其他组织的合法权益造成损害的，受害人有权获得赔偿。

《国家赔偿法》第 32 条规定："国家赔偿以支付赔偿金为主要方式。能够返还财产或者恢复原状的，予以返还财产或者恢复原状。"世界各国大多规定了赔偿的标准主要有：惩罚性标准、补偿性标准、抚慰性标准。我国主要采用的是抚慰性标准。根据《国家赔偿法》第 34 条的规定，造成身体伤害，最高额为国家上年度职工年平均工资的 5 倍；造成部分或者全部丧失劳动能力的，残疾赔偿金最高不超过国家上年度职工年平均工资的 20 倍；造成公民死亡的，总额为国家上年度职工年平均工资的 20 倍。

二、警察执法侵权的种类

根据警察职务与其执法侵权之间牵连程度的差异，可以将警察执法侵权行为大致分为职务牵连侵权、职务侵权及非职务侵权几种。

1. 职务牵连侵权。职务牵连侵权是指与警察职务存在某种牵连关系的侵权行为,不属于职务侵权范畴。例如,警察在办案过程中因违法对举报人身份泄露而造成其被伤害、警察私带枪支误伤他人等。这种侵权行为的明显特征为,警察不存在个人目的,同时不能被认定为职务侵权,以侵权行为是否与职务存在牵连来判定。对于职务牵连侵权的分析与研究具有一定的必要性,是探究侵权因果关系、复杂原因的关键。为了防止具有特殊权力的警察对于权力的滥用,出现此种职务牵连侵权必须依法追究。

2. 职务侵权。根据《国家赔偿法》修订新规定,职务侵权属于一种国家责任,而非民事责任。顾名思义,职务侵权为警察进行职务执行过程中的侵权现象。侵权行为只要发生在职务执行过程中,均隶属于职务侵权范围之内。根据民法相关规定,职务侵权不仅为警察侵权行为,同样为警察机关侵权行为,受害人在未享受国家赔偿责任的基础上,可以对警察机关责任进行追究。

3. 非职务侵权。非职务侵权又称个人侵权行为,属警察个人侵权行为,与其职务无关。当警察因自身利益与他人产生纠纷并实施侵权行为时,如进行诈骗、偷盗及施暴等,均为个人侵权行为。非职务侵权行为所导致的民事责任由个人承担,与警察机关无关。

三、警察侵权赔偿责任的种类

(一)警察民事赔偿

警察侵权民事赔偿是指人民警察在执行职务中,侵犯公民、法人或其他组织的合法的民事权益,造成损害的,受害人有权获得的赔偿。例如,人民警察在驾驶警车执行任务中,由于不慎造成了人员伤亡的情形,警察就要承担赔偿责任。

按照过去的相关学说,警察侵权案件仅将刑事责任、行政责任和国家赔偿责任等揽括在内,往往忽略对民事责任的重视,而这种处理方式与国际上高度重视民事赔偿,将民事责任与其他责任相融合的趋势大相径庭。随着当今社会的不断发展,公众自我保护及权利意识不断提高,他们对于自身合法权益的保护要求逐步增强,警察执法侵权问题逐步引起了人们的高度重视。一方面,部分警察机关对侵权责任的成立与否、责任大小的判定缺乏科学、系统的标准;另一方面,他们为了维护自身形象或推诿责任而作出特定的警察行为,影响了民事权利的实现。在这一背景下,如何正确看待警察执法侵权中的民事责任便显得尤其重要。

警察执法侵权的责任认定及追究具有复杂性及特殊性。第一,警察执法侵权可以仅存在一般民事违法行为特征,也可以存在在此基础之上的刑事犯罪及行政违法犯罪特征，国家相关机关可以利用相关的刑事法律、行政法律及民事法律进行侵权行为判定及处理，其中的若干侵权案件责任可归属国家赔偿、行政赔偿。另外，警察执法侵权可以分为一般侵权及特殊侵权行为。在进行具体分析、处理时，要将各种责任归属及法律关系理顺调理，以便明确民事责任主体。第二，民事责任主体存在一定可变动性，执法警察甚至警察机关都有可能成为责任主体，这是由于相当一部分警察可能乘职务之便，在执行职务中或之外进行侵权行为，而这些则造成了个人责任及单位责任的区别，这使民事责任主体的确定性受到了影响。第三，在进行民事侵权责任追究过程中，影响因素非常多，其中受害人的弱势地位、警察及其机关的相对强势地位增加了办案困难。国家赔偿应充分与民法赔偿相关规定结合，从而实现对受害人的保护。

（二）警察行政赔偿

1. 警察行政赔偿的概念。警察行政赔偿是指警察机关及其人民警察由于行政越权、滥用职权等违法实施了职权行为，侵犯了公民、法人或其他组织等行政相对人的合法权益，并且造成实际损害的而由国家承担赔偿责任的制度。行政赔偿主要有以下三种方式：支付赔偿金；返还财产；恢复原状等。

2. 警察行政赔偿的特点：(1)警察行政赔偿是对行政过程中的国家侵权行为造成的损害所给予的赔偿；(2)警察行政赔偿中的侵权行为主体是国家警察行政机关及其警察人员；(3)行政赔偿请求人是其合法权益受到警察行政侵权行为侵害的公民，法人和其他组织；(4)行政赔偿的主体为国家。

3. 警察行政赔偿要件包括：(1)结果要件，产生了损害结果，且必须是客观的、针对合法权益发生的直接损害事实；(2)主体要件，即警察机关及其工作人员、法律法规授权的组织及其工作人员、警察机关委托的组织和个人方能构成侵权行为主体；(3)行为要件，即警察执行职务行为违法；(4)因果关系要件，警察违法执行职务与损害事实之间存在因果关系，其中违法执行职务的行为是原因，损害事实是结果。

4. 警察行政赔偿范围

(1)侵犯人身权的行政赔偿。①违法拘留或者违法采取限制公民人身自由的行政强制措施的；②非法拘禁或者以其他方法非法剥夺公民人身自由的；③以殴打、虐待等行为或者唆使他人以殴打、虐待等行为造成公民身体伤害或者死亡的；④违法使用武器、警械造成公民身体伤害或者死亡的；⑤造成公民身体伤害或者死亡的其他违法行为。

(2)侵犯财产权的行政赔偿。①违法实施罚款、吊销许可证和执照、责令停产停业、没收财物等行政处罚的；②违法对财产采取查封、扣押、冻结等行政强制措施的；③违法征收、征用财产的；④造成财产损害的其他违法行为。

（三）警察刑事赔偿

1. 警察刑事赔偿的概念及特征

警察刑事赔偿，是指警察机关及其人民警察违法行使刑事侦查、治安管理职权、侵犯公民、法人、其他组织的合法权益并造成损害，由警察机关向受害人履行赔偿义务的国家赔偿。

警察刑事赔偿的特征：(1)违法行使刑事司法权造成侵权损害所引起的国家赔偿；(2)致害人是分别拥有侦查、检察、审判、刑罚执行权的警察机关、检察机关、人民法院及监狱及其工作人员；(3)受害人既有公民、法人、其他组织，又有犯罪嫌疑人和服刑罪犯；(4)违法侵权的警察、检察、审判机关为赔偿义务机关。

2. 警察刑事赔偿的范围

(1)对人身权损害的刑事赔偿。①违反刑事诉讼法的规定对公民采取拘留措施的，或者依照刑事诉讼法规定的条件和程序对公民采取拘留措施，但是拘留时间超过刑事诉讼法规定的时限，其后决定撤销案件、不起诉或者判决宣告无罪终止追究刑事责任的；②对公民采取逮捕措施后，决定撤销案件、不起诉或者判决宣告无罪终止追究刑事责任的；③依照审判监督程序再审改判无罪，原判刑罚已经执行的；④刑讯逼供或者以殴打、虐待等行为或者唆使、放纵他人以殴打、虐待等行为造成公民身体伤害或者死亡的；⑤违法使用武器、警械造成公民身体伤害或者死亡的。

(2)对侵犯财产权损害的刑事赔偿。①违法对财产采取查封、扣押、冻结、追缴等措施的损害；②依照审判监督程序再审改判无罪，原判罚金、没收财产已经执行的损害。

根据《国家赔偿法》的规定，赔偿义务机关作出赔偿决定后，申请赔偿人不服而提出复议的。复议机关应当自收到复议申请书之日起，2 个月内作出复议决定。复议机关作出赔偿决定之前，可以进行调解协商，协商成功的，可制作协议书。赔偿请求人不服复议决定的，可收到复议决定之日起 30 日内，向复议机关所在地的同级人民法院赔偿委员会申请作出赔偿决定。中级以上人民法院设立赔偿委员会，由人民法院 3 名以上审判员组成。赔偿委员会作出的发生法律效力的决定，依法必须执行，不存在上诉。

四、警察侵权赔偿责任的法律依据

1. 宪法。《宪法》第 41 条第 3 款规定：“由于国家机关和国家工作人员侵犯公民权利而受到损失的人,有依照法律规定取得赔偿的权利。”

2. 民法典。《民法典》第1191条第1款规定:“用人单位的工作人员因执行工作任务造成他人损害的,由用人单位承担侵权责任。用人单位承担侵权责任后,可以向有故意或者重大过失的工作人员追偿。”

3. 国家赔偿法。《国家赔偿法》第2条第1款规定:“国家机关和国家机关工作人员行使职权,有本法规定的侵犯公民、法人和其他组织合法权益的情形,造成损害的,受害人有依照本法取得国家赔偿的权利。”

五、国家不承担赔偿责任的情形

(一)警察机关工作人员与行使职权无关的个人行为

行政行为是行政主体在法定的权限范围内所实施的法律行为。人民警察必须是在行使警察职权的过程中,由于违法实施行为而使行政相对人遭受实际损失的,才依法由国家承担赔偿责任。人民警察实施的与警察机关职权无关的个人行为,由人民警察自己承担法律责任。国家不承担行政赔偿责任。例如,警察在购物时与他人发生争端,在度假时与人殴斗致人伤害等,都与职权无关,后果由自己承担。

(二)因公民、法人和其他组织自己的行为致使损害发生的

公民、法人和其他组织在接受警察机关的行政管理活动中,由于自己的行为致使损害发生的,由于该行为导致的损害与警察机关的人民警察行使职权活动没有直接的关系,因此国家不承担赔偿责任。

(三)法律规定的其他情形

人民警察在行使警察职权行为的过程中,该行为造成行政相对人遭受实际损失,但依照其他法律规定,属于特定条件,不由行政机关承担责任的,国家不承担赔偿责任。例如,不可抗力意外事件,由于第三者的过失等。

六、警察侵权赔偿请求人与侵权赔偿义务机关

(一)侵权赔偿请求人

侵权赔偿请求人是指由于自己的合法权益在国家执法机关及工作人员的执法行为中,受到一定的实际损害,依法有权提出赔偿请求,获得国家赔偿的当事人。根据《国家赔偿法》第6条的规定,行政赔偿请求人可分以下三种情况:(1)受到执法机关及其工作人员违法侵权损害的公民、法人和其他组织有权提出赔偿请求;(2)受害的公民死亡,其继承人和其他有扶养关系的亲属有权要求赔偿;(3)受害的法人或者其他组织因关、停、并、转终止的,其权利承受人有权要求赔偿。

（二）侵权赔偿义务机关

《国家赔偿法》第21条规定了赔偿的义务机关："行使侦查、检察、审判职权的机关以及看守所、监狱管理机关及其工作人员在行使职权时侵犯公民、法人和其他组织合法权益造成损害的，该机关为赔偿义务机关。对公民采取拘留措施，依照本法的规定当给予国家赔偿的，作出拘留决定的机关为赔偿义务机关。对公民采取拘捕措施后决定撤销案件、不起诉或者判决宣告无罪的，作出逮捕决定的机关为赔偿义务机关。再审改判无罪处理的，作出原生效判决的人民法院为赔偿义务机关。二审改判无罪，以及二审发回重审后无罪处理的，作出一审有罪判决的人民法院为赔偿义务机关。"由此，警察机关作为赔偿义务机关的情形，该条前三款均有规定，不仅限于公安机关，也包括看守所和监狱管理机关。两个以上行政机关共同违法侵权的为共同赔偿义务机关；法定授权组织，法定被授权组织行使授予的行政职权，侵犯公民、法人和其他组织合法权益并造成损害的，被授权组织为赔偿义务机关。

七、警察侵权赔偿程序

（一）先行程序及期限

《国家赔偿法》第9条第2款规定："赔偿请求人要求赔偿，应当先向赔偿义务机关提出，也可以在申请行政复议或者提起行政诉讼时一并提出。"因此，行政赔偿请求个人必须首先向作出侵权损害行为的赔偿义务机关提出，这是一个必经程序。任何一种请求赔偿方式都有应当提交赔偿申请书。申请书内容包括：受害公民、法人、其他组织的姓名或名称、地址等基本情况；具体请求、理由和事实根据；申请时间。只有在该机关拒绝赔偿，请求人对赔偿数额不满意时，才可以向上级行政机关申请复议或者提起诉讼。

刑事赔偿的程序。赔偿请求人要求赔偿，应当先向赔偿义务机关提出。要求赔偿应当递交申请书，申请书应当载明法定相关事项。赔偿请求人书写申请书确有困难的，可以委托他人代写；也可以口头申请，由赔偿义务机关记入笔录。赔偿请求人不是受害人本人的，应当说明与受害人的关系，并提供相应证明。赔偿请求人当面递交申请书的，赔偿义务机关应当当场出具加盖本行政机关专用印章并注明收讫日期的书面凭证。申请材料不齐全的，赔偿义务机关应当当场或者在5日内一次性告知赔偿请求人需要补正的全部内容。赔偿义务机关应当自收到申请之日起2个月内作出是否赔偿的决定。赔偿义务机关作出赔偿决定，应当充分听取赔偿请求人的意见，并可以与赔偿请求人就赔偿方式、赔偿项目和赔偿数额依照《国家赔偿法》第4章的规定进行协商。赔偿义务机关决定赔偿的，应当制作赔偿决定书，并自作出决定之日起10日内送达赔偿请求人。赔偿义务机关决定不予赔偿的，应当自作出决定之日起10日内书面通知赔偿请求人，并说明不予赔偿的理由。

《国家赔偿法》还规定了刑事赔偿请求的救济机制。第24条规定："赔偿义务机关在规定期限内未作出是否赔偿的决定，赔偿请求人可以自期限届满之日起三十日内向赔偿义务机关的上一级机关申请复议。赔偿请求人对赔偿的方式、项目、数额有异议的，或者赔偿义务机关作出不予赔偿决定的，赔偿请求人可以自赔偿义务机关作出赔偿或者不予赔偿决定之日起三十日内，向赔偿义务机关的上一级机关申请复议。赔偿义务机关是人民法院的，赔偿请求人可以依照本条规定向其上一级人民法院赔偿委员会申请作出赔偿决定。"第25条第2款规定："赔偿请求人不服复议决定的，可以在收到复议决定之日起三十日内向复议机关所在地的同级人民法院赔偿委员会申请作出赔偿决定；复议机关逾期不作决定的，赔偿请求人可以自期限届满之日起三十日内向复议机关所在地的同级人民法院赔偿委员会申请作出赔偿决定。"

（二）附带提出赔偿请求方式

公民、法人、其他组织不服行政机关作出的具体行政行为，在提出行政机关具体行政行为违法的同时，一并提出要求作出具体行政行为行政机关赔偿申请。一是公民、法人、其他组织向上级行政机关对具体行政行为合法性申请复议时，附带提出赔偿请求；二是公民、法人、其他组织向人民法院提起行政诉讼时，一并请求行政赔偿。

第四节　人民警察的其他法律责任

一、违反规定使用武器、警械的法律责任

人民警察必须严格按照国家法律法规的规定的各项内容、要求使用武器、警械。《人民警察法》第49条规定："人民警察违反规定使用武器、警械，构成犯罪的，依法追究刑事责任；尚不构成犯罪的，应当依法给予行政处分。"

使用武器、警械一般应遵守以下规定：非公务活动严禁携带、使用武器、警械；携带枪支必须携带持枪证件，枪支型号与持枪证件内容一致；不得在禁止携带武器、警械的区域、场所携带武器、警械；不得携带武器、警械饮酒；不得将武器、警械交给他人携带或保管；不得私自修理武器、警械或更换武器、警械零部件；武器、警械丢

失、被盗、被抢或者发生其他事故,必须立即向当地公安机关和所在单位报告;非工作需要不得携带武器、警械进入饭店、商店和歌舞厅等公共娱乐场所;非执行任务需要不得用非制式装具携带武器、警械;不得使用所配武器、警械狩猎;不得出租、出借、转让、赠送、交换所配发武器、警械;接受武器、警械主管部门的查验和年度审验。

人民警察如果实施了违反武器、警械管理使用规定的情形,根据《公安机关公务用枪管理使用规定》第9条的规定:"各级公安机关的警务督察部门负责人对人民警察公务用枪的佩带、使用、保管进行督察,对违反公务用枪管理规定的案件进行查处,构成犯罪的依法移交有关部门处理。"

在执行职务中使用了武器的人民警察,是否承担违反规定使用武器的法律责任,要根据国家有关规定和具体事实分析判断。一方面,要依照法律、法规的规定,认真追究违反规定使用武器、警械人员的法律责任,以教育其本人和其他人,防止和减少违反规定使用武器、警械行为的再发生;另一方面,要保障人民警察依法行使职权,充分发挥警察机关及人民警察的职能作用,要使人民警察依法使用武器、警械的行为受到法律保护,避免受到错误追究。

二、人民警察违反公安部"五条禁令"的责任

为严明纪律,树立公安队伍良好形象,2003年12月22日,公安部发布了加强公安机关内部管理"五条禁令",其内容是:(1)严禁违反枪支管理使用规定,违者予以纪律处分;造成严重后果的,予以辞退或开除。(2)严禁携枪支饮酒,违者予以辞退;造成严重后果的,予以开除。(3)严禁酒后驾驶机动车,违者予以辞退;造成严重后果的,予以开除。(4)严禁在工作时间饮酒,违者予以纪律处分;造成严重后果的,予以辞退或者开除。(5)严禁参与赌博,违者予以辞退;情节严重的,予以开除。

人民警察违反禁令的严肃处理,对所在单位的直接主要领导予以纪律处分,民警违反规定使用枪支致人死亡,或持枪犯罪的,对所在单位直接、主要领导引咎辞职或予以撤职;隐瞒不报、压案不查、包庇袒护的,一经发现,从严追究有关领导责任。

三、人民警察违反规定实施刑讯逼供的法律责任

(一)刑讯逼供的范围

刑讯逼供主要是指采用殴打或体罚、虐待人犯的;或在审讯中,对停止犯罪,停

止抵抗，丧失抵抗能力的人使用电警棍的。

（二）刑讯逼供的法律责任

实施刑讯逼供的，无论破案成果多大，均不予评功授奖；凡发生刑讯逼供致人死亡案件的，对直接参与的民警，一律清除公安机关，并支持、配合检察院、法院依法追究其刑事责任；指使、授意民警刑讯逼供致人死亡的刑警队、派出所等单位领导，清除出公安机关并依法追究其刑事责任；发生刑讯逼供致人死亡案件的县（市、区）公安局、公安分局局长和主管副局长给予记大过以上处分。案件情节恶劣，造成冤假错案，引发群体性事件或产生其他严重后果的，主管副局长一律撤职，并调离公安机关，局长一律引咎辞职，拒不引咎辞职的，通过组织程序予以免职。

四、人民警察违反继续盘问规定的法律责任

公安机关必须将适用继续盘问的情况纳入执法质量考核评议范围，建立和完善办案责任制度、执法过错责任追究制度及其他内部执法监督制度。根据《公安机关适用继续盘问规定》第39条的规定，对在适用继续盘问中有下列情形之一的，依法追究直接负责的主管人员和其他直接责任人员的法律责任：

（一）法律责任的适用

1. 适用继续盘问违反禁止行为。公安机关应当严格依照《公安机关适用继续盘问规定》规定的适用范围和时限适用继续盘问，禁止实施下列行为：超适用范围继续盘问；超时限继续盘问；适用继续盘问不履行审批、登记手续；以继续盘问代替处罚；将继续盘问作为催要罚款、收费的手段；批准继续盘问后不立即对有违法犯罪嫌疑的人员继续进行盘问；以连续继续盘问的方式变相拘禁他人；对被盘问人进行刑讯逼供；殴打、体罚、虐待、侮辱被盘问人；敲诈勒索或者索取、收受贿赂；侵吞、挪用、损毁被盘问人的财物；违反规定收费或者实施处罚；其他侵犯被盘问人合法权益的行为。

在继续盘问间隙期间，应当将被盘问人送入候问室；未设置候问室的，应当由人民警察在讯问室、办公室看管，或者送入就近公安派出所的候问室。禁止将被盘问人送入看守所、拘役所、拘留所、强制隔离戒毒所、收容教育所或者其他监管场所关押，以及将不同性别的被盘问人送入同一个候问室。

2. 适用继续盘问未履行法定义务。《公安机关适用继续盘问规定》第31条规定："被盘问人被送入候问室时，看管的人民警察应当问清其身体状况，并做好记录；发现被盘问人有外伤、有严重疾病发作的明显症状的，或者具有本规定第十条

所列情形之一的,应当立即报告县、市、旗公安局或者城市公安分局警务督察部门和主管公安派出所工作的部门,并做好详细记录。”因疏于管理导致发生被盘问人伤亡、逃跑、自杀、自伤等事故的;指派不具有人民警察身份的人员从事有关继续盘问的执法工作的;警务督察部门不按照规定进行现场督察、处理或者在现场督察中对违法违纪行为应当发现而没有发现的。

3. 未按照《公安机关适用继续盘问规定》第 14 ~ 15 条规定通知被盘问人家属或者单位,或未安排被盘问人无人照顾家属的。

(二)特殊情况的处理

1. 被盘问人盘问期间突患疾病或者受伤的处理。对在继续盘问期间突患疾病或者受伤的被盘问人,公安派出所应当立即采取措施予以救治,通知其家属或者单位,并向县、市、旗公安局或者城市公安分局负责人报告,做好详细记录。对被盘问人身份不明或者没有家属和单位而无法通知的,应当在“继续盘问登记表”上注明。

在继续盘问期间突患疾病或者受伤的救治费,由被盘问人或者其家属承担。但是,由于公安机关或者警察人员的过错导致被盘问人患病、受伤的,救治费由有过错的一方承担。

2. 被盘问人在继续盘问期间死亡的处理。根据《公安机关适用继续盘问规定》第 24 条的规定,被盘问人在继续盘问期间死亡的,公安派出所应当做好以下工作:(1)保护好现场,保管好尸体;(2)立即报告所属县、市、旗公安局或者城市公安分局的主管负责人或者值班负责人、警务督察部门和主管公安派出所工作的部门;(3)立即通知被盘问人的家属或者单位。

(三)其他违反规定或者违法违纪行为

继续盘问期间因违法使用警械、武器;或者疏于管理导致被盘问人在继续盘问期间自杀身亡;被盘问人被殴打致死或者其他非正常死亡的。除依法追究有关责任人员的法律责任外,还应当对负有直接责任的人民警察予以开除;对公安派出所的主要负责人予以撤职;对所属公安机关的分管负责人和主要负责人予以处分,并取消该公安派出所及其所属公安机关参加本年度评选先进的资格。

违法继续盘问的赔偿责任是指公安机关及其人民警察,因为违法实施继续盘问,侵犯了被盘问人合法权益并造成实际损害,依法应当承担的赔偿责任。《公安机关适用继续盘问规定》第 40 条规定:“被盘问人认为公安机关及其人民警察违法实施继续盘问侵犯其合法权益造成损害,依法向公安机关申请国家赔偿的,公安机关应当依照国家赔偿法的规定办理。公安机关依法赔偿损失后,应当责令有故意或者重大过失的人民警察承担部分或者全部赔偿费用。”

违法实施继续盘问，公安机关应当依法追究有关责任人员的执法过错责任。并依照《人民警察法》、《公务员法》和其他有关规定给予责任人员处分；构成犯罪的，依法追究直接负责的主管人员和其他直接责任人员的刑事责任。

案例分析 1

某日凌晨3时许，在某镇打工的胡某吃完消夜后，返回出租房途中，见有两名治安队员巡逻，因身上没有带任何证件，为逃避检查，便躲入附近一间尚未装修好的房屋内，被村民周某发现。周某以为其入屋盗窃，便大喊有人偷东西，喊声惊动附近村民，胡某被两名村民捉住，来不及解释，便被闻声而来的30多名村民围住殴打，使胡某倒地不能动弹后才停手。周某打电话到派出所报案，称抓到一名入屋盗窃的嫌疑人员，要求派出所派人处理。该所值班领导梁某接报后，因自己早上有公事要外出，便安排当班民警易某、李某处警。易某不愿去，李某便叫实习警员罗某一起去处警，但罗某已睡熟，经多次催促后仍不起床，李某只好一人开着一辆面包车前去处警。李某到达现场后，发现胡某躺在路边呻吟，便向围观群众简单询问情况，但没人愿意提供详细情况。李某只好叫村民周某协助将胡某抬上汽车，并要求周某一起上车将伤者送往医院救治，但周某不从，李某只好载着伤者开往医院。途中，李某听到胡某不断呻吟和咳嗽，于是停车，打开车门问其有什么事，只听见胡某说很痛、想吐，李某便抓住胡某的上衣，将其拉起，并将其头部往外拉，由于用力不均，致使胡某从车上跌到地上，胡某不断叫痛，李某以为胡某只是伤了腿部，没有什么大问题，于是将其弃之路旁，自己开车回派出所。当天早上7时许，群众发现有一男子倒在路边，即打电话报警。某公安局派出所接报后立即派人处警，并通知医院派出医护人员前往现场抢救，经确诊该男子已死亡。后经调查核实，死者正是胡某。此案发生后，某公安局责成该派出所领导作出深刻检查，追究相关民警的行政责任和刑事责任。

问题讨论：

在本案中公安民警有哪些行政违法行为？应承担哪些法律责任？

案例分析 2

某日零时50分，某派出所接公安局110转群众报警称“在某农贸市场门口有人打架”，该所民警随即赶往现场，到达现场后发现一中年男子躺在农贸市场门口的公路边，而且身上有伤痕，遂与120急救中心联系，至当日凌晨1时许，120急救车赶到现场，经医生检查，初步诊断为：急性酒精中毒（轻度）；双眼周软组织挫伤，故认为伤者伤情无大碍，即将伤者交民警处理。民警就将伤者抬上警车拉回派出所。之后，派出所民警为落实伤者身份和联系其家属及查找致害人线索，进行了调查，但均无结果。当日上午9时20分许，伤者的妻子因丈夫一夜未归，遂到该派出所报案，才看到其丈夫李某某躺在派出所天井花台旁，大便失禁，处于昏迷状态，即电话与120急救中心联系，急救中心于9时28分接报后派医护人员于9时33分到达现场。经对伤者李某某检查后，诊断为：脑挫裂伤，脑出血。于9时45分将其送往医院医治，同日，该医院对其家属下达《病危通知书》，诊断为："重型闭合性颅脑外伤、脑室系统出血、蛛网膜腔出血。"伤者经抢救无效死亡。事后，经该派出所委托法医对死者李某某尸体进行检验，结论为：死者体表软组织损伤和颅内损伤为外界钝性暴力多次打击所致；死因系颅脑严重损伤致呼吸、循环衰竭死亡。事情发生后，伤者的妻子以其丈夫李某某在某派出所被民警殴打提出申诉，经人民检察院调查，否认了民警殴打其丈夫的说法。伤者的妻子又以公安局不履行法定职责向人民法院提起行政诉讼。案发后，该所所长被调离公安机关，有关责任人受到党纪、政纪处分。

问题讨论：

1. 派出所是否有不履行法定行政职责的不作为行为？
2. 该公安局是否应承担行政赔偿责任？

参考书目

[1]高文英、邢捷：《警察法学》，中国政法大学出版社2018年版。
[2]程琳主编：《警察法学通论》，中国人民公安大学出版社2018年版。
[3]姜明安主编：《行政法与行政诉讼法》，北京大学出版社、高等教育出版社2016年版。
[4]李永清主编：《警察法学》，中国民主法制出版社2012年版。
[5]高文英主编：《警察行政法》，中国政法大学出版社2016年版。
[6]周永坤：《规范权力——权力的法理研究》，中国人民公安大学出版社2014年版。
[7]高文英、孟昭阳主编：《公安行政诉讼教程》，中国人民公安大学出版社2013年版。
[8]沈岿：《国家赔偿法：原理与案例》，北京大学出版社2011年版。
[9]邓长民：《警察执法侵权的民事责任探究》，载《安徽警官学院学报》2016年第1期。
[10]宿晓英：《探析警察执法侵权中的民事责任问题》，载《法制与社会》2014年第29期。

第十四章　警察行政复议

教学重点与难点

1. 警察行政复议的概念与特点。
2. 警察行政复议的范围。
3. 警察行政复议的程序。

行政复议是依行政相对人的申请,依靠行政机关系统内部的层级监督关系,由上一级国家行政机关或者法律、行政法规规定的其他机关依法对引起争议的具体行政行为进行审查并作出处理决定的一种活动,是警察行政救济的一种方式,其直接目的是对当事人受到损害的合法权益进行补救,间接目的在于监督警察的行政执法行为。

第一节　警察行政复议概述

一、警察行政复议的概念和特征

(一)警察行政复议的概念

警察行政复议,是指公民、法人或者其他组织认为警察机关的具体行政行为侵犯其合法权益,依法向有警察行政复议权的机关提出申请,由有权受理的机关依法对该行为的合法性与合理性进行审查并作出裁决的活动及制度。警察行政复议是解决警察行政争议、实现警察行政救济的主要方式之一,其目的在于防止和纠正警察机关违法的或者不当的具体行政行为,保护公民、法人和其他组织的合法权益,保障和监督警察机关依法行使职权。

(二)警察行政复议的特征

1. 警察行政复议解决的争议是警察行政争议。警察行政争议,是指公民、法人或者其他组织认为警察行政主体及其人民警察的具体行政行为侵犯其合法权益引发的争议。公民、法人或者其他组织在对警察具体行政行为申请行政复议时，可对部分的抽象行政行为（规章以下的规范性文件）一并提请审查。需要注意的是，只有在抽象行政行为成为具体行政行为作出的依据，也就是说，对行政相对人产生权利和义务的影响时，方能对抽象行政行为提起附带审查。

2. 警察行政复议的启动以公民、法人或者其他组织申请为前提。警察行政复议活动不能由有复议权的机关或是警察行政主体主动开展，只有认为警察行政主体的具体行政行为侵害到自己合法权益的行政相对人才能提出申请开启复议活动。

3. 警察行政复议的核心是全面审查警察具体行政行为的合法性与适当性，并根据审查结果拟定行政复议决定。

4. 警察行政复议是司法性和行政性结合的活动。警察行政复议是一种行政系统内部解决行政争议的活动，其主体和结果都具有行政性，行政复议行为与程序则必须严格按照法律规定进行，复议机关是相对独立于行政争议双方之外，居间以裁判者身份依法定程序进行裁决，从而保证复议行为的公正性，维护行政相对人的合法权益。因此警察行政复议是兼具司法性与行政性的活动。

警察行政复议的主要依据是《行政复议法》《行政复议法实施条例》和有关警察行政复议的部门规章，如《公安机关办理行政复议案件程序规定》《司法行政机关行政复议应诉工作规定》等。此外，还包括其他各种法律、法规和规章中涉及警察行政复议的法律规范。

二、警察行政复议的基本原则

行政复议原则，是指反映行政复议的内在规律和基本特点，贯穿于整个行政复议中具有指导意义的基本行为准则。根据《行政复议法》、《公安机关办理行政复议案件程序规定》及《司法行政机关行政复议应诉工作规定》，警察行政复议的基本原则有以下几项：

（一）合法原则

合法原则是行政复议活动最根本的原则，是依法行政在行政复议中的具体体现。警察行政复议活动应当严格按照《行政复议法》、《行政复议法实施条例》及有关警察行政复议的行政法律规范性文件进行，做到行政复议主体、复议程序及复议案件时的相关依据都符合法律规定。

（二）公正原则

公正原则，即要求警察行政复议机关在开展警察行政复议活动时，要做到公平、正当和合理，必须深入审查警察具体行政行为的合法性和合理性。对警察行政复议机关的要求包括：

1. 平等对待当事人。警察行政复议机关在进行行政复议活动中，不受当事人的民族、种族、性别、职业、社会出身、宗教信仰、受教育程度、财产状况等因素的影响，听取当事人意见时要做到公正无私。

2. 在审查具体行政行为时要做到客观、公正、全面。警察行政复议机关需要做到以下几点：第一，审查警察机关作出的具体行政行为的证据是否合法取得；第二，审查警察机关对事实的认定和案件的定性是否公正，是否符合证据规则；第三，判断被申请的警察具体行政行为所使用的法律条款是否准确，当有不确定的法律概念时，应当根据立法目的和立法指导思想作出公正的解释。

3. 合理、正当地行使行政复议裁量权。警察行政复议机关的复议审查权本身也包含有一定的裁量权，因此在处理警察行政复议案件过程中对“明显不当”的具体行政行为应当遵循本原则的规范，这也是保证行政复议决定公正的基础。[①]

4. 作出的行政复议决定要满足合法性和适当性。合法性是指警察行政复议机关应当审查警察机关具体行政行为是否符合法律规定，有没有明确的法律依据；适当性是指警察行政复议机关应当审查警察机关具体行政行为是否公正地行使了裁量权。经警察行政复议机关审查后，对不合法的警察具体行政行为应当予以撤销或确认违法；对明显不公正的警察具体行政行为依法可以变更，必要时还可以责令被申请的警察机关重新作出具体行政行为。

（三）公开原则

公开原则是现代行政程序中的基本要求，对于保障警察行政复议活动合法、公正地进行有重要意义。具体要求包括：

1. 警察行政复议过程及决定公开。除涉及国家秘密、商业秘密和个人隐私的内容外，全部内容都要全面向社会和行政复议申请人公开，以保障申请人、被申请人和第三人参与行政复议程序的权益。

2. 警察行政复议信息公开。警察作出具体行政行为的依据、证据和警察行政复议的依据等材料除涉及国家秘密、商业秘密和个人隐私的内容外，都可供申请人、第三人查阅。其中警察行政复议的依据必须是已经向社会公布或发布的法律规范性文件。

（四）及时原则

及时原则是指警察行政复议机关应当在法定期限内尽快受理案件、及时完成

---

① 姜明安主编：《行政法与行政诉讼法》，北京大学出版社 2019 年版，第 368 页。

案件的审查和对警察行政争议作出相应的决定,以便及时为行政相对人提供相应的法律救济。及时原则对警察行政复议机关的效率提出了要求,警察行政复议机关应当严格遵守法定复议时限,如果在法定时限内不能作出行政复议决定的,应当依法报警察行政复议机关负责人批准延长审理期限。如果警察行政复议机关违反法定时限,应当承担相应的法律责任。

(五)便民原则

便民原则是指警察行政复议机关在行政复议过程中应当尽可能地在各个方面为行政复议申请人提供便利,便于行政复议申请人行使权利。例如,行政复议的程序和方式应当尽量减轻申请人的时间和金钱成本;对于不能提供书面申请的行政相对人,允许其口头申请。

三、警察行政复议的基本制度

(一)一级复议制度

一级复议制度,是指警察行政争议经过警察行政复议机关一次审理并作出决定后,即使申请人对决定不服,也不得向更上一级的行政机关申请复议,而只能向法院提起行政诉讼的法律制度。

一级复议制度能够提升行政效率,使当事人能够尽快解决警察行政争议。警察行政复议的实质是警察行政系统内部的自我纠错制度,即便设置多级复议制度也不能保证提升行政复议审查的客观程度,反而只会不必要地延长行政争议。同时,行政机关并未被赋予作出最终裁决的权力,由法院来作出法律争议的最终裁决也符合现代法治思想。

一级复议制度的主要内容包括:行政相对人如果不服警察具体行政行为的,只能行使一次行政复议的申请权,启动一次行政复议程序;警察行政复议机关对一个被申请的具体行政行为只能作出一个复议决定;只有法律特别规定可以进行多级行政复议的,才可以构成例外。

(二)书面复议制度

书面复议制度,是指警察行政复议机关对警察行政复议申请人提出的申请和被申请人提交的答辩材料,以及有关被申请人作出具体行政行为所依据的规范性文件和证据进行书面审查,并以此为基础作出行政复议决定的制度。较法院开庭审查而言,书面复议制度更为高效,既节约了行政复议成本也减少了复议当事人之间的冲突。

书面复议制度的主要内容包括:警察行政复议机关主要通过书面材料审查被

申请的具体行政行为,如有需要进一步了解的内容,可要求复议当事人提供补充材料;警察行政复议机关可同时召集或分开单独召集行政复议当事人了解情况,但不必让双方当事人对质或是辩论;如申请人提出要求或是警察行政复议机关处理重大、复杂行政复议案件时认为有必要,也可采用听证形式进行审理。

第二节　警察行政复议的范围

警察行政复议的范围是指警察行政复议机关受理警察复议案件的范围,也是行政相对人认为警察行政主体作出的具体行政行为侵犯了其合法权益,依法可以向警察行政复议机关请求重新审查的范围。警察行政复议范围明确了行政相对人行使行政复议申请权、警察行政复议机关纠正下级行政机关错误行为的范围。《行政复议法》和有关警察行政复议的法律规范确定了我国警察行政复议案件的受案范围。

一、受案范围

根据《行政复议法》的规定和有关警察行政复议的法律规范,结合警察行政执法工作实务,可申请复议的警察行政行为主要包括以下几类:

1. 对警察机关作出的警告、罚款、没收非法财物、责令停产停业、暂扣或者吊销许可证、暂扣或者吊销执照、行政拘留等行政处罚决定不服的。

2. 对警察机关作出的限制人身自由或者查封、扣押、冻结财产等行政强制措施决定不服的。

3. 对警察机关作出的有关许可证、执照、资质证、资格证等证书变更、中止、撤销的决定不服的。

4. 认为警察机关侵犯合法的经营自主权的。

5. 认为警察机关违法集资、征收财物、摊派费用或者违法要求履行其他义务的。

6. 认为符合法定条件,申请警察机关颁发许可证、执照、资质证、资格证等证书,或者申请警察机关审批、登记有关事项,警察机关没有依法办理的。

7. 申请警察机关履行保护人身、财产等权利的法定职责,警察机关没有依法履行的。

8. 申请警察机关依法发放抚恤金,警察机关没有依法发放的。

9. 认为警察机关的其他具体行政行为侵犯其合法权益的。

10. 部分抽象行政行为,即公民、法人或者其他组织认为公安机关具体行政行为所依据的下列规定不合法,在对警察具体行政行为申请复议时,可以一并提出对该规定的审查申请:(1)国务院部门的规定;(2)县级以上地方各级人民政府及其工作部门的规定;(3)乡、镇人民政府的规定。但不含国务院部、委员会规章和地方人民政府规章。对于规章的审查依照法律、行政法规办理。

二、排除复议的事项

排除复议事项指的是根据《行政复议法》规定,行政相对人对下列事项不服的,不能申请警察行政复议:

1. 对警察机关作出的行政处分或者其他人事处理决定不服的。警察机关对其所属国家公务员作出的行政处分等其他人事处理决定,属于内部行政行为,被处分或处理的人如果对决定不服的,可以依照有关法律和行政法规的规定提出申诉,但不能申请复议。如《监察法》第 49 条明确规定:"监察对象对监察机关作出的涉及本人的处理决定不服的,可以在收到处理决定之日起一个月内,向作出决定的监察机关申请复审,复审机关应当在一个月内作出复审决定;监察对象对复审决定仍不服的,可以在收到复审决定之日起一个月内,向上一级监察机关申请复核,复核机关应当在二个月内作出复核决定。复审、复核期间,不停止原处理决定的执行。复核机关经审查,认定处理决定有错误的,原处理机关应当及时予以纠正。"

2. 对警察机关依法对民事纠纷作出的调解、仲裁或者其他处理不服的。警察机关对行政相对人之间的民事纠纷作出的调解、仲裁等行为的约束力由双方当事人自愿决定。所以,当一方当事人对结果不服时可以向人民法院提起诉讼或者向仲裁机关申请仲裁,但不能申请复议。

3. 行政相对人对警察机关抽象行政行为中的行政法规、规章不服的,不得申请行政复议,只可向有关国家机关提出,由有关国家机关依照法律、行政法规的有关规定处理。

根据《公安机关办理行政复议案件程序规定》第 28 条的规定,下列情形不属于公安机关行政复议范围:(1)对办理刑事案件中依法采取的刑事强制措施、刑事侦查措施等刑事司法行为不服的;(2)对公安机关依法调解不服的;(3)对处理火灾事故、交通事故以及办理其他行政案件中作出的鉴定结论等不服的;(4)对申诉被驳回不服的;(5)其他依法不应当受理的行政复议申请。申请人认为公安机关的刑事司法行为属于滥用职权、超越职权插手经济纠纷的,公安行政复议机关应当在作出不予受理决定之前,及时报上一级公安行政复议机关。

第三节　警察行政复议的管辖

警察行政复议管辖，是指警察行政复议机关在受理警察复议案件时的分工和权限，即解决行政相对人提出警察行政复议申请后，应当由哪个警察行政复议机关行使行政复议权的问题。明确警察行政复议的管辖，能够预防和减少警察行政复议机关管辖方面上推诿和拖延的现象，有利于提高警察行政复议的效率，也便于公民、法人或其他组织依法申请复议，保障其合法权益。

《行政复议法》第 12 条规定："对县级以上地方各级人民政府工作部门的具体行政行为不服的，由申请人选择，可以向该部门的本级人民政府申请行政复议，也可以向上一级主管部门申请行政复议。"

《公安机关办理行政复议案件程序规定》及《司法行政机关行政复议应诉工作规定》对警察行政复议案件的管辖作出了以下界定：

一、公安机关警察行政复议管辖

对公安部、省（自治区、直辖市）公安厅（局）、新疆生产建设兵团公安局作出的具体行政行为不服的，向公安部申请行政复议；对市（地、州、盟）公安局（处）作出的具体行政行为不服的，向省（自治区、直辖市）公安厅（局）申请行政复议；对县（市、旗）公安局作出的具体行政行为不服的，向市（地、州、盟）公安局（处）申请行政复议；对城市公安分局作出的具体行政行为不服的，向市公安局申请行政复议；对省（自治区、直辖市）公安厅（局）直属的公安局、市（地、州、盟）公安局（处）直属的公安分局作出的具体行政行为不服的，向设立该直属公安局、公安分局的省（自治区、直辖市）公安厅（局）、市（地、州、盟）局（处）申请行政复议；对县级以上地方各级人民政府公安机关内设的公安交通管理机构作出的具体行政行为不服的，向该公安机关申请行政复议；对公安交通管理机构下设的公安交通警察支队、大队（队）作出的具体行政行为不服的，可以向其上一级公安交通管理机构申请行政复议；对出入境边防检查站作出的具体行政行为不服的，向出入境边防检查总站申请行政复议。对出入境边防检查总站作出的具体行政行为不服的，向公安部申请行政复议；对公安派出所依法作出的具体行政行为不服的，向设立该公安派出所的公安机关申请行政复议；对法律、法规授权的公安机关内设机构或者派出机构超出法定授权范围作出的具体行政行为不服的，向该内设机构所属的公安机关或者设立该派出机构的公安机关申请行政复议；对没有法律、法规授权的公安机关的内设机构或者派出机构以自己的名义作出的具体行政行为不服的，向该内设机构所属的公安机关或者设立该派出机构的公安机关的上一级公安机关申请行政复议；对经上级公安机关批准的具体行政行为不服的，向在对外发生法律效力的文书上加盖印章的公安机关的上一级公安机关申请行政复议。

二、司法行政机关警察行政复议管辖

对县级以上地方各级司法行政机关的具体行政行为不服，向司法行政机关申请行政复议，由上一级司法行政机关管辖；对监狱机关的具体行政行为不服，向司法行政机关申请行政复议，由其主管的司法行政机关管辖；对司法部的具体行政行为不服向司法行政机关申请行政复议，由司法部管辖。申请人对司法部行政复议决定不服的，可以向人民法院提起行政诉讼，也可以向国务院申请裁决。

第四节　警察行政复议的程序

警察行政复议程序，是指进行警察行政复议时有关部门应遵守的方式、步骤和时间限制的总称。根据《行政复议法》和有关警察行政复议的法律规定，警察行政复议程序分为申请、受理、审理、决定和执行五个阶段。

一、警察行政复议的申请

启动行政复议，必须由不服警察具体行政行为的行政相对人向警察行政复议机关提出，即没有行政相对人的申请，不能启动警察行政复议机关行政复议程序。

（一）申请复议的条件

1. 申请人合格。只有行政相对人才能就警察具体行政行为申请复议。例外情况是申请人资格发生转移：有权申请复议的公民死亡的，其近亲属可以申请复议；有权申请复议的法人或者其他组织终止的，承受其权利的法人或者其他组织可以申请复议。

2. 有明确的被申请人，且被申请人是作出侵犯行政相对人合法权益的具体行政行为的警察行政主体。没有明确的被申请人，警察行政复议机关可以拒绝受理。如果警察行政复议机关受理后认为被申请人不适合，可以依法要求申请人予以更换。申请人拒绝更换的，警察行政复议机关可以拒绝受理。

3. 有具体的复议请求和事实根据。复议请求是指警察行政复议申请人所要实现的目的。如请求撤销违法的警察具体行政行为决定;请求变更不适当的警察具体行政行为决定;请求责成被申请人限期履行法定职责;请求确认警察具体行政行为违法或责令被申请人赔偿损失。以上任何一种复议请求都必须以一定的事实根据为基础,否则,将不会得到警察行政复议机关的支持。

4. 属于警察行政复议范围,即属于前文提到的可复议的警察行政行为。

5. 属于受理警察行政复议机关的管辖范围。申请人必须向有法定管辖权的警察行政复议机关提出复议申请。复议机关不能受理不属于自己管辖的复议案件,且应当告知申请人要向有管辖权的复议机关进行申请。

6. 法律、法规规定的其他条件。

(二)申请警察行政复议的期限

警察行政复议申请人的复议申请必须在法定期限内提出,否则其申请权将不受法律保护,不会产生预定的法律效果。根据《行政复议法》第9条的规定:"公民、法人或者其他组织认为具体行政行为侵犯其合法权益的,可以自知道该具体行政行为之日起六十日内提出行政复议申请;但是法律规定的申请期限超过六十日的除外。因不可抗力或者其他正当理由耽误法定申请期限的,申请期限自障碍消除之日起继续计算。"这里的"其他正当理由"根据《公安机关办理行政复议案件程序规定》第20条的规定,包括以下情形:

1. 申请人因严重疾病不能在法定申请期限内申请行政复议的。

2. 申请人为无行为能力人或者限制行为能力人,其法定代理人在法定申请期限内不能确定的。

3. 法人或者其他组织合并、分立或者终止,承受其权利的法人或者其他组织在法定申请期限内不能确定的。

4. 公安行政复议机构认定的其他耽误法定申请期限的正当理由。

根据《行政复议法实施条例》的规定,警察行政复议申请期限的起算时间如下:

1. 当场作出警察具体行政行为的,自警察具体行政行为作出之日起计算;

2. 载明警察具体行政行为的法律文书直接送达的,自受送达人签收之日起计算;

3. 载明警察具体行政行为的法律文书邮寄送达的,自受送达人在邮件签收单上签收之日起计算;没有邮件签收单的,自受送达人在送达回执上签名之日起计算;

4. 警察具体行政行为依法通过公告形式告知受送达人的,自公告规定的期限届满之日起计算;

5. 警察机关作出具体行政行为时未告知公民、法人或者其他组织，事后补充告知的，自该公民、法人或者其他组织收到警察机关补充告知的通知之日起计算；

6. 被申请人能够证明公民、法人或者其他组织知道警察具体行政行为的，自证据材料证明其知道警察具体行政行为之日起计算。

警察机关作出具体行政行为，依法应当向有关公民、法人或者其他组织送达法律文书而未送达的，视为该公民、法人或者其他组织不知道该具体行政行为。

根据《公安机关办理行政复议案件程序规定》第 21 条的规定："公安机关作出具体行政行为时，未告知公民、法人或者其他组织行政复议权或者申请行政复议期限的，申请行政复议期限从公民、法人或者其他组织知道或者应当知道行政复议权或者申请行政复议期限之日起计算。公安机关作出具体行政行为时，未制作或者未送达法律文书，公民、法人或者其他组织不服申请行政复议的，只要能够证明具体行政行为存在，公安行政复议机关应当受理。申请行政复议期限从证明具体行政行为存在之日起计算。"

对于认定申请人知道或应当知道具体行政行为的时间，《公安机关办理行政复议案件程序规定》中规定的情形包括：(1)当场作出具体行政行为的，具体行政行为作出时间为知道的时间；(2)作出具体行政行为的法律文书直接送交受送达人的，受送达人签收的时间为知道的时间；送达时本人不在的，与其共同居住的有民事行为能力的亲属签收的时间为知道的时间；本人指定代收人的，代收人签收的时间为知道的时间；受送达人为法人或者其他组织的，其收发部门签收的时间为知道的时间；(3)受送达人拒绝接收作出具体行政行为的法律文书，有送达人、见证人在送达回证上签名或者盖章的，送达回证上签署的时间为知道的时间；(4)通过邮寄方式送达当事人的，当事人签收邮件的时间为知道的时间；(5)通过公告形式告知当事人的，公告规定的时间届满之日的次日为知道的时间；(6)法律、法规、规章和其他规范性文件未规定履行期限的，公安机关收到履行法定职责申请之日起 60 日的次日为申请人知道的时间；法律、法规、规章和其他规范性文件规定了履行期限的，期限届满之日的次日为知道的时间。

此外，还应当注意两种特殊情况下，公安机关行政复议申请期限的计算问题：公民、法人或者其他组织申请公安机关履行法定职责，法律、法规、规章和其他规范性文件未规定履行期限的，公安机关在接到申请之日起 60 日内不履行，公民、法人或者其他组织可以依法申请行政复议，法律、法规、规章和其他规范性文件规定了履行期限的，从其规定。申请人的合法权益正在受到侵犯或者处于其他紧急情况下请求公安机关履行法定职责，公安机关不履行的，申请人从即日起可以申请行政复议。

申请人在被限制人身自由期间申请行政复议的，执行场所应当登记并在 3 日内将其行政复议申请书转交公安行政复议机关。转交行政复议申请的时间，不计入行政复议申请审查期限。

（三）申请警察行政复议的形式

申请人申请警察行政复议，可以书面申请，也可以口头申请。口头申请的，警察行政复议机关应当当场记录申请人的基本情况、行政复议请求、申请行政复议的主要事实、理由和时间，经申请人核对或者向申请人宣读并确认无误后，由申请人签名或者捺指印。书面申请的，应当提交警察行政复议申请书，需载明以下内容：申请人的基本情况，包括：公民的姓名、性别、年龄、身份证号码、工作单位、住所、邮政编码；法人或者其他组织的名称、住所、邮政编码和法定代表人或者主要负责人的姓名、职务；被申请人的名称；行政复议请求、申请行政复议的主要事实和理由；申请人的签名或者盖章；申请行政复议的日期。

当有下列情形之一时，申请人应当提供相应的证明材料：

1. 申请人认为警察机关不履行法定职责的，提供曾经要求被申请的警察机关履行法定职责而其并未履行的证明材料。

2. 申请人申请行政复议时一并提出行政赔偿请求的，需提供受警察具体行政行为侵害而造成损害的证明材料。

3. 法律、法规规定的其他需要申请人提供证据材料的情形。

二、警察行政复议的受理

行政复议机构在行政相对人提出的行政复议申请进行初审后，对符合法定条件的申请予以受理的行为标志着行政复议程序的启动。

（一）初审

警察复议机构收到警察行政复议申请后，应当对该申请是否符合下列条件进行初步审查，《行政复议法实施条例》第 28 条明确规定了受理条件：

1. 有明确的申请人和符合规定的被申请人。

2. 申请人与具体行政行为有利害关系。

3. 有具体的行政复议请求和理由。

4. 在法定申请期限内提出。

5. 属于行政复议法规定的行政复议范围。

6. 属于收到行政复议申请的行政复议机构的职责范围。

7. 其他行政复议机关尚未受理同一行政复议申请，人民法院尚未受理同一主体就同一事实提起的行政诉讼。

（二）处理

警察行政复议机构应当自收到复议申请之日起 5 日内视不同情况作出如下不同处理：

1. 申请符合法定条件的，予以受理。

2. 申请不符合法定条件的，警察行政复议机关应当依法决定不予受理，并告知申请人不予受理的理由。

3. 符合法定条件，但不属于本机关受理的，警察行政复议机关应当告知申请人向有权受理的警察行政复议机关提出或转送有关复议机关。

4. 行政复议申请材料不齐全或者表述不清楚的，警察行政复议机关可以自收到该行政复议申请之日起 5 日内书面通知申请人补正。补正通知应当载明需要补正的事项和合理的补正期限。无正当理由逾期不补正的，视为申请人放弃行政复议申请。补正申请材料所用时间不计入行政复议审理期限。

5. 申请人就同一事项向两个或者两个以上有权受理的行政机关申请警察行政复议的，由最先收到行政复议申请的行政机关受理；同时收到行政复议申请的，由收到行政复议申请的行政机关在 10 日内协商确定；协商不成的，由其共同上一级行政机关在 10 日内指定受理机关。协商确定或者指定受理机关所用时间不计入行政复议审理期限。

6. 上级行政机关认为警察行政复议机关不予受理行政复议申请的理由不成立的，可以先行督促其受理；经督促仍不受理的，应当责令其限期受理，必要时也可以直接受理；认为行政复议申请不符合法定受理条件的，应当告知申请人。

三、警察行政复议的审理

警察行政复议的审理，是指警察行政复议机关受理复议申请后，依法对警察复议案件中的具体事实、证据、法律适用等进行实质性审查的过程。它是复议程序中的重要阶段，要通过审查当事人及第三人提交的证据材料，全面审查警察具体行政行为的合法性和适当性，从而得出行政复议的决定的依据。

（一）审理方式

警察行政复议采取以书面审理为主，其他方式为辅的审理方式。其中“书面审理”，指的是警察行政复议机关仅就双方提供的书面材料进行审查后作出决定的审理方式，这种审理方式行政效率高，程序简便。“其他方式”，是指根据《行政复议法》第22条及《行政复议法实施条例》第33条的规定，在申请人提出要求或者警察行政复议机关负责法制工作的机构认为有必要时，可以向有关组织和人员调查情况，听取申请人、被申请人和第三人的意见，也可以实地调查核实证据；对于重大、复杂的案件，还可以采取听证的方式审理。

（二）审理依据

警察行政复议机关审理警察行政复议案件，以法律、行政法规、地方性法规、规章及上级行政机关依法制定和发布的具有普遍约束力的决定、命令为依据。

（三）审理前准备

警察行政复议机关负责法制工作的机构应当自行政复议申请受理之日起7日内，将行政复议申请副本或者行政复议申请笔录复印件发送至被申请人。被申请人应当自收到申请书副本或者申请笔录复印件之日起10日内，提出书面答复，应当包括以下内容：具体行政行为认定的事实和证据；作出具体行政行为所依据的法律、法规、规章；作出具体行政行为的程序；对行政复议申请的答复意见和本机关对行政复议案件的请求。被申请人不按规定提出书面答复、提交当初作出具体行政行为的证据、依据和其他有关材料的，视为该具体行政行为没有证据、依据，警察行政复议机关有权决定撤销该具体行政行为。

（四）审查的内容

警察行政复议机关对复议案件的审查，是一种全面具体的审查，不受复议申请人申请范围的限制。① 既要审查警察具体行政行为的合法性，也要审查其合理性。根据公安部《公安机关办理行政复议案件程序规定》，审查内容应当包括：(1)主要事实是否清楚，证据是否确凿；(2)适用依据是否正确；(3)是否符合法定程序；(4)是否超越或者滥用职权；(5)是否存在明显不当；(6)是否属于不履行法定职责。

同时，警察行政复议机关还应当对下列事项进行审查：(1)具体行政行为是否应当停止执行；(2)是否需要通知第三人参加行政复议；(3)是否需要提交警察行政复议机关集体讨论；(4)是否需要当面听取当事人意见。在全面审查的基础上，对于不同种类的警察具体行政行为，《公安机关办理行政复议案件程序规定》规定了重点审查事项：

1. 对行政处罚决定应当重点审查下列事项：(1)被申请人是否具有法定职权；(2)事实是否清楚，证据是否确凿；(3)适用依据是否正确；(4)量罚是否存在明显

---

① 和洪主编：《警察行政法教程》，中国人民公安大学出版社2012年版，第357页。

不当;(5)是否符合法定程序。

2. 对行政强制措施决定应当重点审查下列事项:(1)被申请人是否具有法定职权;(2)是否符合法定条件;(3)是否符合法定范围和期限;(4)适用依据是否正确;(5)是否符合法定程序。

3. 对行政许可应当重点审查下列事项:(1)许可事项是否属于被申请人的法定职责;(2)不予许可理由是否正当;(3)是否符合法定许可范围;(4)是否符合法定程序。

4. 对申请人认为被申请人不履行法定职责的行政复议案件,应当重点审查下列事项:(1)是否属于被申请人的法定职责;(2)被申请人是否明确表示拒绝履行或者不予答复;(3)是否超过法定履行期限;(4)被申请人提出不能在法定期限内履行或者不能及时履行的理由是否正当。

四、警察行政复议的决定

警察行政复议决定,指的是警察行政复议机关在全面审查案件事实及处理依据的基础上,根据事实和法律,对行政复议案件所作的结论性裁决。

(一)决定的期限

警察行政复议机关从受理复议申请时起到作出复议决定的期间称为行政复议决定期限,根据《行政复议法》第 31 条的规定,警察行政复议机关应当自受理申请之日起60 日内作出行政复议决定;但是法律规定的行政复议期限少于60 日的除外。情况复杂,不能在规定期限内作出行政复议决定的,经警察行政复议机关的负责人批准,可以适当延长,并告知申请人和被申请人;但是延长期限最多不超过30日。

(二)决定的种类

警察行政复议机关经过审查,经复议机关的负责人或集体讨论通过后,针对不同案件情况分别作出不同决定。

1. 维持决定,是指警察行政复议机关作出维持被申请的警察具体行政行为的决定。警察行政复议机关对被申请的警察具体行政行为进行审查后,认为其事实清楚、证据确凿;适用法律、法规、规章和具有普遍约束力的决定、命令正确;符合法定程序,内容适当的,从而依法作出维持该警察具体行政行为的复议决定。

2. 履行决定,是指警察行政复议机关责令被申请的警察行政机关在一定期限内履行法定责任的决定。它主要适用于以下两种情况:(1)作为被申请人警察行政主体不履行法定职责,具体是指警察行政机关对于申请人的申请没有作出任何意思表示,不予答复的。(2)被申请人拖延履行职责,即警察行政机关针对行政相对人的申请拖而不办的。

3. 撤销、变更和确认违法决定。警察行政复议机关经过审理,认为警察具体行政行为有下列情形之一的,依法作出撤销、变更决定,并可责令被申请人在一定期限内重新作出具体行政行为:(1)主要事实不清、证据不足的。(2)适用依据错误的,如适用的依据已经失效、废止或尚未生效的。(3)违反法定程序的,如应当听证而未听证的;应当回避而未回避的;在作出行政处罚决定之前没有依法履行告知义务的或者拒绝听取申请人陈述、申辩的。(4)超越或者滥用职权的,如超越地域管辖范围、超越执法权限的;或在法定职权范围内故意作出不适当的具体行政行为,侵犯申请人合法权益的。(5)具体行政行为明显不当的,如被申请人作出的具体行政行为与其他同类型的性质、情节相当的具体行政行为存在显著差异的。

此外,如果被申请的警察机关未按照《行政复议法》第23条规定提出书面答复、提交当初作出警察具体行政行为的证据、依据和其他有关材料的,视为该具体行政行为没有证据、依据,警察行政复议机关应当作出撤销该具体行政行为的决定。

具有下列情形之一的具体行政行为,警察行政复议机关可以决定变更:(1)认定事实清楚,证据确凿,程序合法,但是明显不当或者适用依据错误的;(2)认定事实不清,证据不足,但是经警察行政复议机关审理查明事实清楚,证据确凿的。

4. 赔偿决定。申请人在申请行政复议时可以一并提出警察行政赔偿请求,警察行政复议机关经审理后对符合《国家赔偿法》规定应予以赔偿的请求,在作出撤销、变更警察具体行政行为或者确认具体行政行为违法的同时,应当作出责成被申请人给予赔偿的决定。

申请人在申请警察行政复议时没有提出行政赔偿请求的,警察行政复议机关在依法决定撤销或者变更罚款,撤销违法集资、没收财物、征收财物、摊派费用以及对财产的查封、扣押、冻结等具体行政行为时,应当同时责令被申请人返还财产,解除对财产的查封、扣押、冻结措施或者赔偿相应的价款。

5. 对抽象行政行为的处理决定。申请人在申请警察行政复议时,一并提出对《行政复议法》第7条所列有关规定的审查申请的,警察行政复议机关对该规定有权处理的,应当在30日内依法处理;无权处理的,应当在7日内依法定程序转送有权处理的行政机关依法处理,有权处理的行政机关应当在60日内依法处理。处理期间,中止对警察具体行政行为的审查。

(三)决定书

警察行政复议机关作出行政复议决定,应当根据《行政复议法》第31条规定,制作行政复议决定书并加盖印章。警察行政复议决定书应当载明以下内容:(1)申请人、第三人及其代理人的姓名、性别、年龄、职业、住址等,法人或者其他组织的名称、地址、法定代表人等;(2)被申请人的名称、住址、法定代表人等;(3)申请人的行政复议请求;(4)申请人提出的事实和理由;(5)被申请人答复的事实和理由;(6)行政复议机关认定的事实、理由和适用的依据;(7)行政复议结论;(8)不服行政复议决定向人民法院提起行政诉讼的期限,或者最终裁决的履行期限;(9)作出行政复议决定的日期。

《行政复议决定书》应当加盖警察行政复议机关印章或者警察行政复议专用章。(具体格式见本章附录)

五、警察行政复议的执行

警察行政复议机关作出的警察行政复议决定发生法律效力后,当事人双方都必须履行。执行方式如下:

1. 被申请人履行警察行政复议决定,被申请人不履行或者无正当理由拖延履行行政复议决定的,警察行政复议机关或者有关上级行政机关应当责令其限期履行。

2. 警察行政复议机关责令被申请人重新作出具体行政行为的,被申请人不得以同一事实和理由作出与原具体行政行为相同或者基本相同的具体行政行为。

3. 申请人逾期不起诉又不履行警察行政复议决定的,或者不履行最终裁决的警察行政复议决定的,按下列规定分别处理:

(1)维持警察具体行政行为的行政复议决定,由作出警察具体行政行为的警察行政机关依法强制执行,或者申请人民法院强制执行。

(2)变更警察具体行政行为的行政复议决定,由警察行政复议机关依法强制执行,或者申请人民法院强制执行。

附录:

××市司法局行政复议决定书(×司复决〔20××〕1号)

申请人:(公民:姓名,住址;法人或者其他组织:名称,地址)

被申请人:(名称,地址)

申请人不服被申请人________年____月____日作出的________(具体行政行为),依法向本机关申请行政复议。

申请人称:______________。

被申请人称：______________。

经审查查明：____

____。

经审理并核实，本机关查明以下事实：______________。

本机关认为：______________。

根据《中华人民共和国行政复议法》第二十八条的规定，本机关决定：________

____。

申请人如对本决定不服，可以自接到行政复议决定书之日起____日内向____

______________________人民法院提起行政诉讼。

（盖章）

________年____月____日

思考题

1. 警察行政复议审查的内容包括哪些？
2. 警察行政复议决定的种类有哪些？

案例分析

王某，男，22岁，某市无业人员，××××年××月××日下午，王某因结伙斗殴被某市公安局抓获，经调查取证，某市公安分局认为王某的行为属于《治安管理处罚法》第26条规定的违法行为，决定对其处以治安拘留7天的行政处罚。某市公安分局将处罚决定书直接送达王某后，王某对此决定不服，准备提出行政复议申请。王某应当向谁提出行政复议申请？王某申请复议的期限是多长时间？

参考答案：

根据《公安机关办理行政复议案件程序规定》第8条的规定，对城市公安分局作出的具体行政行为不服的，向市公安局申请行政复议。因此王某应当向某市公安局申请行政复议。根据《行政复议法》的规定，行政相对人应当在知道相应警察具体行政行为之日起60天内提出复议申请，法律另有规定的除外。因此王某应当在自签收处罚决定书之日起60日内申请行政复议。

第十五章　警察行政诉讼

教学重点与难点

1. 警察行政诉讼的概念与特征。
2. 警察行政诉讼的受案范围。
3. 警察行政诉讼的管辖。
4. 警察行政诉讼的审理。

行政诉讼是指行政相对人就行政法律纠纷向人民法院提起诉讼,人民法院依法审查并作出裁判的活动。它是对行政主体进行法律监督的程序,同时,对行政相对人而言,它又是一种法律救济程序。行政诉讼是与民事诉讼、刑事诉讼并列的三大基本诉讼制度之一。本章介绍了警察行政诉讼的概念、受案范围、审理程序等内容。

第一节　警察行政诉讼概述

一、警察行政诉讼的概念

警察行政诉讼是行政诉讼的一种,是指公民、法人或者其他相对人在认为警察机关及其人民警察的具体行政行为侵犯了自己的合法权益时,依法向人民法院提起诉讼,并由人民法院进行审查并作出裁判的法律活动,是解决警察行政争议的一项重要法律制度。

二、警察行政诉讼的特征

(一)警察行政诉讼是解决处理警察行政争议的诉讼活动

警察行政争议,是指警察机关及其人民警察在行政管理过程中,因行使行政职权的具体行政行为而与行政相对人之间发生的争议。解决非行政争议的诉讼活动不属于警察行政诉讼,而应属于民事、刑事诉讼或其他种类的行政诉讼。

(二)警察行政诉讼的原告和被告具有特定性

只有认为具体行政行为侵犯了自己合法权益的行政相对人才能成为原告,也只有作出该具体行政行为的警察行政机关能成为被告。同时,被告对原告也不能进行反诉。这一特点由行政诉讼的性质决定。

(三)警察行政诉讼的核心是对警察具体行政行为的合法性进行审查

警察行政诉讼的活动和程序都主要是以审查警察具体行政行为的合法性来开展的。因警察行政机关长期处理行政事务具有专门经验,所以人民法院在一般情形下不对警察具体行政行为的合理性进行审查,但人民法院在审查中如认为警察行政行为明显不当的,可以依法撤销或变更相应行政行为。

三、警察行政诉讼与警察行政复议

警察行政诉讼与警察行政复议都具有警察行政救济的性质,也是警务监督的重要手段。两者在适用规则方面有很多相似之处,但不同之处也非常明显。主要体现在以下几个方面:

(一)性质不同

警察行政诉讼是审判机关对警察机关所作出行政行为的合法性进行的审查并解决警察行政争议的司法行为,属于外部行政救济机制;而警察行政复议是警察行政复议机关对警察机关的具体行政行为进行审查并作出决定的行政行为,属于内部行政救济机制。

(二)受理机关及程序不同

警察行政诉讼的受理机关是人民法院,适用严格的司法程序,特点是规范、严格、全面;警察行政复议的受理机关是作出具体行政行为的同级人民政府或者上一级主管部门,适用的是行政程序,特点是简捷、高效、及时。

(三)审理制度不同

警察行政诉讼的审理实行的是两审终审制,一般采用公开开庭审理的形式;警察行政复议则实行一级复议制度,一般以书面审理的方式为主。

(四)裁判的法律效力不同

警察行政诉讼的终审判决遵循司法最终裁决原则,具有最终法律效力;警察行政复议决定则不同,除了法律明文规定(复议终局裁决)的,当事人对复议决定不服的,可以向人民法院提起行政诉讼。

四、警察行政诉讼的基本原则

行政诉讼的基本原则，是指反映行政诉讼基本特点和一般规律，贯穿于行政诉讼整个过程中，指导行政诉讼主体进行诉讼活动的基本准则。行政诉讼基本原则分为一般原则和特有原则。警察行政诉讼是行政诉讼的一种，因此在进行警察行政诉讼的过程中，必须遵守行政诉讼的基本原则。行政诉讼的基本原则又可分为一般原则和特殊原则。

（一）一般原则

行政诉讼的一般原则即行政诉讼与民事诉讼、刑事诉讼共同具有的一些司法原则，主要包括：(1)人民法院独立行使审判权原则；(2)以事实为根据，以法律为准绳原则；(3)合议、回避、公开审判和两审终审原则；(4)当事人诉讼地位平等原则；(5)使用本民族语言文字进行诉讼原则；(6)辩论原则；(7)人民检察院对行政诉讼进行法律监督的原则。

（二）特有原则

行政诉讼的特有原则即区别于其他诉讼制度，为行政诉讼所独有的原则，主要包括：

1. 人民法院对行政行为进行合法性审查原则

人民法院进行警察行政行为合法性审查主要包括以下内容：首先，警察行政诉讼的客体限于警察行政行为，且主要是警察具体行政行为。但也并不绝对排斥对行政机关抽象行政行为一定范围内的监督。根据《行政诉讼法》相关规定，如行政诉讼原告认为所诉行政行为依据的规章以下的行政规定违法，可以在行政诉讼中申请附带审查。其次，人民法院审查警察行政行为一般情形下只限于审查警察行政行为的合法性，不审查警察行政行为的合理性。但人民法院在审查中如认为警察行政行为不是一般不合理而是明显不当，可依法撤销或变更相应警察行政行为。

2. 不适用调解原则

人民法院在审理警察行政诉讼案件时，不能适用调解。这是因为，调解的前提条件是私权利可以自由处分，而警察行政权是一种公权力，是行政职责的统一体，不得转让或放弃，否则构成失职，因此警察行政诉讼不具备调解基础。另外，警察行政机关拥有自由裁量权，在法律允许限度内执行法律有相当余地。为了避免被告对原告施加不适当的影响，放纵非法行政行为，所以警察行政诉讼不能适用调解。

3. 行政机关负举证责任原则

在警察行政诉讼中，举证责任主要由被诉的警察行政主体一方承担。《行政诉讼法》第34条规定:“被告对作出的行政行为负有举证责任,应当提供作出该行政行为的证据和所依据的规范性文件。被告不提供或者无正当理由逾期提供证据,视为没有相应证据。但是,被诉行政行为涉及第三人合法权益,第三人提供证据的除外。”此项原则要求被告警察机关必须举出证据证明行政行为合法,如不能证明,则无须原告证明行政行为违法,警察机关必须承担败诉的法律后果。这样既有利于保护原告的诉权,也便于发挥警察行政主体的举证优势,同时还能促进警察行政主体依法行政。

4. 警察机关具体行政行为不因诉讼而停止执行原则

这一原则的基本内涵是,在警察具体行政行为作出以后,当事人即使提起了行政诉讼,仍要按照具体行政行为所规定的内容履行自己的义务,否则,警察行政机关或者警察行政机关通过人民法院有权对当事人采取强制措施,迫使当事人履行义务。

《行政诉讼法》同时也考虑到在某些特殊情况下,具体行政行为应当停止执行,否则将可能造成难以弥补的损失。根据《行政诉讼法》第56条的规定,有以下情形之一的,裁定停止执行:(1)被告认为需要停止执行的;(2)原告或者利害关系人申请停止执行,人民法院认为该行政行为的执行会造成难以弥补的损失,并且停止执行不损害国家利益、社会公共利益的;(3)人民法院认为该行政行为的执行会给国家利益、社会公共利益造成重大损害的;(4)法律、法规规定停止执行的。当事人对停止执行或者不停止执行的裁定不服的,可以申请复议一次。

第二节　警察行政诉讼的受案范围

一、警察行政诉讼受案范围概述

警察行政诉讼的受案范围,是指人民法院受理警察行政诉讼案件的范围,即法律规定的人民法院受理、审判警察行政案件的权限。警察行政诉讼受案范围决定了司法权对警察行政行为的监督范围,也决定了行政诉讼原告的诉权范围,更体现出国家通过诉讼渠道对行政相对人合法权益的保护。

二、人民法院应予受理的警察行政诉讼案件

根据《行政诉讼法》第12条、《政府信息公开条例》及相应司法解释的规定,结合警察机关行政执法实务,警察行政诉讼的受案范围如下:

（一）对警察机关的行政处罚不服的案件

警察机关的行政处罚种类基本涵盖了《行政处罚法》第 8 条的行政处罚种类，即警告；罚款；没收违法所得、没收非法财物；责令停产停业；暂扣或者吊销许可证、暂扣或者吊销执照；行政拘留；法律、行政法规规定的其他行政处罚。是警察机关依法对违反行政管理秩序但尚未构成犯罪的公民、法人或其他组织予以惩处的具体行政行为，公民、法人或其他组织对警察机关任何行政处罚不服的，都可以向人民法院提起行政诉讼。

（二）对警察机关采取行政强制措施和强制执行不服的案件

警察机关的行政强制措施，根据《行政强制法》第 2 条的规定，是指行政机关在行政管理过程中，为制止违法行为、防止证据损毁、避免危害发生、控制危险扩大等情形，依法对公民的人身自由实施暂时性限制，或者对公民、法人或者其他组织的财物实施暂时性控制的行为。行政强制执行，是指行政机关或者行政机关申请人民法院，对不履行行政决定的公民、法人或者其他组织，依法强制履行义务的行为。

警察机关行政强制措施主要包括限制人身自由，如强制带离现场、强制隔离、强制传唤、强制治疗和戒毒等；对财产的查封、扣押、冻结，如扣押财产、冻结资金、强制收缴等。警察机关行政强制执行主要包括加处罚款或者滞纳金；拍卖或者依法处理查封、扣押的场所、设施或者财物；排除妨碍、恢复原状等方式。

警察机关行政强制措施和行政强制执行都与公民、法人或其他组织的人身权、财产权密切相关，因此，公民、法人或其他组织对公安机关实施的任何一种行政强制措施或行政强制执行不服的，都可以向人民法院提起行政诉讼。

（三）申请行政许可，警察行政机关拒绝或者在法定期限内不予答复，或者对警察行政机关作出的有关行政许可的其他决定不服的案件

行政许可，根据《行政许可法》第 2 条的规定，是指行政机关根据公民、法人或者其他组织的申请，经依法审查，准予其从事特定活动的行为。警察机关的行政许可主要是指对于符合法定条件的公民、法人或其他组织颁发许可证和执照等证照的职权。同时这也是警察机关的职责，因此如果公民、法人或其他组织在依法提出申请后，警察机关拒绝或在法定期限内不答复，意味着剥夺公民、法人或其他组织从事某项活动的权利，引起行政相对人不服的，可以向人民法院提起行政诉讼。

（四）对警察行政机关的征收、征用决定及其补偿决定不服的案件

征收是指国家行政机关根据公共利益的需要，在给予被征收方公平补偿后，依照法律、法规规定的条件和程序，强制性地将公民、法人或其他组织所有、占有的某项财物收归国有的行政措施。征用是指行政机关为了公共利益的需要，临时使用

私人物品,并给予相应补偿的行政措施。[①]

《戒严法》第17条明确规定:“在非常紧急的情况下,执行戒严任务的人民警察、人民武装警察、人民解放军的现场指挥员可以直接决定临时征用,地方人民政府应当给予协助。实施征用应当开具征用单据。前款规定的临时征用物,在使用完毕或者戒严解除后应当及时归还;因征用造成损坏的,由县级以上人民政府按照国家有关规定给予相应补偿。”《人民警察法》第13条第2款也规定:“公安机关因侦查犯罪的需要,必要时,按照国家有关规定,可以优先使用机关、团体、企业事业组织和个人的交通工具、通信工具、场地和建筑物,用后应当及时归还,并支付适当费用;造成损失的,应当赔偿。”如果公民、法人或其他组织对警察机关征收、征用决定及其补偿决定不服的,可以依法向人民法院提起行政诉讼。

(五)申请警察行政机关履行保护人身权、财产权等合法权益的法定职责,警察行政机关拒绝履行或者不予答复的案件

根据《人民警察法》第2条的规定,保护公民的人身安全、人身自由和合法财产是人民警察的任务之一。因此,保护人民群众的人身财产安全是人民警察的法定职责。如果警察机关拒绝履行法定职责或是对公民、法人或其他组织保护人身财产安全的申请不予答复的,公民、法人或其他组织有权向人民法院提起行政诉讼。这类案件中,行政相对人提起诉讼要同时满足以下条件:行政相对人的人身权、财产权等合法权益即将或正在受到实际侵害;行政相对人向负有法定职责的警察机关提出了保护的申请;警察机关对行政相对人的申请予以拒绝或不予答复的。

(六)认为警察行政机关侵犯其经营自主权的案件

经营自主权,是指相对人在遵守国家法律、法规和规章的基础上所拥有的调配使用自己的人力、物力、财力,自行组织生产管理经营的权利。公民、法人或其他组织在经营过程中,认为警察机关的具体行政行为侵犯了自己法定经营自主权范围内的各项权利的,可以向人民法院提起行政诉讼。

(七)认为警察行政机关滥用行政权力排除或者限制竞争的案件

《反垄断法》第8条规定:“行政机关和法律、法规授权的具有管理公共事务职能的组织不得滥用行政权力,排除、限制竞争。”排除、限制竞争损害了各行业的竞争秩序,不利于行业服务质量的提高和服务价格的降低。公民、法人或其他组织认为警察行政机关的具体行政行为属于滥用行政权力排除或限制竞争的,可以向人民法院提起行政诉讼。

---

① 姜明安主编:《行政法与行政诉讼法》,北京大学出版社2019年版,第580页。

(八)认为警察行政机关违法集资、摊派费用或者违法要求履行其他义务的案件

违法集资是指单位或者个人未依照法定程序经有关部门批准,以发行股票、债券、彩票、投资基金证券或者其他债权凭证的方式向社会公众筹集资金,并承诺在一定期限内以货币、实物以及其他方式向出资人还本付息或给予回报的行为。违法集资严重干扰了正常的经济、金融秩序,使参与违法集资的当事人蒙受严重经济损失。

摊派是指在法律、法规的规定之外,以任何方式要求企业提供财力、物力和人力的行为。行政摊派费用是指行政主体以行政手段强制相对人承担费用的行为,即强行要求相对人承担法律规定义务之外的费用(财力、物力)。[①] 违法集资、摊派费用等违法要求履行其他义务的行为严重侵害了公民、法人或其他组织的合法权益,因此相对人认为警察行政机关的具体行为属于以上情形时可以依法向人民法院提起行政诉讼。

(九)公民、法人或者其他组织认为警察行政机关在政府信息公开工作中的具体行政行为侵犯其合法权益的案件

根据最高人民法院《关于审理政府信息公开行政案件若干问题的规定》第 1 条的规定,公民、法人或者其他组织认为下列政府信息公开工作中的具体行政行为侵犯其合法权益,依法提起行政诉讼的,人民法院应当受理:

1. 向行政机关申请获取政府信息,行政机关拒绝提供或者逾期不予答复的;

2. 认为行政机关提供的政府信息不符合其在申请中要求的内容或者法律、法规规定的适当形式的;

3. 认为行政机关主动公开或者依他人申请公开政府信息侵犯其商业秘密、个人隐私的;

4. 认为行政机关提供的与其自身相关的政府信息记录不准确,要求该行政机关予以更正,该行政机关拒绝更正、逾期不予答复或者不予转送有权机关处理的;

5. 认为行政机关在政府信息公开工作中的其他具体行政行为侵犯其合法权益的。

(十)认为警察行政机关没有依法支付抚恤金的案件

根据《人民警察法》的相关规定,公民和组织因协助人民警察执行职务,造成人身伤亡或者财产损失的,应当按照国家有关规定给予抚恤或者补偿。人民警察因

---

① 周孝怀:《违法要求履行义务的行政行为研究》,华东政法大学 2011 年硕士学位论文,第 27 页。

公致残的，与因公致残的现役军人享受国家同样的抚恤和优待。人民警察因公牺牲或者病故的，其家属与因公牺牲或者病故的现役军人家属享受国家同样的抚恤和优待。法律、法规明确规定应由警察行政机关依法发给的抚恤金，且警察行政机关没有发给抚恤金或者没有依法发给足额的抚恤金。行政相对人可依法向人民法院提起行政诉讼。

（十一）认为警察行政机关侵犯其他人身权、财产权等合法权益的案件

此类案件是对前述案件之外其他涉及人身权、财产权的行政案件的补充。《行政诉讼法》这项概括性规定将警察机关具体行政行为侵犯行政相对人的人身权、财产权的全部案件都纳入警察行政诉讼的受案范围，涉及的人身权、财产权范围更为广泛，包括荣誉权、姓名权、肖像权、著作权、发明权、物权、债权，等等。

三、人民法院不予受理的事项

为了进一步明确行政诉讼的受案范围，《行政诉讼法》和最高人民法院《关于适用〈中华人民共和国行政诉讼法〉的解释》（法释〔2018〕1 号，以下简称《行政诉讼法解释》）明确规定了公民、法人或其他组织对下列行为不服提起诉讼的，不属于人民法院行政诉讼的受案范围：

（一）国防、外交等国家行为

国家行为，根据相关司法解释规定，是指国务院、中央军事委员会、国防部、外交部等根据宪法和法律的授权，以国家的名义实施的有关国防和外交事务的行为，以及经宪法和法律授权的国家机关宣布紧急状态等行为。

国家行为不纳入行政诉讼受案范围主要是因为，国家行为体现了国家的尊严和主权，关系到全局利益，并且与政治形势密切相关，法院很难作出合法性判断。同时，对于国家行为的监督有相应的特殊救济途径，因此不宜纳入行政诉讼范围。

（二）警察行政规定

根据《行政诉讼法》第 13 条的规定，人民法院不受理行政相对人对行政法规、规章或者行政机关制定、发布的具有普遍约束力的决定、命令提起的诉讼。对于“具有普遍约束力的决定、命令”，司法解释将其定义为“行政机关针对不特定对象发布的能反复适用的行政规范性文件”。因此，根据《行政诉讼法》的规定，只有当事人在行政诉讼中申请附带审查规章以下的行政规定时，人民法院才可以进行审查。而行政相对人不能直接就行政规定提起行政诉讼，也不能就规章及以上的行政规定提起行政诉讼或申请附带审查。

（三）警察内部人事管理行为

根据司法解释，所谓内部人事管理行为，是指警察行政机关作出的涉及该警察

机关民警权利义务的决定。其主要包括警察机关对所属人民警察的奖惩、任免、工资调整、福利待遇，等等。该类行为涉及的是警察的权利义务，当其权利受到损害时有其他相应的内部渠道进行救济，如申诉等。若由法院进行审查则有一定困难。

（四）警察机关终局行政行为

终局行政行为即法律规定由行政机关最终裁决的具体行政行为。此处的“法律”，根据最高人民法院的司法解释，是指全国人民代表大会及其常务委员会制定、通过的规范性文件。警察机关对具体行政行为享有最终裁决权的情况下，一旦当事人选择了行政复议，即便对行政复议的结果不服，也不能向人民法院提起行政诉讼。例如，《出境入境管理法》第64条规定：“外国人对依照本法规定对其实施的继续盘问、拘留审查、限制活动范围、遣送出境措施不服的，可以依法申请行政复议，该行政复议决定为最终决定。”

（五）警察机关的刑事司法行为

我国警察机关的刑事司法行为主要是指警察机关按照刑事诉讼法的授权实施的行为，该类行为属于司法行为，不应作为一般行政行为对待。且依法由检察机关负责监督工作。同时，我国《国家赔偿法》已明确规定，因行使侦查等行为导致相对人受害的，相对人可以根据《国家赔偿法》的规定获得救济。因此，刑事司法行为不受司法审查。

（六）警察行政调解行为

调解行为，是指警察机关通过调停、斡旋等方法，在争议各方自愿的基础上，促使其达成和解协议，化解矛盾和纠纷的行政活动。虽然行政调解行为由警察机关主持，但警察行政调解的基础是争议各方的自愿选择，和解协议的内容也主要是当事人的意思表示，即便当事人对调解行为有异议或对调解结果反悔，均可以到人民法院提起民事诉讼，警察机关对和解协议的权利、义务没有强制性影响，因而，没有必要进行行政诉讼。

（七）警察机关的行政指导行为

行政指导行为，是指警察机关为实现行政管理目的，基于法律、政策的规定而以提供咨询、建议、训导等方式引导警察行政相对人的非强制力的行为。相对人有选择是否听从警察机关指导的自由，即便违反了行政指导也不会给其造成不利的法律后果。因此，没有必要通过行政诉讼的途径解决。

（八）驳回当事人对行政行为提起申诉的重复处理行为

重复处理行为是指当事人对已经确定的行政行为提起申诉后，警察行政机关经过审查，维持原行政行为，驳回当事人申诉的行为。这类行为在原行为结论、事实认定和适用法律方面与原行政行为相同,没有在实质上调整或侵害申诉人的权利,没有形成新的行政法律关系,所以不能提起行政诉讼。

(九)对行政相对人的权利义务不产生实际影响的行为

警察行政行为必然会产生后果,即对行政相对人的合法权益产生实际影响,而"对行政相对人的权利义务不产生实际影响"的行为主要包括最高人民法院司法解释中列举的如下行为:行政机关作出的不产生外部法律效力的行为;行政机关为作出行政行为而实施的准备、论证、研究、层报、咨询等过程性行为;行政机关根据人民法院的生效裁判、协助执行通知书作出的执行行为,但行政机关扩大执行范围或者采取违法方式实施的除外;上级行政机关基于内部层级监督关系对下级行政机关作出的听取报告、执法检查、督促履责等行为;行政机关针对信访事项作出的登记、受理、交办、转送、复查、复核意见等行为;对公民、法人或者其他组织权利义务不产生实际影响的行为。

行政诉讼的目的在于保护行政相对人的权利义务不受非法行政行为的不利影响,而当某行为不对行政相对人的权利义务产生实际影响时,提起行政诉讼就没有实际意义。

第三节 警察行政诉讼的诉讼参加人

一、警察行政诉讼参加人

警察行政诉讼参加人,是指依法起诉、应诉及参加警察行政诉讼活动中的人。根据《行政诉讼法》的规定,包括原告、被告、第三人、共同诉讼人和诉讼代理人。

行政诉讼参加人和行政诉讼参与人是两个不同的概念,行政诉讼参与人的范围大于行政诉讼参加人,其不仅包括行政诉讼参加人,还包括证人、勘验人、鉴定人、翻译人员等。

二、警察行政诉讼原告

(一)警察行政诉讼原告的概念

警察行政诉讼原告,是指认为警察具体行政行为侵犯了其合法权益,依法以自己的名义向人民法院提起诉讼的公民、法人和其他组织。

公民是指具有中华人民共和国国籍的自然人。根据《行政诉讼法》第99条的规定,外国人、无国籍人外国组织在我国进行行政诉讼,同我国公民、组织有同等的诉讼权利和义务。法人是指依法独立享有民事权利能力和承担民事义务的组织；其他组织是指法人以外的组织，即不具备法人条件、没有取得法人资格的依法成立的社会组织。不具备法人资格的其他组织向人民法院提起行政诉讼，由该组织的主要负责人作诉讼代表人；没有主要负责人的，可以由实际上的负责人作为诉讼代表人。

（二）警察行政诉讼原告资格

根据《行政诉讼法》的规定，警察行政诉讼的原告必须是行政行为的相对人以及其他与行政行为有利害关系的公民、法人或者其他组织。相关司法解释还将以下情形纳入原告范围：在行政复议等行政程序中被追加为第三人的；要求行政机关依法追究加害人法律责任的；撤销或者变更行政行为涉及其合法权益的；为维护自身合法权益向行政机关投诉，具有处理投诉职责的行政机关作出或者未作出处理的；其他与行政行为有利害关系的情形。

（三）警察行政诉讼原告资格的转移

根据《行政诉讼法》第 25 条第 2 款和《行政诉讼法解释》第 14 条的规定，警察行政诉讼原告资格的转移主要包括以下几类情况：

1. 有权提起诉讼的公民在诉讼中死亡，其近亲属可以提起诉讼。近亲属具体包括：配偶、父母、子女、兄弟姐妹、祖父母、外祖父母、孙子女、外孙子女和其他具有扶养、赡养关系的亲属。

2. 公民因被限制人身自由而不能提起诉讼的，其近亲属可以依其口头或者书面委托以该公民的名义提起诉讼。近亲属起诉时无法与被限制人身自由的公民取得联系，近亲属可以先行起诉，并在诉讼中补充提交委托证明。

3. 有权提起诉讼的法人或其他组织在诉讼中终止，承受其权利的法人或者其他组织也可以提起诉讼。

三、警察行政诉讼被告

（一）警察行政诉讼被告的概念

根据《行政诉讼法》规定的被告条件，警察行政诉讼被告，是指实施了被原告指控侵犯其合法权益的具体行政行为，而由人民法院通知应诉的警察机关。

（二）确定警察行政诉讼被告的情形

根据我国《行政诉讼法》第 26 条和《行政诉讼法解释》第 23 条的规定，结合实务，确定警察行政诉讼被告的几种不同情形包括：

1. 原告直接向人民法院提起警察行政诉讼的，作出被诉具体行政行为的警察行政机关是被告。

2. 警察行政案件经警察复议机关复议，警察复议机关维持原复议行为的，作出原警察行政行为的警察行政机关和警察复议机关是共同被告；警察复议机关改变原行政行为的，警察复议机关是被告。

3. 警察复议机关在法定期限内未作出复议决定，公民、法人或者其他组织起诉原警察行政行为的，作出原警察行政行为的警察行政机关是被告；起诉警察复议机关不作为的，警察复议机关是被告。

4. 两个以上警察行政机关作出同一警察行政行为的，共同作出警察行政行为的警察行政机关是共同被告。

5. 警察行政机关委托的组织所作的警察行政行为，委托的警察行政机关是被告。

受警察行政机关委托的组织按照委托范围，以警察行政机关的名义，行使被委托的行政职权，当其作出某一具体行政行为时，其行为的后果应由委托的警察机关来承担。因此，行政相对人对受警察机关委托的组织作出的具体行政行为不服提起诉讼的，只能以委托的警察机关作为被告。

警察行政机关被撤销或者职权变更的，继续行使其职权的行政机关是被告。警察行政机关被撤销或者职权变更，没有继续行使其职权的行政机关的，以其所属的人民政府为被告；实行垂直领导的，以垂直领导的上一级行政机关为被告。

根据《行政诉讼法解释》第 19 ~ 25 条的规定，警察行政诉讼被告还包括以下几种情形：

1. 当事人不服经上级警察行政机关批准的行政行为，向人民法院提起诉讼的，以在对外发生法律效力的文书上署名的机关为被告。

2. 警察行政机关组建并赋予行政管理职能但不具有独立承担法律责任能力的机构，以自己的名义作出行政行为，当事人不服提起诉讼的，应当以组建该机构的警察行政机关为被告。法律、法规或者规章授权行使行政职权的警察行政机关内设机构、派出机构或者其他组织，超出法定授权范围实施行政行为，当事人不服提起诉讼的，应当以实施该行为的警察机构或者组织为被告。没有法律、法规或者规章规定，警察行政机关授权其内设机构、派出机构或者其他组织行使行政职权的，属于《行政诉讼法》第 26 条规定的委托。当事人不服提起诉讼的，应当以该警察行政机关为被告。

另外，根据最高人民法院《关于审理政府信息公开行政案件若干问题的规定》，法院在审理政府信息公开行政案件中确定被告还包括以下几种情形：

1. 公民、法人或者其他组织对国务院部门、地方各级人民政府及县级以上地方人民政府部门依申请公开政府信息行政行为不服提起诉讼的，以作出答复的机关为被告；逾期未作出答复的，以受理申请的机关为被告。

2. 公民、法人或者其他组织对主动公开政府信息行政行为不服提起诉讼的，以公开该政府信息的机关为被告。

3. 公民、法人或者其他组织对法律、法规授权的具有管理公共事务职能的组织公开政府信息的行为不服提起诉讼的，以该组织为被告。

4. 公民、法人或者其他组织对涉及几个机关的政府信息公开行为不服提起行政诉讼的，应当以在对外发生法律效力的文书上署名的机关为被告。

（三）警察行政诉讼中被告的变更和追加

根据《行政诉讼法解释》第 26 条的规定，原告所起诉的被告不适合，人民法院应当告知原告变更被告；原告不同意变更的，裁定驳回起诉；应当追加被告而原告不同意追加的，人民法院应当通知其以第三人的身份参加诉讼，但行政复议机关作共同被告的除外。

四、警察行政诉讼第三人

（一）警察行政诉讼第三人的概念

警察行政诉讼中的第三人，是指与引发警察行政争议的具体行政行为有利害关系，为了维护自己的合法权益而参加警察行政诉讼的公民、法人或其他组织。

（二）警察行政诉讼第三人的特征

1. 第三人是除原告、被告以外的警察行政法律关系的行政主体。

2. 第三人是与引发警察行政诉讼争议的具体行政行为有利害关系的人，第三人之所以参加诉讼是为了维护自己的合法权益，具有独立的诉讼地位。

3. 第三人参加诉讼必须是在诉讼进行中，也就是必须在诉讼开始之后和审结之前。

4. 第三人参加诉讼的方式除了自己主动申请参加诉讼，也可以由人民法院依职权通知其参加诉讼。

（三）警察行政诉讼第三人的情形

在警察行政诉讼的实践中，第三人主要有以下几种情形：

1. 行政处罚案件中的受害人或被处罚人。在有被处罚人和受害人的警察行政处罚案件中，如果被处罚人不服处罚决定提起行政诉讼的，受害人可以作为第三人参加诉讼；如果受害人对行政处罚决定不服提起行政诉讼的，被处罚人可以作为第三人参加诉讼。

2. 行政案件中的共同利害关系人。当警察行政机关的同一行政行为涉及两个以上利害关系人，其中一部分利害关系人对行政行为不服提起诉讼的，人民法院应当通知没有起诉的其他利害关系人作为第三人参加诉讼。

3. 与警察行政机关共同署名作出具体行政行为的非行政机关。如果行政相对人对处理决定不服，向人民法院提起行政诉讼，应当以警察行政机关为被告，非行政机关作为第三人参加诉讼。

4. 作出相互矛盾或相互关联的具体行政行为的警察行政机关。当两个以上警察行政机关就同一事实、针对同一对象作出相互矛盾或相互关联的具体行政行为，其中一个警察机关被诉，其他警察机关应当作为第三人参加诉讼。

5. 行政裁决中存在民事争议的当事人。当警察行政裁决的结果令争议一方不服而提起行政诉讼的，另一方当事人应当作为第三人参加诉讼。

五、警察行政诉讼共同诉讼人

（一）警察行政诉讼共同诉讼人的概念

当事人一方或者双方为二人以上，因同一行政行为发生的行政案件，或者因同类行政行为发生的行政案件、人民法院认为可以合并审理并经当事人同意的，为共同诉讼。共同诉讼的当事人即共同诉讼人。原告一方为两个或两个以上主体的，称为共同原告；被告一方为两个或两个以上主体的，称为共同被告。

（二）警察行政诉讼共同诉讼人的种类

根据《行政诉讼法》第 27 条的规定，共同诉讼可以分为必要的共同诉讼和普通的共同诉讼，与此相对应的共同诉讼人也可分为必要的共同诉讼人和普通的共同诉讼人。

1. 必要的共同诉讼。警察行政诉讼中，必要的共同诉讼是指当事人一方或双方为二人以上，因对同一警察行政行为是否合法发生争议而提起的诉讼。例如，两个以上的当事人共同实施违法行为，被警察机关在同一个处罚决定书中分别予以处罚，两个以上的当事人均不服提起诉讼的，他们为共同原告；两个以上的警察机关或者警察机关和其他行政机关以一个共同行政决定的形式，作出处理决定，如果当事人对该行政决定不服提起诉讼的，两个以上的警察机关或者警察机关和其他行政机关为共同被告。必要的共同诉讼因同一警察行政行为而起，共同原告或者共同被告有着共同的权利和义务。对于必要的共同诉讼，人民法院应当合并审理。

2. 普通的共同诉讼。警察行政诉讼中，普通的共同诉讼是指当事人一方或双方为二人以上,因对同类的警察行政行为是否合法发生争议而提起的诉讼。例如,两个以上的当事人分别实施同类型行政违法行为,被警察机关予以同类处罚,两个以上的当事人均不服提起诉讼的。普通的共同诉讼必须是人民法院认为可以和有必要合并审理的,才能合并审理,而非必须合并审理。

六、警察行政诉讼中的诉讼代理人

(一)警察行政诉讼代理人的概念

警察行政诉讼代理人,是指依照法律规定,由法院指定或受当事人委托,以当事人的名义,在代理权限范围内为当事人进行警察行政诉讼活动,并由当事人承受诉讼法律后果的人。

(二)警察行政诉讼代理人的种类

根据《行政诉讼法》的规定,依照代理权限产生的根据,警察行政诉讼代理人分为法定代理人和委托代理人。

1. 法定代理人。警察行政诉讼中的法定代理人,是指根据法律规定享有代理权,代替无诉讼能力的公民进行警察诉讼活动的人。警察行政诉讼中的法定代理人的条件包括:(1)法律明确规定代理权的产生和代理权的范围;(2)被代理人是没有诉讼行为能力的自然人;(3)法定代理既是权利也是义务。警察行政诉讼中,法定代理人只适用于代理未成年人、精神病人等无诉讼行为能力的原告或第三人的个人进行诉讼,且一般都是对被代理人负有监督和保护义务的监护人。需要注意的是,《行政诉讼法》第30条规定:“没有诉讼行为能力的公民,由其法定代理人代为诉讼。法定代理人互相推诿代理责任的,由人民法院指定其中一人代为诉讼。”这里被指定的人依然是法定代理人而非指定代理人。

2. 委托代理人。警察行政诉讼中的委托代理人是受当事人或法定代理人的委托而代为进行警察诉讼活动的人,根据《行政诉讼法》第31条的规定,当事人、法定代理人,可以委托1~2人作为诉讼代理人,可被委托为诉讼代理人的人员包括:(1)律师、基层法律服务工作者;(2)当事人的近亲属或者工作人员;(3)当事人所在社区、单位以及有关社会团体推荐的公民。委托代理不是全权代理,当事人委托代理人的,应当向法院提交授权委托书,并在委托书中载明委托事项和具体权限。

需要注意的是,警察行政诉讼的法定代理人是警察机关的法定代表人。作为被告的警察机关可以委托熟悉业务、懂得法律,并有较强的表达能力的警务工作人员,而不得仅委托律师,作为警察行政诉讼的代理人参加警察行政诉讼活动。

第四节 警察行政诉讼的管辖与审理

一、警察行政诉讼的管辖

警察行政诉讼管辖，是指人民法院之间受理第一审警察行政案件的权限和分工。[①] 管辖解决了具体案件应当由哪一级哪一个法院受理和审判的问题。我国警察行政诉讼管辖包括级别管辖、地域管辖和裁定管辖三种。

(一)级别管辖

根据《行政诉讼法》的规定，警察行政诉讼的级别管辖分为：基层人民法院的管辖、中级人民法院的管辖、高级人民法院的管辖和最高人民法院的管辖四级。

1. 基层人民法院管辖的第一审警察行政案件。《行政诉讼法》第 14 条规定："基层人民法院管辖第一审行政案件。"这表明除了法律特别规定应由上级法院管辖的一审案件外，其余所有第一审警察行政案件都由基层人民法院管辖。

2. 中级人民法院管辖的第一审警察行政案件。根据《行政诉讼法》的规定及实践，中级人民法院管辖以下两类警察行政案件：(1)本辖区重大、复杂的第一审警察行政案件。根据《行政诉讼法解释》，"重大、复杂的案件"主要是指：①社会影响重大的共同诉讼案件；②涉外或者涉及香港特别行政区、澳门特别行政区、台湾地区的案件；③其他重大、复杂案件。(2)对公安部、司法部、国家安全部等国务院部门所作的具体行政行为提起诉讼的案件。这类案件涉及面广、影响较大、如由基层人民法院受理难以摆脱地方干预，因此适宜由中级人民法院管辖。

3. 高级人民法院管辖的第一审警察行政案件。高级人民法院管辖本辖区内重大、复杂的一审警察行政案件。这类警察行政案件是指在省、自治区、直辖市范围内，案情重大，涉及面广并且有重大影响群众反映强烈的案件。

4. 最高人民法院管辖的第一审警察行政案件。最高人民法院管辖全国范围内重大、复杂的第一审警察行政案件。

(二)地域管辖

地域管辖，是指同级人民法院之间受理第一审警察行政案件的权限划分。它解决的是在确定哪一级法院管辖后，具体案件该由何地人民法院管辖的问题。根据《行政诉讼法》的规定，警察行政诉讼的地域管辖可分为一般地域管辖和特殊地

---

① 聂福茂、余凌云主编：《警察行政法学》，中国人民公安大学出版社 2005 年版，第 299 页。

域管辖。特殊地域管辖还包括共同管辖和专属管辖。

1. 一般地域管辖。一般地域管辖是指以最初作出行政行为的警察行政机关的所在地为标准来确定警察行政案件的管辖法院。《行政诉讼法》第 18 条第 1 款规定:“行政案件由最初作出行政行为的行政机关所在地人民法院管辖。经复议的案件,也可以由复议机关所在地人民法院管辖。”根据这一规定,凡是未经复议直接向人民法院提起行政诉讼的警察行政案件和经复议维持原处理决定,再起诉到人民法院的警察行政案件,都应当由最初作出警察具体行政行为的警察机关所在地人民法院管辖。如果经过复议的,可以由最初作出具体行政行为的警察机关所在地人民法院管辖,也可以由警察复议机关所在地的人民法院管辖。

2. 特殊地域管辖。特殊地域管辖是相对于一般地域管辖而言的,针对特殊行政案件的例外规定。特殊管辖又分为共同管辖和专属管辖。

(1)共同管辖,是指根据《行政诉讼法》规定,两个以上的人民法院对同一警察行政案件都有管辖权而由原告选择具体管辖法院的管辖。其主要包括以下两类情况:第一,经过行政复议的案件,可以由最初作出具体行政行为的警察机关所在地人民法院管辖,也可以由警察复议机关所在地的人民法院管辖。第二,对限制人身自由的警察行政强制措施不服提起的诉讼,由被告所在地或者原告所在地人民法院管辖。此处的“原告所在地”包括原告的户籍所在地、经常居住地和被限制人身自由地。

警察行政机关基于同一事实既对人身又对财产实施行政处罚或者采取行政强制措施的,被限制人身自由的公民、被扣押或者没收财产的公民、法人或者其他组织对上述行为均不服的,既可以向被告所在地人民法院提起诉讼,也可以向原告所在地人民法院提起诉讼,受诉人民法院可一并管辖。

(2)专属管辖,是指根据《行政诉讼法》规定,因不动产提起行政诉讼,由不动产所在地人民法院管辖。以此方便人民法院对于不动产进行调查、勘验,以及人民法院及时,正确地审理案件和执行判决。

(三)裁定管辖

凡是根据人民法院的裁定而不是法律的直接规定来确定的管辖,即裁定管辖。裁定管辖是人民法院以裁定的方式来确定警察行政案件的管辖法院,是对于法定管辖的补充。裁定管辖一般包括移送管辖、指定管辖和移转管辖。

1. 移送管辖,是指人民法院对已经受理的警察行政案件进行审查后,发现该案件不属于本院管辖,而将其移送至有管辖权的法院审理的一种法律制度。移送管辖的特征为:(1)移送的案件已经被人民法院受理;(2)移送案件的法院经审查发现自己对该案件没有管辖权;(3)接受移送的人民法院必须有管辖权。《行政诉讼法》第22条规定:“人民法院发现受理的案件不属于本院管辖的,应当移送有管辖权的人民法院,受移送的人民法院应当受理。受移送的人民法院认为受移送的案件按照规定不属于本院管辖的,应当报请上级人民法院指定管辖,不得再自行移送。”以此来确保行政相对人能够依法行使诉讼权利和法院对警察行政案件的及时审理。移送管辖只限于同级人民法院之间案件的移送。

2. 指定管辖,是指上级人民法院采用裁定的方式,将某一警察行政案件交由某个下级人民法院进行管辖的法律制度。《行政诉讼法》第23条规定:“有管辖权的人民法院由于特殊原因不能行使管辖权的,由上级人民法院指定管辖。人民法院对管辖权发生争议,由争议双方协商解决。协商不成的,报它们的共同上级人民法院指定管辖。”也就是说,指定管辖有以下两种情况:(1)“特殊原因”,主要包括事实原因和法定原因两类。事实原因包括严重的自然灾害及战争、意外事故等不可抗力的原因;法定原因是指法律明确规定的原因,如当事人申请审判人员回避,使审判人员不够而无法组成合议庭的。(2)管辖权发生争议且争议双方协商不成的,报请共同上级人民法院指定管辖。

根据最高人民法院司法解释精神,有下列情形之一的,有管辖权的人民法院应报请上一级人民法院指定管辖:(1)原告是受诉人民法院的工作人员、受诉人民法院所在地的党政主要负责人或是受诉人民法院主要领导人或者行政审批人员的近亲属的;(2)受诉人民法院参与了被诉警察行政行为,当事人申请回避,申请回避理由成立的;(3)因其他特殊原因应当报请指定管辖的。

3. 移转管辖,也称管辖权的转移,是指经由上级人民法院决定或同意,将警察行政案件的管辖权由上级人民法院移交至下级人民法院,或者由下级人民法院移交给上级人民法院。根据《行政诉讼法》的规定,行政诉讼管辖权的转移可以分为以下两种情况:(1)上级人民法院有权审判下级人民法院管辖第一审警察行政案件。对于下级人民法院既不受理又不作不予受理裁定的警察行政案件,上级人民法院认为符合受理条件的,可以先行受理。受理后可以指定下级人民法院受理,也可以自行审理。(2)下级人民法院对其管辖的第一审警察行政案件,认为需要由上级人民法院审理或者指定管辖的,可以报请上级人民法院决定。

二、警察行政诉讼的审理

警察行政诉讼程序主要由起诉、受理、第一审程序、第二审程序、审判监督程序及执行程序构成。这里重点介绍第一审程序和第二审程序。

（一）起诉与受理

1. 警察行政诉讼中的起诉是指公民、法人或者其他组织认为警察机关的行政行为侵犯了其合法权益，向人民法院提起诉讼，请求人民法院审查警察行政行为并且提供法律救济，以保护自身合法权益的诉讼行为。根据《行政诉讼法》的规定，起诉的条件包括：(1)原告必须是认为警察机关的行政行为侵犯其合法权益的公民、法人或者其他组织；(2)必须有明确的被告；(3)必须有具体的诉讼请求和事实根据；(4)起诉的案件必须属于人民法院的受案范围和受诉人民法院的管辖。

2. 警察行政诉讼中的受理是指原告起诉后，经受诉人民法院审查，认为符合起诉条件，而决定立案并予以立案；或是经审查认为不符合起诉条件，作出不予立案裁定的行为。这里的“审查”主要包括以下几个方面：(1)对起诉条件的审查，是否属于人民法院受案范围和受诉人民法院管辖。(2)对起诉程序的审查，是否遵循了法律关于行政复议和行政诉讼关系的规定，例如，根据法律规定，有的案件应当先向行政机关申请复议，对复议决定不服方能向人民法院提起诉讼。(3)对起诉期限的审查。

根据《行政诉讼法》及《行政诉讼法解释》的规定，人民法院接到当事人的起诉状，经过审查后，应当根据不同情况，分别作出以下不同处理：

(1)对于符合起诉条件的案件，人民法院应当在收到起诉状当场予以登记立案；当场不能判断是否符合起诉条件的，应当在接收起诉状后7日内决定是否立案，7日内仍不能作出判断的，应当先予立案。

(2)对于不符合起诉条件的案件，人民法院应当作出不予立案的裁定，裁定书应当载明不予立案的理由，原告对不予立案的裁定不服的，可以提起上诉。

(3)人民法院审查后发现起诉状内容欠缺或有其他错误的，应当给予指导和解释，并一次性告知当事人需要补正的内容。

（二）第一审程序

警察行政诉讼的审理，除涉及国家机密、个人隐私和法律另有规定者，不公开审理外，其余案件一律公开审理。公开审理除当事人和参与人之外，应允许公众旁听，允许记者采访、报道，公开宣判；不公开审理则除了当事人和人民法院通知的其他的诉讼参与人外，不允许其他人参加，但应当公开宣判。

1. 审理前的准备。

(1)立案后向被告送达起诉状副本。《行政诉讼法》第67条规定：“人民法院应当在立案之日起五日内，将起诉状副本发送被告。被告应当在收到起诉状副本之日起十五日内向人民法院提交作出行政行为的证据和所依据的规范性文件，并提出答辩状。人民法院应当在收到答辩状之日起五日内,将答辩状副本发送原告。被告不提出答辩状的,不影响人民法院审理。”

(2)依法成立审判组织。人民法院审理警察行政诉讼案件,由审判员组成合议庭,或者由审判员、陪审员组成合议庭。合议庭的成员,应当是3人以上的单数。适用简易程序时实行独任审判员制。

(3)审查诉讼材料。需要将案件主要材料制作为阅卷笔录。

(4)调查收集证据。重点对于案件存疑的地方进行调查。

(5)确认当事人资格,发现其不具备资格时应更换或追加新的当事人。

(6)确定开庭的时间地点并通知当事人和其他诉讼参与人。人民法院审理警察行政诉讼案件,应当在开庭审理3日前,通知当事人和其他诉讼参与人;对公开审理的案件,还应公告开庭的时间、地点和案由。

2. 开庭审理。开庭审理分为法庭调查阶段、法庭辩论阶段、评议阶段和宣判阶段。

(1)法庭调查阶段。法庭调查是人民法院在诉讼当事人和诉讼参与人的参加下,通过核实和审查证据,以查明案件真相的过程。

(2)法庭辩论阶段。法庭辩论是在审判人员主持下,当事人及其诉讼代理人对案件的事实认定和法律适用提出自己的观点和意见,并对对方的主张和论据进行反驳的一种诉讼活动。

(3)评议阶段。合议庭成员根据经过庭审认定的证据,确认案件事实,适用法律、法规和参照规章,平等地表明自己对案件的处理意见。按照少数服从多数的原则形成合议结论,且少数人的意见应当记入合议笔录,合议庭全体成员都应在笔录上签名。

(4)宣判阶段。宣判是由合议庭代表人民法院宣告对被诉警察行政行为是否合法的认定,以及对相应警察行政行为的处置。人民法院宣告判决一律公开进行。判决宣告时,应当告知诉讼当事人的上诉权利、上诉期限和上诉人民法院。

3. 第一审判决

一审人民法院经过法庭审理,根据不同情况分别作出不同的判决,主要包括:

(1)驳回判决,是指人民法院对原告的诉讼请求直接予以驳回的判决。有下列情形之一的,可适用驳回诉讼请求判决:①警察行政行为证据确凿,适用法律、法规正确,符合法定程序等;②原告申请被告履行法定职责不成立的;③原告申请被告履行给付义务理由不成立的;④被诉行政行为合法不合理,但尚未达到滥用职权或明显不当程度的;⑤其他应当判决驳回诉讼请求的情形。

(2)撤销判决,是指人民法院经审理认为被诉警察机关的行政行为部分或全部违法,进而作出部分或全部撤销被诉警察行政行为的判决。适用撤销判决还必须同时满足下列条件:被诉警察行政行为违法、被诉警察行政行为成立且有约束力、被诉警察行政行为属于"作为"、具有可撤销内容、被诉行政行为仍然存在、撤销不会给国家利益或社会公共利益造成重大损失。

被诉警察行政行为违法主要包括以下情形:①主要证据不足;②适用法律、法规错误;③违反法定程序;④超越职权;⑤滥用职权;⑥明显不当。

(3)履行判决,是指人民法院对不履行或者拖延履行法定职责的情形作出的要求警察行政机关在一定期限内履行的判决。如颁发许可证、执照;履行保护公民人身权、财产权的法定职责。

(4)变更判决,是指人民法院对被诉警察行政行为所确定的内容直接予以改变的判决。适用情形包括:明显不当的行政处罚;行政处罚以外的行政行为涉及对款额的确定、认定确有错误的;行政赔偿诉讼。

(5)确认判决,是指人民法院对被诉警察行政行为的合法性、效力以及行政法律关系的有无作出确认的判决。《行政诉讼法》规定了两类确认判决,即确认违法判决和确认无效判决。

(6)给付判决,是指判令警察行政机关依法承担给付义务的判决。

4. 审理的主要制度

(1)诉讼不停止执行制度。诉讼期间,除以下情形外,不停止警察具体行政行为的执行:①被告认为需要停止执行的;②原告或者利害关系人申请停止执行,人民法院认为该行政行为的执行会造成难以弥补的损失,并且停止执行不损害国家利益、社会公共利益的;③人民法院认为该行政行为的执行会给国家利益、社会公共利益造成重大损害的;④法律、法规规定停止执行的。当事人对停止执行或者不停止执行的裁定不服的,可以申请复议一次。

(2)撤诉制度。撤诉是指基于原告的明确表示或消极的诉讼不作为行为,推定其撤回自己诉讼请求,人民法院审查后予以同意的诉讼行为。行政诉讼撤诉的类型包括:①原告申请撤诉;②被告改变自己的行政行为并且得到原告的同意,原告撤诉;③原告没有明确表示撤诉,但在诉讼中的消极诉讼行为可推定为申请撤诉。根据《行政诉讼法》第58条的规定,经人民法院传票传唤,原告无正当理由拒不到庭,或者未经法庭许可中途退庭的,可以按照撤诉处理。

(3)缺席判决制度。缺席判决是指在人民法院开庭审理时,当事人一方经人民法院合法传唤无正当理由未到庭的情况下,人民法院继续审理并经合议庭合议后作出的判决。适用缺席审判的情况有:被告经合法传唤无正当理由拒不到庭或到庭后未经法庭准许中途退庭的;原告申请撤诉但人民法院不准许,原告拒不到庭,或原告虽未申请撤诉,但经人民法院合法传唤,仍拒不到庭的。

(4)审结期限。人民法院应当在立案之日起6个月内作出第一审判决。有特殊情况需要延长的,由高级人民法院批准,高级人民法院审理第一审案件需要延长的,由最高人民法院批准。

(三)第二审程序

警察行政诉讼的二审程序,是指一审人民法院作出裁判后,诉讼当事人不服,在法定期限内提请一审人民法院的上一级人民法院重新进行审理并作出裁判的程序。启动二审程序的前提是当事人提起上诉。

1. 上诉。警察行政诉讼中的上诉,是指当事人对一审人民法院的判决或裁定不服,在法定期限内提交上诉状,申请一审法院的上一级人民法院对警察行政案件进行重新审理并裁判的诉讼行为。《行政诉讼法》对于上诉法定期限有明确规定,不服判决的上诉期限为15天,不服裁定的上诉期限为10天。

2. 审理。人民法院对上诉案件应当组成合议庭进行审理,对一审法院的判决、裁定和被诉警察行政行为进行全面审查,审查不受上诉状中上诉范围和上诉内容的限制。根据《行政诉讼法》第86条的规定,人民法院经过阅卷、调查和询问当事人,对没有提出新的事实、证据或者理由,合议庭认为不需要开庭审理的外,也可以不开庭审理。开庭审理的程序与一审相同。

3. 判决。根据《行政诉讼法》的规定,警察行政案件二审判决包括驳回上诉、维持原判的判决和改判、撤销和变更的判决两种情况。

(1)适用驳回上诉、维持原判的判决必须同时具备以下两个条件:原判决认定事实清楚和原判决适用法律、法规正确。

(2)改判、撤销或者变更的判决适用于以下几种情况:原审法院认定事实错误;原审法院适用法律、法规错误;原审法院认定事实错误且适用法律、法规错误。

4. 其他制度

(1)撤诉。是指在二审法院受理上诉后至宣告二审裁判前,上诉人申请撤回上诉,经人民法院审查准许其撤回上诉,从而终结二审审理的诉讼行为。

(2)期限。根据《行政诉讼法》第88条的规定,人民法院审理上诉案件,3个月内作出终审判决。有特殊情况需要延长的,由高级人民法院批准,高级人民法院审理上诉案件需要延长的,由最高人民法院批准。

(四)审判监督程序

审判监督程序又称再审程序,是指人民法院根据当事人的申请、检察机关的抗诉或人民法院自己发现已经发生法律效力的判决、裁定确有错误,依法对警察行政案件进行再审的程序。依照审判监督程序再审的警察行政案件,裁定中止原判决、裁定的执行,但支付抚恤金的案件,可以不中止执行。

警察行政诉讼中的再审根据原判决、裁定是由一审或者二审人民法院作出而分别适用一审或者二审程序,也就是说,发生法律效力的判决、裁定是由第一审人民法院作出的,按照第一审程序审理,所作的判决、裁定,当事人可以上诉;发生法律效力的判决、裁定是由第二审人民法院作出的,按照第二审程序审理,所作的判决、裁定是发生法律效力的判决、裁定,当事人不可上诉。但二审是错误维护一审不予受理的裁定的,再审人民法院应当撤销一、二审不予受理的裁定,指令一审人民法院立案受理。

(五)执行

当事人必须履行人民法院发生法律效力的判决、裁定。根据《行政诉讼法》第95、96条的规定,公民、法人或者其他组织拒绝履行判决、裁定、调解书的,警察行政机关或者第三人可以向第一审人民法院申请强制执行,或者由警察行政机关依法强制执行。警察行政机关拒绝履行判决、裁定、调解书的,第一审人民法院可以采取以下措施:

1. 对应当归还的罚款或者应当给付的款额,通知银行从该行政机关的账户内划拨。

2. 在规定期限内不履行的,从期满之日起,对该行政机关负责人按日处50元至100元的罚款。

3. 将行政机关拒绝履行的情况予以公告。

4. 向监察机关或者该行政机关的上一级行政机关提出司法建议。接受司法建议的机关,根据有关规定进行处理,并将处理情况告知人民法院。

5. 拒不履行判决、裁定、调解书,社会影响恶劣的,可以对该行政机关直接负责的主管人员和其他直接责任人员予以拘留;情节严重,构成犯罪的,依法追究刑事责任。

第五节 警察机关的应诉

警察行政诉讼是解决警察行政争议的一项重要法律制度,不仅是对行政相对人进行救济的重要渠道,更是对警察执法工作进行司法监督的重要方式,是警察行政系统的一种纠错修错机制。在当前法治建设不断进步的背景下,行政相对人的法治观念和维权意识在不断增强,通过行政诉讼来维护自己合法权益的信心也在增强,认为自身权益受到侵害便提起诉讼的现象已成为常态。因此,警察机关应当重视行政诉讼工作,做好各项应诉准备工作,包括:

一、出庭准备

出庭准备是指在警察机关收到人民法院送达的起诉状及传票后立即着手的为开庭所做的准备工作,[①]出庭准备是警察机关应诉工作的基础性工作,也是对警察行政行为的事后审视、事后检测以及对警察行政行为可能存在瑕疵的修补过程。

(一)组织警察机关应诉人员

警察机关接到受诉人民法院送达的应诉通知书和起诉状副本后应当立即签收并呈报警察机关负责人。《行政诉讼法》第3条第3款规定:"被诉行政机关负责人应当出庭应诉。不能出庭的,应当委托行政机关相应的工作人员出庭。"行政机关负责人出庭应诉制度的实施有助于平复原告的情绪,也使警察机关能切实体会到行政争议的症结所在,进而为争议的解决营造和谐氛围。

根据《行政诉讼法解释》的规定,警察机关负责人不能出庭应诉的,应委托警察机关相应工作人员出庭应诉,不得仅委托律师出庭。在涉及重大公共利益、社会高度关注或者可能引发群体性事件等案件以及人民法院书面建议警察机关负责人出庭的案件,被诉警察机关负责人应当出庭。警察机关负责人有正当理由不能出庭应诉的,应当向人民法院提交情况说明,并加盖警察机关印章或者由该机关主要负责人签字认可。警察机关拒绝说明理由的,不发生阻止案件审理的效果,人民法院可以向监察机关、上一级行政机关提出司法建议。警察机关负责人和警察机关相应的工作人员均不出庭,仅委托律师出庭的,或者人民法院书面建议警察机关负责人出庭应诉,警察机关负责人不出庭应诉的,人民法院应当记录在案和在裁判文书中载明,并可以建议有关机关依法作出处理。

(二)办理出庭手续

警察机关出庭应诉必须办理相关应诉手续,如职权证明、行政机关负责人证明、委托代理手续、出庭人员的身份证明等。这些手续是具有时效性的法律资格,需要特别注意时效性的要求,如答辩诉状、证据的提交时间。同时也要注意出庭手续

---

① 邓文忠、邹瑜:《行政诉讼应诉策略之探讨》,载中国法院网江西法院:http://www.legaldaily.com.cn/fxjy/content/2016-09/01/content_6788835.htm,最后访问日期:2019年12月1日。

的规范性，例如，警察副级负责人出庭应诉时，其身份是诉讼代表人，无须所属被诉行政机关授权；而当负责人不能出庭的，委托行政机关相应的工作人员出庭应诉的，相应的工作人员身份也是诉讼代表人，但应提交“授权委托书”，委托书必须载明负责人不能出庭的正当理由，指派相应的工作人员的单位姓名、职务、职位等情况。

（三）收集整理案件材料

警察机关应诉人员接受应诉任务后，必须立即认真对案件材料进行收集整理，并做好以下几个方面的工作：

1. 分类整理材料。警察机关应诉人员可以根据行政行为特点将材料进行分类，可分为事实证据类，主要是案件事实认定的材料；程序证据类，包括案件来源登记表、立案审批表、送达相对人和关联人的各类通知书、实施（解除）强制措施决定书及财物清单、抽样取证记录、各类告知书、决定审批表，各类回执等；法律适用证据类，主要是指警察机关作出行政行为的法律及行政规范依据。

2. 瑕疵材料补正。例如，调查是由两名执法人员进行的，但调查笔录中只有记录人签名，谈话人未签名或由记录人代签。这种情况在行政诉讼中就会影响调查笔录的效力，进而影响对案件事实的认定，这种情况谈话人可以补签，这就是对案卷的瑕疵补正修正。这种情况往往还存在于格式文书、送达文书，抽样取证等材料中。但需注意，瑕疵补正不等于收集证据。《行政诉讼法》第35条规定：“在诉讼过程中，被告及其诉讼代理人不得自行向原告、第三人和证人收集证据。”行政诉讼诉讼期间，警察行政机关向原告、第三人和证人收集证据是法律所禁止的。

3. 拟定答辩状。答辩状需针对原告起诉中的诉讼请求和理由进行回应，无须全面答辩，可以阐述警察行政行为作出的事实、程序和法律适用等。答辩状可详尽可简略，若原告提出的问题尖锐，警察行政行为又确有瑕疵的，则可适度概括性进行反驳。若原告观点明显不当的，可援引法律、法规进行翔实回应。答辩状提交时间可灵活掌握，可以在庭审前提交法院，也可以在庭审答辩时当即提交。

4. 提交证据，拟定证据目录。根据《行政诉讼法》第34条的规定：“被告对作出的行政行为负有举证责任，应当提供作出该行政行为的证据和所依据的规范性文件。被告不提供或者无正当理由逾期提供证据，视为没有相应证据。”所以警察机关应诉人员必须关注举证时间，并且厘清证据内容。提交证据的方法可分为事实、程序和法律依据三类向人民法院提交，也可以综合举证，还可以按审判人员的要求和引导分类提交证据。

二、法庭举证

行政诉讼审理过程的核心在于证据，法庭调查阶段的实质内容就是举证和质

证。而行政诉讼中举证责任在于被告,因此警察机关的应诉工作重点就在法庭举证环节,应注意做好以下几点工作:

(一)把握证据的基本特征

1. 客观真实性,证据必须是客观反映事件事实,独立于人的主观意识之外的客观存在。证据必须要有原件,比如,书证有原件,物证有原物,鉴定意见是合法的鉴定机构合法出具等。任何人不能主观臆断或恶意捏造。

2. 合法性,证据必须是走合法程序、运用合法手段取得,且符合法定形式,才可以作为定案证据。否则,是不可采用的。

3. 关联性,关联性是客观真实性的一种表现形式和证明方法,就行政机关而言,关联性表现为对有争议的行政行为具有客观联系,也表现为同作出行政行为所依据事实有客观联系。当然,联系的形式与方法是多方面的,可以是与结果、时间、条件、手段的联系,关联性的判断,是一种实质性的判断,往往也是证据运用中的一个难点。

(二)明确举证规则与证据标准

《行政诉讼法》及《行政诉讼法解释》规定了被告的举证规则。人民法院向被告送达应诉通知书时,也明确告知被告举证范围、举证期限和逾期提供证据的法律后果以及申请延期举证的法定事由。警察机关应诉人员应当严格按照法律规定的举证规则分别就相关证据进行举证。

在举证中,还应当掌握证据证明标准,排除合理怀疑标准,也就是要达到"证据客观充分,事实确凿"的证明程度。要求证据在质量上、数量上满足诉讼的要求,必须确凿无疑,没有推翻的可能,具有排他性,不会产生任何怀疑。

(三)明确举证的目的与内容

举证的目的是用证据材料证明警察行政行为在实体、程序及适用法律上的合法性。而各个证据材料的内容是不尽相同的,有的是综合性的,有的是单一性的,有的是实体方面的,有的是程序方面的。警察机关应诉人员应当按照各个证据材料的内容通过说明证据名称、证明对象,并将证据材料分类、分项,又将证据材料有机结合起来,通过证据还原案件的事实真相以及作出警察行政行为的全过程。

(四)质证主动反击

质证是行政诉讼的中心环节,是法庭调查的重要步骤。质证围绕着证据的真实性、合法性和关联性而展开,为法庭辩论打基础。质证一般经过三个步骤:先由被告举证,说明证据的内容、目的;再由原告辨认,并提出意见;最后由双方进行辩解。

在质证中,警察机关应诉人员应当及时抓住原告的质证意见展开攻防,做到“早准备”“抓重点”“攻弱点”“补漏洞”“争主动”的技巧,言简意赅,有力反击。

三、法庭辩论

法庭辩论在法庭调查的基础上进行,各方当事人对证据进行质证后,人民法院就相应证据是否采信作出明确的表示。当庭质证辩论有利于增加人民法院对证据运用的透明度,也有利于保障行政诉讼庭审的公正性。警察机关应诉人员在此阶段应做到以下几点:

(一)设计辩论方案

首先要以行政执法全过程来确定行政行为的合法性。其次要从原告的不当观点或错误观点与理由来破解诉讼请求。警察行政诉讼也是一种抗辩,包含对抗与申辩两个方面,从诉讼实践来看,抗辩的形式有以下三种:一是实体抗辩。即对案件的实体问题进行否定,比如滥用职权,案件事实不清,适用法律错误等。二是程序抗辩,即只对警察行政行为的程序问题提出否定意见,不触及实体问题,比如受案范围的问题,违反行政程序问题,没有听证,没有尽告知义务等。三是程序加实体抗辩,即混合抗辩。原告为保险起见既提出实体问题,又提出程序问题,二者交叉在一起,对行政行为进行否定。警察机关应诉人员应当针对原告的起诉状,针锋相对确定抗辩形式,设计抗辩方案,针对原告的起诉进行缜密设防。

(二)找准抗辩突破口

经过对案情的分析以及法庭的调查,双方当事人争议的焦点已经十分明晰,审判人员归纳的案件审理焦点,一般就是警察机关抗辩的突破口。被告抗辩的突破口可以从以下两个方面着手:

1. 从诉讼程序上来寻找抗辩的突破口。一是看原告起诉是否超过法定的起诉期限,我国《行政诉讼法》第 45 ~ 47 条明确规定了原告提起行政诉讼的期限。如果原告超过法定起诉期限的,人民法院应当驳回起诉。二是看原告的起诉是否属于行政诉讼受案范围,《行政诉讼法》第 12 条规定了人民法院受理行政诉讼案件的范围,也就是说,人民法院受理行政诉讼案件是有限的,不在受案范围的,人民法院应当驳回起诉。三是看原告起诉的行政行为状态,如果警察行政行为没有最终完成,相对人不得起诉。四是看原、被告是否具备主体资格,原、被告主体不适合的不能构成诉讼。五是看原告起诉是否存在重复起诉的情况。六是看原告是否遵守复议前置的规定。

2. 从行政行为作出的事实方面寻找突破口。警察机关应诉人员可以从当事人情况的证据上定位主体,从认定事实的证据上确定警察行政行为的合法性,从有关情节的证据上阐述行政行为的合理性,从警察行政行为作出的证据上证明行政行为的正当性,进行全面抗辩。

警察机关在行政诉讼中应当积极行使自身的诉讼权利,全面履行诉讼义务。警察机关应诉人员应当注意积累案情把握能力,临场应变能力,提高应诉技巧。同时,警察机关应诉人员也要总结经验,并将诉讼情况及时反馈行政执法第一线,既能提升警察依法行政的水平,也有利于推进警察机关法治建设。

思考题

1. 简述警察行政诉讼的受案范围。
2. 警察行政诉讼的起诉条件是什么?

案例分析

A 县的司机刘某在 C 县出差时酒后驾车,撞到在对向车道正常行驶的由吴某驾驶的汽车,吴某和刘某下车争吵时,C 县下班交警李某路过看到,连忙上前调解处理。李某出示了交警证件,要求刘某出示驾驶证,并询问刘某是否喝酒,刘某承认自己喝了酒。李某对刘某开出了罚单,刘某以李某已下班为由,对处罚不服,向 A 县人民法院提起行政诉讼。该案是否属于法院受理行政诉讼案件范围? A 县人民法院是否应当受理该案? 审理期限有什么要求?

参考答案:

该案属于行政相对人对警察机关的行政处罚不服的案件,属于法院受理行政诉讼案件范围,法院应当依法受理;本案属普通行政案件,应由基层人民法院进行一审,但 A 县人民法院没有管辖权,行政案件应由最初作出行政行为的行政机关所在地人民法院管辖,所以刘某应向 C 县公安局所在地的基层人民法院提起行政诉讼;人民法院应当在立案之日起 6 个月内作出第一审判决。

参考书目

[1]姜明安主编:《行政法与行政诉讼法》,北京大学出版社 2019 年版。
[2]周孝怀:《违法要求履行义务的行政行为研究》,华东政法大学 2011 年硕士学位论文。
[3]聂福茂、余凌云主编:《警察行政法学》,中国人民公安大学出版社 2005 年版。
[4]和洪主编:《警察行政法教程》,中国人民公安大学出版社 2012 年版。
[5]司法部戒毒管理局编:《司法行政戒毒工作概论》,法律出版社 2017 年版。
[6]张兆端:《警察文化学》(第 4 版),中国人民公安大学出版社 2016 年版。

[7]冯德文编著:《警察学概论》,中国人民公安大学出版社2005年版。
[8]万洪云、李永清主编:《警察法学》,法律出版社2015年版。
[9]谢川豫:《公安机关司法属性探源及其流弊》,载《苏州大学学报》(社会科学版)2018年第4期。

附　录

中华人民共和国公务员法

（2005 年 4 月 27 日第十届全国人民代表大会常务委员会第十五次会议通过　根据 2017 年 9 月 1 日第十二届全国人民代表大会常务委员会第二十九次会议《关于修改〈中华人民共和国法官法〉等八部法律的决定》修正　2018 年 12 月 29 日第十三届全国人民代表大会常务委员会第七次会议修订）

第一章　总　　则

第一条　为了规范公务员的管理，保障公务员的合法权益，加强对公务员的监督，促进公务员正确履职尽责，建设信念坚定、为民服务、勤政务实、敢于担当、清正廉洁的高素质专业化公务员队伍，根据宪法，制定本法。

第二条　本法所称公务员，是指依法履行公职、纳入国家行政编制、由国家财政负担工资福利的工作人员。

公务员是干部队伍的重要组成部分，是社会主义事业的中坚力量，是人民的公仆。

第三条　公务员的义务、权利和管理，适用本法。

法律对公务员中领导成员的产生、任免、监督以及监察官、法官、检察官等的义务、权利和管理另有规定的，从其规定。

第四条　公务员制度坚持中国共产党领导，坚持以马克思列宁主义、毛泽东思想、邓小平理论、“三个代表”重要思想、科学发展观、习近平新时代中国特色社会主义思想为指导，贯彻社会主义初级阶段的基本路线，贯彻新时代中国共产党的组织路线，坚持党管干部原则。

第五条　公务员的管理，坚持公开、平等、竞争、择优的原则，依照法定的权限、条件、标准和程序进行。

第六条　公务员的管理，坚持监督约束与激励保障并重的原则。

第七条　公务员的任用，坚持德才兼备、以德为先，坚持五湖四海、任人唯贤，坚持事业为上、公道正派,突出政治标准,注重工作实绩。

第八条 国家对公务员实行分类管理,提高管理效能和科学化水平。

第九条 公务员就职时应当依照法律规定公开进行宪法宣誓。

第十条 公务员依法履行职责的行为,受法律保护。

第十一条 公务员工资、福利、保险以及录用、奖励、培训、辞退等所需经费,列入财政预算,予以保障。

第十二条 中央公务员主管部门负责全国公务员的综合管理工作。县级以上地方各级公务员主管部门负责本辖区内公务员的综合管理工作。上级公务员主管部门指导下级公务员主管部门的公务员管理工作。各级公务员主管部门指导同级各机关的公务员管理工作。

第二章 公务员的条件、义务与权利

第十三条 公务员应当具备下列条件:

(一)具有中华人民共和国国籍;

(二)年满十八周岁;

(三)拥护中华人民共和国宪法,拥护中国共产党领导和社会主义制度;

(四)具有良好的政治素质和道德品行;

(五)具有正常履行职责的身体条件和心理素质;

(六)具有符合职位要求的文化程度和工作能力;

(七)法律规定的其他条件。

第十四条 公务员应当履行下列义务:

(一)忠于宪法,模范遵守、自觉维护宪法和法律,自觉接受中国共产党领导;

(二)忠于国家,维护国家的安全、荣誉和利益;

(三)忠于人民,全心全意为人民服务,接受人民监督;

(四)忠于职守,勤勉尽责,服从和执行上级依法作出的决定和命令,按照规定的权限和程序履行职责,努力提高工作质量和效率;

(五)保守国家秘密和工作秘密;

(六)带头践行社会主义核心价值观,坚守法治,遵守纪律,恪守职业道德,模范遵守社会公德、家庭美德;

(七)清正廉洁,公道正派;

(八)法律规定的其他义务。

第十五条 公务员享有下列权利:

（一）获得履行职责应当具有的工作条件；

（二）非因法定事由、非经法定程序，不被免职、降职、辞退或者处分；

（三）获得工资报酬，享受福利、保险待遇；

（四）参加培训；

（五）对机关工作和领导人员提出批评和建议；

（六）提出申诉和控告；

（七）申请辞职；

（八）法律规定的其他权利。

第三章　职务、职级与级别

第十六条　国家实行公务员职位分类制度。

公务员职位类别按照公务员职位的性质、特点和管理需要，划分为综合管理类、专业技术类和行政执法类等类别。根据本法，对于具有职位特殊性，需要单独管理的，可以增设其他职位类别。各职位类别的适用范围由国家另行规定。

第十七条　国家实行公务员职务与职级并行制度，根据公务员职位类别和职责设置公务员领导职务、职级序列。

第十八条　公务员领导职务根据宪法、有关法律和机构规格设置。

领导职务层次分为：国家级正职、国家级副职、省部级正职、省部级副职、厅局级正职、厅局级副职、县处级正职、县处级副职、乡科级正职、乡科级副职。

第十九条　公务员职级在厅局级以下设置。

综合管理类公务员职级序列分为：一级巡视员、二级巡视员、一级调研员、二级调研员、三级调研员、四级调研员、一级主任科员、二级主任科员、三级主任科员、四级主任科员、一级科员、二级科员。

综合管理类以外其他职位类别公务员的职级序列，根据本法由国家另行规定。

第二十条　各机关依照确定的职能、规格、编制限额、职数以及结构比例，设置本机关公务员的具体职位，并确定各职位的工作职责和任职资格条件。

第二十一条　公务员的领导职务、职级应当对应相应的级别。公务员领导职务、职级与级别的对应关系，由国家规定。

根据工作需要和领导职务与职级的对应关系，公务员担任的领导职务和职级可以互相转任、兼任；符合规定资格条件的，可以晋升领导职务或者职级。

公务员的级别根据所任领导职务、职级及其德才表现、工作实绩和资历确定。公务员在同一领导职务、职级上，可以按照国家规定晋升级别。

公务员的领导职务、职级与级别是确定公务员工资以及其他待遇的依据。

第二十二条 国家根据人民警察、消防救援人员以及海关、驻外外交机构等公务员的工作特点,设置与其领导职务、职级相对应的衔级。

第四章 录　　用

第二十三条 录用担任一级主任科员以下及其他相当职级层次的公务员,采取公开考试、严格考察、平等竞争、择优录取的办法。

民族自治地方依照前款规定录用公务员时,依照法律和有关规定对少数民族报考者予以适当照顾。

第二十四条 中央机关及其直属机构公务员的录用,由中央公务员主管部门负责组织。地方各级机关公务员的录用,由省级公务员主管部门负责组织,必要时省级公务员主管部门可以授权设区的市级公务员主管部门组织。

第二十五条 报考公务员,除应当具备本法第十三条规定的条件以外,还应当具备省级以上公务员主管部门规定的拟任职位所要求的资格条件。

国家对行政机关中初次从事行政处罚决定审核、行政复议、行政裁决、法律顾问的公务员实行统一法律职业资格考试制度,由国务院司法行政部门商有关部门组织实施。

第二十六条 下列人员不得录用为公务员:

(一)因犯罪受过刑事处罚的;

(二)被开除中国共产党党籍的;

(三)被开除公职的;

(四)被依法列为失信联合惩戒对象的;

(五)有法律规定不得录用为公务员的其他情形的。

第二十七条 录用公务员,应当在规定的编制限额内,并有相应的职位空缺。

第二十八条 录用公务员,应当发布招考公告。招考公告应当载明招考的职位、名额、报考资格条件、报考需要提交的申请材料以及其他报考须知事项。

招录机关应当采取措施,便利公民报考。

第二十九条 招录机关根据报考资格条件对报考申请进行审查。报考者提交的申请材料应当真实、准确。

第三十条 公务员录用考试采取笔试和面试等方式进行,考试内容根据公务员应当具备的基本能力和不同职位类别、不同层级机关分别设置。

第三十一条 招录机关根据考试成绩确定考察人选,并进行报考资格复审、考察和体检。

体检的项目和标准根据职位要求确定。具体办法由中央公务员主管部门会同国务院卫生健康行政部门规定。

第三十二条 招录机关根据考试成绩、考察情况和体检结果，提出拟录用人员名单，并予以公示。公示期不少于五个工作日。

公示期满，中央一级招录机关应当将拟录用人员名单报中央公务员主管部门备案；地方各级招录机关应当将拟录用人员名单报省级或者设区的市级公务员主管部门审批。

第三十三条 录用特殊职位的公务员，经省级以上公务员主管部门批准，可以简化程序或者采用其他测评办法。

第三十四条 新录用的公务员试用期为一年。试用期满合格的，予以任职；不合格的，取消录用。

第五章 考 核

第三十五条 公务员的考核应当按照管理权限，全面考核公务员的德、能、勤、绩、廉，重点考核政治素质和工作实绩。考核指标根据不同职位类别、不同层级机关分别设置。

第三十六条 公务员的考核分为平时考核、专项考核和定期考核等方式。定期考核以平时考核、专项考核为基础。

第三十七条 非领导成员公务员的定期考核采取年度考核的方式。先由个人按照职位职责和有关要求进行总结，主管领导在听取群众意见后，提出考核等次建议，由本机关负责人或者授权的考核委员会确定考核等次。

领导成员的考核由主管机关按照有关规定办理。

第三十八条 定期考核的结果分为优秀、称职、基本称职和不称职四个等次。

定期考核的结果应当以书面形式通知公务员本人。

第三十九条 定期考核的结果作为调整公务员职位、职务、职级、级别、工资以及公务员奖励、培训、辞退的依据。

第六章 职务、职级任免

第四十条 公务员领导职务实行选任制、委任制和聘任制。公务员职级实行委任制和聘任制。

领导成员职务按照国家规定实行任期制。

第四十一条 选任制公务员在选举结果生效时即任当选职务;任期届满不再连任或者任期内辞职、被罢免、被撤职的,其所任职务即终止。

第四十二条 委任制公务员试用期满考核合格,职务、职级发生变化,以及其他情形需要任免职务、职级的,应当按照管理权限和规定的程序任免。

第四十三条 公务员任职应当在规定的编制限额和职数内进行,并有相应的职位空缺。

第四十四条 公务员因工作需要在机关外兼职,应当经有关机关批准,并不得领取兼职报酬。

第七章 职务、职级升降

第四十五条 公务员晋升领导职务,应当具备拟任职务所要求的政治素质、工作能力、文化程度和任职经历等方面的条件和资格。

公务员领导职务应当逐级晋升。特别优秀的或者工作特殊需要的,可以按照规定破格或者越级晋升。

第四十六条 公务员晋升领导职务,按照下列程序办理:

(一)动议;

(二)民主推荐;

(三)确定考察对象,组织考察;

(四)按照管理权限讨论决定;

(五)履行任职手续。

第四十七条 厅局级正职以下领导职务出现空缺且本机关没有合适人选的,可以通过适当方式面向社会选拔任职人选。

第四十八条 公务员晋升领导职务的,应当按照有关规定实行任职前公示制度和任职试用期制度。

第四十九条 公务员职级应当逐级晋升,根据个人德才表现、工作实绩和任职资历,参考民主推荐或者民主测评结果确定人选,经公示后,按照管理权限审批。

第五十条 公务员的职务、职级实行能上能下。对不适宜或者不胜任现任职务、职级的,应当进行调整。

公务员在年度考核中被确定为不称职的,按照规定程序降低一个职务或者职级层次任职。

第八章 奖 励

第五十一条 对工作表现突出,有显著成绩和贡献,或者有其他突出事迹的公务员或者公务员集体，给予奖励。奖励坚持定期奖励与及时奖励相结合，精神奖励与物质奖励相结合、以精神奖励为主的原则。

公务员集体的奖励适用于按照编制序列设置的机构或者为完成专项任务组成的工作集体。

第五十二条 公务员或者公务员集体有下列情形之一的，给予奖励：

（一）忠于职守，积极工作，勇于担当，工作实绩显著的；

（二）遵纪守法，廉洁奉公，作风正派，办事公道，模范作用突出的；

（三）在工作中有发明创造或者提出合理化建议，取得显著经济效益或者社会效益的；

（四）为增进民族团结，维护社会稳定做出突出贡献的；

（五）爱护公共财产，节约国家资财有突出成绩的；

（六）防止或者消除事故有功，使国家和人民群众利益免受或者减少损失的；

（七）在抢险、救灾等特定环境中做出突出贡献的；

（八）同违纪违法行为作斗争有功绩的；

（九）在对外交往中为国家争得荣誉和利益的；

（十）有其他突出功绩的。

第五十三条 奖励分为：嘉奖、记三等功、记二等功、记一等功、授予称号。

对受奖励的公务员或者公务员集体予以表彰，并对受奖励的个人给予一次性奖金或者其他待遇。

第五十四条 给予公务员或者公务员集体奖励，按照规定的权限和程序决定或者审批。

第五十五条 按照国家规定，可以向参与特定时期、特定领域重大工作的公务员颁发纪念证书或者纪念章。

第五十六条 公务员或者公务员集体有下列情形之一的，撤销奖励：

（一）弄虚作假，骗取奖励的；

（二）申报奖励时隐瞒严重错误或者严重违反规定程序的；

（三）有严重违纪违法等行为，影响称号声誉的；

（四）有法律、法规规定应当撤销奖励的其他情形的。

第九章 监督与惩戒

第五十七条 机关应当对公务员的思想政治、履行职责、作风表现、遵纪守法等情况进行监督，开展勤政廉政教育，建立日常管理监督制度。

对公务员监督发现问题的,应当区分不同情况,予以谈话提醒、批评教育、责令检查、诫勉、组织调整、处分。

对公务员涉嫌职务违法和职务犯罪的,应当依法移送监察机关处理。

第五十八条 公务员应当自觉接受监督,按照规定请示报告工作、报告个人有关事项。

第五十九条 公务员应当遵纪守法,不得有下列行为:

(一)散布有损宪法权威、中国共产党和国家声誉的言论,组织或者参加旨在反对宪法、中国共产党领导和国家的集会、游行、示威等活动;

(二)组织或者参加非法组织,组织或者参加罢工;

(三)挑拨、破坏民族关系,参加民族分裂活动或者组织、利用宗教活动破坏民族团结和社会稳定;

(四)不担当,不作为,玩忽职守,贻误工作;

(五)拒绝执行上级依法作出的决定和命令;

(六)对批评、申诉、控告、检举进行压制或者打击报复;

(七)弄虚作假,误导、欺骗领导和公众;

(八)贪污贿赂,利用职务之便为自己或者他人谋取私利;

(九)违反财经纪律,浪费国家资财;

(十)滥用职权,侵害公民、法人或者其他组织的合法权益;

(十一)泄露国家秘密或者工作秘密;

(十二)在对外交往中损害国家荣誉和利益;

(十三)参与或者支持色情、吸毒、赌博、迷信等活动;

(十四)违反职业道德、社会公德和家庭美德;

(十五)违反有关规定参与禁止的网络传播行为或者网络活动;

(十六)违反有关规定从事或者参与营利性活动,在企业或者其他营利性组织中兼任职务;

(十七)旷工或者因公外出、请假期满无正当理由逾期不归;

(十八)违纪违法的其他行为。

第六十条 公务员执行公务时,认为上级的决定或者命令有错误的,可以向上级提出改正或者撤销该决定或者命令的意见;上级不改变该决定或者命令,或者要求立即执行的,公务员应当执行该决定或者命令,执行的后果由上级负责,公务员不承担责任;但是,公务员执行明显违法的决定或者命令的,应当依法承担相应的责任。

第六十一条 公务员因违纪违法应当承担纪律责任的,依照本法给予处分或者由监察机关依法给予政务处分;违纪违法行为情节轻微,经批评教育后改正的,可以免予处分。

对同一违纪违法行为,监察机关已经作出政务处分决定的,公务员所在机关不再给予处分。

第六十二条 处分分为:警告、记过、记大过、降级、撤职、开除。

第六十三条 对公务员的处分,应当事实清楚、证据确凿、定性准确、处理恰当、程序合法、手续完备。

公务员违纪违法的,应当由处分决定机关决定对公务员违纪违法的情况进行调查,并将调查认定的事实以及拟给予处分的依据告知公务员本人。公务员有权进行陈述和申辩;处分决定机关不得因公务员申辩而加重处分。

处分决定机关认为对公务员应当给予处分的,应当在规定的期限内,按照管理权限和规定的程序作出处分决定。处分决定应当以书面形式通知公务员本人。

第六十四条 公务员在受处分期间不得晋升职务、职级和级别,其中受记过、记大过、降级、撤职处分的,不得晋升工资档次。

受处分的期间为:警告,六个月;记过,十二个月;记大过,十八个月;降级、撤职,二十四个月。

受撤职处分的,按照规定降低级别。

第六十五条 公务员受开除以外的处分,在受处分期间有悔改表现,并且没有再发生违纪违法行为的,处分期满后自动解除。

解除处分后,晋升工资档次、级别和职务、职级不再受原处分的影响。但是,解除降级、撤职处分的,不视为恢复原级别、原职务、原职级。

第十章 培 训

第六十六条 机关根据公务员工作职责的要求和提高公务员素质的需要,对公务员进行分类分级培训。

国家建立专门的公务员培训机构。机关根据需要也可以委托其他培训机构承担公务员培训任务。

第六十七条 机关对新录用人员应当在试用期内进行初任培训;对晋升领导职务的公务员应当在任职前或者任职后一年内进行任职培训;对从事专项工作的公务员应当进行专门业务培训;对全体公务员应当进行提高政治素质和工作能力、更新知识的在职培训,其中对专业技术类公务员应当进行专业技术培训。

国家有计划地加强对优秀年轻公务员的培训。

第六十八条 公务员的培训实行登记管理。

公务员参加培训的时间由公务员主管部门按照本法第六十七条规定的培训要求予以确定。

公务员培训情况、学习成绩作为公务员考核的内容和任职、晋升的依据之一。

第十一章 交流与回避

第六十九条 国家实行公务员交流制度。

公务员可以在公务员和参照本法管理的工作人员队伍内部交流,也可以与国有企业和不参照本法管理的事业单位中从事公务的人员交流。

交流的方式包括调任、转任。

第七十条 国有企业、高等院校和科研院所以及其他不参照本法管理的事业单位中从事公务的人员,可以调入机关担任领导职务或者四级调研员以上及其他相当层次的职级。

调任人选应当具备本法第十三条规定的条件和拟任职位所要求的资格条件,并不得有本法第二十六条规定的情形。调任机关应当根据上述规定,对调任人选进行严格考察,并按照管理权限审批,必要时可以对调任人选进行考试。

第七十一条 公务员在不同职位之间转任应当具备拟任职位所要求的资格条件,在规定的编制限额和职数内进行。

对省部级正职以下的领导成员应当有计划、有重点地实行跨地区、跨部门转任。

对担任机关内设机构领导职务和其他工作性质特殊的公务员,应当有计划地在本机关内转任。

上级机关应当注重从基层机关公开遴选公务员。

第七十二条 根据工作需要,机关可以采取挂职方式选派公务员承担重大工程、重大项目、重点任务或者其他专项工作。

公务员在挂职期间,不改变与原机关的人事关系。

第七十三条 公务员应当服从机关的交流决定。

公务员本人申请交流的,按照管理权限审批。

第七十四条 公务员之间有夫妻关系、直系血亲关系、三代以内旁系血亲关系以及近姻亲关系的,不得在同一机关双方直接隶属于同一领导人员的职位或者有直接上下级领导关系的职位工作,也不得在其中一方担任领导职务的机关从事组织、人事、纪检、监察、审计和财务工作。

公务员不得在其配偶、子女及其配偶经营的企业、营利性组织的行业监管或者主管部门担任领导成员。

因地域或者工作性质特殊,需要变通执行任职回避的,由省级以上公务员主管部门规定。

第七十五条　公务员担任乡级机关、县级机关、设区的市级机关及其有关部门主要领导职务的,应当按照有关规定实行地域回避。

第七十六条　公务员执行公务时,有下列情形之一的,应当回避:

(一)涉及本人利害关系的;

(二)涉及与本人有本法第七十四条第一款所列亲属关系人员的利害关系的;

(三)其他可能影响公正执行公务的。

第七十七条　公务员有应当回避情形的,本人应当申请回避;利害关系人有权申请公务员回避。其他人员可以向机关提供公务员需要回避的情况。

机关根据公务员本人或者利害关系人的申请,经审查后作出是否回避的决定,也可以不经申请直接作出回避决定。

第七十八条　法律对公务员回避另有规定的,从其规定。

第十二章　工资、福利与保险

第七十九条　公务员实行国家统一规定的工资制度。

公务员工资制度贯彻按劳分配的原则,体现工作职责、工作能力、工作实绩、资历等因素,保持不同领导职务、职级、级别之间的合理工资差距。

国家建立公务员工资的正常增长机制。

第八十条　公务员工资包括基本工资、津贴、补贴和奖金。

公务员按照国家规定享受地区附加津贴、艰苦边远地区津贴、岗位津贴等津贴。

公务员按照国家规定享受住房、医疗等补贴、补助。

公务员在定期考核中被确定为优秀、称职的,按照国家规定享受年终奖金。

公务员工资应当按时足额发放。

第八十一条　公务员的工资水平应当与国民经济发展相协调、与社会进步相适应。

国家实行工资调查制度,定期进行公务员和企业相当人员工资水平的调查比较,并将工资调查比较结果作为调整公务员工资水平的依据。

第八十二条 公务员按照国家规定享受福利待遇。国家根据经济社会发展水平提高公务员的福利待遇。

公务员执行国家规定的工时制度，按照国家规定享受休假。公务员在法定工作日之外加班的，应当给予相应的补休，不能补休的按照国家规定给予补助。

第八十三条 公务员依法参加社会保险，按照国家规定享受保险待遇。

公务员因公牺牲或者病故的，其亲属享受国家规定的抚恤和优待。

第八十四条 任何机关不得违反国家规定自行更改公务员工资、福利、保险政策，擅自提高或者降低公务员的工资、福利、保险待遇。任何机关不得扣减或者拖欠公务员的工资。

第十三章　辞职与辞退

第八十五条 公务员辞去公职，应当向任免机关提出书面申请。任免机关应当自接到申请之日起三十日内予以审批，其中对领导成员辞去公职的申请，应当自接到申请之日起九十日内予以审批。

第八十六条 公务员有下列情形之一的，不得辞去公职：

（一）未满国家规定的最低服务年限的；

（二）在涉及国家秘密等特殊职位任职或者离开上述职位不满国家规定的脱密期限的；

（三）重要公务尚未处理完毕，且须由本人继续处理的；

（四）正在接受审计、纪律审查、监察调查，或者涉嫌犯罪，司法程序尚未终结的；

（五）法律、行政法规规定的其他不得辞去公职的情形。

第八十七条 担任领导职务的公务员，因工作变动依照法律规定需要辞去现任职务的，应当履行辞职手续。

担任领导职务的公务员，因个人或者其他原因，可以自愿提出辞去领导职务。

领导成员因工作严重失误、失职造成重大损失或者恶劣社会影响的，或者对重大事故负有领导责任的，应当引咎辞去领导职务。

领导成员因其他原因不再适合担任现任领导职务的，或者应当引咎辞职本人不提出辞职的，应当责令其辞去领导职务。

第八十八条 公务员有下列情形之一的，予以辞退：

（一）在年度考核中，连续两年被确定为不称职的；

（二）不胜任现职工作，又不接受其他安排的；

（三）因所在机关调整、撤销、合并或者缩减编制员额需要调整工作，本人拒绝合理安排的；

（四）不履行公务员义务，不遵守法律和公务员纪律，经教育仍无转变，不适合继续在机关工作，又不宜给予开除处分的；

（五）旷工或者因公外出、请假期满无正当理由逾期不归连续超过十五天，或者一年内累计超过三十天的。

第八十九条　对有下列情形之一的公务员，不得辞退：

（一）因公致残，被确认丧失或者部分丧失工作能力的；

（二）患病或者负伤，在规定的医疗期内的；

（三）女性公务员在孕期、产假、哺乳期内的；

（四）法律、行政法规规定的其他不得辞退的情形。

第九十条　辞退公务员，按照管理权限决定。辞退决定应当以书面形式通知被辞退的公务员，并应当告知辞退依据和理由。

被辞退的公务员，可以领取辞退费或者根据国家有关规定享受失业保险。

第九十一条　公务员辞职或者被辞退，离职前应当办理公务交接手续，必要时按照规定接受审计。

第十四章　退　　休

第九十二条　公务员达到国家规定的退休年龄或者完全丧失工作能力的，应当退休。

第九十三条　公务员符合下列条件之一的，本人自愿提出申请，经任免机关批准，可以提前退休：

（一）工作年限满三十年的；

（二）距国家规定的退休年龄不足五年，且工作年限满二十年的；

（三）符合国家规定的可以提前退休的其他情形的。

第九十四条　公务员退休后，享受国家规定的养老金和其他待遇，国家为其生活和健康提供必要的服务和帮助，鼓励发挥个人专长，参与社会发展。

第十五章　申诉与控告

第九十五条　公务员对涉及本人的下列人事处理不服的，可以自知道该人事处理之日起三十日内向原处理机关申请复核；对复核结果不服的，可以自接到复核决定之日起十五日内，按照规定向同级公务员主管部门或者作出该人事处理的机

关的上一级机关提出申诉;也可以不经复核,自知道该人事处理之日起三十日内直接提出申诉:

(一)处分;

(二)辞退或者取消录用;

(三)降职;

(四)定期考核定为不称职;

(五)免职;

(六)申请辞职、提前退休未予批准;

(七)不按照规定确定或者扣减工资、福利、保险待遇;

(八)法律、法规规定可以申诉的其他情形。

对省级以下机关作出的申诉处理决定不服的,可以向作出处理决定的上一级机关提出再申诉。

受理公务员申诉的机关应当组成公务员申诉公正委员会,负责受理和审理公务员的申诉案件。

公务员对监察机关作出的涉及本人的处理决定不服向监察机关申请复审、复核的,按照有关规定办理。

第九十六条 原处理机关应当自接到复核申请书后的三十日内作出复核决定,并以书面形式告知申请人。受理公务员申诉的机关应当自受理之日起六十日内作出处理决定;案情复杂的,可以适当延长,但是延长时间不得超过三十日。

复核、申诉期间不停止人事处理的执行。

公务员不因申请复核、提出申诉而被加重处理。

第九十七条 公务员申诉的受理机关审查认定人事处理有错误的,原处理机关应当及时予以纠正。

第九十八条 公务员认为机关及其领导人员侵犯其合法权益的,可以依法向上级机关或者监察机关提出控告。受理控告的机关应当按照规定及时处理。

第九十九条 公务员提出申诉、控告,应当尊重事实,不得捏造事实,诬告、陷害他人。对捏造事实,诬告、陷害他人的,依法追究法律责任。

第十六章 职 位 聘 任

第一百条 机关根据工作需要,经省级以上公务员主管部门批准,可以对专业性较强的职位和辅助性职位实行聘任制。

前款所列职位涉及国家秘密的,不实行聘任制。

第一百零一条　机关聘任公务员可以参照公务员考试录用的程序进行公开招聘,也可以从符合条件的人员中直接选聘。

机关聘任公务员应当在规定的编制限额和工资经费限额内进行。

第一百零二条　机关聘任公务员,应当按照平等自愿、协商一致的原则,签订书面的聘任合同,确定机关与所聘公务员双方的权利、义务。聘任合同经双方协商一致可以变更或者解除。

聘任合同的签订、变更或者解除,应当报同级公务员主管部门备案。

第一百零三条　聘任合同应当具备合同期限,职位及其职责要求,工资、福利、保险待遇,违约责任等条款。

聘任合同期限为一年至五年。聘任合同可以约定试用期,试用期为一个月至十二个月。

聘任制公务员实行协议工资制,具体办法由中央公务员主管部门规定。

第一百零四条　机关依据本法和聘任合同对所聘公务员进行管理。

第一百零五条　聘任制公务员与所在机关之间因履行聘任合同发生争议的,可以自争议发生之日起六十日内申请仲裁。

省级以上公务员主管部门根据需要设立人事争议仲裁委员会,受理仲裁申请。人事争议仲裁委员会由公务员主管部门的代表、聘用机关的代表、聘任制公务员的代表以及法律专家组成。

当事人对仲裁裁决不服的,可以自接到仲裁裁决书之日起十五日内向人民法院提起诉讼。仲裁裁决生效后,一方当事人不履行的,另一方当事人可以申请人民法院执行。

第十七章　法 律 责 任

第一百零六条　对有下列违反本法规定情形的,由县级以上领导机关或者公务员主管部门按照管理权限,区别不同情况,分别予以责令纠正或者宣布无效;对负有责任的领导人员和直接责任人员,根据情节轻重,给予批评教育、责令检查、诫勉、组织调整、处分;构成犯罪的,依法追究刑事责任:

(一)不按照编制限额、职数或者任职资格条件进行公务员录用、调任、转任、聘任和晋升的;

(二)不按照规定条件进行公务员奖惩、回避和办理退休的;

(三)不按照规定程序进行公务员录用、调任、转任、聘任、晋升以及考核、奖惩的;

（四）违反国家规定，更改公务员工资、福利、保险待遇标准的；

（五）在录用、公开遴选等工作中发生泄露试题、违反考场纪律以及其他严重影响公开、公正行为的；

（六）不按照规定受理和处理公务员申诉、控告的；

（七）违反本法规定的其他情形的。

第一百零七条 公务员辞去公职或者退休的，原系领导成员、县处级以上领导职务的公务员在离职三年内，其他公务员在离职两年内，不得到与原工作业务直接相关的企业或者其他营利性组织任职，不得从事与原工作业务直接相关的营利性活动。

公务员辞去公职或者退休后有违反前款规定行为的，由其原所在机关的同级公务员主管部门责令限期改正；逾期不改正的，由县级以上市场监管部门没收该人员从业期间的违法所得，责令接收单位将该人员予以清退，并根据情节轻重，对接收单位处以被处罚人员违法所得一倍以上五倍以下的罚款。

第一百零八条 公务员主管部门的工作人员，违反本法规定，滥用职权、玩忽职守、徇私舞弊，构成犯罪的，依法追究刑事责任；尚不构成犯罪的，给予处分或者由监察机关依法给予政务处分。

第一百零九条 在公务员录用、聘任等工作中，有隐瞒真实信息、弄虚作假、考试作弊、扰乱考试秩序等行为的，由公务员主管部门根据情节作出考试成绩无效、取消资格、限制报考等处理；情节严重的，依法追究法律责任。

第一百一十条 机关因错误的人事处理对公务员造成名誉损害的，应当赔礼道歉、恢复名誉、消除影响；造成经济损失的，应当依法给予赔偿。

第十八章　附　　则

第一百一十一条 本法所称领导成员，是指机关的领导人员，不包括机关内设机构担任领导职务的人员。

第一百一十二条 法律、法规授权的具有公共事务管理职能的事业单位中除工勤人员以外的工作人员，经批准参照本法进行管理。

第一百一十三条 本法自2019年6月1日起施行。

中华人民共和国人民警察法

（1995 年 2 月 28 日第八届全国人民代表大会常务委员会第十二次会议通过　根据 2012 年 10 月 26 日第十一届全国人民代表大会常务委员会第二十九次会议《关于修改〈中华人民共和国人民警察法〉的决定》修正）

第一章　总　　则

第一条　为了维护国家安全和社会治安秩序，保护公民的合法权益，加强人民警察的队伍建设，从严治警，提高人民警察的素质，保障人民警察依法行使职权，保障改革开放和社会主义现代化建设的顺利进行，根据宪法，制定本法。

第二条　人民警察的任务是维护国家安全，维护社会治安秩序，保护公民的人身安全、人身自由和合法财产，保护公共财产，预防、制止和惩治违法犯罪活动。

人民警察包括公安机关、国家安全机关、监狱、劳动教养管理机关的人民警察和人民法院、人民检察院的司法警察。

第三条　人民警察必须依靠人民的支持，保持同人民的密切联系，倾听人民的意见和建议，接受人民的监督，维护人民的利益，全心全意为人民服务。

第四条　人民警察必须以宪法和法律为活动准则，忠于职守，清正廉洁，纪律严明，服从命令，严格执法。

第五条　人民警察依法执行职务，受法律保护。

第二章　职　　权

第六条　公安机关的人民警察按照职责分工，依法履行下列职责：

（一）预防、制止和侦查违法犯罪活动；

（二）维护社会治安秩序，制止危害社会治安秩序的行为；

（三）维护交通安全和交通秩序，处理交通事故；

（四）组织、实施消防工作，实行消防监督；

（五）管理枪支弹药、管制刀具和易燃易爆、剧毒、放射性等危险物品；

（六）对法律、法规规定的特种行业进行管理；

（七）警卫国家规定的特定人员，守卫重要的场所和设施；

（八）管理集会、游行、示威活动；

（九）管理户政、国籍、入境出境事务和外国人在中国境内居留、旅行的有关事务；

（十）维护国（边）境地区的治安秩序；

（十一）对被判处拘役、剥夺政治权利的罪犯执行刑罚；

（十二）监督管理计算机信息系统的安全保护工作；

（十三）指导和监督国家机关、社会团体、企业事业组织和重点建设工程的治安保卫工作，指导治安保卫委员会等群众性组织的治安防范工作；

（十四）法律、法规规定的其他职责。

第七条 公安机关的人民警察对违反治安管理或者其他公安行政管理法律、法规的个人或者组织，依法可以实施行政强制措施、行政处罚。

第八条 公安机关的人民警察对严重危害社会治安秩序或者威胁公共安全的人员，可以强行带离现场、依法予以拘留或者采取法律规定的其他措施。

第九条 为维护社会治安秩序，公安机关的人民警察对有违法犯罪嫌疑的人员，经出示相应证件，可以当场盘问、检查；经盘问、检查，有下列情形之一的，可以将其带至公安机关，经该公安机关批准，对其继续盘问：

（一）被指控有犯罪行为的；

（二）有现场作案嫌疑的；

（三）有作案嫌疑身份不明的；

（四）携带的物品有可能是赃物的。

对被盘问人的留置时间自带至公安机关之时起不超过二十四小时，在特殊情况下，经县级以上公安机关批准，可以延长至四十八小时，并应当留有盘问记录。对于批准继续盘问的，应当立即通知其家属或者其所在单位。对于不批准继续盘问的，应当立即释放被盘问人。

经继续盘问，公安机关认为对被盘问人需要依法采取拘留或者其他强制措施的，应当在前款规定的期间作出决定；在前款规定的期间不能作出上述决定的，应当立即释放被盘问人。

第十条 遇有拒捕、暴乱、越狱、抢夺枪支或者其他暴力行为的紧急情况，公安机关的人民警察依照国家有关规定可以使用武器。

第十一条 为制止严重违法犯罪活动的需要，公安机关的人民警察依照国家有关规定可以使用警械。

第十二条　为侦查犯罪活动的需要,公安机关的人民警察可以依法执行拘留、搜查、逮捕或者其他强制措施。

第十三条　公安机关的人民警察因履行职责的紧急需要,经出示相应证件,可以优先乘坐公共交通工具,遇交通阻碍时,优先通行。

公安机关因侦查犯罪的需要,必要时,按照国家有关规定,可以优先使用机关、团体、企业事业组织和个人的交通工具、通信工具、场地和建筑物,用后应当及时归还,并支付适当费用;造成损失的,应当赔偿。

第十四条　公安机关的人民警察对严重危害公共安全或者他人人身安全的精神病人,可以采取保护性约束措施。需要送往指定的单位、场所加以监护的,应当报请县级以上人民政府公安机关批准,并及时通知其监护人。

第十五条　县级以上人民政府公安机关,为预防和制止严重危害社会治安秩序的行为,可以在一定的区域和时间,限制人员、车辆的通行或者停留,必要时可以实行交通管制。

公安机关的人民警察依照前款规定,可以采取相应的交通管制措施。

第十六条　公安机关因侦查犯罪的需要,根据国家有关规定,经过严格的批准手续,可以采取技术侦察措施。

第十七条　县级以上人民政府公安机关,经上级公安机关和同级人民政府批准,对严重危害社会治安秩序的突发事件,可以根据情况实行现场管制。

公安机关的人民警察依照前款规定,可以采取必要手段强行驱散,并对拒不服从的人员强行带离现场或者立即予以拘留。

第十八条　国家安全机关、监狱、劳动教养管理机关的人民警察和人民法院、人民检察院的司法警察,分别依照有关法律、行政法规的规定履行职权。

第十九条　人民警察在非工作时间,遇有其职责范围内的紧急情况,应当履行职责。

第三章　义务和纪律

第二十条　人民警察必须做到:

(一)秉公执法,办事公道;

(二)模范遵守社会公德;

(三)礼貌待人,文明执勤;

(四)尊重人民群众的风俗习惯。

第二十一条 人民警察遇到公民人身、财产安全受到侵犯或者处于其他危难情形,应当立即救助;对公民提出解决纠纷的要求,应当给予帮助;对公民的报警案件,应当及时查处。

人民警察应当积极参加抢险救灾和社会公益工作。

第二十二条 人民警察不得有下列行为:

(一)散布有损国家声誉的言论,参加非法组织,参加旨在反对国家的集会、游行、示威等活动,参加罢工;

(二)泄露国家秘密、警务工作秘密;

(三)弄虚作假,隐瞒案情,包庇、纵容违法犯罪活动;

(四)刑讯逼供或者体罚、虐待人犯;

(五)非法剥夺、限制他人人身自由,非法搜查他人的身体、物品、住所或者场所;

(六)敲诈勒索或者索取、收受贿赂;

(七)殴打他人或者唆使他人打人;

(八)违法实施处罚或者收取费用;

(九)接受当事人及其代理人的请客送礼;

(十)从事营利性的经营活动或者受雇于任何个人或者组织;

(十一)玩忽职守,不履行法定义务;

(十二)其他违法乱纪的行为。

第二十三条 人民警察必须按照规定着装,佩带人民警察标志或者持有人民警察证件,保持警容严整,举止端庄。

第四章 组织管理

第二十四条 国家根据人民警察的工作性质、任务和特点,规定组织机构设置和职务序列。

第二十五条 人民警察依法实行警衔制度。

第二十六条 担任人民警察应当具备下列条件:

(一)年满十八岁的公民;

(二)拥护中华人民共和国宪法;

(三)有良好的政治、业务素质和良好的品行;

(四)身体健康;

(五)具有高中毕业以上文化程度;

(六)自愿从事人民警察工作。

有下列情形之一的,不得担任人民警察:

(一)曾因犯罪受过刑事处罚的;

(二)曾被开除公职的。

第二十七条 录用人民警察,必须按照国家规定,公开考试,严格考核,择优选用。

第二十八条 担任人民警察领导职务的人员,应当具备下列条件:

(一)具有法律专业知识;

(二)具有政法工作经验和一定的组织管理、指挥能力;

(三)具有大学专科以上学历;

(四)经人民警察院校培训,考试合格。

第二十九条 国家发展人民警察教育事业,对人民警察有计划地进行政治思想、法制、警察业务等教育培训。

第三十条 国家根据人民警察的工作性质、任务和特点,分别规定不同岗位的服务年限和不同职务的最高任职年龄。

第三十一条 人民警察个人或者集体在工作中表现突出,有显著成绩和特殊贡献的,给予奖励。奖励分为:嘉奖、三等功、二等功、一等功、授予荣誉称号。

对受奖励的人民警察,按照国家有关规定,可以提前晋升警衔,并给予一定的物质奖励。

第五章 警务保障

第三十二条 人民警察必须执行上级的决定和命令。

人民警察认为决定和命令有错误的,可以按照规定提出意见,但不得中止或者改变决定和命令的执行;提出的意见不被采纳时,必须服从决定和命令;执行决定和命令的后果由作出决定和命令的上级负责。

第三十三条 人民警察对超越法律、法规规定的人民警察职责范围的指令,有权拒绝执行,并同时向上级机关报告。

第三十四条 人民警察依法执行职务,公民和组织应当给予支持和协助。公民和组织协助人民警察依法执行职务的行为受法律保护。对协助人民警察执行职务有显著成绩的,给予表彰和奖励。

公民和组织因协助人民警察执行职务,造成人身伤亡或者财产损失的,应当按照国家有关规定给予抚恤或者补偿。

第三十五条 拒绝或者阻碍人民警察依法执行职务,有下列行为之一的,给予治安管理处罚：

（一）公然侮辱正在执行职务的人民警察的；

（二）阻碍人民警察调查取证的；

（三）拒绝或者阻碍人民警察执行追捕、搜查、救险等任务进入有关住所、场所的；

（四）对执行救人、救险、追捕、警卫等紧急任务的警车故意设置障碍的；

（五）有拒绝或者阻碍人民警察执行职务的其他行为的。

以暴力、威胁方法实施前款规定的行为，构成犯罪的，依法追究刑事责任。

第三十六条 人民警察的警用标志、制式服装和警械，由国务院公安部门统一监制，会同其他有关国家机关管理，其他个人和组织不得非法制造、贩卖。

人民警察的警用标志、制式服装、警械、证件为人民警察专用，其他个人和组织不得持有和使用。

违反前两款规定的，没收非法制造、贩卖、持有、使用的人民警察警用标志、制式服装、警械、证件，由公安机关处十五日以下拘留或者警告，可以并处违法所得五倍以下的罚款；构成犯罪的，依法追究刑事责任。

第三十七条 国家保障人民警察的经费。人民警察的经费，按照事权划分的原则，分别列入中央和地方的财政预算。

第三十八条 人民警察工作所必需的通讯、训练设施和交通、消防以及派出所、监管场所等基础设施建设，各级人民政府应当列入基本建设规划和城乡建设总体规划。

第三十九条 国家加强人民警察装备的现代化建设，努力推广、应用先进的科技成果。

第四十条 人民警察实行国家公务员的工资制度，并享受国家规定的警衔津贴和其他津贴、补贴以及保险福利待遇。

第四十一条 人民警察因公致残的，与因公致残的现役军人享受国家同样的抚恤和优待。

人民警察因公牺牲或者病故的，其家属与因公牺牲或者病故的现役军人家属享受国家同样的抚恤和优待。

第六章　执 法 监 督

第四十二条 人民警察执行职务，依法接受人民检察院和行政监察机关的监督。

第四十三条 人民警察的上级机关对下级机关的执法活动进行监督，发现其作出的处理或者决定有错误的,应当予以撤销或者变更。

第四十四条 人民警察执行职务,必须自觉地接受社会和公民的监督。人民警察机关作出的与公众利益直接有关的规定,应当向公众公布。

第四十五条 人民警察在办理治安案件过程中,遇有下列情形之一的,应当回避,当事人或者其法定代理人也有权要求他们回避:

(一)是本案的当事人或者是当事人的近亲属的;

(二)本人或者其近亲属与本案有利害关系的;

(三)与本案当事人有其他关系,可能影响案件公正处理的。

前款规定的回避,由有关的公安机关决定。

人民警察在办理刑事案件过程中的回避,适用刑事诉讼法的规定。

第四十六条 公民或者组织对人民警察的违法、违纪行为,有权向人民警察机关或者人民检察院、行政监察机关检举、控告。受理检举、控告的机关应当及时查处,并将查处结果告知检举人、控告人。

对依法检举、控告的公民或者组织,任何人不得压制和打击报复。

第四十七条 公安机关建立督察制度,对公安机关的人民警察执行法律、法规、遵守纪律的情况进行监督。

第七章 法律责任

第四十八条 人民警察有本法第二十二条所列行为之一的,应当给予行政处分;构成犯罪的,依法追究刑事责任。

行政处分分为:警告、记过、记大过、降级、撤职、开除。对受行政处分的人民警察,按照国家有关规定,可以降低警衔、取消警衔。

对违反纪律的人民警察,必要时可以对其采取停止执行职务、禁闭的措施。

第四十九条 人民警察违反规定使用武器、警械,构成犯罪的,依法追究刑事责任;尚不构成犯罪的,应当依法给予行政处分。

第五十条 人民警察在执行职务中,侵犯公民或者组织的合法权益造成损害的,应当依照《中华人民共和国国家赔偿法》和其他有关法律、法规的规定给予赔偿。

第八章 附 则

第五十一条 中国人民武装警察部队执行国家赋予的安全保卫任务。

第五十二条 本法自公布之日起施行。1957 年 6 月 25 日公布的《中华人民共和国人民警察条例》同时废止。

中华人民共和国监狱法

（1994 年 12 月 29 日第八届全国人民代表大会常务委员会第十一次会议通过　根据 2012 年 10 月 26 日第十一届全国人民代表大会常务委员会第二十九次会议《关于修改〈中华人民共和国监狱法〉的决定》修正）

第一章　总　　则

第一条　为了正确执行刑罚，惩罚和改造罪犯，预防和减少犯罪，根据宪法，制定本法。

第二条　监狱是国家的刑罚执行机关。

依照刑法和刑事诉讼法的规定，被判处死刑缓期二年执行、无期徒刑、有期徒刑的罪犯，在监狱内执行刑罚。

第三条　监狱对罪犯实行惩罚和改造相结合、教育和劳动相结合的原则，将罪犯改造成为守法公民。

第四条　监狱对罪犯应当依法监管，根据改造罪犯的需要，组织罪犯从事生产劳动，对罪犯进行思想教育、文化教育、技术教育。

第五条　监狱的人民警察依法管理监狱、执行刑罚、对罪犯进行教育改造等活动，受法律保护。

第六条　人民检察院对监狱执行刑罚的活动是否合法，依法实行监督。

第七条　罪犯的人格不受侮辱，其人身安全、合法财产和辩护、申诉、控告、检举以及其他未被依法剥夺或者限制的权利不受侵犯。

罪犯必须严格遵守法律、法规和监规纪律，服从管理，接受教育，参加劳动。

第八条　国家保障监狱改造罪犯所需经费。监狱的人民警察经费、罪犯改造经费、罪犯生活费、狱政设施经费及其他专项经费，列入国家预算。

国家提供罪犯劳动必需的生产设施和生产经费。

第九条　监狱依法使用的土地、矿产资源和其他自然资源以及监狱的财产，受法律保护，任何组织或者个人不得侵占、破坏。

第十条　国务院司法行政部门主管全国的监狱工作。

第二章　监　　狱

第十一条　监狱的设置、撤销、迁移,由国务院司法行政部门批准。

第十二条　监狱设监狱长一人、副监狱长若干人,并根据实际需要设置必要的工作机构和配备其他监狱管理人员。

监狱的管理人员是人民警察。

第十三条　监狱的人民警察应当严格遵守宪法和法律,忠于职守,秉公执法,严守纪律,清正廉洁。

第十四条　监狱的人民警察不得有下列行为:

(一)索要、收受、侵占罪犯及其亲属的财物;

(二)私放罪犯或者玩忽职守造成罪犯脱逃;

(三)刑讯逼供或者体罚、虐待罪犯;

(四)侮辱罪犯的人格;

(五)殴打或者纵容他人殴打罪犯;

(六)为谋取私利,利用罪犯提供劳务;

(七)违反规定,私自为罪犯传递信件或者物品;

(八)非法将监管罪犯的职权交予他人行使;

(九)其他违法行为。

监狱的人民警察有前款所列行为,构成犯罪的,依法追究刑事责任;尚未构成犯罪的,应当予以行政处分。

第三章　刑罚的执行

第一节　收　　监

第十五条　人民法院对被判处死刑缓期二年执行、无期徒刑、有期徒刑的罪犯,应当将执行通知书、判决书送达羁押该罪犯的公安机关,公安机关应当自收到执行通知书、判决书之日起一个月内将该罪犯送交监狱执行刑罚。

罪犯在被交付执行刑罚前,剩余刑期在三个月以下的,由看守所代为执行。

第十六条　罪犯被交付执行刑罚时,交付执行的人民法院应当将人民检察院的起诉书副本、人民法院的判决书、执行通知书、结案登记表同时送达监狱。监狱没有收到上述文件的,不得收监;上述文件不齐全或者记载有误的,作出生效判决的人民法院应当及时补充齐全或者作出更正;对其中可能导致错误收监的,不予收监。

第十七条 罪犯被交付执行刑罚,符合本法第十六条规定的,应当予以收监。罪犯收监后,监狱应当对其进行身体检查。经检查,对于具有暂予监外执行情形的,监狱可以提出书面意见,报省级以上监狱管理机关批准。

第十八条 罪犯收监,应当严格检查其人身和所携带的物品。非生活必需品,由监狱代为保管或者征得罪犯同意退回其家属,违禁品予以没收。

女犯由女性人民警察检查。

第十九条 罪犯不得携带子女在监内服刑。

第二十条 罪犯收监后,监狱应当通知罪犯家属。通知书应当自收监之日起五日内发出。

第二节 对罪犯提出的申诉、控告、检举的处理

第二十一条 罪犯对生效的判决不服的,可以提出申诉。

对于罪犯的申诉,人民检察院或者人民法院应当及时处理。

第二十二条 对罪犯提出的控告、检举材料,监狱应当及时处理或者转送公安机关或者人民检察院处理,公安机关或者人民检察院应当将处理结果通知监狱。

第二十三条 罪犯的申诉、控告、检举材料,监狱应当及时转递,不得扣压。

第二十四条 监狱在执行刑罚过程中,根据罪犯的申诉,认为判决可能有错误的,应当提请人民检察院或者人民法院处理,人民检察院或者人民法院应当自收到监狱提请处理意见书之日起六个月内将处理结果通知监狱。

第三节 监外执行

第二十五条 对于被判处无期徒刑、有期徒刑在监内服刑的罪犯,符合刑事诉讼法规定的监外执行条件的,可以暂予监外执行。

第二十六条 暂予监外执行,由监狱提出书面意见,报省、自治区、直辖市监狱管理机关批准。批准机关应当将批准的暂予监外执行决定通知公安机关和原判人民法院,并抄送人民检察院。

人民检察院认为对罪犯适用暂予监外执行不当的,应当自接到通知之日起一个月内将书面意见送交批准暂予监外执行的机关,批准暂予监外执行的机关接到人民检察院的书面意见后,应当立即对该决定进行重新核查。

第二十七条 对暂予监外执行的罪犯,依法实行社区矫正,由社区矫正机构负责执行。原关押监狱应当及时将罪犯在监内改造情况通报负责执行的社区矫正机构。

第二十八条　暂予监外执行的罪犯具有刑事诉讼法规定的应当收监的情形的，社区矫正机构应当及时通知监狱收监；刑期届满的，由原关押监狱办理释放手续。罪犯在暂予监外执行期间死亡的，社区矫正机构应当及时通知原关押监狱。

第四节　减刑、假释

第二十九条　被判处无期徒刑、有期徒刑的罪犯，在服刑期间确有悔改或者立功表现的，根据监狱考核的结果，可以减刑。有下列重大立功表现之一的，应当减刑：

（一）阻止他人重大犯罪活动的；

（二）检举监狱内外重大犯罪活动，经查证属实的；

（三）有发明创造或者重大技术革新的；

（四）在日常生产、生活中舍己救人的；

（五）在抗御自然灾害或者排除重大事故中，有突出表现的；

（六）对国家和社会有其他重大贡献的。

第三十条　减刑建议由监狱向人民法院提出，人民法院应当自收到减刑建议书之日起一个月内予以审核裁定；案情复杂或者情况特殊的，可以延长一个月。减刑裁定的副本应当抄送人民检察院。

第三十一条　被判处死刑缓期二年执行的罪犯，在死刑缓期执行期间，符合法律规定的减为无期徒刑、有期徒刑条件的，二年期满时，所在监狱应当及时提出减刑建议，报经省、自治区、直辖市监狱管理机关审核后，提请高级人民法院裁定。

第三十二条　被判处无期徒刑、有期徒刑的罪犯，符合法律规定的假释条件的，由监狱根据考核结果向人民法院提出假释建议，人民法院应当自收到假释建议书之日起一个月内予以审核裁定；案情复杂或者情况特殊的，可以延长一个月。假释裁定的副本应当抄送人民检察院。

第三十三条　人民法院裁定假释的，监狱应当按期假释并发给假释证明书。

对被假释的罪犯，依法实行社区矫正，由社区矫正机构负责执行。被假释的罪犯，在假释考验期限内有违反法律、行政法规或者国务院有关部门关于假释的监督管理规定的行为，尚未构成新的犯罪的，社区矫正机构应当向人民法院提出撤销假释的建议，人民法院应当自收到撤销假释建议书之日起一个月内予以审核裁定。人民法院裁定撤销假释的，由公安机关将罪犯送交监狱收监。

第三十四条　对不符合法律规定的减刑、假释条件的罪犯，不得以任何理由将其减刑、假释。

人民检察院认为人民法院减刑、假释的裁定不当,应当依照刑事诉讼法规定的期间向人民法院提出书面纠正意见。对于人民检察院提出书面纠正意见的案件,人民法院应当重新审理。

第五节 释放和安置

第三十五条 罪犯服刑期满,监狱应当按期释放并发给释放证明书。

第三十六条 罪犯释放后,公安机关凭释放证明书办理户籍登记。

第三十七条 对刑满释放人员,当地人民政府帮助其安置生活。

刑满释放人员丧失劳动能力又无法定赡养人、扶养人和基本生活来源的,由当地人民政府予以救济。

第三十八条 刑满释放人员依法享有与其他公民平等的权利。

第四章 狱政管理

第一节 分押分管

第三十九条 监狱对成年男犯、女犯和未成年犯实行分开关押和管理,对未成年犯和女犯的改造,应当照顾其生理、心理特点。

监狱根据罪犯的犯罪类型、刑罚种类、刑期、改造表现等情况,对罪犯实行分别关押,采取不同方式管理。

第四十条 女犯由女性人民警察直接管理。

第二节 警戒

第四十一条 监狱的武装警戒由人民武装警察部队负责,具体办法由国务院、中央军事委员会规定。

第四十二条 监狱发现在押罪犯脱逃,应当即时将其抓获,不能即时抓获的,应当立即通知公安机关,由公安机关负责追捕,监狱密切配合。

第四十三条 监狱根据监管需要,设立警戒设施。监狱周围设警戒隔离带,未经准许,任何人不得进入。

第四十四条 监区、作业区周围的机关、团体、企业事业单位和基层组织,应当协助监狱做好安全警戒工作。

第三节 戒具和武器的使用

第四十五条 监狱遇有下列情形之一的,可以使用戒具:

(一)罪犯有脱逃行为的;

(二)罪犯有使用暴力行为的;

(三)罪犯正在押解途中的;

(四)罪犯有其他危险行为需要采取防范措施的。

前款所列情形消失后,应当停止使用戒具。

第四十六条 人民警察和人民武装警察部队的执勤人员遇有下列情形之一,非使用武器不能制止的,按照国家有关规定,可以使用武器:

(一)罪犯聚众骚乱、暴乱的;

(二)罪犯脱逃或者拒捕的;

(三)罪犯持有凶器或者其他危险物,正在行凶或者破坏,危及他人生命、财产安全的;

(四)劫夺罪犯的;

(五)罪犯抢夺武器的。

使用武器的人员,应当按照国家有关规定报告情况。

第四节 通信、会见

第四十七条 罪犯在服刑期间可以与他人通信,但是来往信件应当经过监狱检查。监狱发现有碍罪犯改造内容的信件,可以扣留。罪犯写给监狱的上级机关和司法机关的信件,不受检查。

第四十八条 罪犯在监狱服刑期间,按照规定,可以会见亲属、监护人。

第四十九条 罪犯收受物品和钱款,应当经监狱批准、检查。

第五节 生活、卫生

第五十条 罪犯的生活标准按实物量计算,由国家规定。

第五十一条 罪犯的被服由监狱统一配发。

第五十二条 对少数民族罪犯的特殊生活习惯,应当予以照顾。

第五十三条 罪犯居住的监舍应当坚固、通风、透光、清洁、保暖。

第五十四条 监狱应当设立医疗机构和生活、卫生设施,建立罪犯生活、卫生制度。罪犯的医疗保健列入监狱所在地区的卫生、防疫计划。

第五十五条 罪犯在服刑期间死亡的,监狱应当立即通知罪犯家属和人民检察院、人民法院。罪犯因病死亡的,由监狱作出医疗鉴定。人民检察院对监狱的医疗鉴定有疑义的,可以重新对死亡原因作出鉴定。罪犯家属有疑义的,可以向人民检察院提出。罪犯非正常死亡的,人民检察院应当立即检验,对死亡原因作出鉴定。

第六节 奖 惩

第五十六条 监狱应当建立罪犯的日常考核制度,考核的结果作为对罪犯奖励和处罚的依据。

第五十七条 罪犯有下列情形之一的,监狱可以给予表扬、物质奖励或者记功:

(一)遵守监规纪律,努力学习,积极劳动,有认罪服法表现的;

(二)阻止违法犯罪活动的;

(三)超额完成生产任务的;

(四)节约原材料或者爱护公物,有成绩的;

(五)进行技术革新或者传授生产技术,有一定成效的;

(六)在防止或者消除灾害事故中作出一定贡献的;

(七)对国家和社会有其他贡献的。

被判处有期徒刑的罪犯有前款所列情形之一,执行原判刑期二分之一以上,在服刑期间一贯表现好,离开监狱不致再危害社会的,监狱可以根据情况准其离监探亲。

第五十八条 罪犯有下列破坏监管秩序情形之一的,监狱可以给予警告、记过或者禁闭:

(一)聚众哄闹监狱,扰乱正常秩序的;

(二)辱骂或者殴打人民警察的;

(三)欺压其他罪犯的;

(四)偷窃、赌博、打架斗殴、寻衅滋事的;

(五)有劳动能力拒不参加劳动或者消极怠工,经教育不改的;

(六)以自伤、自残手段逃避劳动的;

(七)在生产劳动中故意违反操作规程,或者有意损坏生产工具的;

(八)有违反监规纪律的其他行为的。

依照前款规定对罪犯实行禁闭的期限为七天至十五天。

罪犯在服刑期间有第一款所列行为,构成犯罪的,依法追究刑事责任。

第七节 对罪犯服刑期间犯罪的处理

第五十九条 罪犯在服刑期间故意犯罪的,依法从重处罚。

第六十条 对罪犯在监狱内犯罪的案件，由监狱进行侦查。侦查终结后，写出起诉意见书，连同案卷材料、证据一并移送人民检察院。

第五章 对罪犯的教育改造

第六十一条 教育改造罪犯，实行因人施教、分类教育、以理服人的原则，采取集体教育与个别教育相结合、狱内教育与社会教育相结合的方法。

第六十二条 监狱应当对罪犯进行法制、道德、形势、政策、前途等内容的思想教育。

第六十三条 监狱应当根据不同情况，对罪犯进行扫盲教育、初等教育和初级中等教育，经考试合格的，由教育部门发给相应的学业证书。

第六十四条 监狱应当根据监狱生产和罪犯释放后就业的需要，对罪犯进行职业技术教育，经考核合格的，由劳动部门发给相应的技术等级证书。

第六十五条 监狱鼓励罪犯自学，经考试合格的，由有关部门发给相应的证书。

第六十六条 罪犯的文化和职业技术教育，应当列入所在地区教育规划。监狱应当设立教室、图书阅览室等必要的教育设施。

第六十七条 监狱应当组织罪犯开展适当的体育活动和文化娱乐活动。

第六十八条 国家机关、社会团体、部队、企业事业单位和社会各界人士以及罪犯的亲属，应当协助监狱做好对罪犯的教育改造工作。

第六十九条 有劳动能力的罪犯，必须参加劳动。

第七十条 监狱根据罪犯的个人情况，合理组织劳动，使其矫正恶习，养成劳动习惯，学会生产技能，并为释放后就业创造条件。

第七十一条 监狱对罪犯的劳动时间，参照国家有关劳动工时的规定执行；在季节性生产等特殊情况下，可以调整劳动时间。

罪犯有在法定节日和休息日休息的权利。

第七十二条 监狱对参加劳动的罪犯，应当按照有关规定给予报酬并执行国家有关劳动保护的规定。

第七十三条 罪犯在劳动中致伤、致残或者死亡的，由监狱参照国家劳动保险的有关规定处理。

第六章 对未成年犯的教育改造

第七十四条 对未成年犯应当在未成年犯管教所执行刑罚。

第七十五条 对未成年犯执行刑罚应当以教育改造为主。未成年犯的劳动，应当符合未成年人的特点，以学习文化和生产技能为主。

监狱应当配合国家、社会、学校等教育机构，为未成年犯接受义务教育提供必要的条件。

第七十六条 未成年犯年满十八周岁时，剩余刑期不超过二年的，仍可以留在未成年犯管教所执行剩余刑期。

第七十七条 对未成年犯的管理和教育改造，本章未作规定的，适用本法的有关规定。

第七章 附　　则

第七十八条 本法自公布之日起施行。

中华人民共和国国家安全法

（2015 年 7 月 1 日第十二届全国人民代表大会常务委员会第十五次会议通过　2015 年 7 月 1 日中华人民共和国主席令第 29 号公布　自公布之日起施行）

第一章 总　　则

第一条 为了维护国家安全，保卫人民民主专政的政权和中国特色社会主义制度，保护人民的根本利益，保障改革开放和社会主义现代化建设的顺利进行，实现中华民族伟大复兴，根据宪法，制定本法。

第二条 国家安全是指国家政权、主权、统一和领土完整、人民福祉、经济社会可持续发展和国家其他重大利益相对处于没有危险和不受内外威胁的状态，以及保障持续安全状态的能力。

第三条 国家安全工作应当坚持总体国家安全观，以人民安全为宗旨，以政治安全为根本，以经济安全为基础，以军事、文化、社会安全为保障，以促进国际安全为依托，维护各领域国家安全，构建国家安全体系，走中国特色国家安全道路。

第四条 坚持中国共产党对国家安全工作的领导，建立集中统一、高效权威的国家安全领导体制。

第五条 中央国家安全领导机构负责国家安全工作的决策和议事协调，研究制定、指导实施国家安全战略和有关重大方针政策，统筹协调国家安全重大事项和重要工作，推动国家安全法治建设。

第六条 国家制定并不断完善国家安全战略，全面评估国际、国内安全形势，明确国家安全战略的指导方针、中长期目标、重点领域的国家安全政策、工作任务和措施。

第七条 维护国家安全，应当遵守宪法和法律，坚持社会主义法治原则，尊重和保障人权，依法保护公民的权利和自由。

第八条 维护国家安全，应当与经济社会发展相协调。

国家安全工作应当统筹内部安全和外部安全、国土安全和国民安全、传统安全和非传统安全、自身安全和共同安全。

第九条 维护国家安全，应当坚持预防为主、标本兼治，专门工作与群众路线相结合，充分发挥专门机关和其他有关机关维护国家安全的职能作用，广泛动员公民和组织，防范、制止和依法惩治危害国家安全的行为。

第十条 维护国家安全，应当坚持互信、互利、平等、协作，积极同外国政府和国际组织开展安全交流合作，履行国际安全义务，促进共同安全，维护世界和平。

第十一条 中华人民共和国公民、一切国家机关和武装力量、各政党和各人民团体、企业事业组织和其他社会组织，都有维护国家安全的责任和义务。

中国的主权和领土完整不容侵犯和分割。维护国家主权、统一和领土完整是包括港澳同胞和台湾同胞在内的全中国人民的共同义务。

第十二条 国家对在维护国家安全工作中作出突出贡献的个人和组织给予表彰和奖励。

第十三条 国家机关工作人员在国家安全工作和涉及国家安全活动中，滥用职权、玩忽职守、徇私舞弊的，依法追究法律责任。

任何个人和组织违反本法和有关法律，不履行维护国家安全义务或者从事危害国家安全活动的，依法追究法律责任。

第十四条 每年4月15日为全民国家安全教育日。

第二章 维护国家安全的任务

第十五条 国家坚持中国共产党的领导，维护中国特色社会主义制度，发展社会主义民主政治，健全社会主义法治，强化权力运行制约和监督机制，保障人民当家作主的各项权利。

国家防范、制止和依法惩治任何叛国、分裂国家、煽动叛乱、颠覆或者煽动颠覆人民民主专政政权的行为;防范、制止和依法惩治窃取、泄露国家秘密等危害国家安全的行为;防范、制止和依法惩治境外势力的渗透、破坏、颠覆、分裂活动。

第十六条 国家维护和发展最广大人民的根本利益,保卫人民安全,创造良好生存发展条件和安定工作生活环境,保障公民的生命财产安全和其他合法权益。

第十七条 国家加强边防、海防和空防建设,采取一切必要的防卫和管控措施,保卫领陆、内水、领海和领空安全,维护国家领土主权和海洋权益。

第十八条 国家加强武装力量革命化、现代化、正规化建设,建设与保卫国家安全和发展利益需要相适应的武装力量;实施积极防御军事战略方针,防备和抵御侵略,制止武装颠覆和分裂;开展国际军事安全合作,实施联合国维和、国际救援、海上护航和维护国家海外利益的军事行动,维护国家主权、安全、领土完整、发展利益和世界和平。

第十九条 国家维护国家基本经济制度和社会主义市场经济秩序,健全预防和化解经济安全风险的制度机制,保障关系国民经济命脉的重要行业和关键领域、重点产业、重大基础设施和重大建设项目以及其他重大经济利益安全。

第二十条 国家健全金融宏观审慎管理和金融风险防范、处置机制,加强金融基础设施和基础能力建设,防范和化解系统性、区域性金融风险,防范和抵御外部金融风险的冲击。

第二十一条 国家合理利用和保护资源能源,有效管控战略资源能源的开发,加强战略资源能源储备,完善资源能源运输战略通道建设和安全保护措施,加强国际资源能源合作,全面提升应急保障能力,保障经济社会发展所需的资源能源持续、可靠和有效供给。

第二十二条 国家健全粮食安全保障体系,保护和提高粮食综合生产能力,完善粮食储备制度、流通体系和市场调控机制,健全粮食安全预警制度,保障粮食供给和质量安全。

第二十三条 国家坚持社会主义先进文化前进方向,继承和弘扬中华民族优秀传统文化,培育和践行社会主义核心价值观,防范和抵制不良文化的影响,掌握意识形态领域主导权,增强文化整体实力和竞争力。

第二十四条 国家加强自主创新能力建设,加快发展自主可控的战略高新技术和重要领域核心关键技术,加强知识产权的运用、保护和科技保密能力建设,保障重大技术和工程的安全。

第二十五条 国家建设网络与信息安全保障体系，提升网络与信息安全保护能力，加强网络和信息技术的创新研究和开发应用，实现网络和信息核心技术、关键基础设施和重要领域信息系统及数据的安全可控；加强网络管理，防范、制止和依法惩治网络攻击、网络入侵、网络窃密、散布违法有害信息等网络违法犯罪行为，维护国家网络空间主权、安全和发展利益。

第二十六条 国家坚持和完善民族区域自治制度，巩固和发展平等团结互助和谐的社会主义民族关系。坚持各民族一律平等，加强民族交往、交流、交融，防范、制止和依法惩治民族分裂活动，维护国家统一、民族团结和社会和谐，实现各民族共同团结奋斗、共同繁荣发展。

第二十七条 国家依法保护公民宗教信仰自由和正常宗教活动，坚持宗教独立自主自办的原则，防范、制止和依法惩治利用宗教名义进行危害国家安全的违法犯罪活动，反对境外势力干涉境内宗教事务，维护正常宗教活动秩序。

国家依法取缔邪教组织，防范、制止和依法惩治邪教违法犯罪活动。

第二十八条 国家反对一切形式的恐怖主义和极端主义，加强防范和处置恐怖主义的能力建设，依法开展情报、调查、防范、处置以及资金监管等工作，依法取缔恐怖活动组织和严厉惩治暴力恐怖活动。

第二十九条 国家健全有效预防和化解社会矛盾的体制机制，健全公共安全体系，积极预防、减少和化解社会矛盾，妥善处置公共卫生、社会安全等影响国家安全和社会稳定的突发事件，促进社会和谐，维护公共安全和社会安定。

第三十条 国家完善生态环境保护制度体系，加大生态建设和环境保护力度，划定生态保护红线，强化生态风险的预警和防控，妥善处置突发环境事件，保障人民赖以生存发展的大气、水、土壤等自然环境和条件不受威胁和破坏，促进人与自然和谐发展。

第三十一条 国家坚持和平利用核能和核技术，加强国际合作，防止核扩散，完善防扩散机制，加强对核设施、核材料、核活动和核废料处置的安全管理、监管和保护，加强核事故应急体系和应急能力建设，防止、控制和消除核事故对公民生命健康和生态环境的危害，不断增强有效应对和防范核威胁、核攻击的能力。

第三十二条 国家坚持和平探索和利用外层空间、国际海底区域和极地，增强安全进出、科学考察、开发利用的能力，加强国际合作，维护我国在外层空间、国际海底区域和极地的活动、资产和其他利益的安全。

第三十三条 国家依法采取必要措施，保护海外中国公民、组织和机构的安全和正当权益，保护国家的海外利益不受威胁和侵害。

第三十四条 国家根据经济社会发展和国家发展利益的需要,不断完善维护国家安全的任务。

第三章 维护国家安全的职责

第三十五条 全国人民代表大会依照宪法规定,决定战争和和平的问题,行使宪法规定的涉及国家安全的其他职权。

全国人民代表大会常务委员会依照宪法规定,决定战争状态的宣布,决定全国总动员或者局部动员,决定全国或者个别省、自治区、直辖市进入紧急状态,行使宪法规定的和全国人民代表大会授予的涉及国家安全的其他职权。

第三十六条 中华人民共和国主席根据全国人民代表大会的决定和全国人民代表大会常务委员会的决定,宣布进入紧急状态,宣布战争状态,发布动员令,行使宪法规定的涉及国家安全的其他职权。

第三十七条 国务院根据宪法和法律,制定涉及国家安全的行政法规,规定有关行政措施,发布有关决定和命令;实施国家安全法律法规和政策;依照法律规定决定省、自治区、直辖市的范围内部分地区进入紧急状态;行使宪法法律规定的和全国人民代表大会及其常务委员会授予的涉及国家安全的其他职权。

第三十八条 中央军事委员会领导全国武装力量,决定军事战略和武装力量的作战方针,统一指挥维护国家安全的军事行动,制定涉及国家安全的军事法规,发布有关决定和命令。

第三十九条 中央国家机关各部门按照职责分工,贯彻执行国家安全方针政策和法律法规,管理指导本系统、本领域国家安全工作。

第四十条 地方各级人民代表大会和县级以上地方各级人民代表大会常务委员会在本行政区域内,保证国家安全法律法规的遵守和执行。

地方各级人民政府依照法律法规规定管理本行政区域内的国家安全工作。

香港特别行政区、澳门特别行政区应当履行维护国家安全的责任。

第四十一条 人民法院依照法律规定行使审判权,人民检察院依照法律规定行使检察权,惩治危害国家安全的犯罪。

第四十二条 国家安全机关、公安机关依法搜集涉及国家安全的情报信息,在国家安全工作中依法行使侦查、拘留、预审和执行逮捕以及法律规定的其他职权。

有关军事机关在国家安全工作中依法行使相关职权。

第四十三条 国家机关及其工作人员在履行职责时,应当贯彻维护国家安全的原则。

国家机关及其工作人员在国家安全工作和涉及国家安全活动中，应当严格依法履行职责，不得超越职权、滥用职权，不得侵犯个人和组织的合法权益。

第四章 国家安全制度

第一节 一般规定

第四十四条 中央国家安全领导机构实行统分结合、协调高效的国家安全制度与工作机制。

第四十五条 国家建立国家安全重点领域工作协调机制，统筹协调中央有关职能部门推进相关工作。

第四十六条 国家建立国家安全工作督促检查和责任追究机制，确保国家安全战略和重大部署贯彻落实。

第四十七条 各部门、各地区应当采取有效措施，贯彻实施国家安全战略。

第四十八条 国家根据维护国家安全工作需要，建立跨部门会商工作机制，就维护国家安全工作的重大事项进行会商研判，提出意见和建议。

第四十九条 国家建立中央与地方之间、部门之间、军地之间以及地区之间关于国家安全的协同联动机制。

第五十条 国家建立国家安全决策咨询机制，组织专家和有关方面开展对国家安全形势的分析研判，推进国家安全的科学决策。

第二节 情报信息

第五十一条 国家健全统一归口、反应灵敏、准确高效、运转顺畅的情报信息收集、研判和使用制度，建立情报信息工作协调机制，实现情报信息的及时收集、准确研判、有效使用和共享。

第五十二条 国家安全机关、公安机关、有关军事机关根据职责分工，依法搜集涉及国家安全的情报信息。

国家机关各部门在履行职责过程中，对于获取的涉及国家安全的有关信息应当及时上报。

第五十三条 开展情报信息工作，应当充分运用现代科学技术手段，加强对情报信息的鉴别、筛选、综合和研判分析。

第五十四条 情报信息的报送应当及时、准确、客观，不得迟报、漏报、瞒报和谎报。

第三节　风险预防、评估和预警

第五十五条　国家制定完善应对各领域国家安全风险预案。

第五十六条　国家建立国家安全风险评估机制，定期开展各领域国家安全风险调查评估。

有关部门应当定期向中央国家安全领导机构提交国家安全风险评估报告。

第五十七条　国家健全国家安全风险监测预警制度，根据国家安全风险程度，及时发布相应风险预警。

第五十八条　对可能即将发生或者已经发生的危害国家安全的事件，县级以上地方人民政府及其有关主管部门应当立即按照规定向上一级人民政府及其有关主管部门报告，必要时可以越级上报。

第四节　审查监管

第五十九条　国家建立国家安全审查和监管的制度和机制，对影响或者可能影响国家安全的外商投资、特定物项和关键技术、网络信息技术产品和服务、涉及国家安全事项的建设项目，以及其他重大事项和活动，进行国家安全审查，有效预防和化解国家安全风险。

第六十条　中央国家机关各部门依照法律、行政法规行使国家安全审查职责，依法作出国家安全审查决定或者提出安全审查意见并监督执行。

第六十一条　省、自治区、直辖市依法负责本行政区域内有关国家安全审查和监管工作。

第五节　危机管控

第六十二条　国家建立统一领导、协同联动、有序高效的国家安全危机管控制度。

第六十三条　发生危及国家安全的重大事件，中央有关部门和有关地方根据中央国家安全领导机构的统一部署，依法启动应急预案，采取管控处置措施。

第六十四条　发生危及国家安全的特别重大事件，需要进入紧急状态、战争状态或者进行全国总动员、局部动员的，由全国人民代表大会、全国人民代表大会常务委员会或者国务院依照宪法和有关法律规定的权限和程序决定。

第六十五条　国家决定进入紧急状态、战争状态或者实施国防动员后，履行国家安全危机管控职责的有关机关依照法律规定或者全国人民代表大会常务委员会规定，有权采取限制公民和组织权利、增加公民和组织义务的特别措施。

第六十六条　履行国家安全危机管控职责的有关机关依法采取处置国家安全危机的管控措施，应当与国家安全危机可能造成的危害的性质、程度和范围相适应；有多种措施可供选择的，应当选择有利于最大程度保护公民、组织权益的措施。

第六十七条　国家健全国家安全危机的信息报告和发布机制。

国家安全危机事件发生后，履行国家安全危机管控职责的有关机关，应当按照规定准确、及时报告，并依法将有关国家安全危机事件发生、发展、管控处置及善后情况统一向社会发布。

第六十八条　国家安全威胁和危害得到控制或者消除后，应当及时解除管控处置措施，做好善后工作。

第五章　国家安全保障

第六十九条　国家健全国家安全保障体系，增强维护国家安全的能力。

第七十条　国家健全国家安全法律制度体系，推动国家安全法治建设。

第七十一条　国家加大对国家安全各项建设的投入，保障国家安全工作所需经费和装备。

第七十二条　承担国家安全战略物资储备任务的单位，应当按照国家有关规定和标准对国家安全物资进行收储、保管和维护，定期调整更换，保证储备物资的使用效能和安全。

第七十三条　鼓励国家安全领域科技创新，发挥科技在维护国家安全中的作用。

第七十四条　国家采取必要措施，招录、培养和管理国家安全工作专门人才和特殊人才。

根据维护国家安全工作的需要，国家依法保护有关机关专门从事国家安全工作人员的身份和合法权益，加大人身保护和安置保障力度。

第七十五条　国家安全机关、公安机关、有关军事机关开展国家安全专门工作，可以依法采取必要手段和方式，有关部门和地方应当在职责范围内提供支持和配合。

第七十六条　国家加强国家安全新闻宣传和舆论引导，通过多种形式开展国家安全宣传教育活动，将国家安全教育纳入国民教育体系和公务员教育培训体系，增强全民国家安全意识。

第六章　公民、组织的义务和权利

第七十七条　公民和组织应当履行下列维护国家安全的义务：

（一）遵守宪法、法律法规关于国家安全的有关规定；

（二）及时报告危害国家安全活动的线索；

（三）如实提供所知悉的涉及危害国家安全活动的证据；

（四）为国家安全工作提供便利条件或者其他协助；

（五）向国家安全机关、公安机关和有关军事机关提供必要的支持和协助；

（六）保守所知悉的国家秘密；

（七）法律、行政法规规定的其他义务。

任何个人和组织不得有危害国家安全的行为，不得向危害国家安全的个人或者组织提供任何资助或者协助。

第七十八条　机关、人民团体、企业事业组织和其他社会组织应当对本单位的人员进行维护国家安全的教育，动员、组织本单位的人员防范、制止危害国家安全的行为。

第七十九条　企业事业组织根据国家安全工作的要求，应当配合有关部门采取相关安全措施。

第八十条　公民和组织支持、协助国家安全工作的行为受法律保护。

因支持、协助国家安全工作，本人或者其近亲属的人身安全面临危险的，可以向公安机关、国家安全机关请求予以保护。公安机关、国家安全机关应当会同有关部门依法采取保护措施。

第八十一条　公民和组织因支持、协助国家安全工作导致财产损失的，按照国家有关规定给予补偿；造成人身伤害或者死亡的，按照国家有关规定给予抚恤优待。

第八十二条　公民和组织对国家安全工作有向国家机关提出批评建议的权利，对国家机关及其工作人员在国家安全工作中的违法失职行为有提出申诉、控告和检举的权利。

第八十三条　在国家安全工作中，需要采取限制公民权利和自由的特别措施时，应当依法进行，并以维护国家安全的实际需要为限度。

第七章　附　　则

第八十四条　本法自公布之日起施行。

中华人民共和国人民警察警衔条例

（1992年7月1日第七届全国人民代表大会常务委员会第二十六次会议通过　根据2009年8月27日第十一届全国人民代表大会常务委员会第十次会议《关于修改部分法律的决定》修正）

第一章　总　　则

第一条　为了加强人民警察队伍的革命化、现代化、正规化建设，增强人民警察的责任心、荣誉感和组织纪律性，有利于人民警察的指挥、管理和执行职务，根据宪法，制定本条例。

第二条　人民警察实行警衔制度。

第三条　警衔是区分人民警察等级、表明人民警察身份的称号、标志和国家给予人民警察的荣誉。

第四条　人民警察实行警察职务等级编制警衔。

第五条　警衔高的人民警察对警衔低的人民警察，警衔高的为上级。当警衔高的人民警察在职务上隶属于警衔低的人民警察时，职务高的为上级。

第六条　公安部主管人民警察警衔工作。

第二章　警衔等级的设置

第七条　人民警察警衔设下列五等十三级：

（一）总警监、副总警监；

（二）警监：一级、二级、三级；

（三）警督：一级、二级、三级；

（四）警司：一级、二级、三级；

（五）警员：一级、二级。

担任专业技术职务的人民警察的警衔，在警衔前冠以“专业技术”。

第八条　担任行政职务的人民警察实行下列职务等级编制警衔：

（一）部级正职：总警监；

(二)部级副职:副总警监;

(三)厅(局)级正职:一级警监至二级警监;

(四)厅(局)级副职:二级警监至三级警监;

(五)处(局)级正职:三级警监至二级警督;

(六)处(局)级副职:一级警督至三级警督;

(七)科(局)级正职:一级警督至一级警司;

(八)科(局)级副职:二级警督至二级警司;

(九)科员(警长)职:三级警督至三级警司;

(十)办事员(警员)职:一级警司至二级警员。

第九条 担任专业技术职务的人民警察实行下列职务等级编制警衔:

(一)高级专业技术职务:一级警监至二级警督;

(二)中级专业技术职务:一级警督至二级警司;

(三)初级专业技术职务:三级警督至一级警员。

第三章 警衔的首次授予

第十条 人民警察警衔按照人民警察职务等级编制警衔授予。

第十一条 授予人民警察警衔,以人民警察现任职务、德才表现、担任现职时间和工作年限为依据。

第十二条 从学校毕业和从社会上招考录用担任人民警察的,或者从其他部门调任人民警察的,根据确定的职务,授予相应的警衔。

第十三条 首次授予人民警察警衔,按照下列规定的权限予以批准:

(一)总警监、副总警监、一级警监、二级警监由国务院总理批准授予;

(二)三级警监、警督由公安部部长批准授予;

(三)警司由省、自治区、直辖市公安厅(局)厅(局)长批准授予;

(四)警员由省、自治区、直辖市公安厅(局)政治部主任批准授予。

公安部机关及其直属机构的警司、警员由公安部政治部主任批准授予。

第四章 警衔的晋级

第十四条 二级警督以下的人民警察,在其职务等级编制警衔幅度内,根据本条规定的期限和条件晋级。

晋级的期限:二级警员至一级警司,每晋升一级为三年;一级警司至一级警督,每晋升一级为四年。在职的人民警察在院校培训的时间,计算在警衔晋级的期限内。

晋级的条件:(一)执行国家的法律、法规和政策,遵纪守法;(二)胜任本职工作;(三)联系群众,廉洁奉公,作风正派。

晋级期限届满,经考核具备晋级条件的,应当逐级晋升;不具备晋级条件的,应当延期晋升。在工作中有突出功绩的,可以提前晋升。

第十五条　一级警督以上的人民警察的警衔晋级,在职务等级编制警衔幅度内,根据其德才表现和工作实绩实行选升。

第十六条　人民警察由于职务提升,其警衔低于新任职务等级编制警衔的最低警衔的,应当晋升至新任职务等级编制警衔的最低警衔。

第十七条　警司晋升警督,警督晋升警监,经相应的人民警察院校培训合格后,方可晋升。

第十八条　人民警察警衔晋级的批准权限适用第十三条批准权限的规定。警司、警员提前晋升的,由公安部政治部主任批准。

第五章　警衔的保留、降级、取消

第十九条　人民警察离休、退休的,其警衔予以保留,但不得佩带标志。

人民警察调离警察工作岗位或者辞职、退职的,其警衔不予保留。

第二十条　人民警察因不胜任现任职务被调任下级职务,其警衔高于新任职务等级编制警衔的最高警衔的,应当调整至新任职务等级编制警衔的最高警衔。调整警衔的批准权限与原警衔的批准权限相同。

第二十一条　人民警察违犯警纪的,可以给予警衔降级的处分。警衔降级的批准权限与原警衔的批准权限相同。人民警察受警衔降级处分后,其警衔晋级的期限按照降级后的警衔等级重新计算。

人民警察警衔降级不适用于二级警员。

第二十二条　人民警察被开除公职的,其警衔相应取消。

人民警察犯罪,被依法判处剥夺政治权利或者有期徒刑以上刑罚的,其警衔相应取消。

离休、退休的人民警察犯罪的,适用前款的规定。

第六章　附　　则

第二十三条　国家安全部门、劳动改造劳动教养管理部门的人民警察,人民法院、人民检察院的司法警察的警衔工作适用本条例。

国家安全部门、劳动改造劳动教养管理部门的人民警察警衔授予和晋级的批准权限，由国务院规定。

司法警察警衔授予和晋级的批准权限，由最高人民法院、最高人民检察院参照本条例规定。

公安部门、国家安全部门和劳动改造劳动教养管理部门中不担任人民警察职务的人员，不实行警衔制度。

第二十四条 人民警察警衔标志的式样和佩带办法，由国务院制定。

第二十五条 本条例的实施办法由国务院制定。

第二十六条 本条例自公布之日起施行。